複式簿記の理論と計算

村田直樹・竹中　徹・森口毅彦 [編著]

創成社

―― **執筆者紹介**(執筆順) ――

村田直樹(むらた・なおき) 第1章・第17章・第26章
　日本大学経済学部教授

中條良美(ちゅうじょう・よしみ) 第2章～第5章・第12章
　阪南大学経営情報学部准教授

竹中　徹(たけなか・とおる) 第6章～第11章
　石巻専修大学経営学部准教授

溝上達也(みぞがみ・たつや) 第13章～第16章
　松山大学経営学部教授

髙橋　聡(たかはし・さとし) 第18章～第22章
　西南学院大学商学部准教授

相川奈美(あいかわ・なみ) 第23章～第25章
　名城大学経営学部准教授

森口毅彦(もりぐち・たけひこ) 第27章～第32章
　富山大学経済学部教授

はしがき

　本書は，複式簿記の初歩的な知識および技法の習得を目的とした初学者を念頭に執筆されたものである。本書の執筆にあたっては，著者および編著者たちが事前に数回にわたる検討を行い，各自の執筆部分の内容や構成に関して検討し，編著者の校閲によって内容の統一や全般的な調整を行っている。
　複式簿記は，企業に投下された資本の全体としての価値が，資本の構成部分の価値の総和に等しい（貸借一致）という理論を基礎として，資本およびその構成部分の転換過程を記録することによって，資本の運動を把握する技法である。このような複式簿記の計算技術的な性格から，複式簿記を習得する上で重要なことは，複式簿記の基本的な構造を理解し，問題を自ら計算し解答することによって，複式簿記を「体得」していくことである。本書では，複式簿記の理解を容易にするため，数多くの例題を設け，学習の助けとしている。
　本書の最大の特徴は，商業簿記と工業簿記を含む複式簿記体系を１つの本にまとめたことである。通常，複式簿記を学習する初学者は，日商簿記検定に従って，３級商業簿記，２級商業簿記および工業簿記の順で学習を進めることが一般的である。このような方法で学習すると３級商業簿記を学習した後，時間が空くことがあり，何冊もの解説書と問題集が必要となる。また，本書のような構成であれば，日商簿記２級からの受験も可能である。さらに重要なことは商業簿記と工業簿記の関係や共通する基本思考を理解することであり，従前から，このような複式簿記の本を要望する声があったのも事実である。さらに，本書では，学習上の便宜を図るため，日商簿記検定３級商業簿記の出題範囲項目に☆印を，日商簿記検定２級工業簿記の出題範囲項目に★印を付している。
　本書の構成を示せば，以下のようになる。
　本書は第Ⅰ部　商業簿記（第１章～第16章）および第Ⅱ部　工業簿記（第17章～第32章）の２部構成になっている。第１章および第２章は複式簿記の基本概

念および基本構造が解説されている。第3章から第11章では取引の各論が説明されている。企業ではさまざまな取引が行われているが，その取引を的確に処理できるよう数多くの例題に接してほしい。第12章では税金の会計処理を解説している。第13章は決算について解説している。複式簿記の主要目的である経営成績と財政状態の内容が，損益計算書と貸借対照表を通じて表示される過程は重要である。第14章は伝票による会計処理の問題を取り扱っている。第15章は帳簿組織，第16章は本支店会計について解説している。

第Ⅱ部第17章では，工業簿記の基礎概念が解説されている。工業簿記の学習にあたっては，これを理解することが重要である。第18章から第21章は，実際原価計算の基礎となる費目別計算の問題が取り扱われている。第22章から第26章では，各種原価計算を解説している。生産工程の違いによって利用される原価計算は異なる。この違いを理解することは重要である。第27章および第28章は標準原価計算による原価管理を解説している。第29章および第30章は，CVP分析と直接原価計算，第31章および第32章は意思決定会計を解説している。これらは管理会計に属するものもあるが，工業簿記および原価計算のより進んだ学習への手がかりとなるものである。

また，本書には，対応した問題集（『複式簿記の理論と計算 問題集』創成社刊）があり，両者を併用することで，より確実な複式簿記の習得が可能となる。

最後に，本書の刊行にあたり，格別のご配慮をいただいた株式会社創成社社長塚田尚寛氏，ならびに同社出版部西田徹氏に深甚の謝意を申し上げたい。両氏の寛大なご配慮および絶大なるご支援がなかったら，本書を刊行することはできなかった。重ねてお礼申し上げる次第である。

平成24年2月1日

編著者一同

目　次

はしがき

第Ⅰ部　商業簿記

第1章　簿記の基礎概念 ── 1
1．複式簿記の意義 (1)　2．複式簿記の前提 (2)　3．複式簿記の目的と要素 (3)　4．取引と勘定 (5)　5．仕訳と勘定 (8)

第2章　簿記一巡の手続き ── 9
1．簿記一巡の手続きの意義 (9)　2．仕訳 (10)　3．転　記 (14)　4．試算表 (17)　5．決　算 (19)

第3章　商品売買 ── 23
1．商品売買の意義と基本処理 (23)　2．分記法と三分法 (24)　3．仕入帳と売上帳 (28)　4．商品有高帳 (31)　5．実地棚卸と商品の期末評価 (35)

第4章　現金預金 ── 37
1．現金預金の意義 (37)　2．現金勘定 (38)　3．当座預金勘定 (42)　4．小口現金 (46)

第5章　債権債務 ── 49
1．債権債務の意義 (49)　2．営業活動上の債権債務 (50)　3．財務活動上の債権債務 (55)　4．従業員などとの関係における債権債務 (57)　5．その他の債権債務 (58)

第6章　手形取引 ── 61
1．手形の意義と基本処理 (61)　2．手形の裏書と割引 (64)　3．手形記入帳 (66)　4．手形の不渡りと偶発債務 (67)　5．手形の更改・金融手形 (69)

第7章　有価証券 ── 71
1．有価証券の意義と分類 (71)　2．売買目的有価証券の基本処理 (72)　3．配当金と利息 (74)　4．満期保有目的債券の基本処理 (75)　5．有価証券に関するその他の諸論点 (77)

第8章　有形固定資産 ── 81
1．有形固定資産の意義と種類 (81)　2．有形固定資産の取得 (81)　3．有形固定資産の減価償却 (82)　4．有形固定資産の除却 (85)　5．有形固定資産に関するその他の諸論点 (88)

第9章　無形固定資産と繰延資産 ── 91
1．無形固定資産の意義と種類 (91)　2．無形固定資産の基本処理 (91)　3．繰延資産の意義と種類 (93)　4．繰延資産の基本処理 (94)

第10章　引当金と社債 ── 95
1．引当金の意義と種類 (95)　2．引当金の基本処理 (96)　3．社債の意義 (97)　4．社債の基本処理 (97)

第11章　純資産 ── 102
1．純資産の意義 (102)　2．個人企業における純資産と基本処理 (102)　3．株式会社における純資産 (104)　4．株式の発行 (105)　5．株式会社における利益の振替え (108)　6．剰余金の配当と処分 (109)

第12章　税　金 ── 112
1．個人企業の税金 (112)　2．株式会社の税金 (113)　3．消　費　税 (115)

第13章　決　算 ── 118
1．決算の概要 (118)　2．試算表の作成 (118)　3．決算整理 (119)　4．精算表の作成 (125)　5．帳簿決算 (127)　6．財務諸表の作成 (128)

第14章　伝　票 ── 130
1．伝票の利用 (130)　2．3伝票制 (130)　3．5伝票制 (132)　4．仕訳集計表の作成 (134)

第15章　帳簿組織 ── 136
1．帳簿組織 (136)　2．現金出納帳 (136)　3．当座預金出納帳 (138)　4．売　上　帳 (140)　5．仕　入　帳 (141)　6．二重転記の回避 (143)

第16章　本支店会計 ── 147
1．支店会計の独立 (147)　2．本支店間取引の処理 (147)　3．支店相互間取引の処理 (148)　4．支店損益の振替え (149)　5．財務諸表の合併 (150)

◇ⅴ

第Ⅱ部 工業簿記

第17章 工業簿記・原価計算の基礎概念 ―― 155
1．工業簿記の特徴（155）　2．工業簿記と原価計算（156）　3．原価計算の目的（157）　4．原価要素の分類（158）　5．原価概念（162）　6．原価計算の種類（165）　7．工業簿記の基本的な流れ（167）

第18章 材料費の計算 ―― 177
1．材料費の定義と分類（177）　2．材料費の計算方法（178）　3．期末棚卸と棚卸減耗費（185）

第19章 労務費の計算 ―― 187
1．労務費の定義と分類（187）　2．労務費の計算方法（189）　3．その他の労務費（202）

第20章 経費の計算 ―― 205
1．経費の定義と分類（205）　2．経費の計算方法（206）　3．複合費（複合経費）（209）

第21章 製造間接費の計算 ―― 211
1．製造間接費の定義と分類（211）　2．製造間接費の配賦基準（211）　3．製造間接費の計算―実際配賦―（215）　4．製造間接費の計算―予定配賦―（219）　5．製造間接費配賦差異の差異分析（225）

第22章 原価の部門別計算 ―― 234
1．部門別計算の定義と目的（234）　2．原価部門の設定（234）　3．部門費の集計（236）　4．製造部門費の配賦（247）　5．製造部門費配賦差異の差異分析（251）

第23章 個別原価計算 ―― 259
1．個別原価計算の意義（259）　2．個別原価計算の種類（261）　3．仕損品と仕損費（262）　4．仕損費の処理と仕損品の売却（264）　5．作業屑の処理（265）

第24章 総合原価計算（Ⅰ） ―― 267
1．総合原価計算の特徴（267）　2．総合原価計算の種類（268）　3．単純総合原価計算（268）　4．等級別総合原価計算（276）　5．組別総合原価計算（279）

第25章 総合原価計算（Ⅱ） ―― 283
1．工程別総合原価計算（283）　2．副産物の評価、作業屑・仕損品の処理（289）　3．連産品（290）　4．仕損と減損（290）

第26章 製品の完成・販売と決算 ―― 295
1．製品の完成（295）　2．製品の販売（297）　3．工業簿記における決算（298）　4．損益計算書と製造原価報告書（299）　5．工場会計の独立（302）

第27章 標準原価計算（Ⅰ） ―― 304
1．標準原価計算の意義と目的（304）　2．標準原価計算の手続きと標準原価のタイプ（305）　3．原価標準の設定（306）　4．標準原価の計算（311）　5．標準原価の勘定記入（312）

第28章 標準原価計算（Ⅱ） ―― 318
1．標準原価差異の分析（318）　2．直接材料費差異の分析（319）　3．直接労務費差異の分析（322）　4．製造間接費差異の分析（325）　5．原価差異の会計処理（333）

第29章 CVP（原価・営業量・利益）関係の分析 ―― 336
1．CVP分析の意義と損益分岐点分析（336）　2．損益分岐図表（338）　3．損益分岐点分析の計算式（340）　4．目標利益とCVP分析（343）　5．原価予測の方法（346）

第30章 直接原価計算 ―― 351
1．直接原価計算の特徴と意義（351）　2．直接原価計算による損益計算（353）　3．直接原価計算による記帳手続き（358）　4．全部原価計算と直接原価計算による営業利益と固定費調整（360）

第31章 業務的意思決定 ―― 363
1．経営意思決定と業務的意思決定（363）　2．意思決定のための原価概念（363）　3．差額原価収益分析（366）　4．最適発注量の決定（経済的発注量）（EOQ））（371）

第32章 構造的意思決定 ―― 374
1．構造的意思決定と設備投資意思決定（374）　2．設備投資意思決定の特徴（374）　3．設備投資意思決定における基礎概念（375）　4．設備投資案の評価方法（378）　5．法人税と毎期のキャッシュ・フローの見積もり（385）

付　録 A．現価係数表　387
　　　　B．年金現価係数表　388

索　引　389

第Ⅰ部　商業簿記

第1章　簿記の基礎概念

☆1．複式簿記の意義

　簿記 (book-keeping) は，企業，政府，家計などの経済単位が行う，財貨やサービスの授受，金銭の収支や賃貸等によって生じる利益や損失などの経済活動について，これを貨幣単位に換算して，継続的に記録するものである。継続的な記録を行うことによって，人間の記憶を補完し，経済活動の物的証拠として，経済単位の経営活動の基礎資料となる。また，外部から受け入れた財産を管理する者にとっては，自己の管理責任を明示するための資料となる。簿記は，計算技術そのものであり，特定の経済単位に帰属する財産の増減過程に関する因果関係を計数的に明らかにして，当該財産の管理保全を行うための計算技術である。

　一般に，個人商店や株式会社などの企業では，**複式簿記**という形式の簿記が用いられる。複式簿記は，企業に投下された資本の全体としての価値が，資本の構成部分の価値の総和に等しいという論理を基礎として，資本，およびその各構成部分の転換過程を記録することによって，資本の運動過程を把握する技法である。この複式簿記は，簿記の記録・計算機構の違いから，**単式簿記**と対比される。単式簿記は，経済単位の取引を帳簿に発生順に記録していくもので，記帳方法が単純で，常識的ではあるが，各帳簿間に関連性がないため，期間損益の正確性や期末の財政状態が真実であるかの確認が不正確なものとなる可能性がある。これに対して複式簿記は，経済単位のすべての取引を組織的に記録し，決算を行うため，使用される帳簿が有機的に関連し，**自己検証能力**をもつ簿記である。

☆2．複式簿記の前提

　複式簿記は，いくつかの条件を前提として成り立っている。その第1は，**企業単位**の前提である。複式簿記は，個人商店であろうと株式会社であろうと，資本主や株主から独立した存在として，企業それ自体の経済的行為に関する記録・計算を行う。すなわち会計単位とは，独立した記録・計算を行う経済単位を意味し，簿記の記帳範囲を規定するものである。株式会社においては，会社全体，支店あるいは工場などのように，その範囲を限定して，記録・計算を行う。また，個人商店では，店主の事業と家計を分離して，記録・計算を行う必要がある。この前提は，複式簿記における記帳範囲を限定するもので，企業会計では企業実体の前提と呼ばれるものである。企業実体という概念は，経済的実体を意味するもので，法的な実体とは一致しない場合がある。たとえば，本支店のように1つの法的実体が複数の企業実体から構成される場合や，企業集団のように1つの企業実体が複数の法的実体から構成される場合もある。

　第2は，**貨幣測定**の前提である。貨幣経済を中心とする現代の経済においては，企業の経済活動を複式簿記によって記録・計算する場合，記帳の対象となるすべての経済事象を共通の計算尺度である貨幣量（円，ポンド，ドル，ユーロ，ウォンなど）で計上するという前提である。

　第3は，**会計期間**の前提である。複式簿記では，記帳範囲や表現方法の限定ばかりでなく，時間的な限定も要求される。株式会社の発達にともない，これが継続企業（企業会計では，企業の経済活動が永続するという仮定の上に成立している）として定着すると，株主に定期的に配当を支払う必要から，企業の経済活動を適当な期間に区切り，これまでの記録を整理し，一定期間の**経営成績**と一定時点の**財政状態**を把握する決算を行う。この期間を**会計期間**あるいは会計年度という。

☆3．複式簿記の目的と要素

　複式簿記の主要な目的には，（1）備忘録および経営の基礎資料としての経済行為の歴史的記録，（2）一定時点の財政状態の把握，（3）一定期間の経営成績の把握の3点がある。複式簿記は継続的で組織的な記録によって，人間の記憶を補完すると同時に，誤謬の修正に利用することによって，効率的な経営を行うための基礎資料となる。また，企業は，過去の経営成績や現在の財政状態を把握することによって，将来の経営方針決定の基礎資料として複式簿記を利用する。さらに，社会的な制度によって利害関係者に対して企業の現在の状態を報告しなければならない場合には，その基礎資料となる。

　企業の財政状態や経営成績を把握するため，複式簿記では，企業の経済活動の継続的な記録を行うにあたって，企業における取引を以下の5つの要素に分類して，金額に換算し記録，計算，整理を行う。

（1）資　産

　資産とは，企業に投下された資金の具体的な運用形態の総称である。具体的には企業の所有する財貨や権利などである。
　資産項目を例示すれば，
　　流動資産：現金，当座預金，受取手形，売掛金，有価証券，商品，前払費
　　　　　　　用など
　　固定資産：建物，機械，車輌運搬具，備品，土地，営業権，商標権，投資
　　　　　　　有価証券，長期貸付金など
　　繰延資産：創立費，開業費，社債発行費など

（2）負　債

　負債とは，一定時点において，特定の会計単位が債権者に対して，後日，財貨や役務を提供する義務のことで，他人資本，債権者持分と呼ばれることもある。

負債項目を例示すれば,
　　流動負債：支払手形, 買掛金, 借入金, 未払費用など
　　固定負債：社債, 長期借入金など

(3) **純資産（資本）**
企業の総資産から総負債を差し引いた正味財産のことで, 企業活動の元手となるものである。
　純資産（資本）項目を例示すれば,
　　資本金, 資本剰余金, 利益剰余金, 自己株式など

(4) **収　益**
財貨や用役の受入れによって, 企業の財産を増加させる原因となる事象をいう。
　収益項目を例示すれば,
　　売上, 受取利息, 仕入割引, 固定資産売却益, 雑益など

(5) **費　用**
収益を獲得するために費消した経済的価値犠牲のことである。
　費用項目を例示すれば,
　　仕入, 広告宣伝費, 発送費, 給料, 減価償却費, 支払利息, 租税公課, 有価証券売却損, 雑費など

　このような複式簿記の要素のうち, 資産, 負債, 純資産（資本）を記録・計算・整理することによって, 複式簿記の目的の1つである, 一定時点の財政状態を明らかにすることができる。このように期末の資産, 負債, 純資産（資本）の残高を一覧にして財政状態を示した表を**貸借対照表**という。

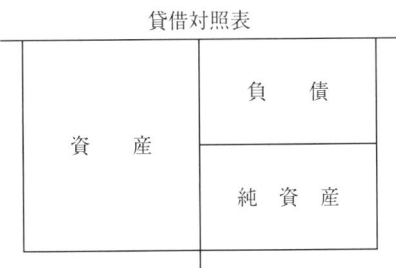

また，企業の一定期間の収益と費用を比較・計算することによって，複式簿記の1つの目的である，一定期間の経営成績を表示することができる。この一定期間の収益と費用を比較・計算し，整理した計算書を**損益計算書**という。

損益計算書

費　用	収　益

☆4．取引と勘定

複式簿記では，企業の資産，負債，純資産，収益，費用の各要素に増減変化をもたらす事象を取引と呼ぶ。これを**簿記上の取引**といい，一般的な取引とは区別される。簿記上の取引は各要素の増減変化をもたらす原因は問われず，たとえば，盗難や災害による現金や商品の減少は一般的な取引ではないが，結果的に資産の減少をもたらすことになるので，簿記上の取引に含まれる。また，土地や機械の賃貸借契約は一般的な意味では取引であるが，契約それ自体は各要素の増減をもたらすものではないので，簿記上の取引ではない。契約が履行され，費用等が発生した場合に簿記上の取引となる。

複式簿記では簿記上の取引となるものは，すべて記録することになる。記録に際して，各取引の要素を細かく分類して名称を付け，勘定口座を設けて記録を行う。**勘定**とは，複式簿記における記録・計算を行うための固有の単位で，細かく分類された勘定に付けられた名称を勘定科目という。たとえば，資産の

項目である当座預金について，以下のようなT字型勘定の口座を設けて当座預金勘定を記録する。

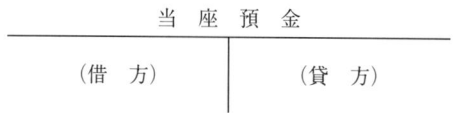

勘定は，向かって左側を**借方**，右側を**貸方**という。この借方と貸方について要素ごと一定の規則に従って取引を記録する。勘定記入の基本ルールは以下のようなものである。

図表1－1　勘定記入の基本ルール

	勘　定	借方記入	貸方記入
1	資　産	増　加	減　少
2	負　債	減　少	増　加
3	純資産（資本）	減　少	増　加
4	収　益	（消減）	発　生
5	費　用	発　生	（消減）

資　産			負　債	
増　加	減　少		減　少	増　加

純資産			収　益	
減　少	増　加		（消減）	発　生

費　用	
発　生	（消減）

簿記上の取引を分析し，記録する基礎となるのは，以下に示すような簿記の基本等式である。

資　産　＝　負　債　＋　純資産（資本）

　簿記の基本等式は，左辺に資産，右辺に負債および純資産（資本）で成り立っており，等号の左側項目である資産に属する勘定の合計額と，右側項目である負債および純資産（資本）に属する勘定の合計額が必ず等しくなることを示している。また，収益は純資産（資本）を増加させる項目であり，費用は純資産（資本）を減少させる項目である。以上の点を図示すれば図表１－２のようになる。

図表１－２　基本等式と勘定

資　産	＝	負　債	＋	純資産（資本）
（＋）｜（－）		（－）｜（＋）		（－）｜（＋）

資　産	＝	負　債	＋	純資産（資本）
（＋）｜（－）		（－）｜（＋）		（－）｜（＋）
				費　用　｜　収　益
				（＋）｜（－）｜（－）｜（＋）

　複式簿記では，取引の勘定記入にあたって以下のような重要なルールがある。
（１）１つの取引について，２つ以上の勘定に記入する。
（２）１つの取引について，借方合計額と貸方合計額は一致する。
　たとえば，現金¥100,000と備品¥50,000を元入れして営業を開始したという取引の場合には，

現金の受入れ → 現金（資産）の増加 → 現金勘定借方に金額100,000を記入
備品の受入れ → 備品（資産）の増加 → 備品勘定借方に金額50,000を記入
資本の元入れ → 資本金（資本）*の増加 → 資本金勘定貸方に金額150,000を記入

　＊取引の構成要素として表記する場合は，以下，資本とする。
となる。

☆5．仕訳と勘定

　仕訳とは，企業の経済行為が簿記上の取引であるかどうかを確認して，金額を測定し，簿記上の要素に分類し，勘定科目を決定する手続きである。仕訳は，取引が行われるたびごとに，その発生順に行われる。
　たとえば，銀行から現金￥200,000を借り入れた場合の取引の仕訳は以下のようになる。

　現金（資産）の増加 → 現金勘定借方に￥200,000を記入

　借入金（負債）の増加 → 借入金勘定貸方に￥200,000を記入

　仕訳では，

　　（借）現　　　金　　200,000　　　（貸）借　入　金　　200,000

となる。
　取引について，仕訳を行った後，同じ内容を勘定口座に記入する。これを**転記**という。

5/9（借）現　　　金　　200,000　　　（貸）借　入　金　　200,000
　　　　　　　　⇩　　　　　　　　　　　　　　⇩

（借）	現　　金	（貸）		（借）	借　入　金	（貸）
5/9 借入金 200,000						5/9 現　金 200,000

　転記する場合，金額だけでなく，取引の日付と相手勘定および金額が記入される。
　以上のように，取引が行われると，その発生順に仕訳が行われ**仕訳帳**（すべての取引を日付順に記録する帳簿）に記入され，転記が行われる。転記は，**総勘定元帳**（仕訳を勘定科目ごとに集計する帳簿）に記入される。

第2章　簿記一巡の手続き

☆1．簿記一巡の手続きの意義

　第1章で学んだように，複式簿記によって企業の財政状態をあらわす貸借対照表と経営成績をあらわす損益計算書とが作成される。そこに辿り着くまでの一連の作業を**簿記一巡の手続き**とよぶ。大づかみに説明すれば，企業が日常的に行う取引を記録・集計するために必要な作業の手順のことであり，図表2－1のようにまとめられる。

　基本的に企業は，1年とか半年といったように，期間（**会計期間**）を区切って営業活動を行っている。何月何日に開始して終了するかは企業によって異なるが，期間の最初の日を**期首**，最後の日を**期末**（または**決算日**）といい，期首

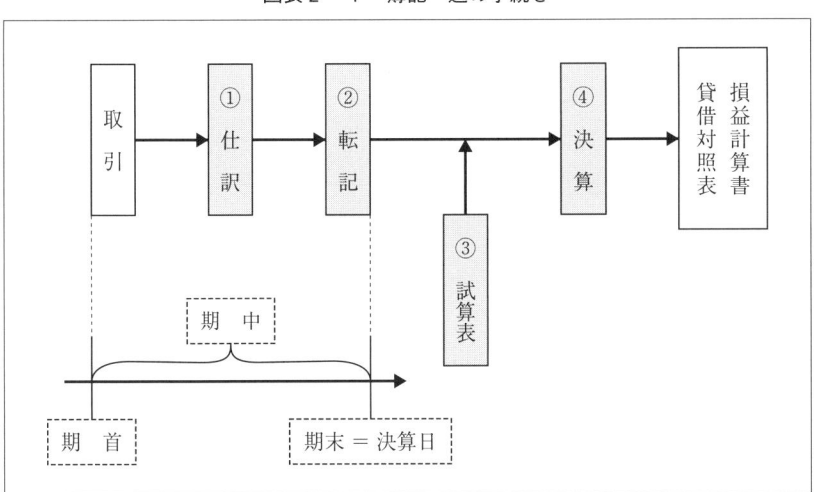

図表2－1　簿記一巡の手続き

から期末までを**期中**という。

この期中に取引が生じるたびに行うのが，①**仕訳**と②**転記**であり，期末（決算日）以降に行うのが，④**決算**から貸借対照表と損益計算書の作成にいたる手続きである。なお，決算予備手続きとして，③**試算表**が作成される。この章では，①から④にいたる流れを詳しくみていこう。

☆2．仕　訳

　企業が期中に行う取引の数は膨大であり，それをコンパクトに記録する方法が必要である。第1章で学んだように，取引を端的にあらわす名称である**勘定科目**とその金額とを用いて，各取引を**仕訳帳**という帳簿に時系列で記録していく作業が**仕訳**である。重要なのは，複式簿記を構成する資産・負債・資本・収益・費用の5つの要素の把握である。以下，いくつかの単純なケースに焦点をあわせて，仕訳の方法を復習する。

☆（1）**資産の購入**

　さしあたり，何かが増えた分だけ何かが減ることをイメージするのが近道かもしれない。その代表が，資産を購入するケースである。企業が営業活動を行うにあたっては，かならず何らかの資産を活用するため，こうした取引は日常的に生じているはずである。

　たとえば，「商品¥200,000を現金で仕入れた」場合の仕訳を考える。商品と現金はともに資産のカテゴリーに入るとともに，その増加は借方（左側），減少は貸方（右側）にそれぞれ記録されることを思い出せばよい。この場合は，商品という資産が増加するかわりに，現金という資産が減少するから，仕訳は次のようになる。

　　　（借）　商　　品　　200,000　　　（貸）　現　　金　　200,000

（借）　資産の増加　×××　　（貸）　資産の減少　×××

例題2－1　次の取引の仕訳を示しなさい。
　　　　　建物¥1,000,000と備品¥20,000とを，すべて現金で購入した。

《解　説》　建物と備品はいずれも資産であり，それらが現金という別の資産の減少
　　　　　と引き換えに増加している。
　　　　　（借）　建　　　物　1,000,000　　（貸）　現　　　金　1,020,000
　　　　　　　　備　　　品　　　20,000

☆（2）資金の調達

　企業を設立する際にも営業活動の範囲を拡大する際にも，かならず必要になるのが資金である。その資金をどのように調達するかが，2つ目に把握しておきたいケースである。資金は出資者が**元入れ**をする，あるいは銀行から借り入れるなど，さまざまな方法によって調達される。

　いま，「銀行から¥150,000だけ現金を借り入れた」としよう。現金という資産が¥150,000増える一方で，この現金はいずれ銀行に返済しなければならない。これは結局，¥150,000だけ**借入金**（負債）が増加したことを意味する。負債の増加は貸方に記入されたから，仕訳は次のとおりである。

　　　　（借）　現　　　金　150,000　　（貸）　借　入　金　150,000

（借）　資産の増加　×××	（貸）　負債の増加　×××

　同様に，「出資者が¥250,000の現金を元入れした」場合はどうなるであろうか。企業に現金が流入した事実は上記のケースと同じであるが，ここでは出資者による元入れが，**資本金**（資本）の増加に該当することに注意しなければならない。資本の増加は貸方に記入されるので，仕訳は次のようになる。

　　　　（借）　現　　　金　250,000　　（貸）　資　本　金　250,000

（借）　資産の増加　×××	（貸）　資本の増加　×××

例題2－2　次の取引の仕訳を示しなさい。
　　　　　現金¥100,000を銀行に返済した。

第2章　簿記一巡の手続き　◇　11

《解　説》　この取引によって負債は減少するから，借入金を借方に記入するとともに，同額の現金の減少（資産の減少）を貸方に記入する。

(借)　借　入　金　100,000　　(貸)　現　　金　100,000

☆（3）収益・費用の発生

3つ目のケースは，収益や費用が発生した場合の処理である。収益は資本を増加させるから貸方に，費用は資本を減少させるから借方に，それぞれ記入される。もっとも頻繁に使用される収益と費用の勘定科目は，第3章で説明する商品売買のときにあらわれる。

たとえば，「¥200,000で仕入れた商品すべてを¥300,000で売り上げ，代金は現金で受け取った」ときの仕訳はどうなるか。商品という資産が¥200,000だけ減少するのと引き換えに，¥300,000の現金が獲得されている。差し引き¥100,000の儲け（＝**商品売買益**）は収益に該当するので，仕訳は次のとおりである。

(借)　現　　金　300,000　　(貸)　商　　品　200,000
　　　　　　　　　　　　　　　　商品売買益　100,000

| (借)　資産の増加　×××　| (貸)　収益の発生　××× |

もっと単純な事例を考えると，「借入金の利息¥5,000を現金で支払った」ときは，

(借)　支払利息　5,000　　(貸)　現　　金　5,000

| (借)　費用の発生　×××　| (貸)　資産の減少　××× |

となる。これは，利息を支払うことが企業の資本を¥5,000だけ減らすことにつながるから，それだけの費用（**支払利息**）が発生していることを意味する。同じ金額の現金が企業から流出するので，貸方は現金（＝資産の減少）となる。

> 例題2－3　次の取引の仕訳を示しなさい。
> ￥200,000で仕入れた商品すべてを￥150,000で売り上げ，現金を受け取った。

《解　説》　上記の商品売買の事例と逆に，ここでは商品が原価￥200,000よりも低い価格￥150,000で販売されているから，￥50,000の費用（＝**商品売買損**）が生じている。

　　（借）　現　　　金　　150,000　　（貸）　商　　　品　　200,000
　　　　　　商品売買損　　 50,000

☆（4）仕訳のポイントと仕訳帳への記入

3つの代表的な事例を用いて簡単な仕訳を行ったが，もちろんほかにも多くのパターンを考えることができる。しかし，どのような場合であれ仕訳の要点は，おおむね次の4点にまとめられる。

① 取引を分解して，借方・貸方の両側面から二面的に理解する。
② 登場する勘定科目が資産・負債・資本・収益・費用のいずれに該当するかを把握する。
③ 5つの要素の増減と整合するように，借方と貸方に勘定科目と金額を記入する。
④ 借方金額の合計と貸方金額の合計とは，かならず一致しなければならないので，それを確認する。

ところで，すべての仕訳は，取引の発生順に**仕訳帳**に記入される。第3節の総勘定元帳とならび，すべての取引を網羅した仕訳帳は，その重要性から**主要簿**とよばれる。p.10－12の設例のいくつかを取り上げ，仕訳帳への記入例を示したものが，次の図表2－2である。

図表2－2　仕訳帳

平成×年		摘　要		元丁	借　方	貸　方
4	1	（現　金）　　　（資 本 金）元入れして営業開始	1 7	250,000	250,000
	2	（現　金）　　　（借 入 金）銀行から現金を借り入れ	1 6	150,000	150,000
	4	（商　品）　　　（現　　金）仕入先から商品を仕入れ	3 1	200,000	200,000
	7	（現　金）　　　（諸　　口） 　　　　　　　　（商　　品） 　　　　　　　　（商品売買益） 得意先に商品を売り上げ	1 3 8	300,000	200,000 100,000

※仕訳帳のページ数：①

諸口＝複数の勘定科目のうえに記入
小書き＝取引の内容を簡潔に記入
元丁欄＝転記したあとに口座番号などを記入

☆3．転　記

　仕訳帳には，期中の営業活動にかかわる仕訳が時系列で記入されるので，その中から現金という勘定科目だけを取り出して，金額の推移をみるのはきわめて煩雑である。したがって，各勘定科目の金額の動きを，1つずつまとめて表示しておいたほうが便利である。

　総勘定元帳とよばれる帳簿に，仕訳帳から各勘定科目に関する取引の記録を移していく作業を**転記**という。図表2－3に示されるように，現金や商品といった1つひとつの勘定科目に対して**勘定口座**（○○勘定とよぶ）が設けられており，それぞれの勘定口座には**口座番号**が付される。この番号は，仕訳帳との連絡をスムーズに行うための工夫の一環である。なお，以下では単純化のため，

図表2−3 総勘定元帳のフォーマット

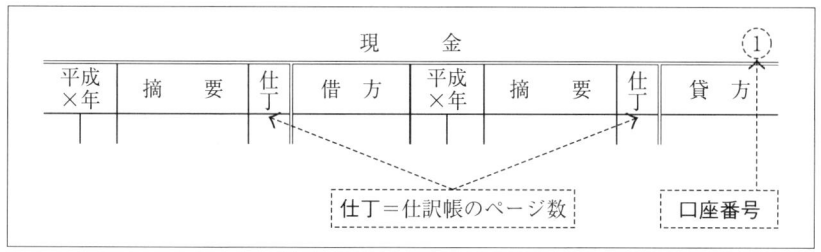

仕丁や口座番号を省いた略式の勘定口座を用いる。

第2節でみた設例をもとに，転記の作業を再現してみよう。ここでは，企業が1カ月間に手がけた5つの取引を，日付順に次のように設定する。

> 例題2−4 次の取引について仕訳を示すとともに，商品勘定への転記を行いなさい。
> ① 4月1日，現金￥250,000を元入れして，開業した。
> ② 4月5日，銀行から現金￥150,000を借り入れた。
> ③ 4月9日，商品￥200,000を現金で仕入れた。
> ④ 4月15日，9に仕入れた商品をすべて￥300,000で売り上げ，代金は現金で受け取った。
> ⑤ 4月21日，借入金のうち￥100,000を返済するとともに，利息￥5,000を現金で支払った。

《解説》　まず，仕訳を行うと，以下のようになる。

① 4／1　（借）現　　金　250,000　（貸）資本金　250,000
② 4／5　（借）現　　金　150,000　（貸）借入金　150,000
③ 4／9　（借）商　　品　200,000　（貸）現　　金　200,000
④ 4／15 （借）現　　金　300,000　（貸）商　　品　200,000
　　　　　　　　　　　　　　　　　　　　商品売買益 100,000
⑤ 4／21 （借）借入金　100,000　（貸）現　　金　105,000
　　　　　　　支払利息　5,000

　もちろん，現実の取引はもっと頻繁であり金額も大きくなるはずであるが，さしあたりここで用いられる勘定科目は5つである。いま，商品勘定のみを取り上げ，転記したものを図表2−4に示す。

第2章　簿記一巡の手続き　◇　15

図表2－4　商品勘定への転記

商品勘定は，4月9日の借方と15日の貸方にそれぞれ登場するから，日付と金額を貸借そのままに移す。日付と金額に挟まれた摘要欄には，仕訳時に反対側に仕訳された勘定科目を記入する。これは，9日に商品が¥200,000だけ増加しているが，その対価は何であったかを意味する。15日も同様に，¥200,000の商品が減少した際に，現金を対価として受け取っていることがわかる。

> 例題2－5　例題2－4の取引について，商品勘定以外のすべての勘定口座への転記を行いなさい。

《解　説》

```
              現        金
4/ 1 資本金 250,000 │ 4/ 9 商  品 200,000
   5 借入金 150,000 │   21 諸  口 105,000
  15 諸  口 300,000 │

              借  入  金                              資  本  金
4/21 現  金 100,000 │ 4/ 5 現  金 150,000              │ 4/ 1 現  金 250,000

              商品売買益                              支  払  利  息
                    │ 4/15 現  金 100,000   4/21 現  金 5,000 │
```

なお，第2節で仕訳帳に関して説明した（p.14）ように，「諸口」は相手方勘定が複数存在することを示す。たとえば，現金勘定における15日の転記であれば，商品¥200,000と商品売買益¥100,000の記入を総合して諸口と記している。

☆4. 試算表

　このように各勘定にまとめられた企業の取引の記録が，正確であるかどうかは，**試算表**の作成を通じて厳密に検証されなければならない。なぜなら，転記の誤りは，総勘定元帳の記録をもとに作成される貸借対照表や損益計算書の信頼性を損ねるからである。また，簿記一巡の手続きの最終段階である決算を円滑にする意味で，試算表の作成は決算予備手続きの一環として位置付けられている。

☆（1）合計試算表

　個々の仕訳において，借方金額の合計と貸方金額の合計とは，かならず一致しなければならないことは，すでに述べたとおりである（p.13）。そうなると，転記が正確にもれなく行われるかぎり，総勘定元帳のすべての勘定の借方に記入した金額の合計と貸方に記入した金額の合計とは，常に等しくなる。これを**貸借平均の原理**とよぶ。

　この貸借平均の原理から導かれるのが，**合計試算表**である。各勘定の借方合計額と貸方合計額とを一覧にし，それを集計することで，転記の際の誤りを発見する重要な手掛かりを与えている。第3節の例題2－4・2－5をそのまま用いて，各勘定の記録から合計試算表を作成すると，図表2－5のようになる。

　たとえば，現金勘定（p.16）を振り返ると，借方金額の合計は700,000であり，貸方金額の合計は305,000であった。それらの金額を合計試算表の現金勘定の両側に記入してやればよい。問題なのは，すべての勘定について同じ作業を行ったときに，借方合計額と貸方合計額が一致するかどうかである。

　それらが一致しない（たとえば，借方合計額は¥1,005,000であるのに，貸方合計額が¥1,000,000となるような）場合，転記の際に何らかのミスがあった可能性が高い。しかし，特定の取引の仕訳を忘れた，あるいは貸借は正しいが勘定口座を誤って転記したといったミスの場合，貸借平均の原理が成立している以上，

図表2－5　合計試算表の作成

<table>
<tr><td colspan="3" align="center">合 計 試 算 表
平成×年4月30日</td></tr>
<tr><td align="center">借　方</td><td align="center">勘 定 科 目</td><td align="center">貸　方</td></tr>
<tr><td align="right">700,000</td><td>現　　　　金</td><td align="right">305,000</td></tr>
<tr><td align="right">200,000</td><td>商　　　　品</td><td align="right">200,000</td></tr>
<tr><td align="right">100,000</td><td>借　入　金</td><td align="right">150,000</td></tr>
<tr><td></td><td>資　本　金</td><td align="right">250,000</td></tr>
<tr><td></td><td>商 品 売 買 益</td><td align="right">100,000</td></tr>
<tr><td align="right">5,000</td><td>支 払 利 息</td><td></td></tr>
<tr><td align="right">1,005,000</td><td></td><td align="right">1,005,000</td></tr>
</table>

（一致）

合計試算表を用いても発見することができない。このような限界は，次の残高試算表にも共通する。

☆（2）残高試算表

　総勘定元帳の各勘定をみれば（たとえばp.16），借方金額の合計と貸方金額の合計とがかならずしも一致しないことが確認される。その場合，借方ないし貸方のいずれかに，**残高**が生じている。この残高を集めて作成されるのが，**残高試算表**である。残高試算表には，転記の正確性の検証だけでなく，決算の直接の資料としての役割も与えられている。第3節の例題2－4・2－5から残高試算表を作成したものが，図表2－6である。

　残高の取り扱いには注意を要する。たとえば，p.16の現金勘定の場合，借方合計¥700,000と貸方合計¥305,000とで，差し引き¥395,000の残高が生じているが，借方のほうが大きいため，このときには借方残高が生じていることになる。基本的に，資産と費用は借方残高，負債・資本および収益は貸方残高となる。ちょうど，貸借対照表と損益計算書における5要素の配置と等しいわけである。

図表2-6　残高試算表の作成

残 高 試 算 表
平成×年4月30日

借　方	勘 定 科 目	貸　方
395,000	現　　　　金	
—	商　　　　品	
	借　入　金	50,000
	資　本　金	250,000
	商 品 売 買 益	100,000
5,000	支 払 利 息	
400,000		400,000

資産：借方の395,000と—
費用：借方の5,000
負債：貸方の50,000
資本：貸方の250,000
収益：貸方の100,000
400,000＝400,000（一致）

☆5．決　　算

　転記が正しく行われていることが確認されたら，総勘定元帳の**締め切り**をはじめとする決算の本手続きに移る。本来，期間計算の観点から総勘定元帳の記録を修正する決算整理を経なければならないが，これについては第13章に譲り，ここでは決算の内容を勘定間における**残高の振替**と総勘定元帳の締め切りに焦点をあわせて説明する。

☆（1）損益勘定への残高の振替

　まず，損益計算書に属する収益・費用の各勘定の残高を「**損益**」勘定という新たな勘定に振り替える。第3節の例題2－4・2－5になぞらえれば，商品売買益について¥100,000の貸方残高，支払利息について¥5,000の借方残高がある。これらを，次の**振替仕訳**をつうじて損益勘定に振り替える。

　　（借）　商品売買益　100,000　　（貸）　損　　　益　100,000
　　（借）　損　　　益　　5,000　　（貸）　支 払 利 息　　5,000

> 例題2－6　振替仕訳によって，商品売買益勘定と支払利息勘定の残高がなくなることを確認せよ。

《解　説》　上記の仕訳をそのまま転記すれば，次のように残高はなくなる。なお，日付は期末の日であり，ここでは4月30日とする。

	商品売買益			支払利息	
4/30 損　益　100,000	4/15 現　金　100,000	4/21 現　金　5,000	4/30 損　益　5,000

かわりに，図表2－7（a）のとおり，損益勘定には振り替えられた2つの勘定が金額とともに記入される。このとき，損益勘定では¥95,000の貸方残高になっており，これを次のように「資本金」勘定にさらに振り替える。

　（借）　損　　益　　95,000　　（貸）　資本金　　95,000

損益勘定における¥95,000の貸方残高は，費用に対する収益の超過を意味するため，要するに企業にとって**当期純利益**を意味する。したがって，その分だけ企業の資本金が増加したことになる。上記の仕訳を転記してみれば，図表2－7（b）よりこのことは明らかである。

図表2－7　損益勘定と資本金勘定

（a）収益・費用の各勘定の振替記入

	損	益	
4/30　支払利息　5,000	4/30　商品売買益　100,000

（b）資本金勘定への振替記入

	資　本　金	
	4/ 1　現　　金　250,000	
	30　損　　益　　95,000	資本の増加

☆（2）総勘定元帳の締め切りと繰越試算表

現在，主に用いられる**英米式決算法**では，貸借対照表に属する資産・負債・資本の各勘定については振替仕訳を求めず，「**次期繰越**」を用いて直接総勘定

元帳を締め切る方法を採用している。たとえば，第3節の例題2－4・2－5の現金勘定を掲げれば，図表2－8のように締め切られる。

図表2－8　現金勘定の締め切り

	現	金	
4/ 1 資 本 金	250,000	4/ 9 商　　品	200,000
5 借 入 金	150,000	21 諸　　口	105,000
15 諸　　口	300,000	30 次期繰越	**395,000**
	700,000		700,000
5/ 1 前期繰越	395,000		

（注）太字は，赤字での記入をあらわす。

なお，次の年度の期首に，次期繰越を記入した（この場合は貸方）のと反対側の摘要欄に「前期繰越」と記入する。前年度から引き継がれた残高を明らかにしておくこの手続きは，**開始記入**とよばれる。

> **例題2－7**　例題2－4・2－5について，現金以外のすべての勘定を締め切りなさい。

《解　説》　損益勘定から資本金勘定への振替えは終わっているから，手続きはいたって機械的である。

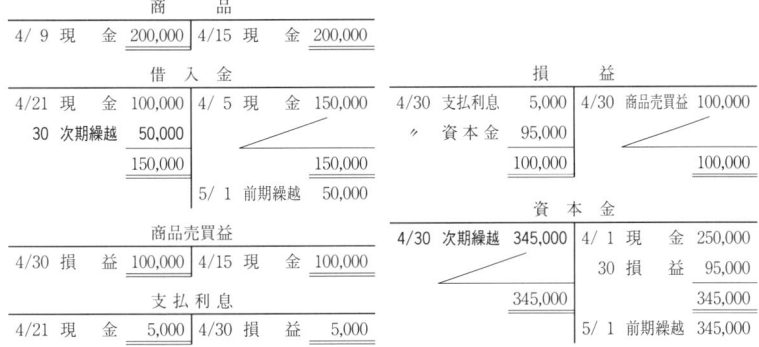

第2章　簿記一巡の手続き　◇ 21

以上は帳簿上での締め切りなので，手続き上の誤りがないかを確認するために，貸借対照表に属する勘定について，次期繰越高から**繰越試算表**を作成する。例題 2 － 7 に即してそれを作成したものが，図表 2 － 9 である。たとえば，現金勘定の貸方にあらわれる次期繰越 ¥395,000 は，借方残高をあらわすから，繰越試算表の借方に ¥395,000 と記入する。

　これにあわせて，仕訳帳をはじめ各種の帳簿も締め切る。以上が，単純な設定のもとでの簿記一巡の手続きの概要である。第 3 章以降では，複式簿記をめぐる各論について論じるが，ここで学習した経路を念頭におき，常にフィードバックしてやれば，複式簿記の全体像を俯瞰しやすくなるはずである。

図表 2 － 9　繰越試算表の作成

繰 越 試 算 表
平成×年 4 月30日

借　方	勘 定 科 目	貸　方
395,000	現　　　　金	
―	商　　　　品	
	借　入　金	50,000
	資　本　金	345,000
395,000		395,000

第3章　商品売買

☆1．商品売買の意義と基本処理

　商品売買は，企業の営業活動の核心をなす活動であり，その処理は複式簿記において重要な位置を占めている。とりわけ，購入された商品の原価の把握と，原価に上乗せされる利益の計算方法とに注意が必要である。商品売買に関するイメージをまとめると，図表3－1のようになる。

　まず，商品売買を行うまえに企業は，対象となる商品を仕入れる。そのときの価格を，**仕入原価**という。仕入れた商品を原価以上の価格で売り上げれば，**商品売買益**が得られる。会計期間における商品売買益の合計が，**売上総利益**である。この売上総利益の計算をどう行うかで，商品売買の処理はわかれる。

図表3－1　商品売買のプロセス

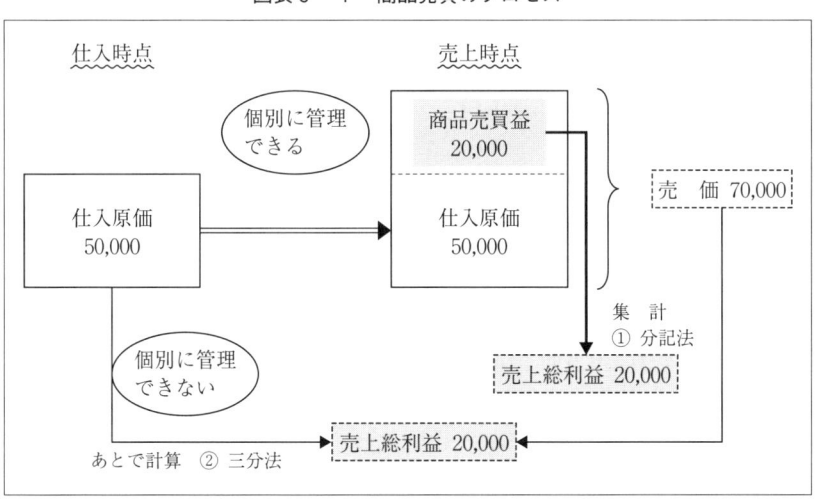

当該取引の回数が少ない場合には，個々の商品の仕入れから売り上げにいたる管理は容易だが，大量の商品を取り扱うような場合は事情が異なる。①分記法と②三分法は，これらの状況にそれぞれ対応している。この章では，①と②の方法を中心に，商品売買の処理と関連する帳簿への記入について解説する。

☆2．分記法と三分法

取り扱う商品の種類や数量が少なければ，売り上げのつど仕入原価を把握することができるかもしれない。**分記法**とは，商品を売り上げるたびに売価と原価の差額である商品売買益を認識する方法である。しかし，多くの種類の商品を大量に取り扱う企業では，売上時点で原価を把握することが難しい。この状況に対応するのが**三分法**であり，そこでは売り上げた商品の原価（売上原価）を何らかの手段で事後的に計算する。

【設　例】

① 5月6日，商品¥90,000を現金で仕入れた。
② 5月13日，6日の商品のうち¥50,000を¥65,000で売り上げ，代金は現金で受け取った。
③ 5月19日，商品¥110,000を仕入れ，代金は掛けとした。
④ 5月28日，19日の商品のうち¥80,000を¥105,000で売り上げ，代金は掛けとした。

☆（1）分記法

分記法では，商品を仕入れるたびに，商品という資産の増加を認識する。逆に，商品を売り上げたときには，その商品の原価分だけ資産が減少したことになる。売り上げた金額が原価を上回れば，**商品売買益**という収益が発生する。この方法による①5月6日と②13日の仕訳は，次のようになる。

① 5／6 （借）商　　品　90,000 （貸）現　　金　90,000
② 5／13 （借）現　　金　65,000 （貸）商　　品　50,000
　　　　　　　　　　　　　　　　　　　　商品売買益　15,000

なお,「掛け」での商品売買とは,代金の支払いを月末などに先延ばしすることを意味する。売り手には**売掛金**という資産が,買い手には**買掛金**という負債がそれぞれ発生する。これらを用いれば,③19日と④28日の仕訳は次のとおりである。

③　5／19　（借）商　　　品　　110,000　　（貸）買 掛 金　　110,000
④　5／28　（借）売 掛 金　　105,000　　（貸）商　　　品　　 80,000
　　　　　　　　　　　　　　　　　　　　　　　　商品売買益　　 25,000

　ちなみに,「5月19日の買掛金のうち¥70,000を現金で支払った」ときには,
　　　（借）買 掛 金　　70,000　　（貸）現　　　金　　70,000
となり,「28日の売掛金のうち¥65,000を現金で回収した」ときには,
　　　（借）現　　　金　　65,000　　（貸）売 掛 金　　65,000
となる。買掛金＝負債 と 売掛金＝資産が各々減少しているわけである。

☆（2）三分法

　これに対して三分法の場合は,**仕入**（費用）・**売上**（収益）および**繰越商品**（資産）という3つの勘定を用いる。そこでは,仕入れに際して商品（資産）ではなく仕入という費用を原価で計上するとともに,商品を売り上げるごとに,売上という収益を売価で計上する。商品売買益が認識されないため,決算においてあらためて売上原価を計算し,売上総利益を事後的に導く。三分法をもとに上記設例の仕訳を示すと,次のようになる。

①　5／6　 （借）仕　　　入　　 90,000　　（貸）現　　　金　　 90,000
②　5／13　（借）現　　　金　　 65,000　　（貸）売　　　上　　 65,000
③　5／19　（借）仕　　　入　　110,000　　（貸）買 掛 金　　110,000
④　5／28　（借）売 掛 金　　105,000　　（貸）売　　　上　　105,000

　繰越商品勘定は,売上原価の計算において重要な役割を果たす。これについては,第4節の商品有高帳の説明を参照されたい。なお,第4章以降,商品売買取引の仕訳はすべて三分法によって行う。

第3章　商品売買　◇　25

例題3－1 次の取引の仕訳を，分記法と三分法とで示しなさい。
① 1月10日，商品￥150,000を仕入れ，代金は掛けとした。
② 1月15日，10日の商品のうち￥90,000を￥115,000で売り渡し，代金は現金で受け取った。なお，当店負担の発送費￥3,000を現金で支払った。
③ 1月21日，商品￥240,000を仕入れ，代金は掛けとした。なお，引取運賃￥5,000を現金で支払った。
④ 1月24日，21日の商品のうち￥200,000を￥230,000で売り渡し，代金のうち￥60,000は現金で受け取り，残額は掛けとした。

《解　説》　②15日と③21日にあらわれる，発送費と引取運賃の処理に注意しよう。仕入れに付随する諸費用（引取運賃・運送保険料・手数料など）は，**仕入諸掛**とよばれ仕入原価に含める。他方，売り上げ時に発生する諸費用（発送運賃・荷造費など）は，当店負担の場合は**発送費**（費用）で処理し，相手方負担の場合は売掛金に加算するなどの処理を行う。仕訳は次のようになる。

		分記法			三分法	
①	1/10	（借）商　品　150,000	（貸）買掛金　150,000	（借）仕　入　150,000	（貸）買掛金　150,000
②	15	（借）現　金　115,000	（貸）商　品　　90,000	（借）現　金　115,000	（貸）売　上　115,000
			商品売買益　25,000	発送費　　3,000	現　金　　3,000
		発送費　　3,000	現　金　　3,000		
③	21	（借）商　品　245,000	（貸）買掛金　240,000	（借）仕　入　245,000	（貸）買掛金　240,000
			現　金　　5,000		現　金　　5,000
④	24	（借）現　金　　60,000	（貸）商　品　200,000	（借）現　金　　60,000	（貸）売　上　230,000
		売掛金　170,000	商品売買益　30,000	売掛金　170,000	

☆（3）返品と値引の処理

　他方，仕入れた商品が注文したものと異なって返品（**仕入戻し**）を行ったり，商品に傷や汚損がみつかり値引を受ける（**仕入値引**）ことがある。売り手の立場から言えば，それぞれ**売上戻り**と**売上値引**に相当する。買い手・売り手の観点から，これらの取引はどのように処理されるのであろうか。

　仕入戻し（売上戻り）・仕入値引（売上値引）のいずれの場合も，その金額分だけ以前の仕入れ（売り上げ）をキャンセルするかたちで，商品を仕入れた

（売り上げた）ときと反対の仕訳を行う。たとえば，「さきに掛けで仕入れた商品の一部¥20,000を返品する」ケースでは，

| 分記法 | 三分法 |

（借）買掛金 20,000　（貸）商　品 20,000　　（借）買掛金 20,000　（貸）仕　入 20,000

となり，「さきに掛けで仕入れた商品の一部につき，¥10,000の値引きを受けた」ケースでは，

| 分記法 | 三分法 |

（借）買掛金 10,000　（貸）商　品 10,000　　（借）買掛金 10,000　（貸）仕　入 10,000

となる。

　売り手の立場は，分記法の場合にやや複雑になる。「さきに掛けで売り上げた商品の一部¥20,000（原価¥16,000）の返品を受ける」ケースでは，

| 分記法 | 三分法 |

（借）商　品 16,000　（貸）売掛金 20,000　　（借）売　上 20,000　（貸）売掛金 20,000
　　　商品売買益 4,000

となり，「さきに掛けで売り上げた商品の一部につき，¥10,000の値引きを行う」ケースでは，

| 分記法 | 三分法 |

（借）商品売買益 10,000　（貸）売掛金 10,000　　（借）売　上 10,000　（貸）売掛金 10,000

となる。売上戻りの場合は商品売買益を原価からわけて戻し入れ，売上値引に際しては商品売買益のみを戻し入れることに注意が必要である。

（4）割戻と割引の処理

　返品や値引きとは異なり，一定期間内に一定の数量・金額以上の商品を仕入れ（売り上げ）る見返りに，代金の一部を払い戻される（払い戻す）ことを，**仕入割戻（売上割戻）**という。仕入れ金額または売り上げ金額の一部が減殺される点では返品・値引きと共通しており，仕訳も同じかたちで行われる。

　たとえば，「仕入先に対する買掛金¥100,000が割戻を受けられる金額であり，2％だけ支払いを免除され，残額を現金で支払った」ときの仕訳は，次のようになる。

第3章　商品売買　◇　27

|分記法|　　　　　　　　　　　　　　|三分法|
(借)買掛金 100,000 (貸)現　金 98,000　　(借)買掛金 100,000 (貸)現　金 98,000
　　　　　　　　　　　　商　品　2,000　　　　　　　　　　　　　　仕　入　2,000

　また，同じ取引について売り手の側から仕訳を行うと，次のようになる。

|分記法|　　　　　　　　　　　　　　|三分法|
(借)現　金 98,000 (貸)売掛金 100,000　　(借)現　金 98,000 (貸)売掛金 100,000
　　商品売買益　2,000　　　　　　　　　　　　　　売　上　2,000

　また，掛け代金を期日まえの一定期間内に支払うと，その一部が免除されることがあり，**仕入割引**または**売上割引**という。代金の決済を早めた分の利息が，払い戻されると考えればわかりやすい。利息に関係する取引は商品売買取引とは区別され，**仕入割引**勘定（収益）または**売上割引**勘定（費用）を用いて記録される。

　たとえば，「仕入先が提示する期限内に買掛金¥100,000を現金で支払ったため，2％の割引を受けた」ような場合，分記法・三分法ともに，

　　(借)　買　掛　金　　100,000　　　(貸)　現　　　金　　　98,000
　　　　　　　　　　　　　　　　　　　　　　仕　入　割　引　　2,000

となる。これを売り手の側からみると，仕訳は次のとおりである。

　　(借)　現　　　金　　　98,000　　　(貸)　売　掛　金　　100,000
　　　　　売　上　割　引　　2,000

☆3．仕入帳と売上帳

　期中における商品売買取引は，そのつど仕訳および転記の対象となるが，仕訳帳や総勘定元帳からは対象となる商品の名前や単価・数量といった詳細を把握することができない。そこで，商品売買の明細を明らかにするために，**仕入帳**と**売上帳**という2つの帳簿への記入が求められる。

　第2章でみたように，仕訳帳と総勘定元帳は，簿記一巡の手続きに一貫してかかわる帳簿であることから，**主要簿**とよばれる。これに対して，仕入帳や売上帳をはじめ取引の明細を明らかにするなどの目的で利用される帳簿は，**補助簿**とよばれる。第4節の商品有高帳も，この補助簿に含まれる。

☆（1）仕入帳

> 例題3－2　次の取引を仕入帳に記入して、締め切りなさい。
> ① 10月7日、津商店より次の商品を仕入れ、代金は掛けとした。
>   　A商品　70個　@￥700
> ② 10月10日、亀山商店より、次の商品を仕入れ、代金は掛けとした。
>   　B商品　100個　@￥800
>   　C商品　200個　@￥300
> ③ 10月14日、7日に津商店から仕入れたA商品のうち10個に傷がみつかり、@￥150の値引を受けた。
> ④ 10月20日、桑名商事より次の商品を仕入れ、代金は掛けとした。
>   　D商品　90個　@￥600
> ⑤ 10月23日、10日に亀山商店から仕入れたC商品のうち、不良品7個を返品した。

《解　説》　図表3－2に示されるように、仕入帳の記録を総勘定元帳の仕入勘定と照らし合わせると、総仕入高は借方合計額、仕入値引・戻し高は貸方合計額、純仕入高は借方残高と一致する。

図表3－2　仕入帳への記入

摘要欄には、仕入先名、支払方法品名、個数、単価の順に記載する。

仕　入　帳

平成×年		摘　　　　　　　　要	内　訳	金　額
10	7	津商店　　　　　　　　　　　掛け 　A商品　　70個　@￥700		49,000
	10	亀山商店　　　　　　　　　　掛け 　B商品　100個　@￥800 　C商品　200個　@￥300	80,000 60,000	140,000
	14	津商店　　　　　　　　　　掛け値引 　A商品　10個　@￥150		1,500
	20	桑名商事　　　　　　　　　　現金 　D商品　90個　@￥600		54,000
	23	亀山商店　　　　　　　　　掛け戻し 　C商品　7個　@￥300		2,100
	31	総仕入高 　　　　　仕入値引・戻し高 　　　　　　　　　純仕入高		243,000 3,600 239,400

仕　　入

10/ 7	買掛金	49,000	10/14	買掛金	1,500
10	買掛金	140,000	23	買掛金	2,100
20	現　金	54,000			

（注）太字は、赤字での記入をあらわす。

第3章　商品売買　◇　29

☆（２）売上帳

仕入帳と同様に，売上帳も例題を用いて作成してみよう。

> 例題３－３　次の取引を売上帳に記入しなさい。
> ①　10月12日，上野商店に次のとおり売り上げ，代金は掛けとした。
>   　　A商品　　35個　＠￥1,000
>   　　B商品　100個　＠￥1,100
> ②　10月15日，熊野商店に次のとおり商品を売り上げ，代金は掛けとした。
>   　　C商品　120個　＠￥430
> ③　10月17日，12日に上野商店に売り上げたB商品のうち，15個を返品された。
> ④　10月21日，鳥羽商事に次のとおり売り上げ，代金は現金で受け取った。
>   　　D商品　　40個　＠￥750
> ⑤　10月23日，15日に熊野商店に売り上げたC商品のうち13個に汚れがみつかったため，＠￥50の値引を承諾した。

《解　説》　記入の順序に注意して売上帳を作成すると，次の図表３－３のようになる。ここでも，売上勘定の数字との関係に注意しておこう。

図表３－３　売上帳への記入

		売	上			
10/17	買　掛　金	16,500	10/12	売　掛　金	145,000
23	買　掛　金	650	15	売　掛　金	51,600
			21	現　　　金	30,000

売　上　帳

平成×年		摘　　　　要			内　訳	金　額
10	12	上野商店		掛け		
		A商品　35個	@¥1,000		35,000	
		B商品　100個	@¥1,100		110,000	145,000
	15	熊野商店		掛け		
		C商品　120個	@¥430			51,600
	17	上野商店		掛け戻り		
		B商品　15個	@¥1,100			16,500
	21	鳥羽商事		現金		
		D商品　40個	@¥750			30,000
	23	熊野商店		掛け値引		
		C商品　13個	@¥50			650
	31			総売上高		226,600
				売上値引・戻り高		17,150
				純売上高		209,450

☆4．商品有高帳

　すでに述べたように，三分法によって商品売買の処理をする場合，決算にあたって売上原価を事後的に計算する必要がある。その作業に必要な資料を提供するのが，商品の増減と残高に関する明細を網羅した，**商品有高帳**という補助簿である。

　商品有高帳には，商品の種類ごとに受け入れ（売上戻りを含む）と払い出し（仕入値引・戻し・割戻を含む）のつど，数量・単価・金額が記録される。問題なのは，受け入れる商品の価格が時間とともに変動することである。同じ商品でも仕入原価が異なれば，販売された商品の原価を特定することが困難になるからである。

　したがって，商品の払い出しのたびに原価を計算し直さなくてすむように，一定のルールを設けてあらかじめ払出単価の特定方法を決めておいたほうが便利である。ここでは，**先入先出法**，**移動平均法**および**総平均法**という3つの方法を紹介したうえで，商品有高帳の役割について検討する。

☆（1）先入先出法

　この方法によれば，商品を払い出す際には，「先に仕入れた商品から順に払い出す」という前提にもとづいて処理をする。これはあくまで前提であって，実際にはかならずしも古い商品から販売されているとはかぎらない。帳簿上は先に仕入れた商品から払い出すため，期末における商品の残高は，新しく受け入れた商品の仕入原価を反映することになる。

　そのことを，次の設例を用いて確認しよう。なお，金額の単位（千円）は無視する。

【設例】

① 　6月1日，前月からの商品の繰越高は10個（@¥20）である。
② 　6月9日，商品30個（@¥24）を仕入れ，代金は現金で支払った。
③ 　6月18日，商品20個を@¥28で売り上げ，代金は掛けとした。
④ 　6月23日，商品20個（@¥27）を仕入れ，代金は掛けとした。
⑤ 　6月25日，商品30個を@¥30で売り上げ，代金は現金で受け取った。

　これらの取引について商品有高帳を示したものが，図表3－4である。③18日と⑤25日における販売単価（それぞれ@¥28と@¥30）は売価であり，商品有高帳にこれを記入してはならない。商品有高帳の役割は，払い出した商品の仕入原価を追跡することに置かれているからである。図表3－4の払出欄の金額から，6月における売上原価は¥1,190であったことが判明する。

　その一方，6月の売上高は，18日の¥560（20個×@¥28）と25日の¥900（30個×@¥30）の合計¥1,460である。これから上記の売上原価¥1,190を控除すれば，売上総利益¥270が求められる。三分法では販売された商品の仕入原価を捕捉していないため，売上総利益を計算するにあたって商品有高帳のような道具立てが必要となるのである。

　しかし，この結果は先入先出法の前提に依存しており，商品の払い出しに関して違う前提をおけば結果も変わってくる。いずれにせよ，仕入原価が継続的に上昇している場合，相対的に低い単価の商品から払い出されるため，期末における商品の残高（有高）は相対的に高くなることがわかる。

図表3−4 先入先出法による商品有高帳

商品有高帳 (単位：千円)

(先入先出法)

平成×年		摘要	受入			払出			残高		
			数量	単価	金額	数量	単価	金額	数量	単価	金額
6	1	前月繰越	10	20	200				10	20	200
	9	仕入れ	30	24	720				10	20	200
									30	24	720
	18	売り上げ				10	20	200			
						10	24	240	20	24	480
	23	仕入れ	20	27	540				20	24	480
									20	27	540
	25	売り上げ				20	24	480			
						10	27	270	10	27	270
	30	次月繰越				10	27	270			
			60		1,460	60		1,460			
7	1	前月繰越	10	27	270				10	27	270

売上原価

(注) 太字は赤字での記入をあらわす。

前月繰越（@¥20）がすべて払い出され，残り10個分はあらたに仕入れた商品（@¥24）が払い出される。

☆（2）移動平均法

それに対して，商品を受け入れるたびに，数量の合計と金額の合計とから，平均単価を割り出す方法が移動平均法である。単価の修正は残高欄で行われ，改訂された単価にもとづいて，その後の払い出し時における売上原価が計算される。上掲の設例（p.32）をもとに，移動平均法を用いて商品有高帳を作成してみよう。

> 例題3−4 設例に示された6月中の取引について，移動平均法によって商品有高帳を作成しなさい。
>
> 《解説》 受け入れ時点の処理に注意しながら商品有高帳を作成すると，次の図表3−5のようになる。

図表 3 − 5　移動平均法による商品有高帳

商品有高帳

（移動平均法）　　　　　　　　　　　　　　　　　　　　　　　　　　　（単位：千円）

平成×年		摘要	受入			払出			残高		
			数量	単価	金額	数量	単価	金額	数量	単価	金額
6	1	前月繰越	10	20	200				10	20	200
	9	仕入れ	30	24	720				40	23	920
	18	売り上げ				20	23	460	20	23	460
	23	仕入れ	20	27	540				40	25	1,000
	25	売り上げ				30	25	750	10	25	250
	30	次月繰越				10	25	250			
			60		1,460	60		1,460			
7	1	前月繰越	10	25	250				10	25	250

売上原価

数　　量：前月繰越 10個 ＋ 9日仕入 30個 ＝ 40個
金　　額：前月繰越 ¥200 ＋ 9日仕入 ¥720 ＝ ¥920
平均単価：¥920 ÷ 40個 ＝ ＠¥23

売上高は¥1,460であったから，このケースでは売上総利益の金額が，¥250（¥1,460 − ¥1,210）となる。先入先出法の場合とくらべると，売上総利益が¥20だけ減少している。これは，相対的に単価の高い新しい商品が，売上原価の計算に部分的にかかわるためである。

(3) 総平均法

この方法によれば，期末に一括して平均受入単価を計算し，その単価を遡及して売上原価を求める。期中の取引に関して払出欄と残高欄には，数量だけを記入し，期末に受入欄の金額合計を数量合計で割ることによって，平均単価を計算する。その単価をもとにして，払出欄の金額を記入する。

例題 3 − 5　次の取引について，総平均法によって商品有高帳を作成しなさい。
　　① 6月1日，前月繰越　15個　＠¥22
　　② 6月11日，仕入れ　20個　＠¥23
　　③ 6月17日，売り上げ　27個　＠¥29

④　6月21日，仕入れ　　25個　＠¥26
⑤　6月24日，売り上げ　23個　＠¥30

《解　説》　払出欄と残高欄には，①6月1日を除いて数量のみを記入していく。期末に一括して平均単価を計算した後，払出欄の金額を埋める。この点に留意して商品有高帳を作成すると，次の図表3－6のようになる。

図表3－6　総平均法による商品有高帳

商品有高帳

(総平均法)　　　　　　　　　　　　　　　　　　　　　　　　　　(単位：千円)

平成×年		摘　要	受　入			払　出			残　高		
			数量	単価	金額	数量	単価	金額	数量	単価	金額
6	1	前月繰越	15	22	330				15		330
	11	仕入れ	20	23	460				35		
	17	売り上げ				27	24	648	8		
	21	仕入れ	25	26	650				33		
	24	売り上げ				23	24	552	10	24	240
	30	次月繰越				10	24	240			
			60		1,440	60		1,440			
7	1	前月繰越	10	24	240				10	24	240

平均単価：¥1,440÷60個＝＠¥24　　　　　あとで記入

5．実地棚卸と商品の期末評価

　商品有高帳に記入された商品の期末残高に対して，数量や金額が妥当であるかどうかは，現物を調査する**実地棚卸**という作業をつうじて厳密に検証されなければならない。紛失などの理由で数量が足りなかったり，時価の下落によって帳簿上の金額が適切でないような場合，追加的な措置が必要になる。なお，ここでも金額の単位（千円）は無視する。

（1）棚卸減耗費

　紛失や盗難などによって，帳簿の記録よりも数量が不足している場合，減少

分の原価を**棚卸減耗費**勘定（費用）によって費用処理する。図表３－６では，「商品の期末数量は10個と記録されているが，実地棚卸の結果，8個であることが判明した」とき，¥48（2個×@¥24）の棚卸減耗費が発生しており，次の仕訳を行う。

　　（借）　棚卸減耗費　48　　　（貸）　繰越商品　48

　繰越商品（資産）は，商品の期末残高をあらわし，繰越商品の減少によって期末商品の価値が¥48だけ損なわれたことが示されている。

（２）商品評価損

　期末における商品の時価が，帳簿に記入された金額よりも低い場合に，**商品評価損**（費用）を認識する方法を**低価法**という。図表３－６のケースになぞらえて，「実地棚卸によって8個であることが確認された期末商品の時価が，@¥21であった」としよう。評価損の金額は¥24（8個×@¥3）であるから，低価法のもとでの仕訳は，次のようになる。

　　（借）　商品評価損　24　　　（貸）　繰越商品　24

　棚卸減耗費と商品評価損の計算は，次の図表３－７のようなボックス図を描くと計算しやすくなる。

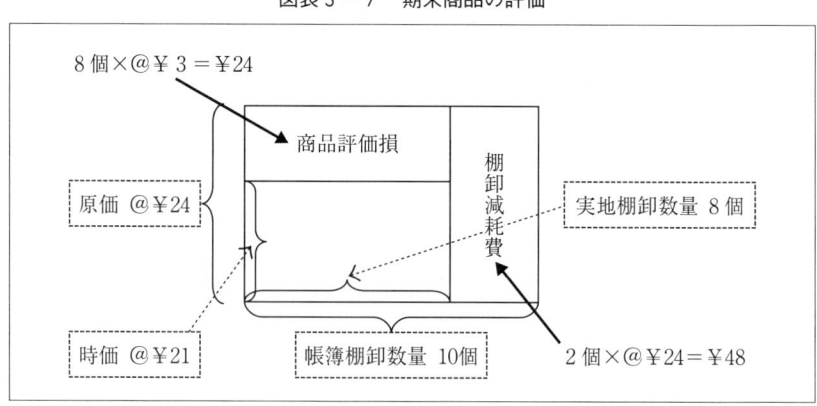

図表３－７　期末商品の評価

- 8個×@¥3＝¥24
- 商品評価損
- 原価 @¥24
- 棚卸減耗費
- 実地棚卸数量 8個
- 時価 @¥21
- 帳簿棚卸数量 10個
- 2個×@¥24＝¥48

第4章 現金預金

☆1. 現金預金の意義

　現金預金は，商品売買に関する代金の決済だけでなく，営業活動に必要な資産の購入など，幅広く用いられている。現金預金と一口に言っても，そこに含められるものはさまざまであり，その区別を理解することが求められる。同時に，現金預金の残高については，営業活動上とりわけ厳密な管理が要求されるため，補助簿の記録方法になじむことも重要である。この章では，図表4－1に示されるように，大きく5つの論点に焦点をあわせて解説する。

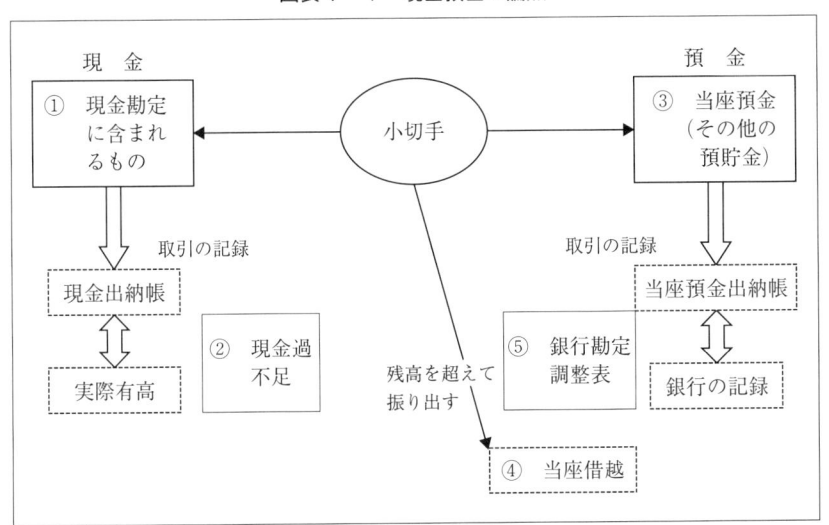

図表4－1　現金預金の論点

☆2．現金勘定

　現金勘定は資産であり，その増加は借方に，減少は貸方に記入される。この勘定に含まれるものとして，一部を示せば図表4－2のものが掲げられる。**小切手**は，第3節の当座預金で取り扱うが，基本的に小切手の所有者は振出人の預貯金口座から，券面に記された金額を引き出すことができる。同様に，**送金小切手**とは，送金目的地の銀行などを支払場所として振り出す小切手であり，遠隔地の取引先に送金するための手段である。

図表4－2　現金に含まれるもの

・通　貨
・通貨代用証券：他人振出の小切手，送金小切手，郵便為替証書， 　　　　　　　　配当金領収証など

　小切手を含む**通貨代用証券**は，いつでも通貨に引き換えることができる証券であり，それを所有していれば，通貨を所有していることと同義とみなされる。なお，**配当金領収証**を受け取った際は，次のように**受取配当金**勘定（収益）を用いて仕訳を行う。

　　（借）　現　　　金　　10,000　　（貸）　受取配当金　　10,000

☆（1）取引の仕訳

　まず，現金勘定にかかわる次の設例を，どのように処理するかをみてみよう。

【設　例】

① 8月5日，岡崎商店から商品¥150,000を仕入れ，代金は現金で支払った。
② 8月12日，豊田商店に商品¥200,000（原価¥170,000）を売り上げ，代金として同店振り出しの小切手を受け取った。
③ 8月18日，岐阜商店に商品¥180,000（原価¥150,000）を売り渡し，代金として送金小切手を受け取った。
④ 8月24日，知多商店に対する買掛金¥220,000を，現金で支払った。

　これらの取引について，仕訳を示すと次のとおりである。他店が振り出した小切手の受け取りは，すべて現金の増加とみなされる。

① 8／5　　（借）仕　　　入　　150,000　　（貸）現　　　金　　150,000
② 8／12　（借）現　　　金　　200,000　　（貸）売　　　上　　200,000
③ 8／18　（借）現　　　金　　180,000　　（貸）売　　　上　　180,000
④ 8／24　（借）買　掛　金　　220,000　　（貸）現　　　金　　220,000

☆（2）現金出納帳

　現金の受け払いは，総勘定元帳の現金勘定に記録されるが，取引内容に関する詳細は割愛されている。そこで，現金取引の明細を記録するため，補助簿である**現金出納帳**にもあわせて記入することが求められる。

　上記設例にもとづいて，現金出納帳を作成したのが，図表4－3である。なお，前月からの現金の繰越額は¥400,000と仮定している。ここでも，現金出納帳の残高は，つねに現金勘定の残高と一致することを確認しておこう。

第4章　現金預金　◇　39

図表4－3　現金出納帳

現金出納帳

平成×年		摘　　　　　要	収　入	支　出	残　高
8	1	前月繰越	400,000		400,000
	5	岡崎商店へ仕入れ代金支払い		150,000	250,000
	12	豊田商店へ商品売り上げ，小切手受け取り	200,000		450,000
	18	岐阜商店へ商品売り上げ，送金小切手受け取り	180,000		630,000
	24	知多商店へ掛け代金支払い		220,000	410,000
	31	次月繰越		**410,000**	
			780,000	780,000	
9	1	前月繰越	410,000		410,000

（注）太字は赤字での記入をあらわす。

```
              現　　　金
  8/ 1  前月繰越  400,000   8/ 5  仕　　入   150,000
     12  売　　上  200,000     24  買 掛 金   220,000
     18  売　　上  180,000     31  次月繰越   410,000
                   780,000                    780,000
```

☆（3）現金過不足

　図表4－3の現金出納帳または現金勘定をみれば，8月末の現金の残高は¥410,000であることがわかる。これを**帳簿残高**という。しかし，現金の実際有高を調べたときに，帳簿残高より多かったり少なかったりする場合がある。このような状況は現金過不足とよばれ，ただちに原因が調査される。

　原因がすぐに判明しない場合，さしあたり**現金過不足**勘定を用いて，帳簿残高を実際有高に一致させる。たとえば，p.39の設例のもとで，「8月末の現金の実際有高が¥390,000であった」場合，次の仕訳を行う。実際有高にあわせるために，帳簿上¥20,000だけ現金を減らしてやるわけである。

　　　（借）　現金過不足　　20,000　　（貸）　現　　金　　20,000

　後日，原因が明らかになった時点で，現金過不足から本来の勘定科目に振り替える。「現金過不足¥20,000のうち¥15,000は電話代の記入漏れであることがわかった」なら，次のとおりである。

（借）通　信　費　15,000　　（貸）現金過不足　15,000

　ただし，決算日まで原因がわからない場合，**雑損**（費用）もしくは**雑益**（収益）の勘定に振り替える。したがって，「現金過不足の残額￥5,000については，決算になっても原因不明である」ときは，

　　（借）雑　　　損　　5,000　　（貸）現金過不足　　5,000

となり，この時点で損失が確定する。結果として，現金過不足勘定は，決算の時点で残高がゼロになる。

例題4－1　次の取引の仕訳を示しなさい。
① 12月18日，現金の実際有高と帳簿残高を照合したところ，実際有高は￥280,000であり，帳簿残高は￥250,000であった。
② 12月27日，調査の結果，￥30,000の差異のうち￥20,000は，受取利息の記入漏れであることがわかった。
③ 12月29日，調査の結果，売掛金の現金による回収額￥25,000を，あやまって￥20,000と仕訳していたことがわかった。
④ 12月31日，決算日をむかえたが，上記以外については原因が判明しなかった。

《解　説》　仕訳は次のとおりである。18日の時点ですでに帳簿上の現金を増やしているから，事後の修正はすべて現金過不足を増減させるかたちで行う。

① 12／18　（借）現　　　金　30,000　（貸）現金過不足　30,000
② 12／27　（借）現金過不足　20,000　（貸）受取利息　　20,000
③ 12／29　（借）現金過不足　 5,000　（貸）売　掛　金　 5,000
④ 12／31　（借）現金過不足　 5,000　（貸）雑　　　益　 5,000

　　同時に，31日の時点で，現金過不足勘定の残高がゼロになることも確認しておこう。

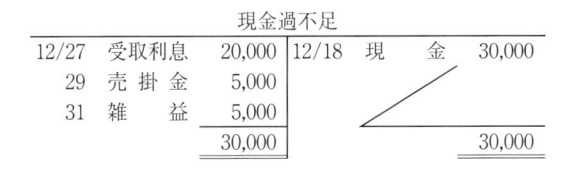

```
              現金過不足
12/27 受取利息 20,000 | 12/18 現 　 金 30,000
   29 売 掛 金  5,000 |
   31 雑   益  5,000 |
              30,000 |              30,000
```

第4章　現金預金　◇　41

☆3．当座預金勘定

 日常の取引に備えて一定程度の現金を準備しておく必要はあるが，手許に多額の現金を置いておくことは紛失や盗難の危険があるためあまり望ましくない。そのため，商品売買などの決済を，**当座預金**という預金をつうじて行うことが一般的になっている。

 当座預金とは，銀行との当座取引契約にもとづき決済用に所有する無利息の預金であり，小切手を振り出すことで引き出される。したがって，取引相手に小切手を振り出した際には，資産である**当座預金**勘定を減少させる。なお，他人振り出しの小切手を受け取ったときは現金の増加とみなした（p.39）が，自身が振り出した小切手を受け取ったら，当座預金の増加として処理される。

☆（1）取引の仕訳

【設　例】

 当座預金にかかわる6月中の取引は，次のようであったと仮定する。
 ① 6月3日，犬山商店に対する買掛金￥300,000を，小切手を振り出して支払った。
 ② 6月9日，新城商店から売掛金の回収として，5月20日に当店が豊田商店に振り出した小切手￥150,000を受け取った。
 ③ 6月15日，本月分の家賃￥30,000を，小切手を振り出して支払った。
 ④ 6月21日，日進商店から商品￥280,000を仕入れ，代金は小切手を振り出して支払った。
 ⑤ 6月28日，瀬戸商店に商品￥230,000（原価￥200,000）を売り上げ，代金として同店振り出しの小切手を受け取り，すぐに当座預金に預け入れた。

 これについての仕訳を示すと，次のようになる。

 ① 6／3　（借）買　掛　金　　300,000　　（貸）当座預金　　300,000
 ② 6／9　（借）当座預金　　150,000　　（貸）売　掛　金　　150,000
 ③ 6／15　（借）支払家賃　　 30,000　　（貸）当座預金　　 30,000
 ④ 6／21　（借）仕　　　入　　280,000　　（貸）当座預金　　280,000

⑤　6／28　（借）当座預金　230,000　　（貸）売　　上　230,000

　9日に小切手を受け取っているが，これは以前当店が振り出したものだから，現金の増加として処理しない。振り出し時に当座預金の減少を記録しているが，小切手自体が手許に戻っているから，その分だけ当座預金を増加させる。

☆（2）当座借越

　当座預金を介在させることで取引の決済は円滑になるが，その残高を超えて小切手を振り出してしまった場合どうなるであろうか。銀行が小切手の決済を拒絶する（**不渡り**）ような事態は避けなければならないので，企業は銀行との間に**当座借越契約**を結び，一定限度（**借越限度額**）まで預金残高を超えて小切手を振り出せるように手続きをすることが多い。

　処理方法は**二勘定制**と**一勘定制**の2つにわかれる。二勘定制では，小切手の振出額が当座預金残高を超えた場合に，**当座借越**勘定（負債）を増加させる。他方，一勘定制では，**当座**勘定のみですべての取引に対応させるため，当座勘定が貸方残高になる場合には，当座借越が生じていることを意味する。

　p.42の設例をもとに，二勘定制と一勘定制のそれぞれによって，仕訳を行うと次のようになる。ただしここでは，6月1日における<u>当座預金残高が¥400,000</u>であり，銀行との間に借越限度額を¥200,000とする当座借越契約を結んでいると仮定する。

― 二勘定制 ―

① 　6／ 3　（借）買　掛　金　300,000　　（貸）当座預金　300,000
② 　6／ 9　（借）当座預金　150,000　　（貸）売　掛　金　150,000
③ 　6／15　（借）支払家賃　 30,000　　（貸）当座預金　 30,000
④ 　6／21　（借）仕　　入　280,000　　（貸）当座預金　220,000
　　　　　　　　　　　　　　　　　　　　　　当座借越　 60,000
⑤ 　6／28　（借）当座借越　 60,000　　（貸）売　　上　230,000
　　　　　　　　　当座預金　170,000

第4章　現金預金　◇　43

――一勘定制――

① 6／3　（借）買　掛　金　300,000　（貸）当　　座　300,000
② 6／9　（借）当　　座　150,000　（貸）売　掛　金　150,000
③ 6／15　（借）支払家賃　30,000　（貸）当　　座　30,000
④ 6／21　（借）仕　　入　280,000　（貸）当　　座　280,000
⑤ 6／28　（借）当　　座　230,000　（貸）売　　上　230,000

当座借越を抱えた状況での28日の入金は，まず当座借越の返済にあてたうえで当座預金の増加を認識する。

☆（3）当座預金出納帳

当座預金についても，預け入れと引き出しの明細を記録する**当座預金出納帳**という補助簿が用意されている。取引銀行別に当座預金の金額を管理することで，総勘定元帳の当座預金勘定を補完する役割をもつ。p.42の設例をもとに当座預金出納帳への記入を行うと図表4－4のようになる。

当座預金出納帳の6月末日の残高¥170,000は，当座預金勘定（二勘定制）と当座勘定（一勘定制）のいずれの残高とも一致している。なお，「借または貸」の欄をみれば，その時点での当座預金残高が，プラスかマイナスかを把握することができる。

図表4－4　当座預金出納帳

当座預金出納帳

平成×年		摘　　　要	預　入	引　出	借または貸	残　高
6	1	前月繰越	400,000		借	400,000
	3	犬山商店に買掛金支払		300,000	〃	100,000
	9	新城商店の売掛金回収	150,000		〃	250,000
	15	本月分家賃支払い		30,000	〃	220,000
	21	日進商店に仕入れ代金支払い		280,000	貸	60,000
	28	瀬戸商店から売り上げ代金受け取り	230,000		借	170,000
	30	次月繰越		170,000		
			780,000	780,000		
7	1	前月繰越	170,000		借	170,000

```
―二勘定制―                              ―一勘定制―
        当 座 預 金                              当    座
6/ 1 前月繰越 400,000  6/ 3 買 掛 金 300,000    6/ 1 前月繰越 400,000  6/ 3 買 掛 金 300,000
   9 売 掛 金 150,000    15 支払家賃  30,000       9 売 掛 金 150,000    15 支払家賃  30,000
  28 売   上 170,000    21 仕   入 220,000      28 売   上 230,000    21 仕   入 280,000
                        30 次月繰越 170,000                             30 次月繰越 170,000
             720,000               720,000                  780,000               780,000
        当 座 借 越
6/28 売   上  60,000  6/21 仕   入  60,000
```

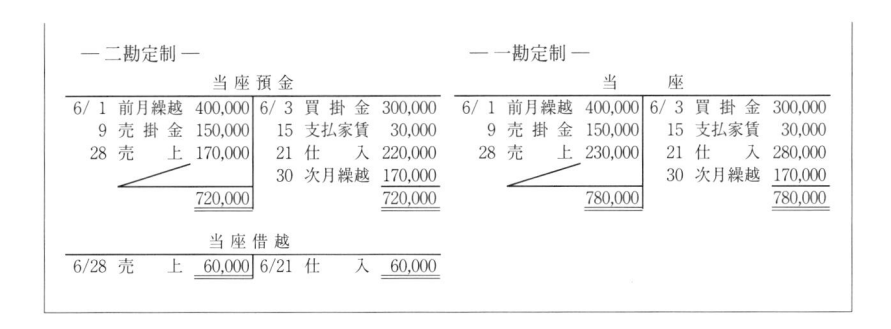

（4）銀行勘定調整表

ところで，当座預金出納帳の記録は，取引銀行から定期的に送られてくる残高証明書と照らし合わせて，残高が一致するかどうかを確認する必要がある。銀行による処理と帳簿記入とのタイミングのずれなどの理由で，両者の残高が一致しない場合，その原因を明らかにして修正するために，**銀行勘定調整表**を作成する。

たとえば，図表4－4では当座預金出納帳の月末残高は¥170,000である。他方，銀行からの残高証明書の残高は，¥208,000であったとする。この不一致の原因を調査したところ，次のことが判明した。

【設　例】

① 6月30日に現金¥34,000を預け入れたが，銀行の営業時間外であったため，この時点で処理されていない。
② 振り出した小切手のうち，取り付けられていないものが¥12,000あった。
③ 小切手の振り出しによる水道光熱費の支払い¥29,000が，未記帳であった。
④ 仕入れ先に対する買掛金の支払いのため振り出した小切手金額¥30,000が，未渡しであった。
⑤ 電話代の支払いのために振り出した小切手¥27,000が，未渡しであった。
⑥ 得意先から売掛金¥32,000の振り込みがあったが，その通知が未達であった。

①と②は銀行において修正すべき事項であり，③から⑥は当店において修正すべき事項である。この点を考慮に入れて銀行勘定調整表を作成すると，図表4－5のようになる。ここでは，当座預金出納帳と残高証明書を同時に修正す

る方法で作成しているが，出納帳残高を証明書にあわせる方法や証明書残高を出納帳にあわせる方法もある。

図表4－5　銀行勘定調整表の作成

```
              銀 行 勘 定 調 整 表
              平成×年6月30日
                                    当座預金出納帳    残高証明書
        6月30日残高                   ¥170,000       ¥208,000
(加算) ①  翌日付け預け入れ                              34,000
      ④  未渡し小切手（掛代金支払い）    30,000
      ⑤  未渡し小切手（通信費支払い）    27,000
      ⑥  掛代金入金未達                 32,000
              計                      ¥259,000       ¥242,000
(減算) ②  未取り付け小切手                              12,000
      ③  水道光熱費未記帳               29,000
        調整後残高                     ¥230,000       ¥230,000
```

☆4．小口現金

　小切手を用いた取引の決済によって，現金の受け払いにともなう手続きが簡素化され，現金の紛失や盗難といった危険も免れている。しかし，日常的な細かい経費にまで小切手を使用するのは，かえって不便であろう。そこで，会計係が庶務係（用度係）に一定期間の必要金額をあらかじめ渡しておく，**定額資金前渡法**（インプレスト・システム）がとられることが多い。このようにしてあらかじめ補給される小額の現金を，**小口現金**という。

☆（1）小口現金の処理

　会計係が庶務係に小切手を渡した時点で，資産である小口現金勘定を増加させる。庶務係は小切手を換金し，日常の経費の支払いにあてる。一定期間後に，会計係に小口現金の使途を報告し，内訳の費用処理が行われる。減少した分の

小口現金は会計係から渡される小切手によって充当されるので，期間のはじめでみれば小口現金は一定の水準に保たれる。次の設例から，小口現金にかかわる仕訳をみていこう。

【設 例】

① 5月1日，定額資金前渡法により，庶務係に小切手￥30,000を振り出して渡した。
② 5月31日，庶務係から5月中の小口現金の支払明細について，次のとおり報告があったので，ただちに小切手を振り出して補給した。

　　　　交通費　￥8,000　　水道光熱費　￥7,500
　　　　通信費　￥6,500　　消耗品費　　￥4,500

5月中に消費された小口現金は，￥26,500なので，月末にはこの分だけ補給される。仕訳を示すと，次のようになる。

① 5／1　　（借）小口現金　　30,000　（貸）当座預金　　30,000
② 5／31　（借）交 通 費　　 8,000　（貸）小口現金　　26,500
　　　　　　　水道光熱費　　 7,500
　　　　　　　通 信 費　　　 6,500
　　　　　　　消耗品費　　　 4,500
　　　　　　　小口現金　　　26,500　　　　当座預金　　26,500

☆（2）小口現金出納帳

この小口現金の補給と支出に関する明細を記録した補助簿が，**小口現金出納帳**である。庶務係は受け取った小口現金をどのように使用したかを，交通費や通信費といった費目別に時系列で記録する。小口現金の消費分をいつ補給するかで形式に若干の違いがあらわれるが，基本的な図式は図表4－6のとおりである。

例題4－2　次の取引を小口現金出納帳に記入し，**締め切りなさい**。
　　　　　9月3日から9日までの1週間にわたる小口現金の支払報告を受けた。なお，9月3日から定額資金前渡法を採用し，庶務係には￥40,000

の小切手を前渡ししており，小口現金の補給は毎週末に行われる。

9月4日	電車回数券	¥6,000
5日	接客用お茶代	¥3,000
6日	筆記用具代	¥7,600
〃	帳簿代	¥3,900
7日	電話代	¥9,000
〃	タクシー代	¥3,000
8日	はがき・切手代	¥2,300
〃	新聞代	¥4,000

《解 説》

図表4－6　小口現金出納帳への記入

小口現金出納帳

受 入	平成×年		摘　要	支 払	内　訳				残 高
					交通費	通信費	消耗品費	雑 費	
40,000	9	3	小切手						40,000
		4	電車回数券	6,000	6,000				34,000
		5	接客用お茶代	3,000				3,000	31,000
		6	筆記用具代	7,600			7,600		23,400
		〃	帳簿代	3,900			3,900		19,500
		7	電話代	9,000		9,000			10,500
		〃	タクシー代	3,000	3,000				7,500
		8	はがき・切手代	2,300		2,300			5,200
		〃	新聞代	4,000				4,000	1,200
			合　　計	38,800	9,000	11,300	11,500	7,000	
38,800		9	小切手						40,000
		〃	**次月繰越**	**40,000**					
78,800				78,800					
40,000	10	1	前月繰越						40,000

（注）太字は赤字での記入をあらわす。

　小口現金出納帳の記入に際してポイントとなるのは，各支出対象が小口現金の内訳のいずれに含まれるかを判断することである。特定の勘定科目を設けるほどの重要性のないものは，雑費に含めればよい。

第5章　債権債務

☆1．債権債務の意義

　複式簿記で取り扱う**債権債務**とは，広い意味でお金に関する権利と義務とをあらわす。第3章で学んだ商品売買取引に関連して，取引先との間に生じるものもあれば，従業員や政府との間にも債権債務は存在する。この章では，さまざまな債権債務を，図表5－1のように①から⑤までの5つの区分に分類した上で，各カテゴリーの性質にそくして処理方法を学習する。

図表5－1　債権債務の区分

① 主目的としての営業活動	
債　権	債　務
売掛金	買掛金
前払金	前受金
（立替金）	

② 主目的以外の営業活動	
債　権	債　務
未収金	未払金

③ 財務活動	
債　権	債　務
貸付金	借入金

④ 従業員などとの関係	
債　権	債　務
立替金	預り金

⑤ その他の活動	
債　権	債　務
仮払金	仮受金
他店商品券	商品券

☆2．営業活動上の債権債務

　まず，企業の営業活動に付随して発生する債権債務を，2つの側面から考える。すなわち，商品売買など企業の主目的としての営業活動から生じるものと，備品や消耗品といった諸資産の購入・売却にかかわるものとにわけて議論する。

☆（1）売掛金と買掛金

　第3章ですでに述べたように，商品の受け渡しを先に行い，代金の決済を月末などに先延ばしする場合を掛け取引とよぶ。この取引によって生じるのが，**売掛金**（資産）と**買掛金**（負債）である。売掛金は後日売上代金を受け取る権利であり，買掛金は後日仕入代金を支払う義務をそれぞれ意味する。

　関連する取引は，売掛金勘定と買掛金勘定とに記入されるが，勘定記入からは，取引先ごとの明細をうかがい知ることができない。そこで，**売掛金元帳**と**買掛金元帳**という補助簿に，取引相手である商店名を冠した**人名勘定**を設けて，商店ごとに売掛金と買掛金の増減を記録する手続きがとられる。

例題5－1　次の取引について，人名勘定を併記しながら仕訳を示しなさい。
① 10月6日，桜井商店に商品￥250,000を掛けで売り渡した。
② 10月11日，橿原商事から商品￥300,000を掛けで仕入れ，引取運賃￥25,000は小切手を振り出して支払った。
③ 10月13日，御所商店に商品￥275,000を掛けで売り渡し，先方負担の発送運賃￥20,000を現金で立て替え払いした。
④ 10月17日，6日に桜井商店に売り上げた商品のうち，￥25,000が品違いであったため返品を受けた。
⑤ 10月19日，御所商店から売掛金￥200,000を回収し，同店振り出しの小切手を受け取った。
⑥ 10月22日，五条商店から商品￥320,000を，掛けで仕入れた。
⑦ 10月28日，橿原商事に対する買掛金￥170,000を，小切手を振り出して支払った。

⑧ 10月31日，22日に五条商店から仕入れた商品の一部に汚損がみつかったため，¥15,000の値引きを受けた。

《解　説》　人名勘定を併記しながら仕訳すれば，次のようになる。

① 10／6　（借）売掛金（桜井商店）250,000　（貸）売　　上　　　　　250,000
② 10／11　（借）仕　入　　　　　325,000　（貸）買掛金（橿原商事）300,000
　　　　　　　　　　　　　　　　　　　　　　　　当座預金　　　　 25,000
③ 10／13　（借）売掛金（御所商店）275,000　（貸）売　　上　　　　　275,000
　　　　　　　　立替金　　　　　 20,000　　　　現　　金　　　　　 20,000
④ 10／17　（借）売　　上　　　　 25,000　（貸）売掛金（桜井商店） 25,000
⑤ 10／19　（借）現　　金　　　　200,000　（貸）売掛金（御所商店）200,000
⑥ 10／22　（借）仕　入　　　　　320,000　（貸）買掛金（五条商店）320,000
⑦ 10／28　（借）買掛金（橿原商事）170,000　（貸）当座預金　　　　170,000
⑧ 10／31　（借）買掛金（五条商店）15,000　（貸）仕　入　　　　　 15,000

　③13日の取引では，御所商店が負担すべき費用¥20,000を当店が肩代わりしているので，**立替金**という債権が生ずる。ただし，この立替金を，売掛金に含めてもよい。その場合，売掛金勘定の残高と御所商店に関する売掛金元帳の残高は，それぞれ¥20,000だけ増加する。債権債務の区別を明示するため，ここでは立替金勘定によって処理した。

　この仕訳にもとづいて，売掛金元帳と買掛金元帳への記入を示したものが図表5－2である。なお，ここでは10月1日から営業を開始し，売掛金の期首残高は存在しないものと仮定している。

図表5-2　売掛金元帳・買掛金元帳への記入

売掛金元帳
桜井商店

平成×年		摘要	借方	貸方	借または貸	残高
10	6	売り上げ	250,000		借	250,000
	17	返品		25,000	〃	225,000
	31	次月繰越		225,000		
			250,000	250,000		
11	1	前月繰越	225,000		借	225,000

売掛金元帳
御所商店

平成×年		摘要	借方	貸方	借または貸	残高
10	13	売り上げ	275,000		借	275,000
	19	入金		200,000	〃	75,000
	31	次月繰越		75,000		
			275,000	275,000		
11	1	前月繰越	75,000		借	75,000

買掛金元帳
橿原商事

平成×年		摘要	借方	貸方	借または貸	残高
10	11	仕入れ		300,000	貸	300,000
	28	支払い	170,000		〃	130,000
	31	次月繰越	130,000			
			300,000	300,000		
11	1	前月繰越		130,000	貸	130,000

買掛金元帳
五条商店

平成×年		摘要	借方	貸方	借または貸	残高
10	22	仕入れ		320,000	貸	320,000
	31	値引	15,000		〃	305,000
	31	次月繰越	305,000			
			320,000	320,000		
11	1	前月繰越		305,000	貸	305,000

（注）太字は赤字での記入をあらわす。

☆（2）**貸倒れ**

　一方で，売掛金などの債権が，得意先の倒産などによって期日に回収されない場合を**貸倒れ**という。決算においては，過去の実績にもとづいて貸倒れの予想額を見積もることが求められる。ただし，実際に貸倒れたわけでないので，貸倒れに備えた準備として，貸倒引当金の設定が行われる。

　例題5-1（p.50）では，10月末の決算時点での売掛金残高は，あわせて¥300,000（図表5-2）である。「売掛金残高のうち4%（=¥12,000）が回収不能であると見積もられる」場合，次のような仕訳を行う。

　　　（借）　貸倒引当金繰入　　12,000　　（貸）　貸倒引当金　　12,000

　本来，貸倒れは将来の時点で損失として確定するが，その原因が当期に生じているため，**貸倒引当金繰入**勘定（費用）を当期に認識するわけである。ただし，実際に売掛金が減少しているわけではないので，**貸倒引当金**勘定を用いて，間接的に売掛金の減少を記録しておくにとどめる。貸倒引当金のように，特定資産（ここでは売掛金）の控除をあらわす勘定を，**評価勘定**とよぶ。

　貸倒引当金の設定方法には，差額補充法と洗替法とがある。差額補充法では，

貸倒引当金の見積額と決算時点における残高との差額を計上し，洗替法では，決算時点の残高をいったん**貸倒引当金戻入**（収益）によってゼロにしたうえで，見積額全額を計上する。たとえば，「決算時点の貸倒引当金残高が¥5,000であった」場合，上記の仕訳をそれぞれの方法によって書き直すと，次のようになる。

差額補充法
（借）貸倒引当金繰入　　7,000　　（貸）貸倒引当金　　　　7,000

洗替法
（借）貸倒引当金　　　　5,000　　（貸）貸倒引当金戻入　　5,000
　　　貸倒引当金繰入　12,000　　　　　貸倒引当金　　　12,000

売掛金の回収期日が到来し，実際に貸倒れが発生した時点では，まずこの貸倒引当金を取り崩し，それを超える損失は**貸倒損失**勘定（費用）によって処理する。なお，貸倒引当金繰入と貸倒損失をまとめて，貸倒償却とよぶ場合がある。

前掲の事例になぞらえれば，貸倒引当金の決算時点での残高が¥12,000ある状況で，実際に回収することのできなかった金額が¥10,000であった場合は，

（借）　貸倒引当金　　10,000　　（貸）　売掛金　　10,000

のように仕訳を行い，この金額が¥15,000であった場合は，

（借）　貸倒引当金　　12,000　　（貸）　売掛金　　15,000
　　　　貸倒損失　　　　3,000

となる。

例題5－2　次の取引の仕訳を示しなさい。
① 当期中に商品を売り上げた得意先に対する売掛金¥150,000が，同店の倒産によって回収不能となった。
② 得意先が倒産したため，同店に対する売掛金¥80,000が回収不能となった。ただし，貸倒引当金勘定の残高が¥100,000ある。
③ 得意先が倒産したため，同店に対する売掛金¥80,000が回収不能となった。ただし，貸倒引当金勘定の残高が¥60,000ある。
④ 前期に貸倒れとして処理した得意先への売掛金¥150,000のうち，¥70,000を現金で回収した。

《解 説》　① （借）貸倒損失　150,000　（貸）売　掛　金　150,000
　　　　　② （借）貸倒引当金　80,000　（貸）売　掛　金　80,000
　　　　　③ （借）貸倒引当金　60,000　（貸）売　掛　金　80,000
　　　　　　　　　貸倒損失　　20,000
　　　　　④ （借）現　　　金　70,000　（貸）償却債権取立益　70,000

　　　　　④のように，すでに貸倒れの処理を施したあとに債権が回収される場合，その全額を**償却債権取立益**勘定（収益）に計上する。

☆（3）手付金（内金）の処理

　商品売買に際して，商品の受け渡しの前に，その代金の一部を手付金（内金）として受け払いすることがある。買い手が内金を支払った場合は**前払金勘定**（資産）で，売り手が内金を受け取った場合は**前受金勘定**（負債）で，それぞれ処理する。

　たとえば，「仕入先に商品¥200,000の注文をし，その内金として¥40,000を小切手を振り出して支払った」場合の仕訳を，当店と仕入先のそれぞれについて示すと，次のとおりである。

　　当　店　　　　　　　　　　　　　仕入先
（借）前払金 40,000（貸）当座預金 40,000　（借）現　金 40,000（貸）前受金 40,000

　第1章で学んだように，商品を発注した段階では簿記上の取引とならないが，内金の支払いに関しては資産・負債の増減をともなうので，仕訳の対象となる点に注意しよう。

例題5－3　次の取引の仕訳を，当店と仕入先について示しなさい。
　　　　　仕入先に注文していた商品¥200,000を仕入れ，さきに支払った内金¥40,000を差し引き，残額を掛けとした。

《解　説》　当店と仕入先の仕訳は，それぞれ以下のとおりである。

　　当　店　　　　　　　　　　　　　仕入先
　（借）仕　入 200,000（貸）前払金　40,000　（借）前受金　40,000（貸）売　上 200,000
　　　　　　　　　　　　　　買掛金 160,000　　　　売掛金 160,000

54 ◇

☆（4）未収金と未払金

さて，企業の営業活動には，建物や備品の購入といった，主要な目的以外の取引が含まれ，そうした取引に付随する債権・債務は**未収金**勘定（資産）と**未払金**勘定（負債）によって処理される。なお，株式や債券などの有価証券の購入のように，余剰資金の運用に際しても，これらの債権債務が用いられる。

たとえば，「営業用のパソコン2台を¥400,000で購入し，代金は翌月末に支払うこととした。なお，据付費用¥10,000を現金で支払った」場合，仕訳は次のようになる。

　　（借）　備　　　品　　410,000　　（貸）　未　払　金　　400,000
　　　　　　　　　　　　　　　　　　　　　　現　　　金　　 10,000

第8章でふれるが，備品などの固定資産の購入に付随する費用（据付費用など）は，資産の取得原価に含める。この場合は，備品の購入が主たる営業目的でないため，債務として買掛金ではなく未払金が妥当する。他方，「不用品を¥20,000で売却し，代金は翌月受け取ることとした」場合，仕訳は次のようになる。

　　（借）　未　収　金　　 20,000　　（貸）　雑　　　益　　 20,000

不用品の売却収入は金額的に重要でなく，一時的なものなので，**雑益**（収益）によって処理する。この場合も不用品を売却することが主たる営業活動でないので，そこから生じる債権は売掛金でなく未収金とする。

☆3．財務活動上の債権債務

☆（1）貸付金と借入金

企業が営業活動を営む前提として，資金の調達は重要な位置を占める。企業間で資金を融通し合うこともあれば，銀行から融資を受ける場合もある。とりわけ，借用証書を受け取り資金を貸し出した場合は**貸付金**勘定（資産），借用証書を渡して資金を借り入れた場合は**借入金**勘定（負債）を用いて，それぞれ処理する。

いま，「取引先に対して，現金¥300,000を期間1年，年利率6％の条件で

貸し付けた」とき，当店と取引先の仕訳は次のようになる。

　　　当　店
　　（借）　貸　付　金　　300,000　　（貸）　現　　　金　　300,000
　　　取引先
　　（借）　現　　　金　　300,000　　（貸）　借　入　金　　300,000

　満期が到来し，「取引先から元金とともに利息を，同店振り出しの小切手で受け取った」場合，次の仕訳を行うと同時に，借用証書は反故にされる。利息を受け取ったときは収益を，支払ったときは費用をそれぞれ計上する。

　　　当　店
　　（借）　現　　　金　　318,000　　（貸）　貸　付　金　　300,000
　　　　　　　　　　　　　　　　　　　　　　受取利息　　　 18,000
　　　取引先
　　（借）　借　入　金　　300,000　　（貸）　現　　　金　　318,000
　　　　　　支払利息　　　 18,000

（2）債務保証

　他方で，取引関係のある他店からの依頼によって，債務の連帯保証人となり債務を保証するケースもある。その場合，他店が借入金を返済することができなくなったときに，債務を肩代わりすることが必要になる。このように一定の条件のもとで履行が求められる債務を，**偶発債務**とよぶ。

　債務を保証したからといってただちに借入金などの返済義務を負うわけではないが，偶発債務の存在自体を明らかにしておかなければならない。いま，「取引先の借入金¥150,000について連帯保証人となった」とすると，

　　（借）　保証債務見返　150,000　　（貸）　保証債務　　　150,000

のように仕訳を行う。**保証債務見返**勘定と**保証債務**勘定とは，偶発債務の存在を備忘的に記録しておくための便宜的な勘定である。したがって，「連帯保証人となっていた取引先の借入金¥150,000が返済された」ときには，

　　（借）　保証債務　　　150,000　　（貸）　保証債務見返　150,000

のように，反対仕訳をつうじて消去する。

☆4．従業員などとの関係における債権債務

このほかに，従業員などとの間で生じる債権債務も存在する。企業が従業員のために立て替え払いしたり，一時的に現金を預ったりする場合がそれに該当する。ここでは，従業員との間での現金の貸し借りと，源泉徴収された税金・社会保険料などの管理とを区別して，こうした債権債務の処理を解説する。

☆（1）従業員立替金と従業員預り金

従業員が給料の前借りを企業に依頼し，企業がそれを承諾して現金を渡した場合などは，従業員に対する貸付金ではなく**立替金**（資産）として処理する。なお，例題5－1（p.50）の13日でみた取引先に対する立替金と区別するため，**従業員立替金勘定**（資産）を用いることもある。

他方，従業員が企業に一時的に現金を預ける場合には，**預り金**（負債）として処理する。ここでも，取引先からの預り金と区別するために，**従業員預り金勘定**（負債）を用いて仕訳を行ってもよい。簡単な取引によって，これらの勘定にかかわる仕訳を確認しておこう。

「従業員に対して給料の前貸しを承諾し，現金¥200,000を渡した」ときは，

　　　（借）　従業員立替金　200,000　　（貸）　現　　　金　　200,000

という仕訳を行う。これに対して，「従業員から現金¥50,000を預かった」ときの仕訳は，

　　　（借）　現　　　金　　50,000　　（貸）　従業員預り金　50,000

のように仕訳を行う。

☆（2）所得税預り金

従業員の給料からは所得税や社会保険料が源泉徴収され，企業はこれらを後日（翌月10日まで）税務署に納付する。源泉徴収された金額は，給料の支払い時に企業が一時的に預かったものとみなし，預り金勘定（負債）を用いて仕訳される。なお，債務の内容を明確にするために，**所得税預り金**や**社会保険料預**

り金（いずれも負債）などの勘定が用いられる場合もある。

たとえば，「本月分の給料￥300,000を支給するにあたって，所得税の源泉徴収額￥30,000を差し引き，残額を現金で支払った」場合の仕訳は次のとおりである。

　　　（借）　給　　料　　　300,000　　（貸）　所得税預り金　　30,000
　　　　　　　　　　　　　　　　　　　　　　　現　　金　　　270,000

例題5－4　次の取引の仕訳を示しなさい。
① 2月15日，従業員に給料の前貸しとして，現金￥120,000を小切手を振り出して渡した。
② 2月25日，本月分の給料￥280,000の支払いにあたって，前貸しした￥120,000と所得税￥28,000を差し引き残額を現金で支給した。
③ 2月28日，所得税の源泉徴収額￥28,000を，税務署に現金で納付した。

《解　説》　仕訳を示すと，次のようになる。
　① 2／15　（借）従業員立替金　120,000　（貸）当座預金　　　120,000
　② 2／25　（借）給　　料　　　280,000　（貸）従業員立替金　120,000
　　　　　　　　　　　　　　　　　　　　　　　所得税預り金　　28,000
　　　　　　　　　　　　　　　　　　　　　　　現　　金　　　132,000
　③ 2／28　（借）所得税預り金　 28,000　（貸）現　　金　　　 28,000

☆5．その他の債権債務

このように，債権債務には多くの種類が掲げられるが，基本的にその内容は契約によって決められている。しかし，実際に現金などの授受があったにもかかわらず，その内容または金額が確定されない場合がある。そうした未確定の項目についても，債権債務として取り扱う。また，権利を行使する者をあらかじめ特定しない商品券も，債権債務を構成する要素となる。

☆(1) 仮払金と仮受金

「従業員が出張するにあたって,旅費の概算額¥30,000を現金で渡した」ケースのように,実際の旅費(費用)がいくらになるか支払い時点でわからないことがある。この場合,**仮払金**勘定(資産)を用いて以下の仕訳を行う。

　　　(借)　仮　払　金　　30,000　　(貸)　現　　　金　　30,000

精算時に実際の旅費が判明するから,この時点で仮払金から旅費に振り替える。「旅費を精算し,現金¥5,000の返済を受けた」とすると,

　　　(借)　旅　　　費　　25,000　　(貸)　仮　払　金　　30,000
　　　　　　現　　　金　　 5,000

となる。旅費は前払いした金額¥30,000から払い戻された¥5,000を差し引いた¥25,000であることに注意しよう。

逆に,「出張中の従業員から当座預金に¥120,000の振り込みがあったが,金額の内容が不明である」ケースのように,振り込みの原因が明らかでないときは,**仮受金**勘定(負債)を用いて,次のように仕訳を行う。

　　　(借)　当座預金　　120,000　　(貸)　仮　受　金　　120,000

仮受金の内容が判明した時点で,該当する勘定に振り替える。「従業員が帰店し,仮受金の内容は得意先に対する売掛金の回収であることがわかった」ときには,次の仕訳を行う。

　　　(借)　仮　受　金　　120,000　　(貸)　売　掛　金　　120,000

例題5-5　旅費の概算額として¥30,000の現金を前渡ししていたが,精算時に実際の旅費が¥35,000であることがわかり,仮払いした金額の不足分¥5,000を現金で支給した場合の仕訳を示しなさい。

《解　説》　仮払金の全額を旅費に振り替えるとともに,不足分¥5,000をあらたに旅費として計上すればよい。

　　　　(借)　旅　　　費　　35,000　　(貸)　仮　払　金　　30,000
　　　　　　　　　　　　　　　　　　　　　　　現　　　金　　 5,000

☆（2）商品券と他店商品券

　百貨店などが商品券を販売した場合，それを持参した顧客に，額面金額に相当する商品を引き渡す義務が生ずる。したがって，商品券の発行時に，**商品券**勘定（負債）を用いて処理する。「商品券￥50,000を発行し，代金は現金で受け取った」ときは，次のように仕訳する。

　　　（借）　現　　　金　　50,000　　（貸）　商 品 券　　50,000

　商品を売り渡した時点で，債務としての商品券は減少する。たとえば，「商品￥60,000を売り渡し，代金のうち￥50,000は商品券で，残額は現金で受け取った」場合の仕訳は，次のとおりである。

　　　（借）　商 品 券　　50,000　　（貸）　売　　　上　　60,000
　　　　　　 現　　　金　　10,000

　他方，他店の商品券を受け取ることもある。これは，他店との事前の取り決めで，互いの商品券を両方の商店で利用可能にしている場合などに生ずる。この商品券は，**他店商品券**（資産）として処理する。受け取った他店の商品券は，後日自店の商品券と引き換え，差額は現金などで決済される。

　いま，「商品￥80,000を売り渡し，代金のうち￥40,000は他店の商品券で，残額は現金で受け取った」とすると，仕訳は次のようになる。

　　　（借）　他店商品券　　40,000　　（貸）　売　　　上　　80,000
　　　　　　 現　　　金　　40,000

　後日，「当店が所有する他店商品券￥40,000と他店が所有する当店の商品券￥45,000とを交換し，差額を現金で支払った」場合の仕訳は，次のとおりである。

　　　（借）　商 品 券　　45,000　　（貸）　他店商品券　　40,000
　　　　　　　　　　　　　　　　　　　　　 現　　　金　　 5,000

　債務である（当店の）商品券のほうが，債権である他店商品券よりも金額が大きいため，差額である￥5,000を現金で支払うことになる。

第6章 手形取引

☆1．手形の意義と基本処理

☆（1）手形の意義と種類

手形は，企業活動において生ずる債権・債務について，決済を円滑にとり行うために用いられる証券である。手形法によれば，手形には**約束手形**と**為替手形**の2種類がある。

☆（2）約束手形の基本処理

約束手形とは，手形の**振出人**（支払人）が**名あて人**（受取人）に対して，支払期日に一定の金額を支払うことを約する証券である。

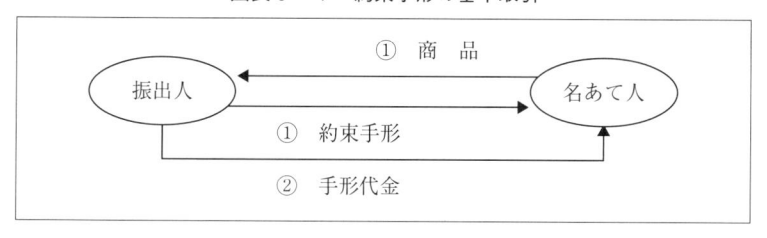

図表6－1　約束手形の基本取引

```
         ①　商　品
   振出人 ←──────── 名あて人
         ────────→
         ①　約束手形
         ────────→
         ②　手形代金
```

約束手形を利用した最も基本的な取引は，図表6－1に示されるようなものである。まず，①商品と引きかえに振出人が名あて人に約束手形を振り出し，これによって支払期日に代金を支払うことを約束する。その上で，②支払期日に振出人が手形代金を支払うことにより最終的な決済が行われる。したがって，手形の代金を受け取る権利（**手形債権**）を有するのは名あて人であり，支払い義務（**手形債務**）を負うのは振出人である。なお，通常，手形債権は**受取手形**

◇ 61

勘定（資産）で処理し，手形債務は**支払手形**勘定（負債）で処理する。

> **例題6－1** 次の一連の取引について，振出人・名あて人それぞれの立場で行われる仕訳を示しなさい。
> ① 5月6日，本木商店は香川商店より商品￥300,000を仕入れ，代金の支払いのため香川商店あて約束手形￥300,000（手形番号：15，振出日5月6日，支払期日6月30日，支払場所　坂之上銀行）を振り出した。
> ② 6月30日，上記の約束手形の支払期日が到来し，本木商店は取引銀行より，手形代金が当座預金より引き落とされ香川商店の当座預金口座に振り込まれた旨の連絡を受けた。

《解　説》　各商店が振出人・名あて人のいずれであるかに注意してほしい。仕訳は以下のとおりである。
＜約束手形の振出人（本木商店）の会計処理＞
① 5／6　　（借）仕　　入　300,000　　（貸）支払手形　300,000
② 6／30　（借）支払手形　300,000　　（貸）当座預金　300,000
＜約束手形の名あて人（香川商店）の会計処理＞
① 5／6　　（借）受取手形　300,000　　（貸）売　　上　300,000
② 6／30　（借）当座預金　300,000　　（貸）受取手形　300,000

☆（3）為替手形の基本処理

　為替手形とは，手形の**振出人**が**名あて人**（支払人・引受人）に対して，振出人に代わって**受取人**（指図人）に支払期日に一定の金額を支払うことを委託する証券である。

　為替手形を利用した最も基本的な取引は，図表6－2に示されるようなものである。まず，①商品と引きかえに振出人が受取人に為替手形を振り出す。このとき振出人もしくは受取人は，名あて人に対して為替手形を呈示し，名あて人はこれを引き受けることによって，支払期日に受取人に対して代金を支払うことを約する。その上で，②支払期日に名あて人が手形代金を支払うことにより最終的な決済が行われる。したがって，手形債権を有するのは受取人であり，また，手形債務を負うのは名あて人であって，通常，振出人は為替手形を振り

図表6-2 為替手形の基本取引

```
                    ① 商 品
        振出人 ←─────────────── 受取人
                                    ↑
              ① 為替手形              │
          呈 示  ↑ 引き受け            │
                名あて人  ② 手形代金 ─┘
```

出した後は，手形債権，手形債務のいずれも有さない。ただし，振出人が自己を名あて人とする自己あて為替手形や，自己を受取人とする自己受為替手形を振り出すことがあり，これらの為替手形では，振出人が手形債権，手形債務を有することになる。自己あて為替手形では，振出人自身が為替手形の引き受けを行うため，振出人＝名あて人となり，振出人が手形債務を負う。自己受為替手形では，振出人が自己を受取人とする為替手形を振り出して，名あて人に引き受けさせるため，振出人＝受取人となり，振出人が手形債権を有することになる。これらの為替手形は，事実上約束手形と同様の機能を有すると考えることができる。

例題6-2 次の一連の取引について，振出人・名あて人・受取人それぞれの立場で行われる仕訳を示しなさい。

① 6月6日，福田商店は香川商店より商品¥300,000を仕入れ，代金の支払いのため，かねて売掛金のある本木商店あて為替手形¥300,000（手形番号：25，振出日6月6日，支払期日7月31日，支払場所　雲田銀行）を振り出し，本木商店の引き受けを得て香川商店に交付した。なお，本木商店は福田商店に対して買掛金¥300,000がある。

② 7月31日，本木商店は取引銀行より，上記の為替手形について手形代金が当座預金より引き落とされ，香川商店の当座預金口座に払い込まれた旨の連絡を受けた。

《解　説》　各商店が振出人・名あて人・受取人のいずれであるかに注意してほしい。特に名あて人については，約束手形の名あて人とは立場が異なるため注意が必要である。仕訳は以下のとおりである。

＜為替手形の振出人（福田商店）の会計処理＞
① 6／6　　（借）仕　　　入　300,000　　（貸）売 掛 金　300,000
② 7／31　　　　仕訳なし

＜為替手形の名あて人（本木商店）の会計処理＞
① 6／6　　（借）買 掛 金　300,000　　（貸）支払手形　300,000
② 7／31　（借）支払手形　300,000　　（貸）当座預金　300,000

＜為替手形の受取人（香川商店）の会計処理＞
① 6／6　　（借）受取手形　300,000　　（貸）売　　　上　300,000
② 7／31　（借）当座預金　300,000　　（貸）受取手形　300,000

☆2．手形の裏書と割引

☆（1）手形の裏書

　他人から約束手形もしくは為替手形を受け取った場合，支払期日までの間に，商品代金その他の目的で当該手形を他に譲渡することができる。譲渡に際しては，所持する手形の裏面に署名捺印した上で相手方に交付することから，このような行為を**手形の裏書**または**裏書譲渡**という。手形を譲渡した者を**裏書人**もしくは**譲渡人**，手形を譲り受けた者を**被裏書人**または**譲受人**という。

　手形の裏書に関する最も基本的な取引は図表6－3に示されるようなものである。まず，①名あて人が振出人より約束手形を受け取る。次に，②この約束

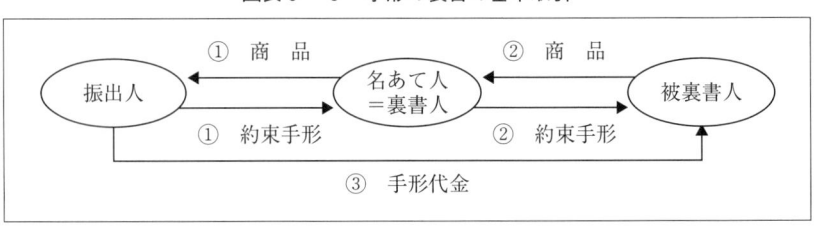

図表6－3　手形の裏書の基本取引

```
         ①　商　品              ②　商　品
   振出人 ←──── 名あて人 ←──── 被裏書人
         ────→  ＝裏書人  ────→
         ①　約束手形            ②　約束手形
         ────────────────→
                ③　手形代金
```

手形の支払期日までに裏書を行い，名あて人自身の代金の支払いのために被裏書人に譲渡する。最後に，③手形の支払期日に振出人が被裏書人に手形代金を支払うことにより最終的な決済が行われる。したがって，手形の裏書によって手形債務を負うのは振出人のまま変わらないが，手形債権は裏書人から被裏書人に移転することになる。なお，手形の裏書は一度だけとは限らず，裏書を受けた被裏書人が他に裏書を行うということが繰り返されることもある。以上の例示は，約束手形に関するものであるが，為替手形の場合にも同様である。

☆（2）手形の割引

　他人から約束手形もしくは為替手形を受け取った場合，支払期日前に手形を銀行にもち込み，割引料を支払った上で換金することがある。これを手形の割引という。割引に際して銀行に対し支払う割引料は，手形の割引日から支払期日までの利息に相当する金額となるが，これは**手形売却損**勘定（費用）で処理する。

例題6－3　次の各取引について，それぞれ仕訳を示しなさい。なお，①および②については，手形の裏書人と被裏書人それぞれの立場からの仕訳を示すこと。
① 石原商店は松本商店より商品¥300,000を仕入れ，代金の支払いのため，かねて阿部商店より受け取っていた石原商店あて約束手形¥300,000を裏書譲渡した。
② 上記の手形が決済され，松本商店の当座預金口座に入金された。
③ 真実商会はかねて上村商店より受け取っていた真実商会あて約束手形¥300,000を取引銀行で割り引き，割引料¥1,500を差し引かれた残額は当座預金とした。

《解　説》　裏書譲渡により，裏書人は自己の有する手形債権（受取手形）を譲渡することになるため，手形裏書時の仕訳の貸方は受取手形となる。また，裏書人は手形の決済には直接関与しないため，仕訳なしとなる。

```
<裏書人（石原商店）の会計処理>
  裏書時 ①（借）仕      入 300,000   （貸）受取手形 300,000
  決済時 ②（借）仕訳なし
<被裏書人（松本商店）の会計処理>
  裏書時 ①（借）受取手形 300,000   （貸）売      上 300,000
  決済時 ②（借）当座預金 300,000   （貸）受取手形 300,000
<手形割引の会計処理>
       ③（借）当座預金 298,500   （貸）受取手形 300,000
           手形売却損   1,500
```

☆3．手形記入帳

☆（1）受取手形記入帳

　受取手形記入帳は，手形の振り出しや裏書譲渡を受けるなどして手形債権者となったものが，自己の有する手形債権に関する取引の明細を記録するために利用する補助簿である。受取手形記入帳には自己の有する手形債権の基本情報が記入されるが，その様式は以下のようなものである。特に，摘要欄には手形債権の発生原因となった取引の概要を記入し，てん末欄には手形債権の消滅原因となった取引の概要を記入する点に注意すること。なお，例示として記入されているのは例題6－1および例題6－2の香川商店の取引である。

受 取 手 形 記 入 帳

平成×年		摘 要	金 額	手形種類	手形番号	支払人	振出人または裏書人	振出日		満期日		支払場所	てん末		
													月	日	摘 要
5	6	売り上げ	300,000	約手	15	本木商店	本木商店	5	6	6	30	坂之上銀行	6	30	入 金
6	6	売り上げ	300,000	為手	25	本木商店	福田商店	6	6	7	31	雲田銀行	7	31	入 金

☆（2）支払手形記入帳

　支払手形記入帳は，手形の振り出しや裏書譲渡を行うなどして手形債務者となったものが，自己の負う手形債務に関する取引の明細を記録するために使用する補助簿である。支払手形記入帳には，自己の負う手形債務の基本情報が記

入されるが，その様式は以下のようなものである。なお，例示として記入されているのは例題6－1および例題6－2の本木商店の取引である。

支払手形記入帳

平成×年		摘要	金額	手形種類	手形番号	受取人	振出人	振出日		満期日		支払場所	てん末		
													月	日	摘要
5	6	仕入れ	300,000	約手	15	香川商店	当店	5	6	6	30	坂之上銀行	6	30	支払い
6	6	買掛金支払い	300,000	為手	25	香川商店	福田商店	6	6	7	31	雲田銀行	7	31	支払い

4．手形の不渡りと偶発債務

（1）手形の不渡り

支払期日に手形債務者による支払いが行われないことを**手形の不渡り**といい，不渡りとなった手形債権もしくは手形そのものを**不渡手形**という。不渡手形は通常の受取手形と区別して**不渡手形勘定（資産）**で処理する。また，不渡手形の所持人は，当該手形の振出人，裏書人などに対して支払いを請求（**償還請求**）することになるが，償還請求の際に発生した郵便代などの償還費用と支払期日以降の法定利息も手形代金とあわせて請求することができ，これらも不渡手形勘定で処理する。なお，償還請求を行ったにもかかわらず支払いがなされなかった場合には貸倒れとして処理し，当該手形に貸倒引当金が設定されている場合にはこれを取り崩す。また，貸倒引当金が不足する場合や設定されていない場合には貸倒損失として処理する（第5章参照）。

（2）偶発債務

手形を所持する者が手形の裏書や割引を行うと，さしあたり当該手形の決済に関する取引の当事者ではなくなる。しかし，当該手形が不渡りになった場合には，本来の手形債務者に代わって手形代金を支払うべき二次的責任（**遡求義務**）を負わなければならない。したがって，手形の裏書や割引を行った者は，手形の不渡りを条件として手形債務を負うことになる。このように現在は確定した債務ではないが，ある条件を満たした場合に債務になるものを**偶発債務**と

いう。手形の偶発債務は時価で評価した上で**保証債務**勘定（負債）で処理する。裏書や割引によって保証債務が発生した時には，**保証債務費用**勘定（費用）の借方と保証債務勘定の貸方に記入する。また，手形が決済されたり不渡りになって保証債務が消滅した時には保証債務勘定の借方と**保証債務取崩益**勘定（収益）の貸方に記入する。

なお，以上の処理のほかに，手形の裏書や割引に関する偶発債務の全額を，評価勘定や対照勘定で備忘記録することがある。評価勘定による場合は，手形の裏書や割引を行った時に，受取手形勘定の貸方に記入するのではなく，**裏書手形**勘定もしくは**割引手形**勘定（ともに資産の評価勘定）の貸方に記入し，これらの勘定により偶発債務の存在を記録する。そして，当該偶発債務が消滅した時に受取手形勘定の貸方と裏書手形勘定もしくは割引手形勘定の借方に記入を行う。一方，対照勘定による場合は，手形の裏書や割引を行った時に，通常の仕訳に加えて，**手形裏書義務**勘定もしくは**手形割引義務**勘定の貸方に記入するとともに，**手形裏書義務見返**勘定もしくは**手形割引義務見返**勘定の借方に記入し，これらの対照勘定により偶発債務の存在を記録する。そして，当該偶発債務が消滅した時に対照勘定を反対仕訳し消去する。

例題6－4 次の一連の取引について，菅野商店の立場で仕訳を示しなさい。

① 菅野商店は原田商店より商品￥300,000を仕入れ，代金の支払いのため，かねて高橋商店より受け取っていた約束手形￥300,000を裏書譲渡した。なお，手形裏書にともなう保証債務の時価は手形額面の1％である。

② 上記の手形が不渡りとなったため，菅野商店は原田商店より手形代金￥300,000および償還費用￥500の償還請求を受け，全額小切手を振り出して支払った。菅野商店では即日高橋商店に対して原田商店への支払額￥300,500に償還費用￥400を加えた￥300,900を償還請求した。なお菅野商店では償還費用を現金で支払っている。

《解説》　本問のように，手形の裏書や割引の問題で保証債務の時価について指示がある場合には保証債務の会計処理を行う。

<手形裏書の会計処理＞
① （借）仕　　　入　　300,000　　（貸）受取手形　　300,000
　　（借）保証債務費用　　　300　　（貸）保証債務　　　　300
＜不渡手形償還の会計処理＞
② （借）不渡手形　　300,500　　（貸）当座預金　　300,500
　　（借）不渡手形　　　　400　　（貸）現　　金　　　　400
　　（借）保証債務　　　　300　　（貸）保証債務取崩益　　300

☆5．手形の更改・金融手形

☆（1）手形の更改

　手形債務者は支払期日に手形代金を支払うのが原則である。しかし資金を用意できず，期日に手形代金を支払うことができないこともありうる。このような場合，手形債権者の了承のもとで，手形債務者がより先の日付を支払期日とした手形を振り出し，これを古い手形と交換することで支払期日を延期することが行われる。これを**手形の更改**あるいは**手形の書き換え**という。なお，通常，手形の更改に際しては，手形債務者から手形債権者に利息が支払われる。この利息は，新しく振り出される手形代金に含める場合と手形とは別に授受される場合がある。

☆（2）金融手形

　手形は一般に商品代金の決済などに利用されるが，支払期日に一定の金額を支払うことを約する証券という手形の性質に着目して，手形を資金の貸借といった金融上の目的で利用することがある。このような手形を特に**金融手形**という。金融手形は，約束手形や為替手形をいわば借用証書の代用としているものとみることができる。なお，金融手形に関する手形債権は**手形貸付金勘定**（資産）で処理し，手形債務は**手形借入金勘定**（負債）で処理する。

例題 6-5 次の各取引について，各商店の立場からの仕訳を示しなさい。
① 大木商店はさきに須田商店に振り出した約束手形￥400,000について，手形の更改を申し入れ了承を得たため，新手形を振り出し旧手形と交換した。なお，利息￥500は別途現金で支払った。
② 遠藤商店は約束手形を振り出して田渕商店より￥500,000を借り入れ，利息￥1,500を差し引かれた残額を，田渕商店振り出しの小切手で受け取った。

《解　説》　仕訳は以下のとおりである。なお①については参考までに新旧の手形の区別を示してある。
＜手形債務者（大木商店）の会計処理＞
① （借）支払手形（旧）400,000　　（貸）支払手形（新）400,000
　　　　支払利息　　　　500　　　　　　現　　金　　　　500
＜手形債権者（須田商店）の会計処理＞
① （借）受取手形（新）400,000　　（貸）受取手形（旧）400,000
　　　　現　　金　　　　500　　　　　　受取利息　　　　500
＜手形債務者（遠藤商店）の会計処理＞
② （借）現　　金　　498,500　　（貸）手形借入金　　500,000
　　　　支払利息　　　1,500
＜手形債権者（田渕商店）の会計処理＞
② （借）手形貸付金　500,000　　（貸）当座預金　　　498,500
　　　　　　　　　　　　　　　　　　　受取利息　　　　1,500

第7章 有価証券

☆1．有価証券の意義と分類

　有価証券とは，広義には法律上認められる何らかの権利を表象する証券をいい，さまざまなものが存在する。しかし，簿記においては，通常，金融商品取引法において定められた証券を指し，その代表的なものとして，**株券，社債券，国債・地方債証券（公債証券）**などがあげられる。株券は，当該株券の発行会社に対する出資者としての法的地位（**株式**）を表象する証券であり，これを所有するものを株主という。一方で社債券や公債証券は，発行者に対する金銭債権（**社債・公債**）を表象する証券であり，それぞれ，会社あるいは国や地方自治体などにより発行される。

　これらの有価証券は，保有目的により下表のように分類され，それぞれ異なる会計処理が行われる。以下，本章では売買目的有価証券と満期保有目的債券についてとりあげる。

図表7－1　有価証券の分類

名　　称	保有目的
売買目的有価証券	時価の変動により利益を得ることを目的として保有する有価証券
満期保有目的債券	満期まで所有する意図をもって保有する社債・公債（あわせて公社債という）等の債券
子会社株式・関連会社株式	他の会社を支配または重大な影響力を行使する目的で保有する株式
その他有価証券	上記以外の有価証券

☆2．売買目的有価証券の基本処理

☆（1）取　　得

　売買目的有価証券を取得した場合には，取得原価をもって**売買目的有価証券**勘定（資産）もしくは**有価証券**勘定（資産）で処理する。取得原価は，当該有価証券の購入代価と購入に要した手数料等の付随費用の合計金額である。

☆（2）売　　却

　売買目的有価証券を売却した場合には，当該有価証券の帳簿価額により売買目的有価証券勘定もしくは有価証券勘定で処理した上で，売却価額との差額は**有価証券売却益**勘定（収益）または**有価証券売却損**勘定（費用）で処理する。なお，同一銘柄の有価証券を数回にわたり取得している場合には，当該有価証券の帳簿価額が異なる単価で記帳されていることがある。このような場合で，当該有価証券の一部を売却する際には，売却される有価証券の帳簿価額は平均原価法（移動平均法など）により算出された単価にもとづいて計算する。

例題7－1　次の一連の取引について，仕訳を示しなさい。なお，当社では有価証券の帳簿価額は移動平均法により計算している。

① 売買目的により㈱藤本商事の株式1,000株を＠¥950で購入し，代金は買入手数料¥50,000とともに小切手を振り出して支払った。なお，当社はこれ以前に有価証券を保有していない。

② 売買目的により㈱藤本商事の株式1,000株を＠¥1,050で購入し，代金は買入手数料¥50,000とともに小切手を振り出して支払った。

③ ㈱藤本商事の株式1,000株を＠¥1,070で売却し，代金は現金で受け取った。

④ 売買目的により額面¥1,000,000の㈱片岡産業の社債を＠¥97で購入し，代金は買入手数料¥50,000とともに現金で支払った。

⑤ 額面¥500,000の㈱片岡産業の社債を＠¥100で売却し，代金は現金で受け取った。

《解　説》　計算と仕訳は次のとおりである。
＜売買目的有価証券（株式）の取得・売却の会計処理＞
① （借）売買目的有価証券　1,000,000(*)　（貸）当座預金　1,000,000
　　　(*)取得原価：@¥950×1,000株＋¥50,000＝¥1,000,000
② （借）売買目的有価証券　1,100,000(*)　（貸）当座預金　1,100,000
　　　(*)取得原価：@¥1,050×1,000株＋¥50,000＝¥1,100,000
③ （借）現　　　金　1,070,000(*1)　（貸）売買目的有価証券(*2)　1,050,000
　　　　　　　　　　　　　　　　　　　　有価証券売却益(*3)　　　20,000
　　　(*1)売却価額：@¥1,070×1,000株＝¥1,070,000
　　　(*2)帳簿価額：$\frac{(¥1,000,000 + ¥1,100,000)}{(1,000株 + 1,000株)} = @¥1,050$
　　　　　　@¥1,050×1,000株＝¥1,050,000
　　　(*3)貸借差額

＜売買目的有価証券（公社債）の取得・売却の会計処理＞
④ （借）売買目的有価証券　1,020,000(*)　（貸）現　　　金　1,020,000
　　　(*)公社債の売買価額は額面¥100を1口とし，1口あたりの金額で示されるため，取得原価は次のように計算される。
　　　　　$\frac{¥1,000,000}{¥100} × ¥97 + ¥50,000 = ¥1,020,000$
⑤ （借）現　　　金　　500,000　　（貸）売買目的有価証券　510,000(*1)
　　　　有価証券売却損　　10,000(*2)
　　　(*1)1口あたりの帳簿価額：$¥1,020,000 ÷ \frac{¥1,000,000}{¥100} = ¥102$
　　　　　帳簿価額：$\frac{¥500,000}{¥100} × ¥102 = ¥510,000$
　　　(*2)貸借差額

☆（3）期末の評価替え
　決算日に保有する売買目的有価証券は，決算日の時価をもって貸借対照表価額（期末の評価額）とする。このとき，帳簿価額と時価との差額（評価差額）は，**有価証券評価益**勘定（収益）もしくは**有価証券評価損**勘定（費用）で処理する。

例題7−2 次の取引について，仕訳を示しなさい。

決算にあたり保有する売買目的有価証券の評価替えを行う。決算日に保有する売買目的有価証券は㈱藤本商事株式1,000株と㈱片岡産業社債額面¥500,000であり，それぞれの帳簿価額と時価は次のとおりである。

　㈱藤本商事株式　帳簿価額　＠¥1,050　時価＠¥1,030
　㈱片岡産業社債　帳簿価額　＠¥　102　時価＠¥　104

《解　説》　計算と仕訳は次のとおりである。
＜売買目的有価証券の評価替えの会計処理＞
　㈱藤本商事株式
　　（借）有価証券評価損　20,000（*）　（貸）売買目的有価証券　20,000
　　　（*）時価−帳簿価額：＠¥1,030×1,000株−＠¥1,050×1,000株＝−¥20,000
　㈱片岡産業社債
　　（借）売買目的有価証券　10,000　（貸）有価証券評価益　10,000（*）
　　　（*）時価−帳簿価額：¥500,000／¥100×＠¥104
　　　　　　　　　　　　　−¥500,000／¥100×＠¥102＝¥10,000

☆3．配当金と利息

☆（1）株式の配当金

　株式の所有者である株主は株式会社の出資者であり，株主総会や取締役会の決議により，自らの出資の割合に応じた剰余金の分配を受けることができる。この株主に対する分配額を配当金という。配当金を受け取った際には，**受取配当金**勘定（収益）の貸方に記入するとともに，受け取った資産の勘定の借方に記入する。なお，配当金を配当金領収書により受け取った場合には，配当金領収書は金融機関でいつでも換金することができるため，現金として処理する（第4章参照）。

☆（2）公社債の利息

　公社債の本質は，相手方に対する金銭債権であり，通常所有者は，相手方か

らあらかじめ定められた日（利払日）に定められた利率（約定利率）に応じた利息を受け取ることができる。公社債の利息を受け取った際には，**有価証券利息**勘定（収益）もしくは**受取利息**勘定（収益）の貸方に記入するとともに，受け取った資産の勘定の借方に記入する。なお，一般に公社債の利息は公社債に付属する利札を切り離し，利払日以降に金融機関で換金することにより受け取る。したがって，利払日の到来した利札は金融機関でいつでも換金することができるため，現金として処理する（第4章参照）。

> 例題7－3　次の各取引について，仕訳を示しなさい。
> ① かねて保有する㈱藤本商事株式1,000株について，@¥10の配当金を受け取り，ただちに当座預金に預け入れた。
> ② かねて保有する額面¥1,000,000の㈱永井興産社債（約定利率：年利3％，利払日：6月・12月の各末日）について，利払日が到来したため，利札を銀行で換金した。

《解　説》　計算と仕訳は次のとおりである。
　　　　　＜株式の配当金の会計処理＞
　　　　　　①　（借）当座預金　10,000　　（貸）受取配当金　10,000（*）
　　　　　　　　　（*）@¥10×1,000株＝¥10,000
　　　　　＜公社債の利息の会計処理＞
　　　　　　②　（借）現　　　金　15,000　　（貸）有価証券利息　15,000（*）
　　　　　　　　　(*)¥1,000,000×3％×6カ月／12カ月＝¥15,000

4．満期保有目的債券の基本処理

（1）取　得

　満期保有目的債券を取得した場合には，取得原価をもって**満期保有目的債券**勘定（資産）もしくは**投資有価証券**勘定（資産）の借方に記入する。取得原価は，当該債券の購入代価と購入にあたって必要となった手数料等の付随費用の合計金額である。

（2）期末の評価替え（償却原価法）

満期保有目的債券の取得に際して，満期保有目的債券を債券金額（額面金額）より低い価額または高い価額で取得した場合で，債券金額と取得価額の差額の性格が金利の調整（金利調整差額）と認められるときは，**償却原価法**にもとづいて算定された価額をもって債券の貸借対照表価額（期末の評価額）としなければならない。したがって，このような場合には決算日に債券の評価替えが行われることになる。

償却原価法は，債券金額と取得価額の差額を，償還に至るまで毎期一定の方法で取得価額に加減する方法をいい，当該差額は利息としての性質を有するのであるから，債券の評価替えが行われると同時に，相手勘定は有価証券利息勘定に記帳することになる。償却原価法の計算には定額法と利息法の2つの方法があるが，このうち定額法は，債券金額と取得価額の差額を取得から償還まで均等に償却する方法であって，通常は月割りにより計算を行う。なお，償却原価法による償却は期末のほか，償還日にも行われる。

> **例題7-4** 次の一連の取引について，それぞれ仕訳を示しなさい。
> ① 7月1日，満期まで保有する目的で額面￥100,000の㈱蟹江水産社債を＠￥95で購入し，代金は現金で支払った。なお，この社債の利払日は6月と12月の各末日，年利率は2％，償還日は本日から5年後である。また，債券金額と取得価額の差額の性格は金利の調整と認められる。
> ② 12月31日，決算日。なお利払日につき，利息を現金で受け取った。

《解　説》　計算と仕訳は次のとおりである。
＜満期保有目的債券の取得の会計処理＞
　　① （借）満期保有目的債券　950,000(*)　（貸）現　　金　950,000
　　　　　(*)取得原価：￥100,000／￥100×￥95＝￥95,000
＜満期保有目的債券の償却原価法等の会計処理＞
　　② 利息の受領（借）現　　金　　　　10,000(*1)　（貸）有価証券利息　10,000
　　　　償却原価法　満期保有目的債券　5,000(*2)　　　　有価証券利息　　5,000
　　　(*1)￥1,000,000×2％×6カ月／12カ月＝￥10,000
　　　(*2)(￥1,000,000－￥950,000)×6カ月／60カ月＝￥5,000

5．有価証券に関するその他の諸論点

(1) 売買目的有価証券の洗替法と切放し法

先に述べたように，売買目的有価証券は期末に時価により評価替えされるが，翌期首に洗い替えるか否かにより**洗替法**と**切放し法**の2つの処理方法がある。

洗替法は，期末にいったん時価で評価した売買目的有価証券を，翌期首に反対仕訳することにより再び評価替え前の帳簿価額に戻す方法である。切放し法は，翌期首に反対仕訳を行わず，前期末の時価を新たな帳簿価額として引き継ぐ方法をいう。制度上は切放し法が原則とされ，洗替法も認められている。

> 例題7－5　次の一連の取引について，切放し法と洗替法によりそれぞれ仕訳を示しなさい。
> ① 12月31日，決算日につき，売買目的で保有する㈱藤本商事株式1,000株（帳簿価額@¥1,050，時価@¥1,030）について評価替えを行う。
> ② 1月1日，翌期期首につき，売買目的で保有する㈱藤本商事株式1,000株について必要な処理を行う。

《解　説》　＜切放し法の会計処理＞
① （借）有価証券評価損　20,000(*)　（貸）売買目的有価証券　20,000
② 　　　仕訳なし
＜洗替法の会計処理＞
① （借）有価証券評価損　20,000(*)　（貸）売買目的有価証券　20,000
② （借）売買目的有価証券　20,000　（貸）有価証券評価損　20,000
　　(*) 時価－帳簿価額：
　　　　@¥1,030×1,000株－@¥1,050×1,000株＝－¥20,000

(2) 端数利息

公社債の売買が利払日以外に行われた場合，売買日直前の利払日の翌日から売買日までの利息については，本来売り手に帰属するべきである。しかし，公社債の利息は利払日に当該公社債を所有する者が全額を受け取るため，売り手

に帰属するべき利息も含めて，すべてを買い手が受け取ることになる。そこで，売り手と買い手の間で利息について精算する必要がある。このような利息を**端数利息**という。端数利息は日割りにより計算し，公社債の売買時に買い手が売り手に立て替え払いすることにより精算される。なお，端数利息は売り手，買い手ともに有価証券利息勘定に記帳する。

> **例題7－6** 次の一連の取引について，それぞれ仕訳を示しなさい。
> ① 7月20日，売買目的により額面¥1,000,000の㈱草刈通商社債を@¥100で購入し，代金は端数利息とともに小切手を振り出して支払った。なお，この社債の年利率は7.3％，利払日は6月と12月の各末日である。また，端数利息の計算は日割りにより計算する。
> ② 12月31日，利払日につき，上記社債の利息を現金で受け取った。

《解　説》　端数利息を支払った際には，収益である有価証券利息勘定の借方に記入する。これによって，利払日に受け取った利息と端数利息として立て替えた利息とが相殺され，購入から利払日までの利息が有価証券利息勘定に計上されることになる。

＜公社債の端数利息の会計処理＞
① （借）売買目的有価証券　1,000,000　　（貸）当座預金　1,004,000
　　　　　有価証券利息　　　　4,000（*1）
　　　（*1）¥1,000,000×7.3％×20日／365日＝¥4,000
② （借）現　　　金　　　　36,500　（貸）有価証券利息　36,500（*2）
　　　（*2）$¥1,000,000 × 7.3\% × \dfrac{6カ月}{12カ月} = ¥36,500$

（3）有価証券の差入れと預り

有価証券は，担保などを目的として他人に預託する場合がある。このとき，有価証券の所有権は移転せず，あくまで保管場所が移るにすぎない。しかし，手許にある有価証券と区別し，備忘録を行う必要があるため，当該有価証券は**差入有価証券**勘定（資産）に振り替える。一方，このような目的で有価証券を預ったものは当該有価証券を時価で評価したうえで，**保管有価証券**勘定（資産）の借方と**預り有価証券**勘定（負債）の貸方に記入する。

例題7－7　次の一連の取引について，両者の立場でそれぞれ仕訳を示しなさい。
① 大橋商店は塚本商店より現金¥1,000,000を借り入れ，その担保として，売買目的で保有している社債（帳簿価額：¥950,000，時価：¥1,000,000）を差し入れた。
② 返済期日となったので，大橋商店は塚本商店に現金¥1,000,000を返済し，差し入れてあった社債の返還を受けた。

《解　説》　差入れ側は簿価で処理するのに対し，預かり側は時価で処理する点に注意してほしい。

＜有価証券の差入れ側（大橋商店）の会計処理＞
① （借）現　　　金　　1,000,000　（貸）借　入　金　　1,000,000
　　　　差入有価証券　　 950,000　　　　売買目的有価証券　950,000
② （借）借　入　金　　1,000,000　（貸）現　　　金　　1,000,000
　　　　売買目的有価証券　950,000　　　　差入有価証券　　 950,000

＜有価証券の預かり側（塚本商店）の会計処理＞
① （借）貸　付　金　　1,000,000　（貸）現　　　金　　1,000,000
　　　　保管有価証券　1,000,000　　　　預り有価証券　　1,000,000
② （借）現　　　金　　1,000,000　（貸）貸　付　金　　1,000,000
　　　　預り有価証券　1,000,000　　　　保管有価証券　　1,000,000

（4）有価証券の貸借

　有価証券は，金銭などと同様に貸借の対象となる場合がある。このとき，有価証券の貸し手は，当該有価証券を**貸付有価証券**勘定（資産）に振り替える。一方，借り手は当該有価証券を時価で評価したうえで，保管有価証券勘定の借方と**借入有価証券**勘定（負債）の貸方に記入する。

例題7－8　次の一連の取引について，両者の立場でそれぞれ仕訳を示しなさい。
① 川野商店は海部商店に売買目的で保有している株式（帳簿価額：¥950,000，時価：¥1,000,000）を貸し付けた。
② 期日となったので，川野商店は海部商店より貸し付けてあった株式の返還を受けた。

《解　説》　貸付側は簿価で処理するのに対し，借入側は時価で処理する点に注意してほしい。

　　　＜有価証券の貸付側（川野商店）の会計処理＞
　　　　①　（借）貸付有価証券　　　950,000　　（貸）売買目的有価証券　950,000
　　　　②　（借）売買目的有価証券　950,000　　（貸）貸付有価証券　　　950,000
　　　＜有価証券の借入側（海部商店）の会計処理＞
　　　　①　（借）保管有価証券　　1,000,000　　（貸）借入有価証券　　1,000,000
　　　　②　（借）借入有価証券　　1,000,000　　（貸）保管有価証券　　1,000,000

第8章　有形固定資産

☆1．有形固定資産の意義と種類

　固定資産とは，営業その他の目的で，通常1年以上の長期にわたって保有する資産をいう。固定資産には有形固定資産，無形固定資産，投資その他の資産があるが，有形固定資産を本章で，また無形固定資産を次章でとりあげる。

　有形固定資産とは，固定資産のうち物理的形態を有するものをいい，代表的なものとして，建物，備品，車両運搬具，土地などがある。このほかに，特殊な有形固定資産として建設仮勘定がある。建設仮勘定については後述する。

☆2．有形固定資産の取得

　有形固定資産を取得した場合には，取得原価をもって**建物**勘定，**備品**勘定，**車両運搬具**勘定，**土地**勘定（いずれも資産）などの有形固定資産を示す具体的名称を付した勘定で処理する。取得原価は，有形固定資産の購入代価と購入にあたって必要となった手数料等の付随費用の合計金額である。なお，有形固定資産であっても金額が僅少で重要性の乏しいものは，**消耗品費**勘定（費用）で処理することが認められている。

　例題8－1　次の取引について，仕訳を示しなさい。
　　　　　　建物￥3,450,000を購入し，代金は小切手で支払った。このほかに建物の購入手数料￥30,000および登記料￥20,000を現金で支払っている。

　《解　説》　有形固定資産の取得原価は購入代価に付随費用を加えた金額となる。

<有形固定資産の取得の会計処理>
(借)建　　物　3,500,000　　(貸)当座預金　3,450,000
　　　　　　　　　　　　　　　　　現　　金　　 50,000

☆3．有形固定資産の減価償却

☆（1）減価償却

　通常無期限に使用できる土地などを除き，大部分の有形固定資産は，営業過程での継続的な使用や時の経過により，徐々に価値が低下し，いつかは使用に耐えなくなる。一方で有形固定資産は，その使用により収益の獲得に貢献するものと考えられ，使用による価値の低下部分を費用とし，毎期の収益と対応せしめ，適正に利益を計算する必要がある。しかし，有形固定資産は一体として使用されるため，収益獲得に貢献し各期に配分すべき費用額を直接測定することができない。そこで，有形固定資産の取得原価を，一定の仮定にもとづいて規則的に毎期の費用として配分する手続きである**減価償却**が行われる。減価償却は通常決算日に行われるが，期中でも有形固定資産を売却した時などは随時行われる。

☆（2）減価償却の記帳方法

　減価償却の記帳方法には，**直接法**と**間接法**の2つがある。いずれの方法でも減価償却による当期の費用配分額を，**減価償却費**勘定（費用）の借方に記入する点は同様であるが，貸方の処理が異なる。

　直接法は，費用配分額を各有形固定資産の勘定から直接控除する方法であり，建物勘定など当該有形固定資産を示す勘定の貸方に記入する。したがって，直接法によると各有形固定資産の勘定には帳簿価額が表示されることになる。

　間接法は，費用配分額を各有形固定資産の勘定から直接控除することなく，**減価償却累計額**勘定（資産の評価勘定）の貸方に記入することによって，間接的に控除する方法である。したがって，間接法によると各有形固定資産の勘定残高から，対応する減価償却累計額勘定の残高を控除することによって，当該

固定資産の帳簿価額が知れることになる。なお，減価償却費勘定および減価償却累計額勘定について，対象となった有形固定資産を特定できるように，それぞれに資産名を付して，建物減価償却費，建物減価償却累計額などとすることもある。

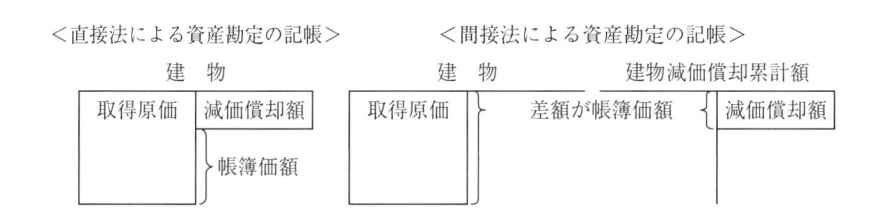

＜直接法による資産勘定の記帳＞　　＜間接法による資産勘定の記帳＞

（図：建物勘定の記帳方法の比較。直接法では取得原価から減価償却額を差し引いて帳簿価額とする。間接法では建物勘定に取得原価を記載し，建物減価償却累計額勘定に減価償却額を記載し，その差額が帳簿価額となる。）

☆（3）減価償却の計算方法

減価償却の計算方法は，定額法，定率法，生産高比例法などいくつかの方法があり，通常は，**取得原価**，使用可能な年数（**耐用年数**），使用後に残存する処分価額（**残存価額**）の3つを計算要素として計算が行われる。

☆① 定額法

定額法は，耐用年数の期間にわたり，毎期一定の減価償却費を計上するものであり，最も簡便な計算方法である。定額法による毎期の減価償却費の計算は次式によって行われる。

$$\text{定額法による毎期の減価償却費} = \frac{（\text{取得原価} － \text{残存価額}）}{\text{耐用年数}}$$

なお，上式の（取得原価 － 残存価額）を要償却額という。また，期中に使用を開始した場合や売却した場合など，期中の使用が1年に満たないときには，上式により1年分の減価償却費を求めたのち，月割りにより計算を行う。

> **例題8－2** 次の取引について，**直接法と間接法による仕訳**を示しなさい。
> 　　　　　決算に際し，当期首に取得した建物について，定額法により減価償却を行う。なお，建物の取得原価は¥3,500,000，耐用年数は30年，残存価額は取得原価の10％である。

第8章　有形固形資産　◇ 83

《解　説》　計算と仕訳は次のとおりである。
　　　　　＜定額法による減価償却の処理＞
　　　　　直接法　（借）減価償却費　10,500（*）　（貸）減価償却累計額　10,500
　　　　　間接法　（借）減価償却費　10,500（*）　（貸）建　　　　物　10,500
　　　　　　（*）（¥350,000 − ¥350,000 × 10％）／30年 ＝ ¥10,500

② 定率法

　定率法は，耐用年数の期間にわたり，逓減的に減価償却費を計上するものであり，毎期の減価償却費の計算は次式によって行われる。

定率法による毎期の減価償却費 ＝（期首の）帳簿価額 × 償却率

　償却率の計算式は以下の通りである。ただし，問題などにおいては，償却率は解答条件として与えられることが多い。

$$償却率 = 1 - \sqrt[耐用年数]{\frac{残存価額}{取得原価}}$$

　なお，定額法と同様に，定率法でも期中の使用が1年に満たないときには月割りにより計算を行う。

③ 生産高比例法

　生産高比例法は，耐用年数の期間にわたる有形固定資産の総利用可能量を合理的に見積もることができる場合に用いられる方法であり，次式のように計算する。

$$生産高比例法による毎期の減価償却費 =（取得原価 − 残存価額）\times \frac{当期利用量}{総利用可能量}$$

例題8−3　次の各取引について，仕訳を示しなさい。記帳方法は間接法によること。
　① 決算に際し，当期首に取得した備品について，定率法により減価償却を行う。なお，備品の取得原価は¥1,000,000，償却率は20％である。
　② 決算に際し，当期首に取得した車両について，生産高比例法により減価償却を行う。なお，車両の取得原価は¥2,000,000，残存価額は取得原価の10％である。また，総利用可能走行距離は50,000kmと見積もられており，当期の走行距離は5,000kmであった。

《解　説》　計算と仕訳は次のとおりである。
　　　　　＜定率法による減価償却の処理＞
　　　　　①　（借）減価償却費　200,000　　（貸）減価償却累計額　200,000（*）
　　　　　　　　（*）¥1,000,000×0.2＝¥200,000
　　　　　　　なお，翌期末の減価償却費は備品の帳簿価額に償却率を乗じて，
　　　　　　　（¥1,000,000－¥200,000）×20％＝¥160,000となる。このように
　　　　　　　定率法では年々計算される減価償却費が減少する。
　　　　　＜生産高比例法による減価償却の処理＞
　　　　　②　（借）減価償却費　180,000　　（貸）減価償却累計額　180,000（*）
　　　　　　　（*）（¥2,000,000－¥2,000,000×10％）× $\dfrac{5{,}000\mathrm{km}}{50{,}000\mathrm{km}}$
　　　　　　　　＝¥180,000

☆4．有形固定資産の除却

　有形固定資産は長期にわたり使用する目的で所有するが，耐用年数の到来や，耐用年数の途中であっても陳腐化・不適応化などさまざまな理由によって用途から外すことがあり，これを**除却**という。除却後は，売却，買い替え，廃棄などが行われる。

☆（1）売　却

　有形固定資産を売却する場合には，有形固定資産の勘定および減価償却累計額勘定から帳簿価額（取得原価および減価償却累計額）を控除した上で，売却価額との差額は**固定資産売却益**勘定（収益）もしくは**固定資産売却損**勘定（費用）で処理する。なお，期中あるいは期末に売却した場合には，当期分の減価償却費を月割計算し，これを減価償却累計額とあわせて取得原価から控除した金額が有形固定資産の帳簿価額となる。

例題8-4 平成×1年1月1日に取得した建物の売却について、次の問いに答えなさい。なお、建物の減価償却は定額法（取得原価は¥3,500,000、耐用年数は30年、残存価額は取得原価の10％）により、記帳方法は間接法によっている。また、当社の決算日は12月31日であり、売却代金はいずれの場合も現金で受け取ったものとする。

① 平成×3年1月1日に¥3,300,000で売却した場合の仕訳を示しなさい。
② 平成×3年1月1日に¥3,250,000で売却した場合の仕訳を示しなさい。
③ 平成×3年6月30日に¥3,250,000で売却した場合の仕訳を示しなさい。

《解　説》　計算と仕訳は次のとおりである。

＜有形固定資産の売却の処理＞

① 12／31　（借）現　　　金　3,300,000　（貸）建　　　物　3,500,000
　　　　　　　　減価償却累計額　210,000（*1）　固定資産売却益　10,000（*2）
　　　（*1）（¥3,500,000－¥3,500,000×10％）／30年＝¥105,000
　　　　　　取得より売却日までに二度の決算日を迎えているため、
　　　　　　¥105,000×2年＝¥210,000
　　　（*2）貸借差額

② 12／31　（借）現　　　金　3,250,000　（貸）建　　　物　3,500,000
　　　　　　　　減価償却累計額　210,000
　　　　　　　　固定資産売却損　40,000（*）
　　　（*）貸借差額

③ 6／30　（借）現　　　金　3,250,000　（貸）建　　　物　3,500,000
　　　　　　　　減価償却累計額　210,000　　固定資産売却益　12,500（*2）
　　　　　　　　減価償却費　52,500（*1）
　　　（*1）（¥3,500,000－¥3,500,000×10％）／30年＝¥105,000
　　　　　　直近の決算日より売却日までに6カ月が経過しているため、
　　　　　　¥105,000×6カ月／12カ月＝¥52,500
　　　（*2）貸借差額

（２）買い替え

有形固定資産を新しい資産と買い替える場合には，旧資産の売却と新資産の取得を同時に行ったと考えて処理する。買い替えの際に旧資産が下取りされるが，下取り価額を旧資産の売却価額と考えて処理することになる。なお，期中あるいは期末に買い替えを行った場合，当期分の減価償却費については先の売却の場合と同様に処理する。この点は以下の(3)(4)でも同様である。

（３）廃　棄

有形固定資産を廃棄する場合には，有形固定資産の勘定および減価償却累計額勘定から帳簿価額（取得原価および減価償却累計額）を控除した上で，借方差額は**固定資産廃棄損**勘定（費用）で処理する。

（４）保　管

用途から外した後も，有形固定資産を処分せず保管する場合には，有形固定資産の処分可能価額を見積もり，これを**貯蔵品**勘定（資産）で処理する。また，帳簿価額と処分可能価額の差額は**固定資産除却損**勘定（費用）で処理する。

> 例題8－5　当社の保有する備品について，次の各設問に答えなさい。なお備品の取得原価は¥1,000,000，当期首時点の減価償却累計額勘定の残高は¥800,000であった。
> ①　当期首に新備品と買い替えた場合の仕訳を示しなさい。なお，新備品の価格は¥1,100,000，旧備品の下取り価格は¥150,000，差額は現金で支払った。
> ②　当期首に廃棄した場合の仕訳を示しなさい。
> ③　当期首に除却の上，倉庫に保管した場合の仕訳を示しなさい。なお，当該備品の処分可能価額は¥150,000と見積もられた。

《解　説》　仕訳は次のとおりである。
　　　　　＜有形固定資産の買い替えの会計処理＞
　　　　　①　（借）備　　　　品　1,100,000　（貸）備　　　　品　1,000,000
　　　　　　　　　　減価償却累計額　800,000　　　　現　　　金　　950,000
　　　　　　　　　　固定資産売却損　 50,000

<有形固定資産の廃棄の会計処理>
② （借）減価償却累計額　800,000　（貸）備　　　品　1,000,000
　　　　　固定資産廃棄損　200,000
<有形固定資産の除却・保管の会計処理>
③ （借）貯　　蔵　　品　150,000　（貸）備　　　品　1,000,000
　　　　　減価償却累計額　800,000
　　　　　固定資産除却損　 50,000

5．有形固定資産に関するその他の諸論点

（1）建設仮勘定

　建設仮勘定は，いまだ工事の途中にある建物など未完成の有形固定資産について，他の資産と区別するために使用される勘定である。建設や製作の途中で代金の一部を支払った場合や材料を消費した場合などに，その金額を**建設仮勘定**（資産）の借方に記帳し，完成し引き渡しを受けた時に建設仮勘定から建物勘定などに振り替える。なお，使用を開始していないため，建設仮勘定は減価償却を行わない。

> 例題8－6　次の一連の取引について，仕訳を示しなさい。
> ① 建物の建設を発注し，工事代金総額¥5,000,000の内，¥3,000,000について小切手を振り出して支払った。
> ② 建物が完成し引き渡しを受けたため，工事代金の残額¥2,000,000を小切手を振り出して支払った。

《解　説》　<建設仮勘定の会計処理>
① （借）建設仮勘定　3,000,000　（貸）当座預金　3,000,000
② （借）建　　物　　5,000,000　（貸）建設仮勘定　3,000,000
　　　　　　　　　　　　　　　　　　当座預金　2,000,000

(2) 資本的支出と収益的支出

資本的支出とは，有形固定資産の価値の向上や耐用年数の伸長を目的として改良を行った場合の支出をいう。また，**収益的支出**とは，有形固定資産の機能を維持するために修繕を行った場合の支出をいう。資本的支出を行った際には，当該支出額を有形固定資産の帳簿価額に加え，減価償却により支出以降の期間に配分する。また，収益的支出を行った際には，**修繕費**勘定（費用）の借方に記入し，支出を行った期間の費用として処理する。

> 例題8－7　次の各取引について，仕訳を示しなさい。
> ① 建物の改良を行い，代金￥100,000を小切手を振り出して支払った。
> ② 備品の修繕を行い，代金￥50,000を現金で支払った。

《解　説》　＜資本的支出と収益的支出の会計処理＞
　　　　　　資本的支出　①　（借）建　　　物　100,000　（貸）当座預金　100,000
　　　　　　収益的支出　②　（借）修　繕　費　 50,000　（貸）現　　　金　 50,000

(3) 災害等による滅失

災害等により有形固定資産が滅失した場合には，損失額を**災害損失**勘定（費用）など損失が生じた事象名を冠した勘定で処理する。

なお，有形固定資産に保険を付している場合には，災害等による損失が填補されることがある。このような場合には，まず災害時に損失額を災害未決算勘定など損害が生じた事象名を冠した未決算勘定の借方に記入しておき，保険金額が決定した段階で未決算勘定の貸方に記入する。このとき，保険金額と損失額の差額が借方差額であれば災害損失勘定などで，貸方差額であれば**保険差益**勘定（収益）で処理する。

第8章　有形固形資産　◇　89

例題 8 − 8　次の一連の取引について，仕訳を示しなさい。
　　　　　① 当期首に建物が火災により焼失した。建物の取得原価は¥5,000,000，期首時点の減価償却累計額勘定の残高は¥2,000,000であった。また，焼失した建物については，保険会社との間に火災保険契約¥2,500,000を締結しており，火災後ただちに保険金の請求を行っている。
　　　　　② 保険会社より，保険金¥2,500,000を支払う旨の連絡があった。
　　　　　③ 当座預金に保険金が振り込まれた。

《解　説》　＜災害による滅失と保険金の会計処理＞
　　　　① （借）減価償却累計額　2,000,000　（貸）建　　　　物　5,000,000
　　　　　　　　火　災　未　決　算　3,000,000
　　　　② （借）未　　収　　金　2,500,000　（貸）火 災 未 決 算　3,000,000
　　　　　　　　火　災　損　失　　　500,000
　　　　③ （借）当　座　預　金　2,500,000　（貸）未　　収　　金　2,500,000

第9章　無形固定資産と繰延資産

1．無形固定資産の意義と種類

　無形固定資産とは，固定資産であって物理的形態をもたないものをいい，法律等で認められる権利である特許権，商標権，実用新案権，意匠権，著作権，借地権，鉱業権などと，企業にとって経済的価値を有するのれんなどがある。

2．無形固定資産の基本処理

（1）取　得
　のれんを除く無形固定資産を取得した場合には，取得原価をもって無形固定資産を示す具体的名称を付した勘定，すなわち**特許権**勘定，**商標権**勘定（いずれも資産）などで処理する。取得原価は，無形固定資産の取得に直接要した支出額と付随費用の合計金額である。

（2）のれんの認識
　のれんの本質は，企業の有する超過収益力の原因要素である。たとえば，ある企業の収益力が同種企業の平均を上回る場合，当該企業は超過収益力を有することになり，のれんの存在が推定される。しかし，のれんは単独で存在する財産とは異なり，それだけを取り出して客観的に評価することは困難である。よって現行の制度においては，企業内部で創設された自己創設のれんについては認識せず，事業の買収や合併（第11章参照）などにより外部から取得した買い入れのれんのみ認識する。たとえば，事業を買収した場合には，**パーチェス法**により会計処理され，買収により受け入れた資産・負債の時価評価額と買収

に要した支払額との差額がのれんとなる。具体的には，受け入れた資産・負債を時価により記帳し，買収に要した支払額を記帳した上で，貸借差額をのれんとすることになる。のれんは**のれん**勘定（資産または収益）に記入し，借方にあらわれる場合には無形固定資産として処理される。また，のれんが貸方にあらわれる場合には，特に負ののれんといわれ，収益として処理される。

（3）償　却

　無形固定資産も有形固定資産と同様に，その利用される期間にわたり費用配分する必要があり，無形固定資産の費用配分の手続きを**償却**という。償却による当期の費用配分額は，**特許権償却**勘定や**商標権償却**勘定（いずれも費用）など，当該無形固定資産の名称に償却を付した勘定の借方に記帳する。貸方については，有形固定資産の直接法と同様に費用配分額を無形固定資産の勘定から直接控除する。償却の計算は，一般に無形固定資産が有効とされる期間を限度として耐用年数を決定し，残存価額をゼロとした定額法によって行われる。ただし鉱業権については，生産高比例法による償却が行われることもある。また，のれんについては，効果の維持や効果の及ぶ期間に関する考え方から，償却を不要とする説や，償却以外の手続きによるべきとの説もあるが，制度上は原則として20年以内の効果の及ぶ期間にわたり，定額法等合理的な方法により償却することとされている。

例題9－1　次の一連の取引について，仕訳を示しなさい。
　　　　　① 1月1日，特許権の取得のため¥800,000の小切手を振り出した。
　　　　　② 12月31日，決算日につき，当期首に取得した特許権を償却する。
　　　　　　 特許権は8年間にわたり毎期均等額を償却する。

《解　説》　＜無形固定資産の取得と償却の会計処理＞
　　　　　① 1／1　　（借）特　許　権　800,000　　（貸）当座預金　800,000
　　　　　② 12／31　（借）特許権償却　100,000(*)　（貸）特　許　権　100,000
　　　　　　　　　　　　　(*)¥800,000／8年＝¥100,000

3．繰延資産の意義と種類

　繰延資産とは，すでに代価の支払が完了しまたは支払義務が確定し，これに対応する役務の提供を受けたにもかかわらず，その効果が将来にわたって発現するものと期待される費用をいう。このような費用は，その効果が次期以降にも発現するか，あるいは次期以降の収益の獲得に貢献すると考えられることから，収益との対応を重視して次期以降に費用配分するために繰り延べることが認められる。ただし，繰延資産の本質は費用であり，換金価値を有さないため，無制限に資産として処理することを認めると弊害も大きい。そのため，現行制度においては，原則として発生時に費用処理することとし，次の5つに限っては繰延資産として貸借対照表へ計上することを容認している。

図表9－1　繰延資産の種類と償却方法・償却期間

名　称	内　容	償却方法	償却期間
創立費	会社の設立に要した支出額であり，定款作成費，設立に際しての株式発行費，発起人の報酬，設立登記の登録免許税などである。	定額法	5年以内
開業費	会社設立後，開業までの準備に要したすべての支出額である。	定額法	5年以内
開発費	新技術の採用，新資源の開発，新市場の開拓のための特別の支出額である。	定額法その他合理的な方法	5年以内
株式交付費	会社設立後，新株発行を行う際に要した支出額であり，募集のための諸費用や証券会社に対する手数料などである。	定額法	3年以内
社債発行費	社債発行時に要した支出額であり，募集のための諸費用や証券会社に対する手数料などである。新株予約権の発行費を含めて，社債発行費等とされることもある。	利息法または定額法	社債の償還期間内

4．繰延資産の基本処理

(1) 支出時

繰延資産に関する支出を行った際には，当該繰延資産を示す具体的名称を付した勘定，すなわち**創立費**勘定，**開業費**勘定，**開発費**勘定（いずれも資産）などの借方に支出額を記帳する。なお，会社設立時の株式発行のための費用は創業費となり，会社設立後の株式発行のための費用は株式交付費となるので注意されたい。

(2) 償　却

繰延資産の償却の記帳法や計算方法は，無形固定資産の償却と同様である。なお，繰延資産に関する償却期間は先の図表のとおりである。

例題9－2　次の一連の取引について，仕訳を示しなさい。
① 平成×1年10月1日，開業準備のための事務所の家賃¥100,000を小切手を振り出して支払い，これを繰延資産として処理した。
② 平成×1年12月31日，開業後最初の決算日に際し，開業費を償却する。なお，開業費に認められる最長期間にわたって均等額を償却する。

《解　説》　＜繰延資産の会計処理＞
① 10／1　（借）開　業　費　100,000　（貸）当 座 預 金　100,000
② 12／31　（借）開業費償却(*)　20,000　（貸）開　業　費　20,000
　　　　　(*) ¥100,000／5年＝¥20,000

第10章　引当金と社債

1．引当金の意義と種類

　引当金とは，将来の資産の減少や負債の増加が高い可能性をもって予想され，その発生の原因が当期以前の事象にあり，金額を合理的に見積もることができる場合に，当期に負担すべき金額を費用として計上するために生じる貸方科目である。引当金には資産の評価勘定としての性質を有する**評価性引当金**と負債としての性質を有する**負債性引当金**がある。評価性引当金は貸倒引当金（第5章参照）が該当する。以下では負債性引当金の代表的なものを説明する。

(1) 修繕引当金
　経営活動に使用する建物や備品などは，その機能を維持するために修繕を必要とすることがある。この修繕について，当期に行うべきものを次期以降に延期した場合に，当期に負担するべき金額を費用として計上するために生じる貸方科目が修繕引当金であり，**修繕引当金**勘定（負債）で処理する。なお，数年に一度の大規模な修繕が必要な資産に関する同様の引当金は**特別修繕引当金**勘定（負債）で処理する。

(2) 賞与引当金
　従業員に対する賞与は，給与の一部の後払いと考えられる。したがって，次期に支給予定の賞与のうち，当期の労働に対し支給する部分については，当期に負担すべき費用として計上しなければならず，このときに生じる貸方科目が賞与引当金であり，**賞与引当金**勘定（負債）で処理する。なお，役員の賞与についての同様の引当金は**役員賞与引当金**勘定（負債）で処理する。

(3) 退職給付引当金

　従業員の退職に際しては，退職一時金や退職年金が支払われるが，これらについても，在職中の従業員の労働に対する給与の一部の後払いと考えられる。したがって，退職一時金等の支給予定額のうち，当期の労働に対し支給する部分については，当期に負担すべき費用として計上しなければならず，このときに生じる貸方科目が退職給付引当金であり，**退職給付引当金**勘定（負債）で処理する。

(4) 商品保証引当金

　当期に販売した商品について一定期間無償修理を行うなどの保証を行っている場合には，将来生じる修理費用は当期に負担すべき費用として計上しなければならず，このときに生じる貸方科目が商品保証引当金であり，**商品保証引当金**勘定（負債）で処理する。

2．引当金の基本処理

(1) 引当金の繰り入れ

　決算日に当期に負担すべき費用額を見積もり，この金額を**修繕引当金繰入**勘定（費用）など，当該引当金の名称に繰入を付した勘定の借方に記入するとともに，同額を引当金の勘定の貸方に記入する。ただし，退職給付引当金については，当期に負担すべき金額を**退職給付費用**勘定（費用）の借方に記入する。

(2) 引当金の取り崩し

　次期以降に引当金の対象となった資産の減少や負債の増加が生じた場合には，引当金勘定の借方に記入を行って引当金を取り崩す。なお，引当金の対象となった資産の減少や負債の増加が生じないことが明らかになった場合にも，引当金勘定の借方に記入を行って引当金を取り崩すが，貸方は，**修繕引当金戻入**勘定（収益）など当該引当金の名称に戻入を付した勘定に記入する。

> 例題10－1　次の取引について，仕訳を示しなさい。
> ① 決算にあたり，修繕引当金の当期繰入額￥300,000を計上した。
> ② 備品の修繕を行い，修繕費￥500,000を現金で支払った。なお，この修繕のために修繕引当金￥300,000が設定されている。
> ③ 決算にあたり，当期販売した無償修理保証付き商品について，その売価総額￥10,000,000の１％を修理に要する費用として見積もり計上した。
> ④ かねて販売済みの無償修理保証付き商品について，保証期間が過ぎたので，不要となった商品保証引当金￥20,000を取り崩した。

《解　説》　＜負債性引当金に関する会計処理＞
設定時　①　（借）修繕引当金繰入　300,000　（貸）修　繕　引　当　金　300,000
取崩時　②　（借）修　繕　引　当　金　300,000　（貸）現　　　　　　　金　500,000
　　　　　　　修　　繕　　費　200,000
設定時　③　（借）商品保証引当金繰入　100,000　（貸）商品保証引当金　100,000
取崩時　④　（借）商品保証引当金　20,000　（貸）商品保証引当金戻入　20,000

3．社債の意義

　社債とは，会社が外部から長期にわたり多額の資金を調達する目的で，社債券と引き替えに金銭の借り入れを行った際に負う債務である。社債には，普通社債のほか，一定の条件で株式に転換できる権利が付与された転換社債や新株を引き受ける権利が付与された新株引受権付社債がある。以下では，普通社債を前提として社債の会計処理を説明する。

4．社債の基本処理

（1）発　行

　社債を発行した場合には，発行価額をもって**社債**勘定（負債）の貸方に記入する。社債は金銭債務であるから，満期日に返済する必要があるが，返済を要

する債券金額は社債の券面に額面金額として記載される。社債は発行時の発行価額により，3つの発行形態があり，発行価額と額面金額が一致しているような場合を**平価発行**，発行価額が額面金額を上回る場合を**打歩発行**，発行価額が額面金額を下回る場合を**割引発行**という。打歩発行や割引発行は，社債の約定利率が市場一般と異なる場合の金利の調整などを目的として行われる。

なお，社債の発行にあたって必要となった，募集のための諸費用や証券会社に対する手数料などは，社債発行費として処理する（第9章参照）。

（2）利息の支払い

通常，社債は利付債であるため，あらかじめ定められた利払日に約定利率にもとづく利息を支払わなければならない。そのため，発行する社債の利払日が到来した際には，支払うべき利息額を**社債利息勘定**（費用）の借方に記入するとともに，当座預金勘定など実際に支払う資産の勘定の貸方に記入する。なお，社債利息は社債券に付属した利札と交換に支払われることが多いため，利払日に社債の所有者（社債権者）が利息を受け取るとは限らない。よって，利払日にはいったん実際に支払ったものとして処理を行うが，後日利息が未払いとなっていることが判明した場合には未払金勘定に振り替える必要がある。

（3）期末の処理（償却原価法）

社債を打歩発行もしくは割引発行している場合で，発行価額と額面金額の差額の性質が金利の調整（金利調整差額）と考えられる場合には，**償却原価法**を適用し，償却額を社債勘定に加減するとともに，相手勘定は社債利息勘定で処理する。償却原価法の計算は満期保有目的債券と同様であり（第7章参照），利息法と定額法がある。定額法は，発行価額と額面金額の差額を取得から償却まで均等に償却する方法であって，通常は月割りにより計算を行う。なお，償却原価法による金利調整差額の償却は，社債の償還時にも行われる。

（4）償　還

発行した社債について債務の返済を行うことを**償還**という。社債の償還には，

満期償還や**買入償還**などがある。

① 満期償還

　満期償還とは，事前に定められた満期日に行う償還である。社債が満期償還される場合には，帳簿価額は額面金額に一致している。したがって，社債の帳簿価額と償還にあたっての返済額との間に差額は生じず，社債勘定の借方に社債の額面金額（＝帳簿価額）を記入するとともに，返済に充てられた資産勘定の貸方に同額を記入する。

② 買入償還

　買入償還とは，満期日よりも前に社債を買い戻すことにより行う償還である。買入償還に際しての買入額は売買当事者間の合意により決められるため，通常は帳簿価額と買入額との間に差額が生じる。よって，買入償還時には社債勘定の借方に社債の帳簿価額を記入するとともに，買入に充てられた資産勘定の貸方に買入額を記入し，貸借差額は**社債償還益**勘定（収益）または**社債償還損**勘定（費用）で処理する。

例題10－2　次の取引について，仕訳を示しなさい。なお，①～③は一連の取引である。

① 平成×1年1月1日，㈱國村産業（決算日：12月31日）は，額面金額￥1,000,000の社債を，発行価額＠￥97で発行し，全額の払い込みを受けただちに当座預金に預け入れた。この社債の発行条件は，年利率1％，利払日は6月と12月の各末日，償還期間3年である。なお，この社債発行のための諸費用￥12,000を小切手を振り出して支払い，繰延資産として処理した。

② 平成×1年12月31日，①の㈱國村産業は決算日をむかえ，発行した社債に関する必要な処理を行った。なお，同社は社債利息を当座預金より支払っている。また，発行価額と額面金額の差額は金利調整差額と認められるため，定額法によって償却しており，社債発行に関する繰延資産は，制度上認められた最長期間にわたり毎期均等額を償却するものとする。

③ 平成×3年12月31日，①の㈱國村産業は，決算日および発行した

社債の償還期限をむかえ，社債全額￥1,000,000について償還を行った。なお，償還にともなう支払いは当座預金より行った。
④ 平成×4年3月31日，㈱柄本興産は，平成×2年1月1日に発行した額面金額￥500,000の社債について，@￥98で買入償還し，代金は小切手を振り出して支払った。この社債の発行価額は@￥97であり，償還期間は3年の条件で発行したものであり，発行価額と額面金額の差額は金利調整差額と認められるため，定額法によって償却している。なお，同社の決算日は12月31日である。

《解　説》　計算と仕訳は以下のとおりである。
＜社債発行の会計処理＞
① （借）当座預金　　970,000　　　（貸）社　　債　　970,000(*)
　（借）社債発行費　　12,000　　　（貸）当座預金　　12,000
　　　（*）社債の発行価額：￥1,000,000×@￥97／@￥100＝￥970,000

＜発行社債の償却原価法，社債利息および社債発行費の会計処理＞
② 償却原価法　　　　（借）社債利息　　10,000(*1)　（貸）社　　債　　10,000
　 約定利息の支払い　（借）社債利息　　 5,000(*2)　（貸）当座預金　 5,000
　 社債発行費の償却　（借）社債発行費償却 4,000(*3)　（貸）社債発行費　4,000
（*1）定額法による償却原価法では，社債利息を月割りにより計算する。
　　　当期の償却額　（￥1,000,000－￥970,000）×12カ月／36カ月＝￥10,000
（*2）約定利息は額面金額に年利率を乗じて計算した上で，月割り計算する。
　　　利息額（6カ月分）　￥1,000,000×1％×6カ月／12カ月＝￥5,000
（*3）社債発行費は，制度上，償還期間内に均等額以上を月割り償却する。
　　　当期の償却額　￥12,000×12カ月／36カ月＝￥4,000

＜社債の満期償還の会計処理＞
③ 償却原価法(*1)　　　（借）社債利息　　　10,000　　（貸）社　　債　　10,000
　 約定利息の支払い(*1)（借）社債利息　　　 5,000　　（貸）当座預金　 5,000
　 社債発行費の償却(*1)（借）社債発行費償却　4,000　　（貸）社債発行費　4,000
　 社債の満期償還　　　（借）社　　債　　1,000,000(*2)（貸）当座預金　1,000,000
（*1）本問では満期償還日が決算日でもあるため，決算日の仕訳も必要となる。
（*2）満期償還であるため，発行価額と額面金額の差額は全額償却済みであり，社

債の帳簿価額は額面金額￥1,000,000と一致している。

＜社債の買入償還の会計処理＞
④ 償却原価法　（借）社債利息　　1,250（*1）　（貸）社　　債　　　1,250
　　買入償却　（借）社　債　496,250（*2）　（貸）当座預金　490,000（*3）
　　　　　　　　　　　　　　　　　　　　　　　社債償還益　　6,250（*4）
（*1）期首から償還日までの償却額を計算する。
　　　社債の発行価額　　￥500,000×@￥97／@￥100＝￥485,000
　　　当期の償却額（3カ月）（￥500,000－￥485,000）×3カ月／36カ月＝￥1,250
（*2）社債の帳簿価額は、発行価額に前決算日までの2年分の償却原価法による金利調整差額の償却額と（*1）を加えた金額である。
　　　￥485,000＋（￥500,000－￥485,000）×24カ月／36カ月＋￥1,250
　　　　＝￥496,250
（*3）買入金額　￥500,000×@￥98／@￥100＝￥490,000
（*4）貸借差額

なお、④の仕訳は、償却原価法に関する仕訳と買入償却の仕訳をまとめて、次のように行うことが多い。

　　（借）社　　債　　495,000　　（貸）当座預金　　490,000
　　　　　社債利息　　　1,250　　　　　社債償還益　　6,250

第11章　純資産

☆1．純資産の意義

純資産とは，資産と負債の差額であり，当該企業に対する出資者の持分その他をあらわす。ここで**持分**とは，出資者が払い込んだ元手（**払込資本**）と元手により稼ぎ出したもうけ（**留保利益**）をいう。

☆2．個人企業における純資産と基本処理

☆（1）個人企業における**純資産**

通常，個人企業では所有と経営が分離しておらず，実質的に資本主（出資者）自身が経営にあたっている場合が多い。また，資本主が企業経営に無限の責任を負うため，企業内部に資金を留保する必然性も低い。そのため，後述する株式会社と異なり，個人企業の純資産はさまざまな目的で区分する必要性が薄く，当該企業に対する資本主の持分全体を**資本金勘定**（純資産）で処理する。

☆（2）資本の元入れ

企業活動を行うためには，まずは元手が必要となる。そのため，企業の設立時には，資本主により元手が払い込まれる。これを**資本の元入れ**という。また設立後であっても，企業内部に資金が不足した時などに資本の元入れが行われる。これを特に資本の追加元入れという。資本の元入れや追加元入れの際には，資本金勘定の貸方に記入する。

☆(3)資本の引き出し

個人企業では所有と経営が未分離であることが多く,資本主個人の財産と企業の財産が形式的に区別されているとはいえ,資本主が私用で企業の財産をもち出すことが比較的安易に行われる。これを**資本の引き出し**という。資本の引き出しが行われた際には資本金勘定の借方に,また引き出した財産の返還が行われた際には資本金勘定の貸方に記入する。なお,頻繁に資本の引き出しとその返還が行われる場合には,期中には資本金勘定と区別して**引出金勘定**(資本金の評価勘定)が利用されることがある。この場合には,期中の資本の引き出し時には引出金勘定の借方に,またその返還時には引出金勘定の貸方に記入を行い,期末に引出金勘定の残高を資本金勘定へ振り替える処理が行われる。

☆(4)利益の振り替え

決算日には,すべての収益・費用を損益勘定に振り替え,当期純利益(純損失)を計算する。その後,当期純利益(純損失)は資本金勘定に振り替えられる。

例題11-1 次の一連の取引について,資本金勘定のみを使う場合と引出金勘定も使う場合のそれぞれの仕訳を示しなさい。
① 開業にあたり,現金￥300,000を元入れした。
② 店主の私用のため,小切手￥50,000を振り出した。
③ 店主の自家用として,商品￥5,000を消費した。
④ 店主より現金￥30,000が返還された。
⑤ 決算日。なお,当期純利益は￥150,000であった。

《解 説》　＜資本金勘定のみで処理する方法＞

① (借)現　　　金　300,000　(貸)資 本 金　300,000
② (借)資 本 金　 50,000　(貸)当座預金　 50,000
③ (借)資 本 金　　5,000　(貸)仕　　　入　　5,000
④ (借)現　　　金　 30,000　(貸)資 本 金　 30,000
⑤ (借)損　　　益　150,000　(貸)資 本 金　150,000

＜引出金勘定により処理する方法＞
① （借）現　　　金　300,000　（貸）資　本　金　300,000
② （借）引　出　金　　50,000　（貸）当座預金　　50,000
③ （借）引　出　金　　 5,000　（貸）仕　　　入　　5,000
④ （借）現　　　金　 30,000　（貸）引　出　金　 30,000
⑤ （借）資　本　金　 25,000　（貸）引　出　金　 25,000
　 （借）損　　　益　150,000　（貸）資　本　金　150,000

3．株式会社における純資産

株式会社における純資産は，株主（出資者）の持分である株主資本とそれ以外の項目が計上されるその他の純資産に区分される。本書では，さしあたり株主資本のみを取り上げる。

図表11－1　株主資本の区分と内容

区 分			内　容
払込資本	資　本　金		会社法に規定された法定資本であって，株主が出資した金額のうち会社内部に最低限維持すべき金額である。
	資本剰余金		株主による払込資本のうち，資本金とされなかった金額である。資本剰余金は，資本準備金とその他資本剰余金に区分される。
		資本準備金	株式の発行や剰余金の配当などに際して積み立てることが会社法により強制される金額である。
		その他資本剰余金	資本剰余金のうち，資本準備金とされなかった金額である。
留保利益	利益剰余金		当期以前に稼得された利益のうち，会社内部に留保されている金額である。利益剰余金は，利益準備金とその他利益剰余金に区分され，さらに，その他利益剰余金は，任意積立金と繰越利益剰余金に区分される。
		利益準備金	剰余金の配当に際して積み立てることが会社法により強制される金額である。
		その他利益剰余金　任意積立金	剰余金の処分に際して会社が自主的に積み立てた金額である。使途を定めた新築積立金などと，使途を定めない別途積立金がある。
		その他利益剰余金　繰越利益剰余金	利益剰余金のうち，利益準備金および任意積立金とされなかった金額である。

株主資本は，本来，**払込資本**と**留保利益**に区分され，前者は企業活動の基礎として維持拘束され，後者は企業活動の結果得られた果実として株主に対し分配可能なものとされる。しかし，現代の株式会社は，所有と経営が分離し，また株主は会社に対して自己の払い込んだ金額以上の責任を負わない（有限責任制）ため，会社債権者が不測の損害を被らないよう会社財産の確保がよりいっそう重視される。このような背景のもと，会社法等の規定によって株主資本は図表11－1のように区分され，それぞれについて取り扱いが定められている。

4．株式の発行

　株式会社は，株式を発行し，これを株主となるものが引き受け，財産が払い込まれることによって，企業活動の元手となる資本（払込資本）を調達する。以下では株式発行の基本取引を説明する。

（1）株式会社の設立

　株式会社の設立時には，発起人により定款が作成され，会社の目的などとともに，会社が発行することができる株式総数（発行可能株式総数）や設立に際して出資される財産の価額またはその最低額が定められる。したがって，会社設立時には定款の定めに従った株式数が発行され，これを発起人等が引き受け財産を払い込むことにより，企業活動を開始する基礎となる資本が調達される。

　株式の発行により財産が払い込まれたときには，原則としてその全額を**資本金**勘定（純資産）の貸方に記入する。ただし，払い込み額の１／２を超えない金額を資本金としないことが容認されている。この金額は株式払込剰余金とよばれ，**株式払込剰余金**勘定（純資産）もしくは**資本準備金**勘定（純資産）の貸方に記入する。なお，会社設立時には，定款作成費や株式の発行費用などについて創立費として処理する（第9章参照）。

> 例題11－2　次の取引について，①および②の条件に従って，それぞれ仕訳を示しなさい。
>   ㈱江守水産は，設立に際して株式1,000株を発行し，@¥50,000の払い込みを受け，そのすべてについて当座預金に預け入れた。また，この株式発行にともなう諸費用として現金¥100,000を支払った。同社ではこれを繰延資産に計上している。
>   ①　当社が払込金額の全額を資本金に組み入れている場合
>   ②　当社が会社法規定の最低限度額を資本金に組み入れている場合

《解　説》　＜会社設立時の株式発行の会計処理：全額資本金組み入れの場合＞
　　　　　①　（借）当 座 預 金　50,000,000　（貸）資 本 金　50,000,000
　　　　　　　（借）創 立 費　　　 100,000　（貸）現　　　金　　 100,000
　　　　　＜会社設立時の株式発行の会計処理：最低限度額資本金組み入れの場合＞
　　　　　②　（借）当 座 預 金　50,000,000　（貸）資 本 金　25,000,000
　　　　　　　　　　　　　　　　　　　　　　　　　資本準備金　25,000,000
　　　　　　　　　　　　　　　　　　　　　　　　（または株式払込剰余金）
　　　　　　　（借）創 立 費　　　 100,000　（貸）現　　　金　　 100,000

（2）通常の新株発行

　株式会社では，必要に応じて会社設立後も株式が発行される。これを**新株発行**という。新株発行は，取締役会または株主総会の決議により定款所定の発行可能株式総数から発行済み株式数を除外した範囲内で行われる。なお，新株発行などにより資本金が増加することを増資という。

　新株発行の会計処理は，新株の払込期日の前後で2つの段階に分かれる。まず，新株募集に応じて引き受けを希望する者が，会社に株式申込証を提出し，同時に株式申込証拠金を会社指定の預金口座などに払い込む。このとき会社は，払込額を**株式申込証拠金**勘定（純資産）の貸方に記入する。次に払込期日には増資の手続きを行い，株式申込証拠金勘定から資本金勘定の貸方に振り替える。

　新株発行の際にも，払込額の1／2を超えない金額を資本金としないことが認められており，この金額は株式払込剰余金勘定もしくは資本準備金勘定の貸

方に記入する。また，新株発行の際に株式申込証拠金を払い込ませる預金口座については，会社の他の預金と区別するために別段預金とすることがある。この場合には払込時には**別段預金**勘定（資産）の借方に記入しておき，払込期日に当座預金勘定などに振り替えることになる。なお，新株発行時には，募集のための諸費用や証券会社に対する手数料などについて株式交付費として処理する（第9章参照）。

例題11－3　次の一連の取引について，それぞれ仕訳を示しなさい。

① ㈱大杉海運は，株主総会の決議に従って新株の発行を行い，払込期日までにすべての株式について払い込みを受けた。なお，発行株式数は500株，払込金額は@¥10,000であり，払込金額は払込期日まで別段預金とした。

② 新株発行にともなう諸費用として現金¥50,000を支払い，これを繰延資産に計上した。

③ 払込期日となったので，増資の手続きをとり，別段預金を当座預金に振り替えた。なお，会社法規定の最低限度額を資本金に組み入れた。

《解説》　＜会社設立後の新株発行の会計処理＞

① （借）別段預金　　　5,000,000　　（貸）株式申込証拠金　5,000,000
② （借）株式交付費　　　　50,000　　（貸）現　　金　　　　　50,000
③ （借）株式申込証拠金　5,000,000　　（貸）資　本　金　　　2,500,000
　　　　　　　　　　　　　　　　　　　　　　資本準備金　　　2,500,000
　　　　　　　　　　　　　　　　　　　　（または株式払込剰余金）
　　（借）当座預金　　　5,000,000　　（貸）別段預金　　　　5,000,000

（3）会社の合併

　会社の合併とは，複数の会社が結合して1つの会社となることをいう。大部分の合併は，ある会社（取得会社）が他の会社（被取得会社）を取得したものとみなされ，事業などを買収した時と同様の会計処理（パーチェス法）が適用される。

　合併に際して取得会社が新株発行を行い，被取得会社の株主に対し株式を交

付することがある。この場合には，取得会社から交付された株式の時価をもって当該新株発行の払込額とみなすが，会社設立時や通常の新株発行時のように資本金の最低限度額に関する定めはなく，自由に資本金あるいは資本準備金に組み入れる金額を決定できる。また，資本金にも資本準備金にも組み入れなかった金額は，その他資本剰余金とする。なお，合併の会計処理は被取得会社から受け入れる資産と負債を時価により評価し，取得会社が交付した株式の時価（合併の対価）を資本金等とした上で，貸借差額をのれん（第9章参照）として処理する。

> **例題11－4** 次の取引について，仕訳を示しなさい。
> 　　㈱小澤総研は㈱大藏興業を吸収合併した。合併に際しては㈱小澤総研株式1,000株をあらたに発行し，㈱大藏興業の株主に交付した。その他の資料は次のとおりである。
> 　　・合併直前の㈱小澤総研株式の時価：＠¥1,000
> 　　・合併により受け入れる諸資産の時価：¥5,000,000
> 　　・合併により受け入れる諸負債の時価：¥4,200,000
> 　　・合併に際して増加する株主資本の全額を資本金に組み入れる。

《解　説》　＜合併の会計処理＞
　　　　　　（借）諸　資　産　5,000,000　　　（貸）諸　負　債　4,200,000
　　　　　　　　　の　れ　ん　　 200,000(*2)　　　 資　本　金　1,000,000(*1)
　　　　　　（*1）＠¥1,000×1,000株＝¥1,000,000
　　　　　　（*2）貸借差額

5．株式会社における利益の振替え

　個人企業と同様，株式会社でも，決算日にすべての収益・費用を損益勘定に振り替え，当期純利益（純損失）を計算する。ただし，個人企業と異なり当期純利益（純損失）は繰越利益剰余金勘定に振り替える。なお，当期以前に純損失が計上されている場合には，繰越利益剰余金の残高が借方にあらわれることもある。これを**欠損**という。

6．剰余金の配当と処分

（1）剰余金の配当と法定準備金の積み立て

　会社法においては，会社債権者保護の観点から一定の財産を会社内部に確保することが求められ，株主資本のうち資本金，資本準備金および利益準備金（資本準備金と利益準備金をあわせて法定準備金とよぶ）に相当する金額については会社外部への流出が制限される。その一方で，資本金と法定準備金以外については，株主総会もしくは取締役会の決議により一定の条件の下で株主に分配することが認められる。これを**剰余金の配当**という。

　剰余金の配当は，多くの場合，未処分の留保利益である繰延利益剰余金を財源として実施されるが，制度上は必ずしもこれに制約されるわけではなく，任意積立金やその他資本剰余金から配当することも認められている。剰余金の配当が決議された時には，配当財源となった剰余金の借方に記入を行うと同時に，**未払配当金**勘定（負債）の貸方に記入を行う。その上で，株主に対して実際に配当金を支払った時に，未払配当金勘定の借方と当座預金勘定など実際に支払った資産の勘定の貸方に記入を行う。

　剰余金の配当を行った際には，会社法により法定準備金の積み立てが求められ，その他利益剰余金からの配当の場合には，その他利益剰余金勘定から利益準備金勘定に，また，その他資本剰余金からの配当の場合には，その他資本剰余金勘定から資本準備金勘定に，必要な積立額が振り替えられる。この積み立てが必要とされる額は，配当による社外流出額の1／10の金額であり，法定準備金の合計が資本金の1／4に達するまで積み立てられる。したがって，配当に際しての要積立額の計算は次のようになる。

・配当額 × 1／10

・資本金 × 1／4 －（資本準備金 ＋ 利益準備金）

｝いずれか小さい金額

（3）剰余金の処分

剰余金の処分とは，その他利益剰余金やその他資本剰余金の純資産内部での振り替えであり，株主総会あるいは取締役会の決議により行われる。これは，先の配当にともなう法定準備金の積み立てのほか，任意積立金の積み立てや取り崩しなどを目的として行われる。

① 任意積立金の積み立て

株式会社では，法律に強制されなくても，株主総会の決議によりさまざまな目的で積立金が積み立てられる。これを**任意積立金**という。任意積立金には，積み立ての目的が定められた積立金（建物の新築に備える新築積立金や社債の償還に備える減債積立金，将来の配当を平準化するために積み立てられる配当平均積立金など）と，目的が定められない別途積立金がある。任意積立金の積み立てが決議されたときには，積立額を繰越利益剰余金勘定から任意積立金の各勘定に振り替える。

② 任意積立金と法定準備金の取り崩し

任意積立金や法定準備金は，株主総会あるいは取締役会の決議により，積み立て目的のために利用する場合，欠損（繰越利益剰余金の借方残高）を処理する場合，配当財源とする場合あるいは資本金に組み入れて増資をする場合などさまざまな場合に取り崩される。任意積立金や法定準備金の取り崩しが決議されたときには，決議の内容に従って取り崩し額を適当な勘定に振り替える。

例題11－5 次の各取引について，仕訳を示しなさい。なお，①と②は一連の取引である。

① ㈱伊吾産業の株主総会において，繰越利益剰余金を配当および処分することが決議された。必要な資料は次のとおりである。

配当直前の株主資本の金額	配当および処分の決定額
資　本　金：￥1,500,000	配　当　金：￥100,000
資本準備金：￥250,000	新築積立金：￥150,000
利益準備金：￥100,000	別途積立金：￥150,000
繰越利益剰余金：￥500,000	利益準備金：会社法規定の額

② ㈱伊嵜産業では，株主総会での決議にしたがって，配当金¥100,000を当座預金より支払った。
③ ㈱森脇商事では，株主総会において，繰越利益剰余金の借方残高¥500,000を処理するために，別途積立金¥300,000を取り崩すことが決議された。なお，処理しきれなかった残高は次期に繰り越すこととした。

《解　説》　＜剰余金の配当と処分の会計処理＞
　　① （借）繰越利益剰余金　410,000　（貸）未払配当金　100,000
　　　　　　　　　　　　　　　　　　　　　利益準備金　 10,000（*）
　　　　　　　　　　　　　　　　　　　　　新築積立金　150,000
　　　　　　　　　　　　　　　　　　　　　別途積立金　150,000
　　　　　　（*）¥100,000×1／10＝¥10,000
　　　　　　　　¥1,500,000×1／4－（¥250,000＋¥100,000）＝¥25,000
　　　　　　　　よって，小さい方の金額である¥10,000が利益準備金として積み立てられる。
　＜配当金の支払いの会計処理＞
　　② （借）未払配当金　100,000　（貸）当　座　預　金　100,000
　＜任意積立金の取り崩しの会計処理＞
　　③ （借）別途積立金　300,000　（貸）繰越利益剰余金　300,000

第12章　税　金

☆1．個人企業の税金

　個人企業が負担する主な税金として，図表12－1のものを掲げることができる。所得税と住民税は，企業よりもむしろ事業主の負担に帰する。それに対して，事業税，固定資産税および印紙税は，企業の営業活動にかかわる範囲で費用として処理することが税法上認められている。

図表12－1　個人企業に課される主な税金と会計上の処理

税　金	種　類	意　味	会計上の処理
所　得　税	国　税	事業主の所得に課される税金	引　出　金
住　民　税	地方税	道府県・市町村に住所をもつ個人などに課される税金	引　出　金
事　業　税	地方税	事業を行って利益を得た個人企業に課される税金	租税公課
固定資産税	地方税	土地・建物などの固定資産の所有者に課される税金	租税公課
印　紙　税	国　税	領収書の発行や手形の振り出しに際して課される税金	租税公課

☆（1）引出金勘定を用いて処理するケース

　所得税は，前年の所得金額にもとづき2期に分けて予定納付するとともに，翌年になって所得金額が明らかになったあとに**確定申告**する。この時点で確定した所得税額から，予定納付した分を差し引いた金額を納付する。「事業主の所得税¥20,000を，店の現金で納付した」ときには，次の仕訳を行う。

（借）　引　出　金　　20,000　　（貸）　現　　　金　　20,000

　第11章で学んだように，**引出金**は，資本の引き出しを処理するための勘定であり，それを用いない場合は資本金勘定の借方に直接記入する。

　次に，住民税は4期に分けて納付され，たとえば「第1期分の住民税￥15,000を店の現金で納付した」といったときには，所得税の場合と同様に引出金勘定を用いて次の仕訳を行う。

　　　（借）　引　出　金　　15,000　　（貸）　現　　　金　　15,000

☆（2）租税公課勘定を用いて処理するケース

　それに対して，税法上費用として処理することが認められる個人企業の税金として，事業税，固定資産税および印紙税がある。これらの税金を納付した際には，**租税公課**勘定（費用）の借方に記入して仕訳を行う。

　事業税は2期，固定資産税は4期に分けて納付される。「第1期分の事業税￥120,000を現金で納付した」，あるいは「第1期分の固定資産税￥120,000を現金で納付した」場合の仕訳は，次のとおりである。

　　　（借）　租税公課　　120,000　　（貸）　現　　　金　　120,000

　印紙税は，収入印紙を購入して領収書や手形に貼付することで納税する。郵便局などでこの収入印紙を買い入れたときに，租税公課を認識する。「収入印紙￥5,000を現金で購入した」場合の仕訳は，次のとおりである。

　　　（借）　租税公課　　5,000　　（貸）　現　　　金　　5,000

2．株式会社の税金

　他方，株式会社が負担する主な税金として，図表12－2のものを掲げることができる。株式会社は法人であり，獲得した利益は法人の課税所得として取り扱われる。株式会社が計算した利益をもとに課税金額を決定する方法を，**確定決算主義**という。

　法人税，住民税および事業税は，第1節でみた事業主に対する課税と取り扱いが異なる。それに対して，固定資産税や印紙税などの処理は，個人企業の場

図表12－2　株式会社に課される主な税金と会計上の処理

税　　金	種　類	意　　味	会計上の処理
法　人　税	国　税	決算の結果計上された利益をもとに課される税金	法人税等
住　民　税	地方税	図表12－1と同じ	法人税等
事　業　税	地方税	事業を行っている法人に課される税金	法人税等
固定資産税	地方税	図表12－1と同じ	租税公課
印　紙　税	国　税	図表12－1と同じ	租税公課

合と同じであるから，ここでは法人税，住民税および事業税の申告・納付に焦点をあわせて解説する。

　法人税は，期首から6カ月経過した日から2カ月以内に**中間申告**して，前年度の法人税額の2分の1もしくは，中間決算にもとづく半年分の税額を納付する。この時点では，**仮払法人税等**勘定（資産）の借方に記入する。「法人税の中間申告を行い，前年度の法人税額￥600,000の2分の1を現金で納付した」場合の仕訳は，次のとおりである。

　　　（借）　仮払法人税等　300,000　　（貸）　現　　　金　300,000

　決算時に実際の法人税額が確定したとき，**法人税等**勘定の借方に記入するとともに，仮払法人税等の金額との差額を**未払法人税等**勘定（負債）によって処理する。たとえば，「決算において法人税￥620,000を計上した」場合，次のように上記の仮払法人税等￥300,000を差し引いた￥320,000が未払法人税等として認識される。

　　　（借）　法　人　税　等　620,000　　（貸）　仮払法人税等　300,000
　　　　　　　　　　　　　　　　　　　　　　　　未払法人税等　320,000

　決算の翌日から2カ月以内に確定申告して，未払法人税等の金額を納付することが求められる。したがって，「確定申告を行い，中間納付した￥300,000を差し引いた残額￥320,000を現金で納付した」ときの仕訳は，次のとおりである。

　　　（借）　未払法人税等　320,000　　（貸）　現　　　金　320,000

住民税と事業税も，各会計年度の所得金額などにもとづいて課税され，いずれも法人税とあわせて申告・納付されることが多い。住民税や事業税を計上した場合も，法人税と同様に仮払法人税等勘定，法人税等勘定および未払法人税等勘定を用いて処理する。

例題12－1　次の取引の仕訳を示しなさい。
①　11月26日，中間申告を行い，前年度の法人税￥600,000，住民税￥240,000および事業税￥100,000のそれぞれ2分の1を，現金で納付した。
②　3月31日，決算に際して，当期の法人税額は￥620,000，住民税額は￥250,000，事業税額は￥90,000であると確定した。
③　5月30日，確定申告を行い，上記金額から中間申告で納付した金額を差し引いた残額を，現金で納付した。

《解　説》　仕訳を示すと，次のようになる。
①　11／26　（借）仮払法人税等　470,000　（貸）現　　　　金　470,000
②　 3／31　（借）法 人 税 等　960,000　（貸）仮払法人税等　470,000
　　　　　　　　　　　　　　　　　　　　　　未払法人税等　490,000
③　 5／30　（借）未払法人税等　490,000　（貸）現　　　　金　490,000

3．消　費　税

　消費税は，物品などの消費に対して国から課される税金である。消費者が直接納税するわけではなく，企業が物品などの販売価格に上乗せして受け取り，事後的に申告・納付するというかたちがとられる。消費税は一般に，税抜方式と税込方式という2つの方法で処理される。

（1）税抜方式

　税抜方式を採用する場合，物品などを購入した際には，購入価格に上乗せされた消費税額を，**仮払消費税**勘定（資産）の借方に記入する。物品などを販売した際は，販売価格に上乗せした消費税額を，**仮受消費税**勘定（負債）の貸方

に記入する。

　決算時に，仮受消費税の金額と仮払消費税の金額とを相殺し，仮受消費税＞仮払消費税ならば残額を**未払消費税**勘定（負債）に振り替え，仮受消費税＜仮払消費税ならば残額を**未収消費税**勘定（資産）に振り替える。未収消費税の金額は，確定申告をつうじて還付されるため，資産の勘定として取り扱われる。次の設例をもとに，消費税に関する仕訳をみてみよう。

【設　例】

① 12月17日，商品￥105,000（うち￥5,000は消費税）を現金で仕入れた。
② 12月25日，原価￥100,000の商品を￥126,000（うち￥6,000は消費税）で売り上げ，代金は現金で受け取った。
③ 12月31日，決算にあたり，上記の商品売買に関する消費税の納付額を計上する。
④ 1月20日，確定申告を行い，決算で確定した消費税の金額を現金で納付した。

税抜方式による仕訳を示すと，次のようになる。

① 12／17　（借）仕　　　　入　100,000　（貸）現　　　　金　105,000
　　　　　　　　　仮払消費税　　5,000
② 12／25　（借）現　　　　金　126,000　（貸）売　　　　上　120,000
　　　　　　　　　　　　　　　　　　　　　　仮受消費税　　6,000
③ 12／31　（借）仮受消費税　　6,000　（貸）仮払消費税　　5,000
　　　　　　　　　　　　　　　　　　　　　　未払消費税　　1,000
④ 1／20　（借）未払消費税　　1,000　（貸）現　　　　金　1,000

　この方法のもとでは，消費税額が物品などの購入・販売のつど，税抜の購入価格・販売価格と分けて記帳されるため，消費税の金額を把握しやすいが，仕訳が煩雑になる。

（２）税込方式

　それに対して，**税込方式**を採用する場合，消費税額を物品などの購入価格・販売価格に含めて処理し，決算時に納付額または還付額を一括して計算する。このとき，納付額については租税公課，還付額については雑益を用いてそれぞ

れ処理する。

> 例題12－2　p.116の設例の取引の仕訳を，税込方式で示しなさい。

《解　説》　受け取った消費税¥6,000と支払った消費税¥5,000との差額¥1,000が，未払消費税勘定の貸方に記入される。仕訳を示すと，次のようになる。

① 12／17　（借）仕　　　　入　105,000　（貸）現　　　　金　105,000
② 12／25　（借）現　　　　金　126,000　（貸）売　　　　上　126,000
③ 12／31　（借）租 税 公 課　　1,000　（貸）未払消費税　　1,000
④ 1／20　（借）未払消費税　　1,000　（貸）現　　　　金　　1,000

第13章　決　算

☆1．決算の概要

　企業は，一定期間ごとに帳簿の締め切りを行い，財務諸表を作成する。その一連の手続きを決算という。決算は，①試算表の作成，②決算整理，③精算表の作成，④帳簿決算，⑤財務諸表の作成という一連の手続きによって行われる。

☆2．試算表の作成

　決算の手続きに入る前に，期中取引が正しく処理されているかどうかを確認するために**試算表**を作成する。総勘定元帳の勘定残高を一覧表として示したものを残高試算表という。貸借一致の原理により，期中取引が正しく処理されていれば，残高試算表の借方合計額と貸方合計額は必ず一致する。

> **例題13-1**　決算整理前における各勘定の借方および貸方の合計額は次のとおりであった。残高試算表を作成しなさい。
>
> | 勘定科目 | 借方合計額 | 貸方合計額 | 勘定科目 | 借方合計額 | 貸方合計額 |
> |---|---|---|---|---|---|
> | 現　　　　金 | 166,000 | 93,500 | 貸倒引当金 | 1,300 | 1,800 |
> | 当座預金 | 839,000 | 757,000 | 備品減価償却累計額 | | 54,000 |
> | 売掛金 | 986,000 | 886,000 | 資本金 | | 500,000 |
> | 売買目的有価証券 | 500,000 | | 売　　　上 | 21,000 | 972,000 |
> | 繰越商品 | 108,000 | | 受取配当金 | | 2,000 |
> | 前払保険料 | 12,000 | 12,000 | 仕　　　入 | 578,000 | 13,000 |
> | 消耗品 | 1,300 | 1,300 | 給　　　料 | 72,000 | |
> | 備　　　品 | 300,000 | | 保険料 | 24,000 | |
> | 買掛金 | 504,000 | 554,000 | 消耗品費 | 17,300 | 1,300 |
> | 支払手形 | 45,000 | 67,000 | 支払家賃 | 120,000 | |
> | 未払利息 | 5,000 | 5,000 | 支払利息 | 20,000 | 5,000 |
> | 借入金 | | 400,000 | 盗難損失 | 5,000 | |

《解 説》

残高試算表

借　方	元丁	勘定科目	貸　方
72,500	1	現　　　　　　　金	
82,000	2	当　座　預　金	
100,000	3	売　　掛　　金	
500,000	4	売買目的有価証券	
108,000	5	繰　越　商　品	
300,000	6	備　　　　　　　品	
	7	買　　掛　　金	50,000
	8	支　払　手　形	22,000
	9	借　　入　　金	400,000
	10	貸　倒　引　当　金	500
	11	備品減価償却累計額	54,000
	12	資　　本　　金	500,000
	13	売　　　　　　　上	951,000
	14	受　取　配　当　金	2,000
565,000	15	仕　　　　　　　入	
72,000	16	給　　　　　　　料	
24,000	17	保　　険　　料	
16,000	18	消　耗　品　費	
120,000	19	支　払　家　賃	
15,000	20	支　払　利　息	
5,000	21	盗　難　損　失	
1,979,500			1,979,500

たとえば，現金の残高は次のように計算される。

借方合計額 ¥166,000 － 貸方合計額 ¥93,500 ＝ 残高 ¥72,500

借方合計額のほうが貸方合計額より大きいので，借方に残高を記入する。これをすべての勘定について行うことにより，残高試算表を作成する。

☆3．決算整理

　日々の取引の記録は総勘定元帳の各勘定に記入されるが，これらの勘定の残高を集めただけでは，正しい期間計算が行われているとはいえない。そこで，勘定残高を期間計算の観点から修正する必要がある。この一連の修正手続を**決算整理**という。

☆（1）売上原価の計算（第3章参照）

　決算整理前の仕入勘定の残高は，期中における商品の純仕入高をあらわしている。商品売買による利益を計算するためには，当期の売上高に対する売上原価を知る必要がある。当期の売上原価は，当期商品仕入高に期首商品棚卸高を加え，期末商品棚卸高を差し引くことにより計算される。

> 例題13－2　期首商品棚卸高は¥108,000，期末商品棚卸高は¥120,000であった。仕入勘定で売上原価を計算する場合の決算整理仕訳を示しなさい。

《解　説》　（借）仕　　　入　　108,000　　（貸）繰越商品　　108,000
　　　　　　（借）繰越商品　　120,000　　（貸）仕　　　入　　120,000
　　　　　　売上原価は，以下の式によって計算される。
　　　　　　　　売上原価＝期首商品棚卸高＋当期商品仕入高－仕入戻し・値引高
　　　　　　　　　　　　　－期末商品棚卸高

仕　　入	
期首商品棚卸高	仕入戻し・値引高
	期末商品棚卸高
当期商品仕入高	売上原価

（2）棚卸減耗費および商品評価損の処理（第3章参照）

　期中の商品の受け入れと払い出しは，商品有高帳に記録されているので，期末商品の残高は商品有高帳より知ることができる。これを帳簿棚卸高という。本来，帳簿棚卸高と実際の商品の残高（実地棚卸高）とは一致するはずであるが，実際には一致しないことがある。

　実地棚卸高が帳簿棚卸高よりも小さくなっている原因としては，商品の数量減少と価値の低下が考えられる。数量の減少分は，**棚卸減耗費**として，価値の低下分は**商品評価損**として，それぞれ費用計上する。

例題13－3　期末商品の帳簿棚卸高と実地棚卸高は次のとおりである。棚卸減耗費と商品評価損を計上する仕訳を示しなさい。

	単　価	数　量
帳簿棚卸高	¥600	200個
実地棚卸高	¥595	198個

《解　説》　（借）棚卸減耗費　　1,200　（貸）繰越商品　　1,200
　　　　　　（借）商品評価損　　　990　（貸）繰越商品　　　990

次の計算式によって計算される。
　棚卸減耗費　　¥600×(200－198)個 ＝ ¥1,200
　商品評価損　　(¥600－¥595)×198個 ＝ ¥990

☆（3）貸倒れの見積もり（第5章参照）

　売掛金などの売上債権には，回収不能となるリスクがともなう。当期に発生した売上債権にともなう貸倒れの費用は，当期に負担させるべきであるので，決算時の売上債権残高に対して貸倒れの見積もりを行う。決算時において貸倒引当金に残高がある場合，残高の金額だけ前期末における貸倒れの見積もりが過大であったことをあらわしている。そこで，貸倒引当金の残高を，収益の勘定である貸倒引当金戻入勘定に振り替えることにより，過年度分の修正を行う。その上で，当期末の貸倒引当金の見積もりを行う。この方法を**洗替法**という。一方，貸倒見積額と貸倒引当金残高との差額を，貸倒引当金として計上する方

第13章　決　　算　◇　121

法を**差額補充法**という。

> 例題13－4　決算整理前における貸倒引当金残高が¥500であり，売上債権の残高は¥100,000である。2％の貸倒れを見積もるとき，洗替法および差額補充法による仕訳を示しなさい。

《解　説》　＜洗替法＞
　　　　　　　（借）貸 倒 引 当 金　　500　　（貸）貸倒引当金戻入　　500
　　　　　　　（借）貸倒引当金繰入　2,000　　（貸）貸 倒 引 当 金　2,000
　　　　　＜差額補充法＞
　　　　　　　（借）貸倒引当金繰入　1,500　　（貸）貸 倒 引 当 金　1,500

　　　　　　売上債権残高　¥100,000 × 貸倒率2％ ＝ 貸倒見積高 ¥2,000

☆（4）有価証券の評価替え（第7章参照）
☆①　売買目的有価証券
　短期保有の株式などの売買目的で保有する有価証券は，決算時に時価に評価替えを行う。

> 例題13－5　売買目的有価証券の内訳は次のとおりである。時価によって評価替えを行う仕訳を示しなさい。
> 　　　　　　　　帳簿価額　　　時　　価
> 　　A社株式　　¥300,000　　¥296,000
> 　　B社株式　　¥200,000　　¥194,000

《解　説》　（借）有価証券評価損　10,000　　（貸）売買目的有価証券　10,000
　　　　　　A社株式について¥4,000，B社株式について¥6,000の評価損が生じているので，これを当期の費用とするとともに，売買目的有価証券を減額する仕訳を行う。

②　満期保有目的債券
　満期保有目的債券に関して，債券金額と取得価額との差額の性質が金利の調整と認められるときは，償却原価法にもとづいて算定された価額に評価替えし

なければならない。償却原価法にもとづく当期償却額の計算式（定額法）は以下のとおりである。

　　当期償却額＝（債券金額 － 取得価額）×
　　　　　　　　当期の保有月数／取得から償還までの月数

☆（5）資産の償却
☆① 有形固定資産の減価償却（第8章参照）
　建物や備品などの固定資産は，使用や時の経過によってその価値が下落する。決算時に減価分を当期の費用とするとともに，その額だけ固定資産の貸借対照表価額を減少させる必要がある。この一連の手続きを**減価償却**という。
　定額法によって減価償却を行う場合，減価償却費は以下の式によって計算される。

　　減価償却費＝（取得原価 － 残存価額）／耐用年数

> 例題13－6　取得原価￥300,000，残存価額は取得原価の10％，耐用年数5年の備品について，定額法で減価償却を行う。直接法と間接法による仕訳をそれぞれ示しなさい。

《解　説》　直接法（借）減価償却費　54,000　（貸）備　　　　品　54,000
　　　　　　間接法（借）減価償却費　54,000　（貸）備品減価償却累計額　54,000

② 無形固定資産の償却（第9章参照）
　無形固定資産に関しては，当該資産の有効とされる期間を限度として耐用年数を決定し，残存価額をゼロとして定額法により償却を行う。のれんについては，原則として20年以内の効果の及ぶ期間にわたり，定額法等合理的な方法により償却する。

③ 繰延資産の償却（第9章参照）
　繰延資産に関しては，図表13－1に示した方法および期間により償却を行うことが制度上定められている。

図表13－1　繰延資産の償却

名　　称	償却方法	償却期間
創立費	定額法	5年以内
開業費	定額法	5年以内
開発費	定額法その他合理的な方法	5年以内
株式交付費	定額法	3年以内
社債発行費	利息法または定額法	社債の償還期間内

☆（6）収益・費用の繰延べと見越し

　収益・費用の中には，サービスの授受と対価の受払いとの間にタイムラグが生じるものがある。当期の損益計算を適切に行うためには，決算時に当期の費用および収益を適切な金額に修正する必要がある。

　収入・支出はあったが当期の収益・費用にするべきではないものを当期の損益計算から除外し，翌期以降に繰り延べることを，収益・費用の繰延べという。たとえば，家賃を前払いしている場合，翌期に帰属する金額は，資産として繰り延べる。

　一方，収入・支出はもたらされていないが，当期の収益・費用にすべきものを決算時に計上することを，収益・費用の見越しという。たとえば，有価証券（第7章参照）や社債（第10章参照）に関して，経過分の利息を当期の収益・費用として見越計上する。

例題13－7　次の決算整理仕訳を示しなさい。
① 当期に支払った保険料のうち翌期分¥12,000を繰り延べる。
② 未払の当期分の利息¥5,000を見越計上する。

《解　説》　① （借）前払保険料　12,000　（貸）保　険　料　12,000
　　　　　② （借）支 払 利 息　5,000　（貸）未 払 利 息　5,000
　　　　　　収益・費用の繰延べ・見越しに関しては，未収収益・前受収益・前払

費用・未払費用の計上の4つのパターンが考えられる。このうち，未収収益と前払費用は資産として，未払費用と前受収益は負債として計上される。

☆（7）消耗品の処理

消耗品に関しては，購入した時に消耗品費勘定（費用の勘定）に記入する方法と消耗品勘定（資産の勘定）に記入する方法がある。購入時に消耗品費として計上する場合，決算時に，未消費分を消耗品勘定に振り替えて次期に繰り越す。購入時に消耗品として計上する場合，決算時に当期の消費分を消耗品費として計上する。

例題13－8　次の決算整理仕訳を示しなさい。
① 当期中に消耗品費として計上した￥16,000のうち￥1,000分が未消費であった。
② 当期中に消耗品￥16,000を計上していた。当期の消費分は￥15,000であった。

《解　説》　① （借）消　耗　品　　1,000　（貸）消 耗 品 費　　1,000
　　　　　② （借）消 耗 品 費　15,000　（貸）消　耗　品　15,000

☆4．精算表の作成

企業の決算手続きが正しく行われたかは，**精算表**によって確認することができる。精算表により，総勘定元帳の勘定残高（残高試算表）に決算整理による調整が行われて（修正記入），損益計算書および貸借対照表が作成される過程を概観することができる。

例題13－9　例題13－1の残高試算表と例題13－2～例題13－8の決算整理仕訳にもとづいて，精算表を作成しなさい。ただし，貸倒引当金の計上については洗替法を，減価償却については間接法を採用し，消耗品に関しては購入時に費用計上する方法を用いる。

《解　説》

精　算　表

勘定科目	残高試算表 借方	残高試算表 貸方	整理記入 借方	整理記入 貸方	損益計算書 借方	損益計算書 貸方	貸借対照表 借方	貸借対照表 貸方
現　　　　　　金	72,500						72,500	
当　座　預　金	82,000						82,000	
売　　掛　　金	100,000						100,000	
売買目的有価証券	500,000			10,000			490,000	
繰　越　商　品	108,000		120,000	108,000			117,810	
				1,200				
				990				
備　　　　　　品	300,000						300,000	
買　　掛　　金		50,000						50,000
支　払　手　形		22,000						22,000
借　　入　　金		400,000						400,000
貸　倒　引　当　金		500	500	2,000				2,000
備品減価償却累計額		54,000		54,000				108,000
資　　本　　金		500,000						500,000
売　　　　　　上		951,000				951,000		
受　取　配　当　金		2,000				2,000		
仕　　　　　　入	565,000		108,000	120,000	553,000			
給　　　　　　料	72,000				72,000			
保　　険　　料	24,000			12,000	12,000			
消　耗　品　費	16,000			1,000	15,000			
支　払　家　賃	120,000				120,000			
支　払　利　息	15,000		5,000		20,000			
盗　難　損　失	5,000				5,000			
	1,979,500	1,979,500						
棚　卸　減　耗　損			1,200		1,200			
商　品　評　価　損			990		990			
貸倒引当金戻入				500		500		
貸倒引当金繰入			2,000		2,000			
有価証券評価損			10,000		10,000			
減　価　償　却　費			54,000		54,000			
前　払　保　険　料			12,000				12,000	
未　払　利　息				5,000				5,000
消　　耗　　品			1,000				1,000	
当　期　純　利　益					88,310			88,310
			314,690	314,690	953,500	953,500	1,175,310	1,175,310

☆5．帳簿決算

　決算整理により元帳記録が修正された後，収益および費用の各勘定の残高は，損益勘定に振り替えられる。損益勘定の貸借差額によって**当期純利益（損失）**が計算され，当期純利益（損失）の金額は損益勘定から資本金勘定へと振り替えられる。これらの一連の手続きを決算振替という。なお，株式会社の決算においては，当期純利益（損失）の金額は損益勘定から繰越利益剰余金勘定に振り替えられる。

　決算振替の後，帳簿の締め切りを行う。資産・負債・純資産の各勘定において，借方に残高がある場合は貸方に，貸方に残高がある場合は借方に，残高を記入することにより，総勘定元帳の各勘定を締め切る。

> 例題13－10　例題13－1から例題13－8にもとづいて，決算振替仕訳を示しなさい。

《解　説》
　（借）売　　　　　　上　951,000　（貸）損　　　　　　益　953,500
　　　　受 取 配 当 金　　2,000
　　　　貸倒引当金戻入　　　500

　（借）損　　　　　　益　865,190　（貸）仕　　　　　　入　553,000
　　　　　　　　　　　　　　　　　　　　給　　　　　　料　 72,000
　　　　　　　　　　　　　　　　　　　　保　　険　　料　 12,000
　　　　　　　　　　　　　　　　　　　　消　耗　品　費　 15,000
　　　　　　　　　　　　　　　　　　　　支　払　家　賃　120,000
　　　　　　　　　　　　　　　　　　　　支　払　利　息　 20,000
　　　　　　　　　　　　　　　　　　　　盗　難　損　失　 5,000
　　　　　　　　　　　　　　　　　　　　棚 卸 減 耗 損　 1,200
　　　　　　　　　　　　　　　　　　　　商 品 評 価 損　 990
　　　　　　　　　　　　　　　　　　　　貸倒引当金繰入　 2,000
　　　　　　　　　　　　　　　　　　　　有価証券評価損　 10,000
　　　　　　　　　　　　　　　　　　　　減 価 償 却 費　 54,000

　（借）損　　　　　　益　 88,310　（貸）資　　本　　金　 88,310

☆6．財務諸表の作成

　決算整理を行った後の総勘定元帳の記録をもとに，**損益計算書**と**貸借対照表**を作成する。

　損益計算書は，収益と費用および差額としての利益を示すものであり，企業の経営成績をあらわしている。損益計算書では，収益と費用の性質に従って，4つの段階に分けて表示される。

　最初の区分では，売上高から売上原価を差し引くことにより**売上総利益**が計算される。第2の区分では，売上総利益から販売費及び一般管理費を差し引くことにより，**営業利益**が計算される。第3の区分では，営業利益に営業外収益を加え，営業外費用を差し引くことにより，**経常利益**が計算される。最後に，経常利益に特別利益を加え，特別損失を差し引くことにより，**当期純利益**が計算される。

　貸借対照表は，期末時点の資産，負債，純資産の金額を示すものであり，企業の財政状態をあらわしている。貸借対照表上の資産，負債，純資産もその性質に従って区分表示される。資産は流動資産，固定資産，繰延資産に区分されて表示される。負債は流動負債，固定負債に区分して表示され，純資産は，資本金，資本剰余金，利益剰余金に区分されて表示される。

> 例題13－11　例題13－9で作成した精算表にもとづいて，損益計算書と貸借対照表を作成しなさい。

《解　説》

損 益 計 算 書

費　用	金　額	収　益	金　額
期首商品たな卸高	108,000	売上高	951,000
当期商品仕入高	565,000	期末商品たな卸高	117,810
売上総利益	395,810		
	1,068,810		1,068,810
給　料	72,000	売上総利益	395,810
消耗品費	15,000		
保険料	12,000		
支払家賃	120,000		
減価償却費	54,000		
貸倒引当金繰入	2,000		
営業利益	120,000		
	395,810		395,810
支払利息	20,000	営業利益	120,810
有価証券評価損	10,000	受取配当金	2,000
経常利益	92,800		
	122,810		122,810
盗難損失	5,000	経常利益	92,810
当期純利益	88,310	貸倒引当金戻入	500
	93,310		93,310

貸 借 対 照 表

資　産		金　額	負債および純資産		金　額
流動資産			流動負債		
現　金		72,500	買掛金		50,000
当座預金		82,000	支払手形		22,000
売掛金	100,000		未払利息		5,000
貸倒引当金	2,000	98,000	流動負債合計		77,000
有価証券		490,000	固定負債		
商　品		117,810	借入金		400,000
消耗品		1,000	固定負債合計		400,000
前払保険料		12,000	負債合計		477,000
流動資産合計		873,000	純資産		
固定資産			資本金		500,000
備　品	300,000		当期純利益		88,310
減価償却累計額	108,000	192,000	純資産合計		588,310
固定資産合計		192,000			
資産合計		1,065,310	負債および純資産合計		1,065,310

第14章　伝　票

☆1．伝票の利用

　実務においては，**伝票**を通じて日々の取引の記録を行うことがある。伝票会計においては，仕訳帳の代わりに伝票に記入を行い（**起票**という），記入された伝票にもとづいて総勘定元帳の各勘定に転記される。

☆2．3伝票制

　3伝票制では，**入金伝票・出金伝票・振替伝票**の3種類の伝票が用いられる。現金の受け取りをともなう取引（入金取引）は入金伝票に，現金の支払いをともなう取引（出金取引）は出金伝票に，それ以外の取引（振替取引）は振替伝票に記入される。

　取引の中には，入金取引（あるいは出金取引）と振替取引の両方の要素を備えたものがある（このような取引を一部振替取引という）。一部振替取引の起票には，以下の2通りの方法がある。

① 取引を擬制して，いったん全額入金（あるいは出金）があったものとして起票する方法
② 取引を分解して，入金取引（あるいは出金取引）と振替取引とに分けて起票する方法

例題14−1 以下の取引について，3伝票制によって起票しなさい。
① 青森商店に対する売掛金¥100,000を現金で回収した。
② 秋田商店に対する買掛金¥100,000を現金で支払った。
③ 岩手商店に対する買掛金¥100,000の支払いのため，同額の小切手を振り出した。

《解説》

①
```
        入金伝票
   売 掛 金    100,000
   （青森商店）
```

②
```
        出金伝票
   買 掛 金    100,000
   （秋田商店）
```

③
```
 （借方）振替伝票  │  振替伝票 （貸方）
                  │
   買 掛 金 100,000│  当座預金  100,000
   （岩手商店）    │
```

例題14−2 従業員の給料¥500,000の支払いにあたり，所得税額¥20,000を差し引いて，残額を現金で支払った。この取引について，①取引を擬制する方法と②取引を分解する方法で起票しなさい。

《解説》 ① 取引を擬制する方法

```
    出金伝票              入金伝票

 給  料  500,000      所得税預り金  20,000
```

第14章 伝　票 ◇ 131

② 取引を分解する方法

```
          出金伝票

     給  料    480,000
```

（借方）　振替伝票	振替伝票　（貸方）
給　料　　20,000	所得税預り金　20,000

① 取引を擬制する方法においては，次の2つの仕訳を起票する。
　　（借）給　　料　　500,000　（貸）現　　　金　500,000
　　（借）現　　金　　 20,000　（貸）所得税預り金　 20,000
② 取引を分解する方法においては，次の2つの仕訳を起票する。
　　（借）給　　料　　480,000　（貸）現　　　金　480,000
　　（借）給　　料　　 20,000　（貸）所得税預り金　 20,000

☆3．5伝票制

　5伝票制では，3伝票制において用いられた3種類の伝票に加えて，**売上伝票**と**仕入伝票**が用いられる。5伝票制のもとでは，入金取引は入金伝票に，出金取引は出金伝票に，売上取引は売上伝票に，仕入取引は仕入伝票に記入される。その他の取引（振替取引）は振替伝票に記入される。
　5伝票制のもとでは，商品を販売したとき，売上先，金額などを売上伝票に記入する。売上戻りや値引があった場合は，赤字で記入する。また，商品を仕入れたとき，仕入先，金額などを仕入伝票に記入する。仕入戻しや値引があった場合は，赤字で記入する。
　売上伝票および仕入伝票に起票する際には，すべて掛売上取引または掛仕入取引として記入する。たとえば，商品を販売し約束手形を受け取った場合，掛

売上取引として売上伝票に記入するとともに，売掛金を約束手形で回収した取引を振替伝票に記入する。また，商品を販売し，代金の一部を現金で受け取り残額を掛けとした場合，全額を掛売上取引として売上伝票に記入するとともに，売掛金の一部を現金で回収した取引を入金伝票に記入する。

例題14－3 次の取引について，5伝票制のもとで起票しなさい。
① 愛媛商店に商品を¥100,000で売り上げ，代金は掛けとした。
② 愛媛商店に売り上げた商品のうち，¥30,000分が返品された。
③ 香川商店から商品を¥80,000で仕入れ，代金は掛けとした。
④ 香川商店より，¥10,000の値引を受けた。

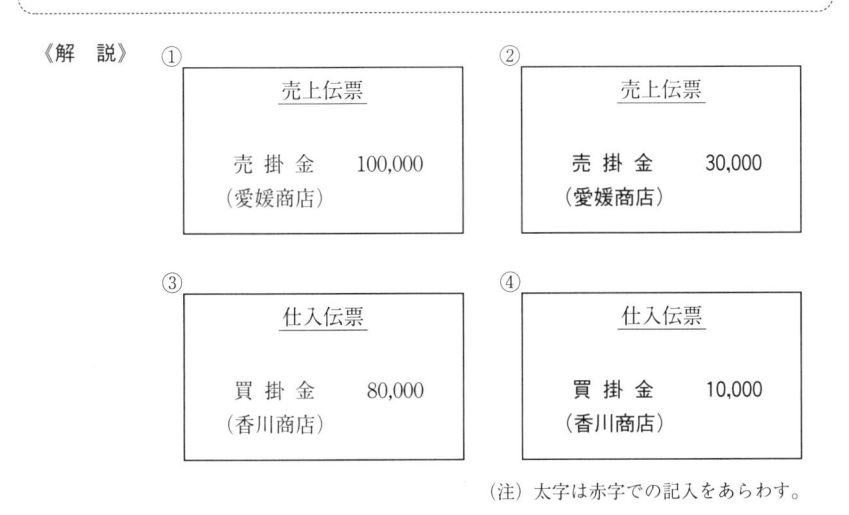

《解 説》

①
```
     売上伝票

  売 掛 金    100,000
  （愛媛商店）
```

②
```
     売上伝票

  売 掛 金     30,000
  （愛媛商店）
```

③
```
     仕入伝票

  買 掛 金     80,000
  （香川商店）
```

④
```
     仕入伝票

  買 掛 金     10,000
  （香川商店）
```

（注）太字は赤字での記入をあらわす。

例題14－4 次の取引について，5伝票制のもとで起票しなさい。
① 広島商店に商品を¥100,000で売り上げ，代金は約束手形で受け取った。
② 岡山商店より商品¥70,000を仕入れ，代金のうち¥20,000は現金で支払い，残額は掛けとした。

《解 説》 ①

```
        売上伝票

   売 掛 金    100,000
   （広島商店）
```

```
（借方） 振替伝票              振替伝票 （貸方）

   受取手形    100,000     売 掛 金    100,000
                         （広島商店）
```

②

```
        仕入伝票                      出金伝票

   買 掛 金     70,000        買 掛 金     20,000
   （岡山商店）                （岡山商店）
```

4．仕訳集計表の作成

　伝票に記入された仕訳は，一定期間分をまとめて集計される。伝票上の仕訳を勘定ごとに集計する表を**仕訳集計表**という。総勘定元帳への転記は，この仕訳集計表を通じて行う。

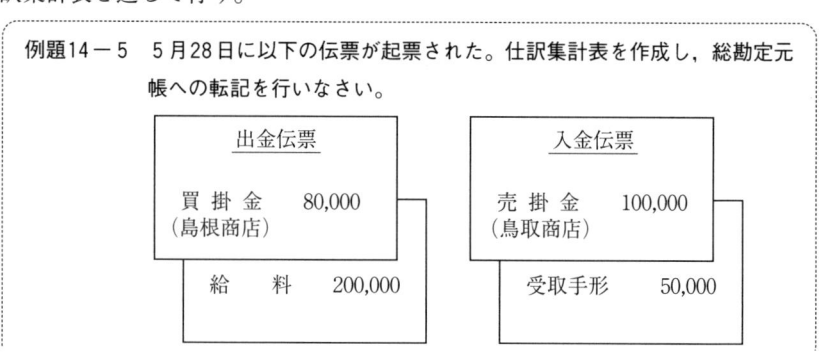

> 例題14－5　5月28日に以下の伝票が起票された。仕訳集計表を作成し，総勘定元帳への転記を行いなさい。
>
> ```
>        出金伝票                     入金伝票
>
>    買 掛 金    80,000         売 掛 金    100,000
>    （島根商店）                 （鳥取商店）
>
>    給  料    200,000          受取手形     50,000
> ```

```
(借方)  振替伝票              振替伝票  (貸方)

       仕  入    40,000      買 掛 金    40,000
                             (島根商店)

       売 掛 金    60,000     売  上      60,000
       (鳥取商店)

       仕  入    30,000      支払手形    30,000

       受取手形    35,000      売  上      35,000
```

《解 説》

仕 訳 集 計 表
平成×年 5 月28日

借 方	元丁	勘 定 科 目	元丁	貸 方
150,000	1	現　　　　　　金	1	280,000
35,000	3	受　取　手　形	3	50,000
60,000	4	売　　掛　　金	4	100,000
	11	支　払　手　形	11	30,000
80,000	12	買　　掛　　金	12	40,000
		売　　　　　　上	29	95,000
70,000	39	仕　　　　　　入		
200,000	40	給　　　　　　料		
595,000				595,000

総 勘 定 元 帳

```
        現     金               1                  受 取 手 形           3
5/28 仕訳集計表 150,000 | 5/28 仕訳集計表 280,000   5/28 仕訳集計表 35,000 | 5/28 仕訳集計表 50,000

        売 掛 金               4                  支 払 手 形          11
5/28 仕訳集計表 60,000 | 5/28 仕訳集計表 100,000                         | 5/28 仕訳集計表 30,000

        買 掛 金              12                    売     上           29
5/28 仕訳集計表 80,000 | 5/28 仕訳集計表 40,000                          | 5/28 仕訳集計表 95,000

        仕     入             39                    給     料           40
5/28 仕訳集計表 70,000 |                          5/28 仕訳集計表 200,000 |
```

第15章　帳簿組織

1. 帳簿組織

　帳簿には主要簿と補助簿があることはすでに学習した。主要簿は，簿記を行う上で必要不可欠な帳簿であり，仕訳帳と総勘定元帳がこれに該当する。補助簿は，必要に応じて維持される帳簿であり，特定の勘定や取引の明細が記入される。補助簿には，現金出納帳，当座預金出納帳，売上帳，仕入帳などがある。企業は，組織内部の業務の分担等を勘案し，用いる帳簿を決定する。企業が維持する帳簿全体のしくみを**帳簿組織**という。

　多くの補助簿をもつ場合，すべての取引を主要簿としての仕訳帳と総勘定元帳に記入し，さらに補助簿に記入するのは，記帳に多くの手間を要する。そこで，補助簿のうち取引を発生順に記入を行う補助記入帳については，仕訳帳として利用することができる。このように仕訳帳として使用される補助簿を**特殊仕訳帳**といい，特殊仕訳帳に記入されない取引が記入される従来の仕訳帳を**普通仕訳帳**という。また，特殊仕訳帳を用いる帳簿組織を**複合仕訳帳制**という。

2. 現金出納帳

　特殊仕訳帳として**現金出納帳**を用いるとき，現金の受払いをともなう取引は現金出納帳に記帳された上で，総勘定元帳へ転記される。入金取引は，現金出納帳の借方に相手勘定と金額が記入され，出金取引は貸方に相手勘定と金額が記入される。

　現金出納帳から現金勘定への転記は，一定期間ごとにまとめて行われる。収入額の合計金額は現金勘定の借方に，支出総額の合計金額は現金勘定の貸方に

合計転記される。

　現金出納帳から現金以外の勘定への転記は，次に説明する特別欄への記入以外は，取引のつど行われる。転記の際に，現金出納帳の元丁欄に転記先の元帳のページ数を記入する。

　現金の受払いをともなう取引の中には，繰り返し行われるものがある。たとえば，売掛金を現金で回収する取引や，買掛金を現金で支払う取引などが該当する。これらの取引が行われるたびに，総勘定元帳の売掛金勘定や買掛金勘定に転記していては，手間がかかり，誤りが生じる可能性も高くなる。そこで，記帳の手間を省略するために，現金出納帳に特別欄を設けることができる。現金出納帳の借方に売掛金の特別欄が設けられた場合，売掛金を現金で回収する取引があったとき，その金額を売掛金欄に記入する。取引の際には売掛金勘定へ転記せず，一定期間の金額をまとめて合計転記を行う。特別欄への記入を行った際には，元丁欄へは✓（チェックマーク）を記入する。ただし，売掛金元帳などの補助元帳に個別転記を行った場合は，そのページ数を記入する。

例題15－1　次の4月中の取引について，現金出納帳に記入した上で，総勘定元帳の現金勘定，受取手形勘定，売掛金勘定，買掛金勘定へ転記しなさい。なお，月初の現金の残高は￥90,000であった。なお，当店は売掛金元帳および買掛金元帳は用いていない。

　　4月 3日　佐賀商店に対する売掛金￥50,000を現金で回収した。
　　4月 7日　熊本商店に対する買掛金￥30,000を現金で支払った。
　　4月12日　宮崎商店より手形代金￥80,000を小切手で受け取った。
　　4月17日　佐賀商店に対する売掛金￥25,000を現金で回収した。
　　4月25日　従業員に対する給料￥55,000を現金で支払った。

《解　説》

現　金　出　納　帳　　　　　　　　　　　1

平成×年	勘定科目	摘　要	元丁	売掛金	諸　口	平成×年	勘定科目	摘　要	元丁	買掛金	諸　口
4 3	売 掛 金	佐賀商店	✓	50,000		4 7	買 掛 金	熊本商店	✓	30,000	
12	受取手形	宮崎商店	3		80,000	25	給　料	4 月 分	36		55,000
17	売 掛 金	佐賀商店	✓	25,000							
		売掛金	4	75,000	75,000			買 掛 金	12	30,000	30,000
		現　金	1		155,000			現　金	1		85,000
		前月繰越	✓		90,000			次月繰越	✓		160,000
					245,000						245,000

（注）太字は赤字での記入をあらわす。

総　勘　定　元　帳

```
       現        金           1              受 取 手 形           3
4/ 1 前月繰越  90,000 4/30 現金出納帳 85,000   4/ 1 前月繰越  ××× 4/12 現金出納帳 80,000
4/30 現金出納帳 155,000

       売   掛   金           4              買   掛   金          12
4/ 1 前月繰越  ××× 4/30 現金出納帳 75,000   4/30 現金出納帳 30,000 4/ 1 前月繰越  ×××
```

　　　現金出納帳には，借方に売掛金欄，貸方に買掛金欄が特別欄として設けられている。売掛金勘定および買掛金勘定へは，月末に合計転記するので，取引時には転記せず，元丁欄には✓（チェックマーク）を記入する。

3．当座預金出納帳

　当座預金出納帳を特殊仕訳帳として用いるとき，当座預金の受払いをともなう取引は当座預金出納帳に記入される。帳簿の様式および記入の方法については，現金出納帳と同じである。

> **例題15－2**　次の5月中の取引について，当座預金出納帳に記入した上で，総勘定元帳，売掛金元帳，買掛金元帳へ転記しなさい。なお月初の当座預金の残高は¥102,000であった。

5月 1日　本月分の家賃￥50,000を小切手の振り出しにより支払った。
5月 6日　青森商店に対する買掛金￥20,000を小切手の振り出しにより支払った。
5月12日　秋田商店に対する売掛金￥45,000を現金で回収し，ただちに当座預金に預け入れた。
5月17日　当月分の地代￥80,000を小切手で受け取り，ただちに当座預金に預け入れた。
5月23日　秋田商店に対する売掛金￥40,000を現金で回収し，ただちに当座預金に預け入れた。

《解　説》

当 座 預 金 出 納 帳　　　　　　　　　　　　　　　　1

平成×年	勘定科目	摘　要	元丁	売掛金	諸　口	平成×年	勘定科目	摘　要	元丁	買掛金	諸　口
5 12	売 掛 金	秋田商店	売1	45,000		5 1	支払家賃	5 月 分	38		50,000
17	受取地代	宮城商店	34		80,000	6	買 掛 金	青森商店	買1	20,000	
23	売 掛 金	秋田商店	売1	40,000							
		売 掛 金	4	85,000	85,000			買 掛 金	12	20,000	20,000
		当座預金	2		165,000			当座預金	2		70,000
		前月繰越	✓		102,000			**次月繰越**	✓		**197,000**
					267,000						267,000

（注）太字は赤字での記入をあらわす。

総 勘 定 元 帳

　　　　　当 座 預 金　　　　　2　　　　　　　　　売 掛 金　　　　　4
5/ 1 前月繰越　102,000 ｜ 5/31 当座預金　70,000　　5/ 1 前月繰越　×××｜ 5/31 当座預金　85,000
5/31 当座預金　　　　　　　　　出納帳　　　　　　　　　　　　　　　　　　　出納帳
　　　出納帳　165,000

　　　　　買 掛 金　　　　　12
5/31 当座預金　20,000 ｜ 5/ 1 前月繰越　×××
　　　出納帳

売 掛 金 元 帳　　　　　　　　　　　　買 掛 金 元 帳

　　　　　秋 田 商 店　　　　　1　　　　　　　　　青 森 商 店　　　　　1
5/ 1 前月繰越　×××｜ 5/12 当座預金　45,000　　5/ 6 当座預金　20,000｜ 5/ 1 前月繰越　×××
　　　　　　　　　　　　出納帳　　　　　　　　　　出納帳
　　　　　　　　　　5/23 当座預金　40,000
　　　　　　　　　　　　出納帳

第15章　帳簿組織　◇　139

本問では，売掛金元帳と買掛金元帳を補助簿として用いている。当座預金出納帳の特別欄として，売掛金欄と買掛金欄が設けられているので，売掛金の回収および買掛金の支払い時に，売掛金勘定および買掛金勘定に転記する必要はない。そこで，補助簿としての売掛金元帳および買掛金元帳にのみ記入を行い，当座預金出納帳の元丁欄には，補助簿のページ数を記入する。

4．売上帳

売上帳を特殊仕訳帳として用いるとき，売上および売上戻り・値引きは売上帳に記入される。一般的に掛けによる売上が多いので，通常，特別欄として売掛金欄が設けられる。

売掛金欄が設けられた場合，掛売上の際には売掛金欄に売上金額を記入し，掛け以外の売上取引の際には諸口欄に記入する。売上戻り・値引きがあったときは，その金額を赤字記入する。

売上帳から売上勘定への転記は，一定期間分をまとめて行われる。特別欄としての売掛金欄に記入された金額についても合計転記される。諸口欄に記入された金額については，売上に対する相手となる勘定に個別に転記される。

特別欄への記入を行った際には，元丁欄へは✓（チェックマーク）を記入する。ただし，売掛金元帳などの補助元帳に記入を行った場合は，そのページ数を記入する。

例題15－3　次の6月中の取引について，売上帳に記入した上で，売上勘定，売掛金勘定，売掛金元帳へ転記しなさい。

　　6月 3日　鳥取商店に商品を¥50,000で売り上げ，代金は掛けとした。

　　6月 4日　鳥取商店より商品¥5,000が返品された。

　　6月12日　島根商店に商品を¥40,000で売り上げ，代金は島根商店振り出しの約束手形で受け取った。

　　6月18日　岡山商店に商品を¥60,000で売り上げ，代金は掛けとした。

《解　説》

売　上　帳
1

平成×年		勘定科目	摘　　要	元丁	売掛金	諸　口
6	3	売 掛 金	鳥取商店　　掛　　け	売1	50,000	
	4	**売 掛 金**	**鳥取商店　　返　　品**	**売1**	**5,000**	
	12	受 取 手 形	島根商店　　約束手形	3		40,000
	18	売 掛 金	岡山商店	売2	60,000	
			掛売上高	4	110,000	110,000
			総売上高	41		150,000
			売上戻り高	**4/41**		**5,000**
			純売上高			145,000

(注) 太字は赤字での記入をあらわす。

総 勘 定 元 帳

売　掛　金　　4
| 6/ 1 前月繰越 | ××× | 6/30 売上帳 | 5,000 |
| 6/30 売上帳 | 110,000 | | |

売　上　　41
| 6/30 売上帳 | 5,000 | 6/30 売上帳 | 150,000 |

売 掛 金 元 帳

鳥 取 商 店　　1
| 6/ 1 前月繰越 | ××× | 6/ 4 売上帳 | 5,000 |
| 6/ 3 売上帳 | 50,000 | | |

岡 山 商 店　　2
| 6/ 1 前月繰越 | ××× | | |
| 6/18 売上帳 | 60,000 | | |

　　　売上帳には，売掛金欄が特別欄として設けられている。売掛金勘定へは，月末に合計転記するので，取引時には転記しない。売掛金元帳にのみ記入を行い，売上帳の元丁欄には売掛金元帳のページ数を記入する。

5．仕 入 帳

　仕入帳を特殊仕訳帳として用いるとき，仕入および仕入戻し，値引きは仕入帳に記入される。帳簿の様式および記入の方法については，売上帳と同じである。

例題15－4 次の7月中の取引について，仕入帳に記入した上で，仕入勘定，買掛金勘定，仕入先元帳へ転記しなさい。
7月 9日　香川商店より商品￥30,000を仕入れ，代金は約束手形の振り出しにより支払った。
7月13日　愛媛商店より商品￥40,000を仕入れ，代金は掛けとした。
7月14日　愛媛商店より￥2,000の値引きを受けた。
7月25日　高知商店より商品￥50,000を仕入れ，代金は掛けとした。

《解　説》

仕　入　帳　　　　　　　　　　　1

平成×年		勘定科目	摘　　要		元丁	買掛金	諸　口
7	9	支払手形	香川商店	手　形	11		30,000
	13	買　掛　金	愛媛商店	掛　　け	買1	40,000	
	14	**買　掛　金**	**愛媛商店**	**値引き**	**買1**	**2,000**	
	25	買　掛　金	高知商店		買2	50,000	
				掛仕入高	12	90,000	90,000
				総仕入高	31		120,000
				仕入値引高	**12/31**		**2,000**
				純仕入高			118,000

（注）太字は赤字での記入をあらわす。

総　勘　定　元　帳

　　　　　買　掛　金　　　　　12　　　　　　　　　仕　入　　　　　31
7/31 仕入帳　2,000 | 7/ 1 前月繰越 ×××　　7/31 仕入帳　120,000 | 7/31 仕入帳　2,000
　　　　　　　　　　| 7/31 仕入帳　2,000

買　掛　金　元　帳

　　　　　愛媛商店　　　　　1　　　　　　　　　　高知商店　　　　　2
7/14 仕入帳　2,000 | 7/ 1 前月繰越 ×××　　　　　　　　　 | 7/ 1 前月繰越 ×××
　　　　　　　　　　| 7/13 仕入帳 40,000　　　　　　　　　 | 7/25 仕入帳 50,000

　　仕入戻しや値引きがあったときは，仕入帳に赤字記入する。月末に買掛金勘定に合計転記する際に，買掛金の増加額を貸方に記入し，減少額を借方に記入する必要があるので，仕入帳の買掛金欄の合計を記入する

とき，仕入戻しや値引き分を差し引かないことに留意されたい。

6．二重転記の回避

複数の特殊仕訳帳を用いる場合，1つの取引が複数の特殊仕訳帳に記入されることがある。現金出納帳と売上帳を特殊仕訳帳として用いている場合，小切手の受け取りによる売上は，現金出納帳と売上帳の両方に記帳されることになる。現金勘定の借方への転記は，現金出納帳から合計転記されるので，売上帳から個別転記を行わない。同様に，売上勘定の貸方への転記は，売上帳から合計転記されるので，現金出納帳から個別転記を行わない。個別転記を行わない取引を記入する際には，元丁欄に✓（チェックマーク）を記入する。

例題15－5　北海道商店は，複合仕訳帳制を採用しており，普通仕訳帳のほか現金出納帳，仕入帳，売上帳を特殊仕訳帳として用いている。次の8月中の取引を，現金出納帳，仕入帳，売上帳，普通仕訳帳に記入し，現金勘定，仕入勘定，売上勘定，売掛金勘定，買掛金勘定に転記しなさい。

8月 2日　東京商店に商品を¥20,000で売り上げ，代金のうち¥15,000は小切手で受け取り，残額は掛けとした。
8月 4日　神奈川商店より商品¥18,000を仕入れ，代金は掛けとした。
8月 5日　神奈川商店より¥1,000の値引きを受けた。
8月 6日　群馬商店に対する売掛金¥12,000を現金で回収した。
8月11日　茨城商店に対する買掛金¥8,000を現金で支払った。
8月12日　千葉商店より商品¥15,000を仕入れ，代金は現金で支払った。
8月17日　群馬商店に商品を¥24,000で売り上げ，代金は掛けとした。
8月18日　群馬商店より商品¥4,000が返品された。
8月22日　東京商店に対する売掛金¥14,000を現金で回収した。
8月23日　埼玉商店に商品を¥22,000で売り上げ，代金は埼玉商店振り出しの約束手形で受け取った。
8月24日　当座預金口座より現金¥28,000を引き出した。
8月25日　従業員に対する給料¥28,000を現金で支払った。

8月26日　神奈川商店に対する買掛金￥13,000を現金で支払った。
8月29日　埼玉商店より手形代金￥22,000が当店の当座預金口座に振り込まれた。
8月30日　茨城商店より商品￥20,000を仕入れ，代金のうち￥8,000は小切手の振り出しにより支払い，残額は掛けとした。

《解　説》

現　金　出　納　帳　　　　　　　　　　　　　　　　1

平成×年		勘定科目	摘要	元丁	売掛金	諸口	平成○年		勘定科目	摘要	元丁	買掛金	諸口
8	2	売　上	東京商店	✓		15,000	8	11	買掛金	茨城商店	買2	8,000	
	6	売掛金	群馬商店	売2	12,000			12	仕　入	千葉商店	✓		15,000
	22	売掛金	東京商店	売1	14,000			25	給　料	8 月分	36		28,000
	24	当座預金	引き出し	2		28,000		26	買掛金	神奈川商店	買1	13,000	
		売掛金		4	26,000	26,000			買掛金		12	21,000	21,000
		現　金		1		69,000			現　金		1		64,000
		前月繰越		✓		70,000			次月繰越		✓		75,000
						139,000							139,000

売　上　帳　　　　　　　　　　　　　　1

平成×年		勘定科目	摘要		元丁	売掛金	諸口
8	2	現　金	東京商店	小切手	✓		15,000
		売掛金	東京商店	掛　け	売1	5,000	
	17	売掛金	群馬商店	掛　け	売2	24,000	
	18	**売掛金**	**群馬商店**	返品	売2	**4,000**	
	23	受取手形	埼玉商店		3		22,000
				掛売上高	4	29,000	29,000
				総売上高	41		66,000
				売上戻り高	4/41		**4,000**
				純売上高			62,000

仕 入 帳　　　　　　　　　1

平成×年		勘定科目	摘　　　要	元丁	買掛金	諸　口
8	4	買　掛　金	神奈川商店　　掛　　け	買1	18,000	
	5	**買　掛　金**	**神奈川商店　　値　引　き**	買1	**1,000**	
	12	現　　　金	千葉商店　　　現　　金	✓		15,000
	30	当座預金	茨城商店　　　小切手	2		8,000
		買　掛　金	茨城商店　　　掛　　け	買2	12,000	
			掛仕入高	12	30,000	30,000
			総売上高	31		53,000
			仕入値引高	12/31		**1,000**
			純売上高			52,000

（注）太字は赤字での記入をあらわす。

普 通 仕 訳 帳　　　　　　　1

平成×年		摘　　　要	元丁	借　方	貸　方
8	29	（当座預金）	2	22,000	
		（受取手形）	3		22,000

総 勘 定 元 帳

現　　金　　　　　　1
8/ 1 前月繰越	70,000	8/31 現金出納帳	64,000
8/31 現金出納帳	69,000		

当座預金　　　　　　2
8/ 1 前月繰越	×××	8/24 現金出納帳	28,000
8/29 受取手形	22,000	8/30 仕入帳	8,000

受取手形　　　　　　3
8/ 1 前月繰越	×××	8/29 当座預金	22,000
8/23 売上帳	22,000		

売掛金　　　　　　　4
8/ 1 前月繰越	×××	8/31 売上帳	4,000
8/31 売上帳	29,000	〃　現金出納帳	26,000

買掛金　　　　　　　12
8/31 仕入帳	1,000	8/ 1 前月繰越	×××
〃　現金出納帳	21,000	8/31 仕入帳	30,000

仕　　入　　　　　　31
8/31 仕入帳	53,000	8/31 仕入帳	1,000

給　　料　　　　　　36
8/25 現金出納帳	28,000		

売　　上　　　　　　41
8/31 売上帳	4,000	8/31 売上帳	66,000

売 掛 金 元 帳

東 京 商 店　1

| 8/ 1 前月繰越 | ××× | 8/22 現金出納帳 | 14,000 |
| 8/ 2 売上帳 | 5,000 | | |

群 馬 商 店　2

| 8/ 1 前月繰越 | ××× | 8/ 6 現金出納帳 | 12,000 |
| 8/17 売上帳 | 24,000 | 8/18 売上帳 | 4,000 |

買 掛 金 元 帳

神奈川商店　1

| 8/ 5 仕入帳 | 1,000 | 8/ 1 前月繰越 | ××× |
| 8/26 現金出納帳 | 13,000 | 8/ 4 仕入帳 | 18,000 |

茨 城 商 店　2

| 8/11 現金出納帳 | 8,000 | 8/ 1 前月繰越 | ××× |
| | | 8/30 仕入帳 | 12,000 |

　本問では，現金出納帳，売上帳，仕入帳を特殊仕訳帳として用いている。二重転記防止のため，現金売上および現金仕入の際には個別転記を行わない。また，現金出納帳に売掛金欄（借方）・買掛金欄（貸方），売上帳に売掛金欄，仕入帳に買掛金欄が特別欄として設けられている。したがって，現金による売掛金の回収および買掛金の支払い，掛売上（戻り，値引き），掛仕入（戻し，値引き）の際には，総勘定元帳への個別転記を行わない。

第16章　本支店会計

1．支店会計の独立

　企業の規模が大きくなり，活動の範囲が広がると，本店の他に支店を設置することがある。支店をもつ企業の会計処理方法として，**本店集中会計制度**と**支店独立会計制度**がある。

　本店集中会計制度は，支店で発生した取引を，本店の帳簿に記帳する方法である。本店集中会計制度を採用する場合，支店は取引の内容を本店に連絡するだけでよく，帳簿をもつ必要がない。

　しかし，本店集中会計制度によると，支店独自の経営状況を把握することが困難である。そこで，多くの場合，支店が独自の帳簿を保有し，会計処理を行う方法が用いられる。これを，支店独立会計制度という。本章では，支店独立会計制度による記帳を学習する。

2．本支店間取引の処理

　本店または支店において，会社外部と取引を行った場合には，通常の処理を行うことになる。本支店会計において問題となるのは，本支店間における取引の処理である。本支店間において取引が行われた場合，本支店間に貸借関係が生じる。この処理のため，支店の総勘定元帳に本店勘定を，本店の総勘定元帳に支店勘定を設ける。支店に対する債権が増加したとき，本店は支店勘定の借方に記入する。一方，支店では，本店に対する債務の増加を本店勘定の貸方記入によって処理する。

例題16－1 次の取引について，本支店それぞれの仕訳を示しなさい。
① 東京商店は，支店を開設し，現金￥500,000を送付した。
② 本店は，支店の光熱費￥3,000を小切手で支払い，その旨を支店に通知した。
③ 支店は，本店の買掛金￥100,000を小切手の振り出しにより支払い，その旨を本店に通知した。

《解説》
① （本店の仕訳）（借）支　　　店　500,000　（貸）現　　　金　500,000
　（支店の仕訳）（借）現　　　金　500,000　（貸）本　　　店　500,000
② （本店の仕訳）（借）支　　　店　　3,000　（貸）当座預金　　3,000
　（支店の仕訳）（借）光　熱　費　　3,000　（貸）本　　　店　　3,000
③ （本店の仕訳）（借）買　掛　金　100,000　（貸）支　　　店　100,000
　（支店の仕訳）（借）本　　　店　100,000　（貸）当座預金　100,000

3．支店相互間取引の処理

　支店を2カ所以上もつとき，支店相互間で取引が行われることがある。支店相互間の取引には，**支店分散計算制度**と**本店集中計算制度**の2通りの記帳法がある。

　たとえば，高知支店と徳島支店が取引を行ったとき，支店分散計算制度によると，高知支店は徳島支店勘定を用いて記帳し，徳島支店は高知支店勘定を用いて記帳する。本店は，記帳を行わない。

　本店集中計算制度によると，支店間取引があったとき，支店はすべて本店との取引として記帳する。

例題16－2 次の取引について，支店分散計算制度と本店集中計算制度にもとづいて，それぞれ本支店の仕訳を示しなさい。
① 長崎支店は，佐賀支店に現金￥100,000を送金した。佐賀支店はこれを受け取り，本店はこの取引について通知を受けた。
② 熊本支店は，宮崎支店に原価￥200,000の商品を，￥240,000で積送した。宮崎支店はこれを受け取り，本店はこの取引について通知を受けた。

《解　説》　①　支店分散計算制度による仕訳
　　　　　　　（本店の仕訳）　　　仕訳なし
　　　　　　　（長崎支店の仕訳）（借）佐賀支店　100,000　（貸）現　　　　金　100,000
　　　　　　　（佐賀支店の仕訳）（借）現　　　金　100,000　（貸）長崎支店　100,000

　　　　　　　本店集中計算制度による仕訳
　　　　　　　（本店の仕訳）　　　（借）佐賀支店　100,000　（貸）長崎支店　100,000
　　　　　　　（長崎支店の仕訳）（借）本　　　店　100,000　（貸）現　　　　金　100,000
　　　　　　　（佐賀支店の仕訳）（借）現　　　金　100,000　（貸）本　　　店　100,000

　　　　　②　支店分散計算制度による仕訳
　　　　　　　（本店の仕訳）　　　仕訳なし
　　　　　　　（熊本支店の仕訳）（借）宮崎支店　240,000　（貸）宮崎支店　240,000
　　　　　　　　　　　　　　　　　　　　　　　　　　　　　　　　　　へ売上
　　　　　　　（宮崎支店の仕訳）（借）熊本支店　240,000　（貸）熊本支店　240,000
　　　　　　　　　　　　　　　　　　　より仕入

　　　　　　　本店集中計算制度による仕訳
　　　　　　　（本店の仕訳）　　　（借）宮崎支店　240,000　（貸）熊本支店　240,000
　　　　　　　（熊本支店の仕訳）（借）本　　　店　240,000　（貸）本店へ　240,000
　　　　　　　　　　　　　　　　　　　　　　　　　　　　　　　　　　売　上
　　　　　　　（宮崎支店の仕訳）（借）本店より　240,000　（貸）本　　　店　240,000
　　　　　　　　　　　　　　　　　　　仕入

4．支店損益の振替え

　本店および支店は，期末にそれぞれ独自の決算を行う。支店は，決算において計上された当期純損益を本店勘定に振り替える。本店は，支店より当期純損益の連絡を受けた時，支店の損益の金額を，支店勘定に振り替える。

> 例題16－3　次の取引の仕訳を示しなさい。
> 　①　支店は決算の結果，当期純利益￥5,190を計上した。
> 　②　本店は，支店より当期純利益￥5,190を計上した旨の連絡を受けた。

《解　説》　①　（支店の仕訳）（借）損　　　益　5,190　（貸）本　　　店　5,190
　　　　　②　（本店の仕訳）（借）支　　　店　5,190　（貸）損　　　益　5,190

5．財務諸表の合併

（1）未達取引の整理

支店独立会計制度においては，本店および支店は，それぞれ独立して会計処理を行っているが，本店と支店は同一の企業であるので，企業全体の財務諸表を作成しなければならない。

本支店合併の財務諸表は，基本的には本支店の同じ勘定科目の金額を合算することによって作成されるが，その際にいくつかの調整が必要となる。

最初に行う調整は，**未達取引**の整理である。未達取引とは，一方の帳簿には記入されているが，他方では記帳されていない本支店間の取引をいう。

> 例題16－4　次の未達事項について，整理仕訳を示しなさい。
> ① 本店が支店に送付した商品¥550が支店に未達である。
> ② 支店が送金した現金¥200が本店に未達である。

《解説》　① （借）未 達 商 品　　550　　（貸）本　　　店　　550
　　　　② （借）未 達 現 金　　200　　（貸）支　　　店　　200

（2）本店勘定と支店勘定の相殺消去

未達取引の整理が正しく行われると，本店の支店勘定と支店の本店勘定，および本店の支店売上勘定と支店の本店仕入勘定の残高はそれぞれ一致する。これらの勘定は，本支店間の関係および取引をあらわすものなので，外部公表の財務諸表には掲載するべきでない。そこで，これらを相殺消去する必要がある。

> 例題16－5　未達事項の整理後，本店の支店勘定と支店の本店勘定の残高は¥11,460であった。これらの勘定を相殺消去する仕訳を示しなさい。

《解説》　（借）本　　　店　　11,460　　（貸）支　　　店　　11,460

（3）内部取引の相殺消去

　未達取引整理後，本店の支店売上勘定と支店の本店仕入勘定の残高は一致する。これらの勘定は，本支店間の取引をあらわすものなので相殺消去する。

> 例題16－6　未達事項の整理後，本店より仕入勘定と支店へ売上勘定の残高は¥9,350であった。これらの勘定を相殺消去する仕訳を示しなさい。

《解　説》　（借）支 店 へ 売 上　9,350　　（貸）本 店 よ り 仕 入　9,350

（4）内部利益の消去

　支店の期末商品の金額には，本店が支店に送付する際に付加した利益分（これを内部利益という）が含まれている。内部利益は，企業外部に販売されるまでは未実現であるので，本支店合併財務諸表においては，これを除去する必要がある。

　支店の期首商品に本店からの仕入分がある場合，前期末に繰り延べた内部利益を戻し入れる必要がある。

> 例題16－7　本店は，10％の利益を付加して，支店に商品を送付しており，支店の期末商品のうち，¥880が本店からの仕入分である。内部利益を支店の期末商品の金額から取り除く仕訳を示しなさい。

《解　説》　（借）繰延内部利益控除　　80　　（貸）繰 延 内 部 利 益　　80

> 例題16－8　支店の期首商品のうち，¥700が本店からの仕入分である。前期末に繰り延べた内部利益を戻し入れる仕訳を示しなさい。

《解　説》　（借）繰 延 内 部 利 益　　70　　（貸）繰延内部利益戻入　　70

例題16－9　本店および支店の損益計算書および貸借対照表は次のとおりであるとする。例題16－4～例題16－8の処理を行い本支店合併損益計算書と本支店合併貸借対照表を作成しなさい。

(本店)

貸 借 対 照 表

資　産	金　額	負債および純資産	金　額
現　　　　　金	5,250	買　　掛　　金	12,450
当　座　預　金	12,130	借　　入　　金	10,000
売　　掛　　金	24,000	貸　倒　引　当　金	210
商　　　　　品	11,230	備品減価償却累計額	4,000
備　　　　　品	10,000	資　　本　　金	25,000
支　　　　　店	11,660	剰　　余　　金	7,500
		当　期　純　利　益	15,110
資産合計	74,270	負債および純資産合計	74,270

損 益 計 算 書

費　用	金　額	収　益	金　額
期首商品たな卸高	10,510	売　　上　　高	89,210
当期商品仕入高	66,320	支　店　売　上　高	9,350
売　上　総　利　益	32,960	期末商品たな卸高	11,230
	109,790		109,790
営　　業　　費	17,650	売　上　総　利　益	32,960
支　払　利　息	200		
当　期　純　利　益	15,110		
	32,960		32,960

(支店)

貸 借 対 照 表

資　産	金　額	負債および純資産	金　額
現　　　　　金	2,100	買　　掛　　金	7,160
当　座　預　金	3,600	貸　倒　引　当　金	40
売　　掛　　金	10,000	備品減価償却累計額	2,000
商　　　　　品	4,600	本　　　　　店	10,910
備　　　　　品	5,000	当　期　純　利　益	5,190
資産合計	25,300	負債および純資産合計	25,300

損 益 計 算 書

費　　　　用	金　　額	収　　　　益	金　　額
期首商品たな卸高	4,850	売　　上　　高	41,210
当期商品仕入高	20,450	期末商品たな卸高	4,600
本　店　仕　入　高	8,800		
売　上　総　利　益	11,710		
	45,810		45,810
営　　業　　費	6,520	売　上　総　利　益	11,710
当　期　純　利　益	5,190		
	11,710		11,710

《解　説》

合 併 貸 借 対 照 表

資　産	本店	支店	調整	合併	負債および純資産	本店	支店	調整	合併
現　　　　金	5,250	2,100	200	7,550	買　　掛　　金	12,450	7,160		19,610
当　座　預　金	12,130	3,600		15,730	借　　入　　金	10,000			10,000
売　　掛　　金	24,000	10,000		34,000	貸 倒 引 当 金	210	40		250
商　　　　品	11,230	4,600	550	16,300	備品減価償却累計額	4,000	2,000		6,000
			-80		本　　　　店		10,910	550	
備　　　　品	10,000	5,000		15,000				-11,460	
支　　　　店	11,660		-200		資　　本　　金	25,000			25,000
			-11,460		剰　　余　　金	7,500		-70	7,430
					当　期　純　利　益	15,110	5,190	70	20,290
								-80	
	74,270	25,300	-10,990	88,580		74,270	25,300	-10,990	88,580

合 併 損 益 計 算 書

費　用	本店	支店	調整	合併	収　益	本店	支店	調整	合併
期首商品たな卸高	10,510	4,850	-70	15,290	売　　上　　高	89,210	41,210		130,420
当期商品仕入高	66,320	20,450		86,770	支 店 売 上 高	9,350		-9,350	
本　店　仕　入　高		8,800	550		期末商品たな卸高	11,230	4,600	550	16,300
			-9,350					-80	
売　上　総　利　益	32,960	11,710	70	44,660					
			-80						
	109,790	45,810	-8,880	146,720		109,790	45,810	-8,880	146,720
営　　業　　費	17,650	6,520		24,170	売　上　総　利　益	32,960	11,710	70	44,660
支　払　利　息	200			200				-80	
当　期　純　利　益	15,110	5,190	70	20,290					
			-80						
	32,960	11,710	-10	44,660		32,960	11,710	-10	44,660

第Ⅱ部 工業簿記

第17章 工業簿記・原価計算の基礎概念

★1. 工業簿記の特徴

工業簿記とは，製品の製造を主とする企業において，その産業資本の循環過程を勘定に反映することによって，経済的価値の測定を行う簿記である。産業資本の循環過程は，通常，流通過程と生産過程に区分される。工業簿記は，価値の実現を目的とする流通過程の簿記と価値の創造を目的とする生産過程の簿記を共有し，この両者を1つの簿記体型に包摂することによって，産業資本の再生産過程を統一的に計算・記録するものである。

また，工業簿記では，生産過程における費用の原価的な把握がなされ，生産過程で発生したすべての費用は，製品の製造原価を構成するものとして記録・計算される。その際，購入された生産手段は，材料費，賃金，減価償却費などの個別の勘定で集計され，これを総合的に把握計算するため，**仕掛品勘定**あるいは**製造勘定**が用いられる。さらに，原材料，仕掛品，製品などの棚卸資産は，**継続棚卸法**が採用される。これは，原材料，仕掛品，製品などの棚卸資産が，それぞれの段階において，滞留し，消費される価値を継続的に記録することによって，これら資産の管理，生産計画，生産管理に役立てるためである。

一般に，企業は長期の利益計画をベースとして，短期の成果に関する比較観察を行うことによって景気の変動に対応した将来の経営計画を決定する。このためには，原価の流れについて勘定を通じて定期的に集計する必要がある。したがって工業簿記では，記帳記録によって**月次損益計算書**，**月次貸借対照表**，**製造原価報告書**などが定期的に作成される。

★2．工業簿記と原価計算

　簿記・会計の存立基盤は，生産である。人が合理的に活動しようとすれば，犠牲と成果の比較検討をしなければならない。また，合理的な生産によって余剰労働生産物を産出することは，人の生産的労働がもつ基本的な性格である。このような合理的で秩序だった生産を統制し，これに関する犠牲と成果の測定の必要性が会計を存立させる要因となっている。計画として具体化する目標に従って，諸過程が合理的に遂行できるよう統制するため，会計は，統制によって規定された記録・計算を行うのである。

　工業簿記は，原価計算などと計算上の素材を共通に利用するため，工業簿記の記録・計算は原価計算による成果を利用することが一般的である。これによって原価に関する諸勘定の正確性が確保される。また，原価計算は勘定を通じた簿記の自己管理機能をもっていないため，工業簿記との関連において，貸借理論にもとづく簿記の総括的な記録を通じて自己管理機能をもつことになる。

　工業簿記は，製品の製造を主とする企業の経営活動を貨幣額で測定し，これを会計帳簿に記録・計算して，その結果を要約して財務諸表を作成する一連の会計システムである。通常，その記録・計算方法は，複式簿記で行われるが，財貨やサービスの購入取引，製品の販売取引などの処理は**商業簿記**と同一の処理となる。しかし，製品の製造を行う企業では，これ以外に生産活動に関する簿記が存在し，この点が工業簿記のもつ，商業簿記との基本的な相違点となる。生産活動においては，原材料，部品，機械装置，労働力，電力などが，消費および利用され，このような生産要素の組織的な消費によって，新たな経済価値すなわち製品が産出される。このような生産過程における経済価値の生成と消費に関する記録・計算が工業簿記の中心となる。内部取引によって発生した**原価要素**を生産に関連するものであるかどうかを厳密に区分して，生産価値に関わるものを製造活動に関する諸勘定に記帳する。その際，一般に原価計算とよばれる手法を用いて，発生した原価を原価の発生場所別に分類し，集計することになる。そして，原価要素を一定の製品単位に集計して製品原価を算定する。

原価計算は，生産における分業と協業の発展にともなって生成してきた。生産過程に投入された労働者を指揮・監督・調整する労働が必要とされ，一定の生産工程に集約された生産者である労働者を管理するためには，簿記による管理機能では不十分であり，生産の組織を管理する活動の必要性が原価計算を必要としたのである。

　さらに，生産関係の発達にともなって，社会的な生産力が組織化されてくると，労働の管理組織は重層化し，多階化して管理活動を統制する組織が構築される。構築された経営管理組織の管理活動を効率的に遂行するためには，**意思決定**や**計画**および**統制**などの体系的な管理手法が必要となる。会計は，意思決定，計画・統制，業績評価といった目的に規定され，標準原価計算，直接原価計算や予算統制などの手法を具備した管理会計という独自の構造をもつこととなる。管理会計は，組織的な意思決定のための情報を提供するとともに，それらの業績を評価して，企業に有用な経済計算を行うという任務をもつこととなった。

★3．原価計算の目的

　原価計算には，多様な目的が存在するが，『原価計算基準』は，以下のような目的を定めている。

① 企業の出資者，債権者，経営者のために，過去の一定期間における損益ならびに期末における財政状態を財務諸表に表示するために必要な真実の原価を集計すること（**財務諸表作成目的**）。
② 価格計算に必要な原価資料を提供すること（**価格計算目的**）。
③ 経営管理者の各階層に対して，原価管理に必要な原価資料を提供すること（**原価管理目的**）。
④ 予算の編成ならびに予算統制のために必要な原価資料を提供すること（**予算編成・予算統制目的**）。
⑤ 経営の基本計画を設定するに当たり，これに必要な原価資料を提供する

こと（経営計画目的）。

　企業が財務諸表を作成するにあたって，原価計算は**売上原価**の算定を通じて損益計算書の作成と，製品，半製品，仕掛品などの棚卸資産の計上を通じて貸借対照表の作成に関連している。『原価計算基準』は，原価計算に対して，財務諸表を作成するために必要な真実の原価を集計することを要求している。また，『原価計算基準』は，真実の原価を集計するための要件として，原則として実際原価を集計すること，財務会計機構と有機的に結合して行われることをあげている。

　『原価計算基準』が規定する目的のうち財務諸表作成目的以外の目的は，意思決定と業績管理目的に関するもので，生産過程ばかりでなく全社的な活動領域に関するものである。したがって，②～⑤に対する原価資料は，製造原価の枠をはるかに超えたもので，管理会計の領域に踏み込んだものでなければならない。現代の原価計算は，原価管理側面を重視し，原価記録から科学的な原価分析への転換が図られ，原価会計の領域をはるかに超えて展開している。

★4．原価要素の分類

　原価計算は，基本的に製品を製造するためにかかった費用を計算する手続きである。その際に用いられる原価は，通常2つの意味に用いられる。1つは，製品を製造するためにかかった費用で，**製造原価**という。いま1つは，この製造原価に，製品の販売のためにかかった費用である販売費と企業全般の管理にかかった費用である一般管理費を加えたもので，これを**総原価**という。

　　　総原価 ＝ 製造原価 ＋ 販売費 ＋ 一般管理費

　製造原価に含めるのは，製品の製造に要した費用のみであり，総原価は，製品の製造，製品の販売，企業の全般的な管理の費用が含まれる。したがってそれ以外の費用は原価に含めない。たとえば，支払利息や割引料など金融上の費用や火災損失など異常な原因による損失は原価に含めない。これらを**非原価項**

目という。

> 例題17−1　次の項目のうち，製造原価になるものをあげなさい。
> 　　　　ア　支払利息　　　　　　イ　販売費
> 　　　　ウ　材料費　　　　　　　エ　製造に従事する従業員の労務費
> 　　　　オ　工場の水道料などの経費　カ　火災損失
> 　　　　キ　水害による損失　　　　ク　配当金

《解　説》　製造原価・・・・・・・材料費，労務費，経費
　　　　　　総原価・・・・・・・・（製造原価），販売費
　　　　　　非原価項目・・・・・・支払利息，配当金，火災損失，水害による損失

　製造原価はいくつかの要素によって構成されている。この原価を構成する要素を原価要素という。この原価要素は，種々の観点から分類することができる。

（1）発生形態による分類

　原価要素はその発生形態によって材料費，労務費，経費に分類される。
　材料費は，製品製造のために消費した材料の消費高で，製品の主な構成部分となる主要材料の消費高を示す素材費，外部から購入した製品に取り付ける部品材料の消費高を示す買入部品費などがある。
　労務費は，製品の製造のため消費した労働力の消費高をいう。労務費には，賃金（製造現場の従業員に対するもの）と給料（工場長，工場事務員などに対するもの）がある。
　経費は，製造に関する費用のうち，材料費と労務費以外の原価要素である。たとえば，外注加工費，減価償却費，賃借料，保険料，修繕費，電力料，ガス代，水道料などである。

（2）製品との関連による分類

　原価要素は，特定の製品との関連によって製造直接費と製造間接費に分類される。**製造直接費**とは，特定の製品を製造するためだけに消費され，その製品の原価として直接集計することができる原価要素のことで，以下の3つの原価

に分類される。

　直接材料費（特定の製品の製造に直接消費した素材，買入部品の消費高）
　直接労務費（特定の製品の製造に直接作業した従業員の賃金）
　直 接 経 費（特定の製品の製造に直接消費した外注加工費）

　製造間接費とは，いろいろな製品を製造するために共通に消費され，特定の製品の原価として直接集計することのできない原価要素のことである。製造間接費も以下の3つに分類される。

　間接材料費（たとえば，動力用の燃料費など）
　間接労務費（たとえば，工場長の給料など）
　間 接 経 費（たとえば，工場の電力料など）

　製造間接費は，いろいろな製品の製造について共通に発生するため，特定の製品に直接集計することができない。そこで，一定の基準を設けて製造間接費を各製品に配分する。この手続きを**配賦**という。

　製造原価と総原価の構成を示すと図表17－1のようになる。

図表17－1　原価の構成

直接材料費 直接労務費 直 接 経 費	製造直接費	製造原価	総 原 価	販売価格
	製造間接費			
		販売費及び 一般管理費		
			利　　益	

> 例題17－2　次の資料によって，下記の金額を計算しなさい。
> 資料
>
> | 直接材料費 | ¥400,000 | 間接材料費 | ¥120,000 |
> |---|---|---|---|
> | 直接労務費 | ¥600,000 | 間接労務費 | ¥160,000 |
> | 直接経費 | ¥100,000 | 間接経費 | ¥200,000 |
> | 販売費及び一般管理費 | ¥300,000 | | |
>
> （1）製造直接費　¥_____　（2）製造間接費　¥_____
> （3）製造原価　　¥_____　（4）総原価　　　¥_____

《解　説》　（1）製造直接費＝直接材料費＋直接労務費＋直接経費
　　　　　　　　¥400,000＋¥600,000＋¥100,000＝¥1,100,000
　　　　　（2）製造間接費＝間接材料費＋間接労務費＋間接経費
　　　　　　　　¥120,000＋¥160,000＋200,000＝¥480,000
　　　　　（3）製造原価＝製造直接費＋製造間接費
　　　　　　　　¥1,100,000＋¥480,000＝¥1,580,000
　　　　　（4）総　原　価＝製造原価＋販売費及び一般管理費
　　　　　　　　¥1,580,000＋¥300,000＝¥1,880,000

（3）操業度との関連による分類

　原価要素は，操業度との関連によって固定費，変動費，準固定費，準変動費に分類される。**操業度**とは，設備の生産能力の利用度のことで，生産量，直接作業時間，機械運転時間などによって測定される。

　固定費とは，操業度の変動に関わりなく，１原価計算期間の発生額が一定している原価要素のことで，たとえば，減価償却費，保険料，支払利息，租税公課，賃借料などがある。

　変動費とは，操業度の変動にともなって，その発生額も比例的に増減する原価要素のことで，たとえば，直接材料費や出来高払賃金などがある。

　準固定費とは，ある範囲の操業度の変動では原価の発生が固定化しているが，その範囲を超えると急増し，再度一定の範囲内で固定化する原価要素のことで，たとえば，監督者の給料などがある。

準変動費とは，操業度がゼロの場合でも，一定額の原価が発生し，操業度の増減に比例して変動する原価要素のことで，たとえば，電力料などである。

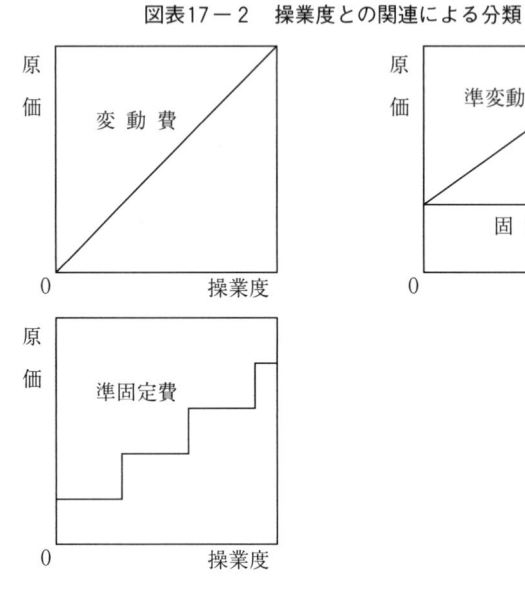

図表17－2　操業度との関連による分類

★5．原価概念

★（1）実際原価と標準原価

実際原価と標準原価の区別は，基本的に，原価をいつ計算するかの時点による区分である。

実際原価は，製品の製造がすべて終了した時点の実際に発生した原価で，財貨および用役の実際消費量と単位当たりの実際価格の積として測定される。

　　実際原価 ＝ 実際消費量 × 実際価格

実際価格は，事後的であるため，予定価格を用いることもある。

　　実際原価 ＝ 実際消費量 × 予定価格

これに対して，**標準原価**は，製品の製造以前に計画や統制のため，あるいは原価計算手続きを迅速にする目的で，財貨および用役の消費量を科学的，統計的調査にもとづいて能率の尺度となるよう予定し，予定価格もしくは固定価格との積によって測定する。

標準原価 ＝ 標準消費量 × 標準価格（予定価格もしくは固定価格）

ここにおける科学的・統計的調査とは，時間研究や動作研究などの各種の工学的手法を用いることを意味し，標準原価は実際の製造活動の後に計算された実際原価と比較することで，その製造活動の効率性を判断する基準となる。

★（2）製品原価と期間原価

この区別は，原価を収益と対応させて損益計算を行うためのものである。**製品原価**は製品の製造原価であり，**期間原価**は1会計期間中に発生した費用であり，製品の製造には直接関連しない原価である。期間原価は製品の製造作業とは直接的な因果関係がないため，製品原価に含めることはできない。そこで，会計期間という時間を基準として集計するものである。期間原価は会計上，販売費及び一般管理費とよばれるものである。製品原価と期間原価の区別は，製造業の損益計算の視点から重要な区分であるといえる。製造業においては以下のような過程を経て，損益計算が行われる。

① 売上高 － 売上原価 ＝ 売上総利益
　売上原価は以下のような方法で求められる。

　　売上原価 ＝ 期首製品棚卸高 ＋ 当期製品製造原価 － 期末製品棚卸高
　　当期製品製造原価（製品原価）＝ 当期総製造費用 ＋ 期首仕掛品棚卸高
　　　　　　　　　　　　　　　　－ 期末仕掛品棚卸高

このように製品原価は売上原価に含まれ，売上高と直接的に対応され，売上総利益が計算される。売上総利益は製品の製造活動と販売活動の関係の良否が示され，製品を媒介として製造活動と販売活動が対応されることから，**個別的**

対応とよばれる。

② 売上総利益 － 販売費及び一般管理費 ＝ 営業利益

　期間原価である販売費及び一般管理費は，営業利益を算出するために，売上総利益に対応させられる。営業利益は販売活動の良否を示し，販売費及び一般管理費は直接的に売上高と対応されるのではなく，また，1会計期間を基準として集計されるため，**期間的対応**とよばれる。以下当期利益の計算は，

③ 営業利益 ＋ 営業外収益 － 営業外費用 ＝ 経常利益

④ 経常利益 ＋ 特別利益 － 特別損失 ＝ 当期利益

★（3）全部原価と部分原価
　全部原価と部分原価の区別は，原価の集計範囲による区分である。**全部原価**は製品の原価を集計する場合に，原価要素である材料費，労務費，経費をすべて集計したものである。一般に製品の原価といえば，全部原価を意味している。これに対して，**部分原価**は，材料費，労務費，経費のうち，一部の原価要素を集計したものである。これは，原価計算が管理目的に使用される場合のもので，たとえば，直接材料費以外の原価要素を集計した加工費や製品の生産量に比例して発生額が増減する原価要素である変動費などがある。

（4）特殊原価概念
　特殊原価は原価計算制度上の原価と異なり，経営者の意思決定の基礎資料などに用いるため，特殊原価調査などに用いられる原価概念で，主に，以下のようなものがある。

① **機会原価**（経済的資源を断念した機会に使用していれば，得ることができたと想定される最大の利得）。
② **キャパシティ・コスト**（生産活動と販売活動に必要な物的設備と人的組織を維持していくために継続的に発生する原価）。

③ **関連原価**（原価の管理者が直接管理できる原価）。
④ **限界原価**（素価と変動製造間接費の合計額）。
⑤ **埋没原価**（回収不能な過去の原価，もしくは現在の意思決定プロセスで関連性をもたない過去の原価）。
⑥ **増分原価**（2つの代替案のうち一方を選択した結果生じる総原価の増加額，あるいは操業度の変化によって生じる原価要素の増加額）。
⑦ **回避可能原価**（企業の経営目的を果たすために必ずしも必要としない原価）。

★6．原価計算の種類

原価計算は，その計算目的や企業の生産形態の違いによって，これらに対応する種々の原価計算がある。

（1）実際原価計算と標準原価計算

実際原価計算と標準原価計算の違いは，集計される原価が実際原価であるかどうかによる。**実際原価計算**は製品の製造に従って，原価が集計され，製品の製造が終了する時点で，製造原価が求められる。これに対して**標準原価計算**は標準原価の設定を基礎として，実際原価計算制度の原価の流れの中に，標準原価を組み込むことによって実際原価と標準原価の差異を計算して，原価管理を行う原価計算である。

（2）全部原価計算と部分原価計算

全部原価計算は，原価要素のすべてを製品原価とする原価計算で，通常，原価計算といえば，全部原価計算をいう。これに対して，**部分原価計算**は原価要素の一部を集計する原価計算で，直接原価計算はその代表的な原価計算である。直接原価計算では，すべての原価要素を固定費と変動費に分解し，利益管理を目的として，変動製造原価のみを製品原価とする原価計算である。

（3）総合原価計算と個別原価計算

　一般に，**総合原価計算**は，同一品質もしくは単一種類の製品を連続的に生産する企業に用いられる原価計算である。総合原価計算では，1原価計算期間の生産に要した費用を集計し，総製造費用を求め，これを生産数量で割って製品1単位当たりの製造原価を計算する。総合原価計算は，製品の製造方法によって，**単純総合原価計算，工程別総合原価計算，組別総合原価計算，等級別総合原価計算**などに分類される。これに対して，**個別原価計算**は，種類や形状などの異なる特定製品を生産する企業によって用いられる原価計算である。個別原価計算では，製造指図書別に原価を集計し，個別製品ごとの原価を計算する原価計算である。

（4）費目別原価計算・部門別原価計算・製品別原価計算

　原価計算で製品原価を計算する場合，通常3つのステップを経て計算される。第1ステップは，**費目別原価計算**で，ここでは，原価要素である材料費，労務費，経費について各原価要素別に消費高の計算を行う。第2ステップでは，工場における各部門別に各原価要素の消費高を計算する。これを**部門別原価計算**とよぶ。第3ステップは，費目別原価計算および部門別原価計算を経て集計さ

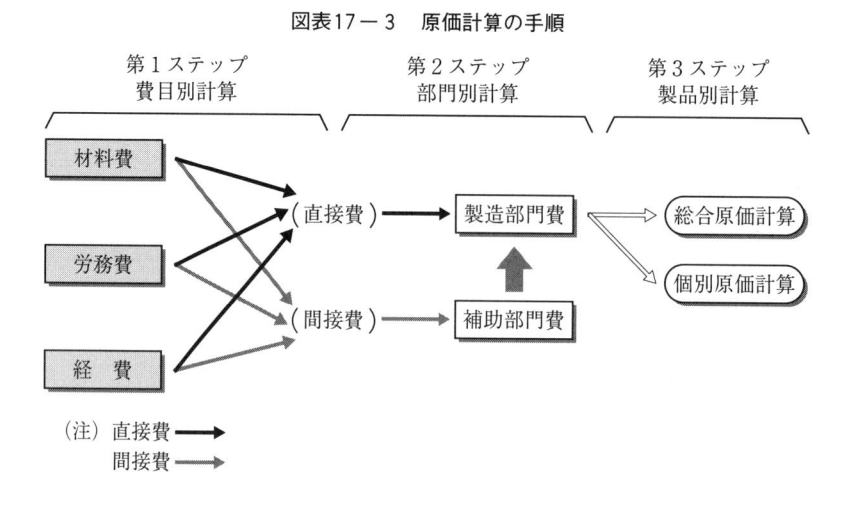

図表17－3　原価計算の手順

れた各要素の消費高を製品別に集計して，製品1単位当たりの原価を計算する。このステップを**製品別原価計算**という。企業の規模や形態によって，費目別原価計算から直接，製品別原価計算を行う場合もある。

★7．工業簿記の基本的な流れ

　工業簿記では，企業の購買活動，製造活動，販売活動について，記録・計算を行う。工業簿記の特徴は，原価計算から得られたデータをもとに，製造活動に関する仕訳および勘定記入を行うことにある。工業簿記では，製造活動を記録するために，まず原価要素の勘定として材料勘定，労務費勘定，経費勘定を設け，つぎに，この原価要素を集計する勘定として製造（仕掛品）勘定と製造間接費勘定を設ける。さらに，完成した製品の増減を処理するために製品勘定が設定される。

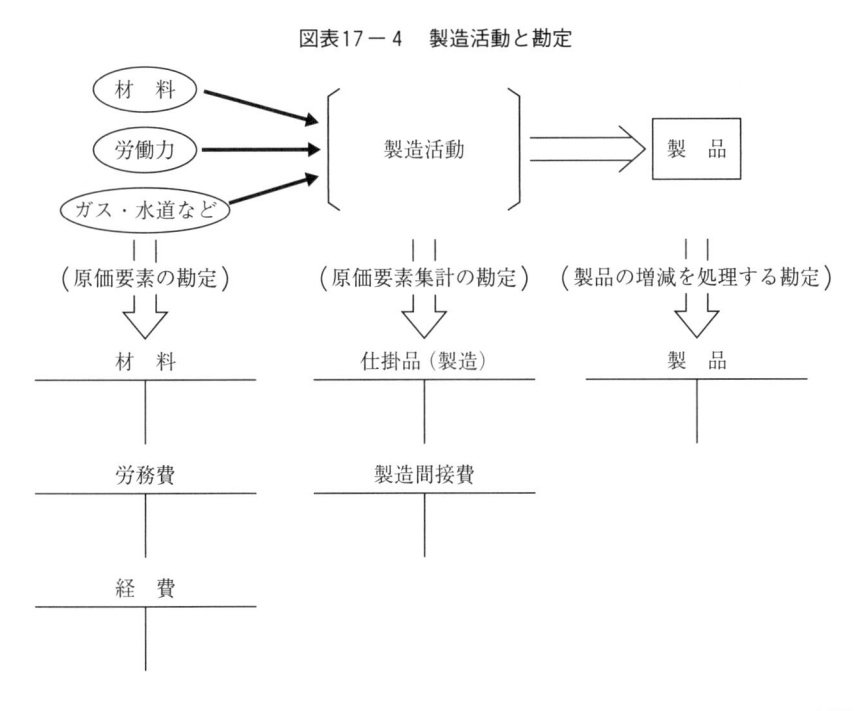

図表17－4　製造活動と勘定

第17章　工業簿記・原価計算の基礎概念　◇　167

（１）原価要素の勘定

① **材料勘定**（素材勘定，買入部品勘定など）

　材料勘定は原価要素のうち材料費を処理する勘定である。材料勘定借方には材料の仕入高を，貸方には材料の消費高を記入する。

```
          材     料
┌─────────────┬─────────────┐
│  前月繰越高  │             │
│             │   消 費 高   │
│  仕 入 高   │             │
│             ├─────────────┤
│             │  次月繰越高  │
└─────────────┴─────────────┘
```

　材料勘定貸方の消費高のうち，直接材料費は製造（仕掛品）勘定の借方に，間接材料費は製造間接費勘定借方に振り替える。材料勘定の貸方に生じる残高は，材料の在庫高を示している。

　たとえば，材料¥600,000を現金で仕入れた場合，その仕訳は，

　　（借）材　　　料　　600,000　　（貸）現　　　金　　600,000

となり，つぎに，材料を直接材料費¥500,000，間接材料費¥60,000として消費した場合，その仕訳は，

　　（借）仕　掛　品　　500,000　　（貸）材　　　料　　560,000
　　　　　製造間接費　　 60,000

となる。これを勘定記入で示せば，つぎのようになる。

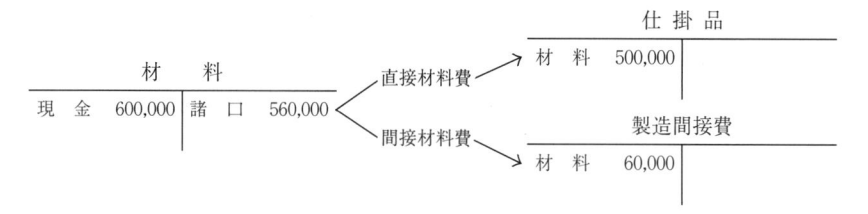

```
         材    料                              仕 掛 品
現 金 600,000 │ 諸 口 560,000  ─直接材料費→  材 料 500,000
                                              製造間接費
                               ─間接材料費→  材 料  60,000
```

168

② **労務費勘定**（賃金勘定，給料勘定など）

労務費勘定は，原価要素のうち労務費を処理する勘定である。労務費勘定借方は支払高を，貸方は消費高を記入する。

```
            労 務 費
        |  前月繰越高
   支払高 |
        |  消費高
        |
   次月繰越高 |
```

消費高のうち直接労務費は製造（仕掛品）勘定借方に，間接労務費は製造間接費勘定借方に振り替える。労務費勘定の貸方に生じる残高は労務費の未払額を示している。

たとえば，労務費¥400,000を，小切手を振り出して支払った場合，その仕訳は，

　（借）　労　務　費　　400,000　　（貸）　当　座　預　金　　400,000

となり，つぎに，労務費を直接労務費¥300,000，間接労務費¥40,000に消費した場合，その仕訳は，

　（借）　仕　掛　品　　300,000　　（貸）　労　務　費　　340,000
　　　　製造間接費　　 40,000

となる。これを勘定記入で示せば，つぎのようになる。

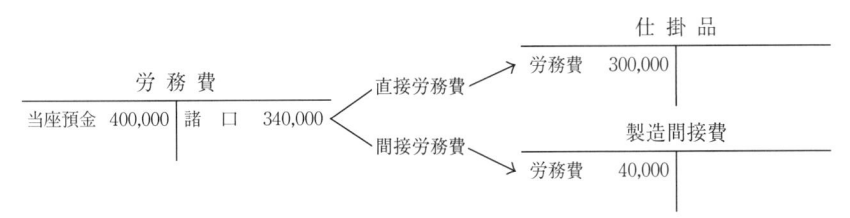

```
        労 務 費                          仕 掛 品
当座預金 400,000 | 諸 口 340,000   労務費 300,000
                                    製造間接費
                                  労務費  40,000
```
直接労務費
間接労務費

第17章　工業簿記・原価計算の基礎概念　◇　169

③ 経費勘定

経費勘定は，原価要素のうち経費を処理する勘定である。経費勘定借方は経費の支払高もしくは減価償却費などの発生高を記入し，貸方には経費の消費高を記入する。

```
              経    費
        ┌─────────────┬─────────────┐
        │  前月繰越高  │             │
        ├─────────────┤   消 費 高   │
        │             │             │
        │   支 払 高   ├─────────────┤
        │  あるいは   │             │
        │   発 生 高   │  次月繰越高  │
        └─────────────┴─────────────┘
```

消費高のうち，直接経費は製造（仕掛品）勘定の借方に，間接経費は製造間接費勘定の借方に，さらに，販売費及び一般管理費に属するものがあれば販売費及び一般管理費勘定の借方に，それぞれ振り替える。経費勘定の残高が借方に生じた場合は前払い高を示し，貸方に生じた場合は未払い高を示している。

たとえば，経費¥200,000を小切手の振り出しによって支払った場合，その仕訳は，

　（借）　経　　　費　　200,000　　（貸）　当座預金　　200,000

となり，つぎに，経費を直接経費として¥20,000，間接経費として¥120,000，販売費及び一般管理費として¥40,000消費した場合，その仕訳は，

　（借）　仕　掛　品　　　20,000　　（貸）　経　　　費　　180,000
　　　　　製造間接費　　 120,000
　　　　　販売費及び
　　　　　一般管理費　　　40,000

となる。これを勘定記入で示せば，つぎのようになる。

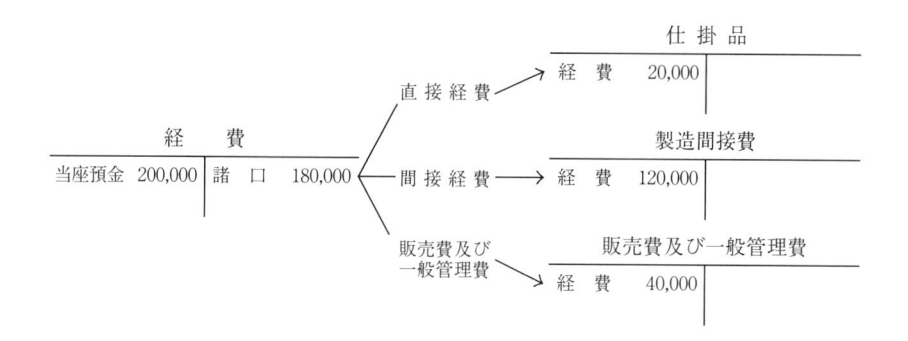

```
                                                        仕 掛 品
                                          直接経費 →  経 費   20,000
              経      費
     当座預金 200,000 │ 諸 口 180,000 ←  間接経費 →    製造間接費
                                                  経 費  120,000
                                          販売費及び    販売費及び一般管理費
                                          一般管理費→  経 費   40,000
```

（2）原価要素集計の勘定

① 製造間接費勘定

製造間接費勘定は，製造間接費を集計する勘定で，後に一定の基準を設けて特定の製品に配賦することになる製造間接費を，一時的に集計しておく勘定である。

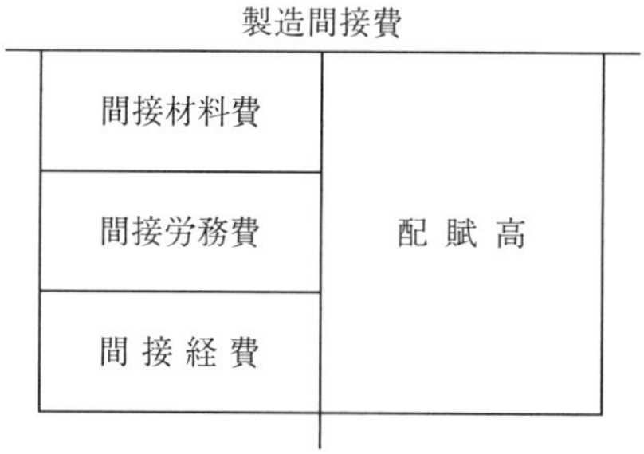

```
          製造間接費
    ┌─────────┬─────────┐
    │ 間接材料費 │         │
    ├─────────┤         │
    │ 間接労務費 │  配賦高  │
    ├─────────┤         │
    │ 間接経費  │         │
    └─────────┴─────────┘
```

製造間接費勘定借方には，間接材料費，間接労務費，間接経費を記入し，貸方には製品への配賦高を記入し，これを製造（仕掛品）勘定の借方に振り替える。

たとえば，製造間接費￥220,000を仕掛品勘定に振り替えた場合，その仕訳は，

（借） 仕 掛 品　220,000　　（貸） 製造間接費　220,000

となる。これを勘定記入で示せば，つぎのようになる。

第17章 工業簿記・原価計算の基礎概念 ◇ 171

製 造 間 接 費			仕 掛 品	
材　料	60,000	製造（仕掛品）220,000 ─→	製造間接費	220,000
労務費	40,000			
経　費	120,000			

② **製造（仕掛品）勘定**

　製造（仕掛品）勘定は，製品の製造に消費したすべての原価要素を集計する勘定である。

<table>
<tr><th colspan="2">製造（仕掛品）</th></tr>
<tr><td>前月繰越高</td><td rowspan="4">製品製造原価
（完成品）</td></tr>
<tr><td>直接材料費</td></tr>
<tr><td>直接労務費</td></tr>
<tr><td>直 接 経 費</td></tr>
<tr><td>製造間接費</td><td>次月繰越高</td></tr>
</table>

　製造（仕掛品）勘定の借方には，直接材料費，直接労務費，直接経費，製造間接費を記入し，貸方には，完成品の製造原価を記入して製品勘定の借方に振り替える。製造（仕掛品）勘定の貸方に生じる残高は，仕掛品（製造途中の未完成品）の現在高を示している。

　たとえば，製品Ａが完成し，その製造原価が¥800,000である場合，その仕訳は，

　　（借）　製　　　品　800,000　　（貸）　仕　掛　品　800,000

となる。この勘定記入を示せば，つぎのようになる。

製 造（仕掛品）			製　　品	
材　料	400,000	製　品　800,000 ─→	製造（仕掛品）	800,000
労務費	240,000			
経　費	12,000			
製造間接費	148,000			

（3）製品の増減を処理する勘定
① 製品勘定
　製品勘定は，製品の増減を処理する勘定である。製品勘定の借方には，完成品の製造原価を記入する。貸方には売上製品の製造原価を記入して，売上原価勘定の借方に振り替える。

```
              製    品
      ┌─────────────┬─────────────┐
      │  前月繰越高  │             │
      │             │  売上製品の  │
      │             │   製造原価   │
      │   完成品の   │  （売上原価）│
      │   製造原価   │             │
      │  （完成品）  ├─────────────┤
      │             │  次月繰越高  │
      └─────────────┴─────────────┘
```

　製品勘定の借方に生じる残高は，月末の製品在庫高を示している。
　たとえば，当月の売上製品の製造原価が，¥740,000である場合，その仕訳は，
　　（借）　売上原価　　740,000　　（貸）　製　　品　　740,000
となる。勘定記入を示せば，つぎのようになる。

```
          製    品                          売上原価
製造（仕掛品）800,000 │売上原価  740,000 ──→ 製　品  740,000 │
```

（4）販売活動に関わる勘定
① 売上原価勘定
　売上原価勘定は，売上製品の製造原価を処理する勘定である。売上原価勘定の借方には売上製品の製造原価を記入する。

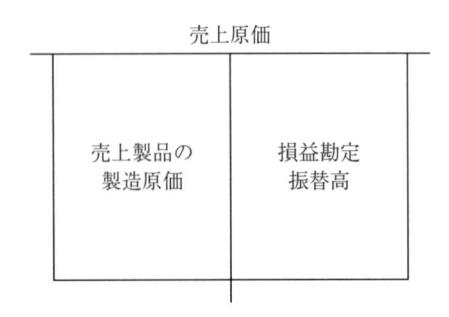

```
             売上原価
  ┌─────────────┬─────────────┐
  │             │             │
  │  売上製品の  │   損益勘定   │
  │   製造原価   │    振替高    │
  │             │             │
  └─────────────┴─────────────┘
```

売上製品の製造原価は月末に月次損益勘定の借方に振り替える。

たとえば，月末に，売上原価勘定の残高￥740,000を月次損益勘定に振り替える場合，その仕訳は，

　　（借）　損　　益　　740,000　　（貸）　売上原価　　740,000

となる。この勘定記入を示せば，つぎのようになる。

```
        売上原価                            損    益
製  品   740,000 │ 損  益   740,000  ──→ 売上原価   740,000
```

②　売上勘定

売上勘定は，製品の売り上げを処理する勘定である。売上勘定貸方は，売上高を記入する。借方は売上値引高および売上返品高を記入する。

```
               売    上
  ┌─────────────┬─────────────┐
  │  売上値引高  │             │
  │  売上返品高  │             │
  ├─────────────┤   売 上 高   │
  │             │             │
  │   損益勘定   │             │
  │    振替高    │             │
  └─────────────┴─────────────┘
```

売上勘定の貸方に生じる残高は，製品の純売上高を示している。純売上高は月末に月次損益勘定に振り替える。

たとえば，製品￥800,000を現金で売り上げた場合，その仕訳は，
　　（借）現　　　金　　800,000　　（貸）売　　　上　　800,000
となり，月末に，売上勘定残高￥800,000を月次損益勘定に振り替えた場合，その仕訳は，
　　（借）売　　　上　　800,000　　（貸）損　　　益　　800,000
となる。この勘定記入を示せば，つぎのようになる。

	損　　益				売　　上		
売上原価	740,000	売　上	800,000 ←	損　益	800,000	現　金	800,000

③　**販売費**（販売員給料，広告宣伝費など）**及び一般管理費**（事務員給料，保険料など）

　販売費及び一般管理費勘定は，販売費や一般管理費に属する勘定から振替高を集計する勘定である。販売費及び一般管理費は，広告宣伝費や保険料などの各費用に個別の勘定を設けて，支払高および発生高を借方に記入する。その後月末に，販売費及び一般管理費勘定の借方に振り替える。さらに，材料費，労務費，経費の中に，販売費及び一般管理費に属するものがあれば，販売費及び一般管理費勘定の借方に振り替える。これら販売費及び一般管理費の合計額は，月末に月次損益勘定に振り替える。

　以上の勘定の流れおよび振替関係を図示すれば，図表17－5のようになる。

図表17-5　諸勘定の振替関係

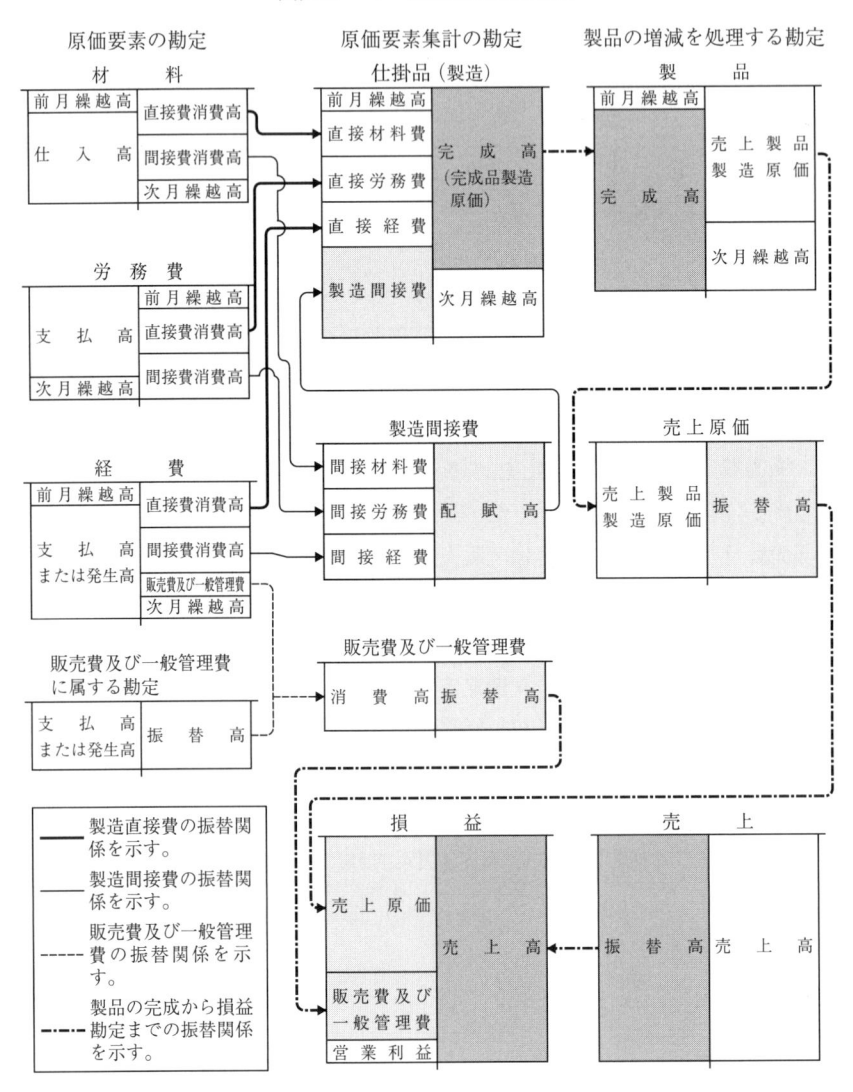

原価要素の勘定

材料
前月繰越高	直接費消費高
仕入高	間接費消費高
	次月繰越高

労務費
	前月繰越高
支払高	直接費消費高
	間接費消費高
次月繰越高	

経費
前月繰越高	直接費消費高
支払またはは発生高	間接費消費高
	販売費及び一般管理費
	次月繰越高

販売費及び一般管理費に属する勘定
| 支払または発生高 | 振替高 |

原価要素集計の勘定

仕掛品（製造）
前月繰越高	完成高（完成品製造原価）
直接材料費	
直接労務費	
直接経費	
製造間接費	次月繰越高

製造間接費
間接材料費	配賦高
間接労務費	
間接経費	

販売費及び一般管理費
| 消費高 | 振替高 |

製品の増減を処理する勘定

製品
| 前月繰越高 | 売上製品製造原価 |
| 完成高 | 次月繰越高 |

売上原価
| 売上製品製造原価 | 振替高 |

損益
売上原価	売上高
販売費及び一般管理費	
営業利益	

売上
| 振替高 | 売上高 |

―――― 製造直接費の振替関係を示す。
―――― 製造間接費の振替関係を示す。
-------- 販売費及び一般管理費の振替関係を示す。
―・―・― 製品の完成から損益勘定までの振替関係を示す。

第18章 材料費の計算

★1．材料費の定義と分類

製品を製造するために物品を消費したとき，その消費によって発生する原価を**材料費**という。

（1）材料の種類による分類
材料費は，材料の種類によって次のように分類される。

① 素材費（原料費，主要材料費）
　製品を製造するために直接的に消費され，その製品の主要な実体を構成する物品の原価をいう。なお，**素材費**と**原料費**とを区別する場合には，物理的な変化によりその製品の主要な実体を構成する物品の原価を素材費，化学的な変化によりその製品の主要な実体を構成する物品の原価を原料費ということが多い。

② 買入部品費
　外部から購入され，加工されずにそのまま製品に取り付けるだけで製品の一部となる物品の原価をいう。

③ 燃料費（補助材料費）
　製品を製造する際，素材としてではなく，燃料，すなわち，加工用の熱源や動力源として補助的に消費される物品の原価をいう。

④　工場消耗品費

　製品を製造する際，工場消耗品として補助的に消費される物品の原価をいう。

⑤　消耗工具器具備品費

　耐用年数が1年未満，または，金額が比較的低い工具器具備品の原価をいう。なお，税法規定で，「金額が比較的低い」とは，¥100,000未満の物品をさす。

（2）製品との関連における分類

　材料費は，製造された一定単位の製品との関連で，その発生が直接的に認識されるか否かにより，**直接材料費**と**間接材料費**とに分けられる。

　素材費（原料費，主要材料費）と買入部品費は，個別製品でどれだけの物品が消費されたかを把握することが容易なため，通常，直接材料費に分類される。これに対し，燃料費（補助材料費），工場消耗品費，消耗工具器具備品費は，個別製品でどれだけの物品が消費されたかを把握することが困難で，その消費高も共通的にしか計算できないため，間接材料費となる。なお，直接材料費は製品に直課（賦課ともいう）され，間接材料費は製品に配賦される。

　ただし，素材費のうち，製品を製造するために直接的に消費され，その製品の主要な実体を構成するが，金額的に重要ではない，または，製品別の消費高の計算が不経済な材料費や，製品を製造するために消費されるが，その製品の主要な実体を構成しない材料費は，間接材料費となる。

★2．材料費の計算方法

（1）材料消費高の計算

　原価計算期間における**材料消費高**の計算は，次に示す2つの計算式のいずれかで行われる。

①　材料消費高 ＝ 消費価格 × 実際消費数量
②　材料消費高 ＝ 当該原価計算期間における買入額

素材（原料，主要材料）と買入部品，燃料（補助材料）は，原価計算上，重要性の高い物品であり，材料元帳で受け入れ・払い出しの記録を管理するため，上記①にもとづいて，材料消費高が把握される。これに対し，工場消耗品や消耗工具器具備品は，重要性の乏しい物品であり，材料元帳で受け入れ・払い出しの記録を管理することが省略されるため，上記②にもとづいて，材料消費高が把握される。

（2）材料の消費価格

材料消費高を計算する際，材料元帳で受払記録を行う材料の消費価格には，次の実際価格と予定価格とが用いられる。

① 実際価格

実際価格とは，その材料の単位当たり購入原価である。材料を購入した場合，材料購入原価は，通常，次のように計算される。

材料購入原価 ＝ 購入代価（材料主費）＋ 材料副費

　　ただし，**材料副費 ＝ 外部材料副費 ＋ 内部材料副費**

ここで，**購入代価**（材料主費）とは，仕入先から送付される「送り状」に記載された代金請求金額（送り状価額）である。これに対し，**材料副費**は，材料の購入から消費までのあいだに発生したすべての付随費用であり，材料の購入手数料，引取運賃，荷役費，保険料，関税など，材料引き取りの際，自己の手許に引き取るまでに外部に対して必要となる外部材料副費（引取費用）と，材料の購入事務，検収，整理，選別，手入，保管など，材料の調達・保管のため，内部で発生する内部材料副費（材料取扱費）とからなる。

> **例題18－1** 製品製造業を営むM社の次の取引について仕訳をしなさい。
> ① ＠¥210／kgで素材1,500kgを購入し，代金は掛けとした。なお，素材を購入するにあたり，引取費用¥15,000は小切手を振り出して支払った。

> ② 素材1,200kgを製造指図書No.2のために消費した。
> ③ 素材300kgを機械の修繕のために消費した。

《解説》 ① （借）素　　　　材　330,000　（貸）買　掛　金　315,000
　　　　　　　　　　　　　　　　　　　　　　　　当座預金　 15,000
　　　　② （借）仕　掛　品　264,000　（貸）素　　　　材　264,000
　　　　③ （借）製造間接費　 66,000　（貸）素　　　　材　 66,000

　　　　① 素　材 ＝＠¥210／kg×1,500kg＋¥15,000＝¥330,000
　　　　　 実際消費価格＝¥330,000÷1,500kg＝＠¥220／kg
　　　　② 素　材（直接材料費）＝＠¥220／kg×1,200kg＝¥264,000
　　　　③ 素　材（間接材料費）＝＠¥220／kg×300kg＝¥66,000

　しかし，実務上は，すべての内部材料副費の算入が困難な場合に，その一部または全部を材料購入原価に算入しないことも認められ，その場合には，当該費用は製造間接費として処理される。

　なお，内部材料副費を購入原価に算入する場合には，実際配賦ではなく，予定配賦率を用いた予定配賦を行うことがある。予定配賦は，会計期間における内部材料副費の予定総額を，同期間における材料の予定購入代価または予定購入数量の総額で除して予定配賦率を算出した後，実際の材料購入代価または購入数量を乗じることで，内部材料副費の予定発生額を計算するものである。

> **例題18－2**　製品製造業を営むM社の次の取引について仕訳をしなさい。
> ① ＠¥210／kgで素材1,500kgを購入し，代金は掛けとした。なお，M社は，素材の受け入れにあたり，購入代価の10％を内部材料副費として予定配賦している。
> ② 内部材料副費の実際発生額¥33,000を現金で支払った。

《解説》 ①（借）素　　　　材　346,500　（貸）買　　掛　　金　315,000
　　　　　　　　　　　　　　　　　　　　　　　内部材料副費　 31,500
　　　　②（借）内部材料副費　 33,000　（貸）現　　　　　金　 33,000
　　　　　（借）内部材料副費差異　1,500　（貸）内部材料副費　 1,500

① 予定配賦額 ＝＠¥210／kg×1,500kg× $\frac{10}{100}$ ＝¥31,500

　素　材 ＝＠¥210／kg×1,500kg＋¥31,500＝¥346,500
② 内部材料副費差異 ＝¥31,500－¥33,000＝△¥1,500

　なお，本例題で生じる内部材料副費差異が，仮にこのまま決算まで計上され続けた場合には，次に示すように，売上原価に賦課され，調整されることになる。

　　（借）売　上　原　価　1,500　　（貸）内部材料副費差異　1,500

② 予定価格

予定価格とは，会計期間における材料の実際価格をあらかじめ予想することで設定される価格をいう。実際価格の短期平均値の見積もりを意味する予定価格を用いることは，計算手続きの簡略化や計算の迅速化だけではなく，価格変動による影響を排除した材料費の計算で，材料消費の能率の良否のみを反映する利点がある。

> 例題18－3　製品製造業を営むM社は，素材の消費高の計算にあたり，予定価格法を採用している。M社の本年度における素材の予定購入量は20,000kg，予定購入代価は¥4,000,000であり，外部材料副費の予定配賦率は，購入代価の4％である。
> 当月，M社が素材1,500kgを掛けで購入し，そのうち1,200kgを製造指図書No.2のために消費するとした場合，次の問いに答えなさい。なお，M社は，内部材料副費を購入代価の10％として計算しており，内部材料副費の実際発生額¥33,000は現金で支払っている。
> ① 素材の予定消費高を計算し，適当な仕訳を示しなさい。
> ② 素材を＠¥210／kgで購入したとき，適当な仕訳を示しなさい。
> 　なお，素材を引き取るにあたり生じた引取費用¥15,000は，小切手を振り出して支払ったものとする。
> ③ 素材の予定消費高と実際消費高の差異に関する仕訳を示しなさい。

《解　説》①（借）仕　　掛　　品　273,600　（貸）素　　　　　　材　273,600
　　　　②（借）素　　　　　　材　361,500　（貸）買　　　掛　　　金　315,000
　　　　　　　　　　　　　　　　　　　　　　　　当　　座　　預　　金　 15,000
　　　　　　　　　　　　　　　　　　　　　　　　内　部　材　料　副　費　 31,500

第18章　材料費の計算　◇ 181

（借）	内部材料副費	33,000	（貸）	現　　　　金	33,000
（借）	内部材料副費差異	1,500	（貸）	内部材料副費	1,500
③（借）	材料消費価格差異	15,600	（貸）	素　　　　材	15,600

① 予定価格 $= ￥4,000,000 \times (1 + \dfrac{10}{100} + \dfrac{4}{100}) \div 20,000 \, \text{kg}$
$\hspace{20em} = @￥228 / \text{kg}$
予定価格による素材消費高 $= @￥228 / \text{kg} \times 1,200 \, \text{kg} = ￥273,600$

② 予定配賦額 $= @￥210 / \text{kg} \times 1,500 \, \text{kg} \times \dfrac{10}{100} = ￥31,500$
素　材 $= @￥210 / \text{kg} \times 1,500 \, \text{kg} + ￥31,500 + ￥15,000 = ￥361,500$
内部材料副費差異 $= ￥31,500 - ￥33,000 = \triangle ￥1,500$

③ 実際価格 $= ￥361,500 \div 1,500 \, \text{kg} = @￥241 / \text{kg}$
実際価格による素材消費高 $= @￥241 / \text{kg} \times 1,200 \, \text{kg} = ￥289,200$
材料消費価格差異 $= ￥273,600 - ￥289,200 = \triangle ￥15,600$

なお，本例題で計上される内部材料副費差異，材料消費価格差異が，仮にこのまま決算まで計上され続けた場合には，次に示すように，売上原価に賦課され，調整されることになる。

（借）	売　上　原　価	1,500	（貸）	内部材料副費差異	1,500
（借）	売　上　原　価	15,600	（貸）	材料消費価格差異	15,600

（3）材料の実際消費数量

材料消費高を計算する際，材料の実際消費数量の把握には，次の継続記録法，棚卸計算法，逆計算法が用いられる。

① 継続記録法

材料品目ごとに材料元帳を用意し，材料の受け入れ・払い出しが行われる都度，送り状・出庫票にもとづく受入数量・払出数量を記録しておく方法をいう。継続記録法は，計算記帳事務手続きが煩雑になるものの，常時，残高数量を知ることができ，帳簿残高（帳簿棚卸数量）と実地棚卸による実際有高（実地棚卸数量）との比較で棚卸減耗を把握できるため，棚卸減耗費を間接経費として処理できる点，出庫票で直接的に記録された払出数量を合計すれば，原価計算期間における正確な実際消費数量が把握できる点，ある材料が複数の製品種類ま

たは原価部門で使用される場合でも，製造指図書番号や原価部門名を出庫票に記録しておくことで，製品種類別または原価部門別の実際消費数量を把握できる点で優れているため，原価計算基準では，原則的方法とされている。

図表18－1　継続記録法

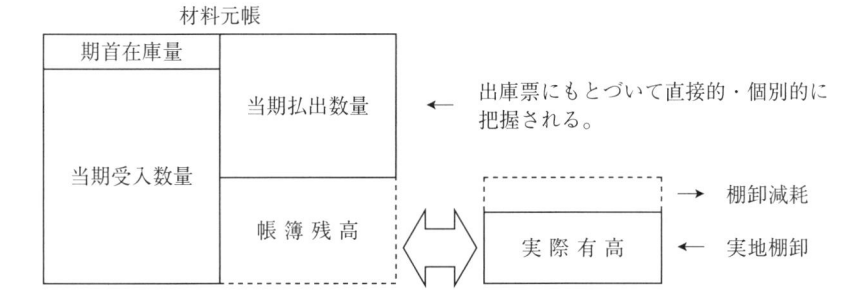

材料元帳

期首在庫量	当期払出数量
当期受入数量	帳簿残高

出庫票にもとづいて直接的・個別的に把握される。

→ 棚卸減耗
← 実地棚卸

実際有高

② 棚卸計算法

　材料品目ごとの受入記録と期末の実地棚卸にもとづいて受入数量と期末在庫量を把握する方法で，原価計算期間における実際消費数量を次の計算式により算出する。

　　実際消費数量 ＝ 期首在庫量 ＋ 当期受入数量 － 期末在庫量

棚卸計算法は，出庫票にもとづく払出記録が不要になるため，計算記帳事務手

図表18－2　棚卸計算法

材料元帳

期首在庫量	実際消費量
当期受入数量	期末在庫量

→ 実施棚卸の結果，間接的・共通的に把握される。

← 実地棚卸

第18章　材料費の計算　◇　183

続きは簡略化されるが，間接的な方法にもとづくため，正確な実際消費数量を把握することができず，棚卸減耗費が実際消費数量のなかに含まれる点，ある材料が複数の製品種類または原価部門で使用される場合，実際消費数量は材料品目ごとの数値として共通的にしか把握されていないため，製品種類別または原価部門別の実際消費数量を把握することができない点に問題があることから，重要性の低い材料にのみその適用が許される。

③ 逆計算法

製品1単位に要する材料の消費数量または歩留率（= 製品完成数量 ÷ 材料投入数量）をあらかじめ見積もっておき，原価計算期間における製品の完成数量が明らかになったあとで，次の計算式により，当該原価計算期間の材料消費数量を算出する方法をいう。

材料消費数量 ＝ 製品完成数量 × 単位当たり予定材料消費数量
材料消費数量 ＝ 製品完成数量 ÷ 予定歩留率

逆計算法で算出される材料消費数量は，実際消費数量ではないため，本方法は，継続記録法や棚卸計算法と併用して材料消費数量を管理するため，または，実際消費数量の簡便な把握のために用いられる。

例題18－4　製品製造業を営むM社の素材に関する下の資料にもとづいて，
　　　　　a）継続記録法による場合，どのような数量データが把握されるか，
　　　　　b）棚卸計算法による場合，どのような数量データが把握されるか，
を答えなさい。

期首在庫量	900kg
送り状で把握される当期受入数量	3,000kg
出庫票で把握される当期払出数量	2,900kg
実地棚卸で把握される期末在庫量	950kg

《解　説》　a）継続記録法による場合：実際消費数量2,900kg　棚卸減耗量50kg
　　　　　　b）棚卸計算法による場合：実際消費数量2,950kg

a）継続記録法
  期末帳簿残高 ＝ 900 kg ＋ 3,000 kg － 2,900 kg ＝ 1,000 kg
  棚卸減耗損 ＝ 1,000 kg － 950 kg ＝ 50 kg
b）棚卸計算法
  実際消費数量 ＝ 900 kg ＋ 3,000 kg － 950 kg ＝ 2,950 kg

★3．期末棚卸と棚卸減耗費

　継続記録法を用いる場合には，帳簿残高（帳簿棚卸数量）と実地棚卸による実際有高（実地棚卸数量）との比較で棚卸減耗を把握する。ここで，棚卸減耗とは，材料の保管中に生じた破損・紛失・蒸発などによるロス（損失）をいい，次の計算式により，棚卸減耗費を算出する。

棚卸減耗費 ＝ 実際価格 ×（帳簿棚卸数量 － 実地棚卸数量）

なお，棚卸減耗費は，それが不可避的に発生したもの（正常の範囲内）であるならば，経費として製造原価に算入される。
　ところで，継続記録法にもとづいて，棚卸減耗費を計算する際の実際価格の算定には，
（1）同一材料を異なった価格で購入した場合，実際の材料の払出順序にかかわらず，帳簿上，購入日付の早いものから順次出庫した（先に受け入れたものから先に払い出した）ものとみなして実際価格を決定する先入先出法，
（2）同一材料を異なった価格で購入した場合，購入の都度，次の計算式により，実際価格を決定する移動平均法，

$$実際価格 ＝ \frac{直前の残高金額 ＋ 新規受入金額}{直前の残高数量 ＋ 新規受入数量}$$

（3）材料を払い出した際は，出庫伝票や材料元帳の払出欄・残高欄に数量だけを記載しておき，月末に，次の計算式により，実際価格を計算する総平均法，

$$実際価格 = \frac{月初繰越金額 + 当月受入金額}{月初繰越数量 + 当月受入数量}$$

（4）同一材料を異なった価格で購入した場合、実際の材料の払出順序にかかわらず、帳簿上、購入日付の遅いものから順次出庫した（後に受け入れたものから先に払い出した）ものとみなして実際価格を決定する後入先出法、などがあるが、これら継続記録法の具体的な処理については商業簿記の該当箇所（第3章）を参照されたい。

例題18－5　継続記録法を採用しているM社の素材に関する次の資料にもとづいて、棚卸減耗費を計算し、必要な仕訳を示しなさい。なお、棚卸減耗は、不可避的に発生したものとする。

　　　　　期首在庫量　　　　　　　　　　　900kg（@¥10/kg）
　　　　　送り状で把握される当期受入数量　3,000kg（@¥10/kg）
　　　　　出庫票で把握される当期払出数量　2,900kg（@¥10/kg）
　　　　　実地棚卸で把握される期末在庫量　　950kg（@¥10/kg）

《解説》　（借）棚卸減耗費　　500　　（貸）素　　　材　　500
　　　　　（借）製造間接費　　500　　（貸）棚卸減耗費　　500

　　　　帳簿棚卸数量 ＝ 900 kg ＋ 3,000 kg － 2,900 kg ＝ 1,000 kg
　　　　棚卸減耗量 ＝ 1,000 kg － 950 kg ＝ 50 kg
　　　　棚卸減耗費（間接経費）＝ @¥10／kg × 50kg ＝ ¥500

第19章 労務費の計算

★1．労務費の定義と分類

　製品を製造するために労働力を消費したとき，その消費によって発生する原価を**労務費**という。

　（1）労務費の種類による分類
　労務費は，その支払形態によって次のように分類される。

① 賃　金

　製品の製造活動に従事する工員の労働力に対して支払われる給与をいい，**基本賃金**（基本給ともいう）と**加給金**（割増賃金ともいう）とからなる（狭義には，基本賃金を賃金という）。なお，基本賃金の支払方法には，出勤表を基礎とする工員の作業時間に応じて賃金支払高を決定する**時間給制**と出来高報告書を基礎とする製品の出来高数量に応じて賃金支払高を決定する**出来高給制**があり，それぞれ次のように計算される。

　　［時間給制］
　　　　基本賃金 ＝ 支払賃率 × 実際就業時間
　　［出来高給制］
　　　　基本賃金 ＝ 支払賃率 × 実際出来高

また，加給金は，基本賃金以外の作業に直接関連した手当からなり，定時間外作業手当（残業手当），夜業手当，危険作業手当などがある。

◇ 187

② 給　料
　職員および業務担当役員の労働力に対して支払われる給与をいう。

③ 雑　給
　臨時工などの労働力に対して支払われる給与をいう。

④ 従業員賞与手当
　職員，工員などの従業員に対して支払われる賞与および作業に直接関連しない通勤手当，住宅手当，家族手当などの諸手当をいう。

⑤ 退職給与引当金繰入額（退職給付費用）
　労働協約など正規の規定（退職給付規程）に従って，将来，支払われる従業員の退職給付に対する当期の負担額をいう。

⑥ 福利費
　健康保険法，厚生年金保険法，雇用保険法，労働者災害保険法などによる保険料のうち，事業主が負担する工場従業員に関係する費用をいう。

　なお，これらの労務費は，提供された労働力の対価として費用とされる労務主費と，労働力の調達および消費に付帯する費用とされる労務副費とに分けられるが，通常は，上記①から④を労務主費，⑤と⑥を労務副費に分類する。

（2）製品との関連における分類
　労務費は，製造された一定単位の製品との関連で，その発生が直接的に認識されるか否かにより，**直接労務費**と**間接労務費**とに分けられる。
　製品の加工作業に直接従事する直接工が直接作業に従事した場合の賃金は，個別製品でどれだけの労働力が消費されたかを把握することが容易なため，直接労務費に分類される。これに対し，直接工の直接作業時間以外の賃金や，製品の加工作業には従事せず，修繕，運搬，清掃などの間接作業に従事する間接

工の賃金，その他の労務費は，個別製品でどれだけの労働力が消費されたかを把握することが困難で，その消費額も共通的にしか認識できないため，通常，すべて間接労務費となる（ただし，直接工の従業員賞与手当が消費賃率で考慮される場合には，直接作業時間相当額は，間接労務費としてではなく，直接労務費として処理される）。なお，直接労務費は製品に直課（賦課ともいう）され，間接労務費は製品に配賦される。

ところで，賃金に関する直接労務費の判断には，具体的に，次の3つの方法がある。

（1）製造指図書別に直接的に認識される労務費であるか否かで分類する方法
（2）製品1単位当たりに予定し得る労務費であるか否かで分類する方法
（3）直接工・間接工の区分で分類する方法

これらの方法のうち，上記（1）は個別原価計算で，上記（2）は総合原価計算で用いられ，直接労務費が認識される。これは，特定製造指図書にもとづく個別原価計算では，直接労務費と間接労務費とを区分することが容易であるのに対し，継続製造指図書にもとづく総合原価計算では，直接労務費と間接労務費とを区分することが困難であることに起因する。そのため，総合原価計算では，操業度の大小を予定することなく，製品1単位当たりの所要時間を予定し得る直接工の，作業時間（直接作業時間）にかかる比例費としての賃金を直接労務費，それ以外の賃金を間接労務費に区分する。また，上記（3）は，直接工の作業時間の内訳を測定・記録しないオートメーション化された工場で適用される方法で，直接工に支払われた賃金を直接労務費，間接工に支払われた賃金を間接労務費に区分する。

★2．労務費の計算方法

（1）賃金消費高の計算

原価計算期間における**賃金消費高**の計算は，次に示す2つの計算式のいずれ

かで行われる。

① 賃金消費高 ＝ 消費賃率 × 実際作業時間（就業時間）
② 賃金消費高 ＝ 当該原価計算期間の負担に属する要支払額

個別原価計算を採用する工場では，直接工の作業時間の測定を行い，直接作業時間を把握することが，原価計算上，不可欠である。また，総合原価計算を採用する工場でも，作業時間の測定を行い，直接作業時間を把握することが，作業能率の管理にとって有益である。これは，標準原価計算を適用するためにも必要であることから，原価計算期間における直接工の労務費は，作業時間の測定にもとづいて，上記①で計算され，作業時間の種類に応じて直接労務費または間接労務費として処理される。これに対し，間接工の作業時間の測定は，原価計算上，不可欠とはいえず，その実施においても相当のコストを必要とする。そのため，原価計算期間における間接工の労務費は，上記②で計算され，すべて間接労務費として処理される。

ところで，賃金支払高の計算期間と賃金消費高の計算期間（原価計算期間）とが一致している場合には，賃金支払高が，そのまま賃金消費高となる。しかし，賃金支払高の計算期間と賃金消費高の計算期間（原価計算期間）とが一致していない場合には，次の計算式にあるように，賃金支払高から，前月分の賃金未払額を控除し，当月分の賃金未払額を加算することで，賃金消費高を算出する必要がある。

当月賃金消費高 ＝ 当月賃金支払高 － 前月賃金未払額 ＋ 当月賃金未払額

例題19－1　製品製造業を営むM社の10月の賃金に関する取引について適当な仕訳を示しなさい。なお，M社の賃金支払高の計算期間は，賃金消費高の計算期間（原価計算期間）と一致しておらず，9月30日現在の賃金未払額は，¥70,000である。

　1日：賃金未払額に関し，再振替仕訳を行った。
　25日：当月の賃金¥350,000を現金で支払った。
　31日：当月の賃金未払額は¥100,000であった。

《解　説》　1日（借）未払賃金　　70,000　　（貸）賃　　金　　70,000
　　　　　25日（借）賃　　金　　350,000　　（貸）現　　金　　350,000
　　　　　31日（借）賃　　金　　100,000　　（貸）未払賃金　　100,000

```
                  10月1日                              10月31日
              ┌─────────────────────────────────────┐
              │前月賃金未払額│ 賃金消費高の計算期間（原価計算期間）│
              │  ¥70,000   │        ¥380,000          │
              └─────────────────────────────────────┘
                   │ 賃金支払高の計算期間  │当月賃金未払額│
                   │    ¥350,000       │  ¥100,000 │
                   └───────────────────┘
              9月25日              10月25日
```

賃金消費高＝¥350,000－¥70,000＋¥100,000＝¥380,000

（2）直接工の消費賃率

　能率管理など，製造部門の現状を反映する，より正確な原価管理を目的に，多くの企業が採用する時間給制にもとづいて賃金消費高を計算する際，作業時間票を基礎に確定される直接作業時間にかけあわされる消費賃率には，次の**個別賃率**と**平均賃率**の2つがある。

①　個別賃率

　個別賃率とは，賃金支払高の計算に用いた各直接工別の1時間当たりの賃率で，次の計算式により算出する。

$$個別賃率 = \frac{特定の直接工の基本賃金＋加給金}{その直接工の総就業時間}$$

そして，賃金消費高の計算に，この個別賃率を用いる場合には，次の2つの欠点がある。

1) 作業時間を製品種類別・直接工別に測定する必要があるばかりか，各直接工の賃率を1つ1つかけあわせなければならないことから，労務費の計算に相当の手数がかかるうえ，月末にならなければ賃金の集計ができないため，原価計算が遅れることになる。

2）各直接工の賃率の差が労働用役の質の差として反映されるのであればまだしも，そうではない方がむしろ一般的であるので，このような計算を用いることは，同じ製品でも，直接工の賃率の差で，製造原価が異なるなど，かえって不合理な結果をもたらすことになる。

したがって，通常は，個別賃率よりも平均賃率が採用される状況にある。

例題19－2 製品製造業を営むM社の直接工に関する次の取引について仕訳を示しなさい。なお，M社の直接工に関する賃金支払高の計算期間は，賃金消費高の計算期間（原価計算期間）と一致している。

① 次の諸条件に従って，直接工Aと直接工Bの賃金等を現金で支払った。

　　直接工A：基本賃金＠￥600／h，実際作業時間（就業時間）150時間，加給金（時間外作業手当等）￥150,000，諸手当￥90,000，所得税￥33,000，健康保険料￥16,500

　　直接工B：基本賃金＠￥400／h，実際作業時間（就業時間）150時間，加給金（時間外作業手当等）￥120,000，諸手当￥60,000，所得税￥24,000，健康保険料￥12,000

② 直接工Aの作業時間の内訳は，作業時間票に製造指図書番号があるものが130時間，ないものが20時間であった。

③ 直接工Bの作業時間の内訳は，作業時間票に製造指図書番号があるものが130時間，ないものが20時間であった。

《解　説》　① （借）賃　　　　　金　420,000　（貸）所得税預り金　　57,000
　　　　　　　　　　従業員賞与手当　150,000　　　　健康保険料預り金　28,500
　　　　　　　　　　　　　　　　　　　　　　　　　現　　　　金　484,500
　　　　　② （借）仕　　掛　　品　208,000　（貸）賃　　　　　金　240,000
　　　　　　　　　　製　造　間　接　費　32,000
　　　　　③ （借）仕　　掛　　品　156,000　（貸）賃　　　　　金　180,000
　　　　　　　　　　製　造　間　接　費　24,000

　　　　　① 基本賃金
　　　　　　　　直接工A：＠￥600／h×150時間＝￥90,000
　　　　　　　　直接工B：＠￥400／h×150時間＝￥60,000

192 ◇

賃金支払高
　直接工Ａ：¥90,000＋¥150,000＋¥90,000（諸手当）
　　　　　＝¥330,000
　直接工Ｂ：¥60,000＋¥120,000＋¥60,000（諸手当）
　　　　　＝¥240,000
　正味支払高＝（基本賃金＋加給金＋諸手当）－預り金
　　　　ただし，預り金＝所得税預り金＋健康保険料預り金など
　直接工Ａ：¥330,000－（¥33,000＋¥16,500）＝¥280,500
　直接工Ｂ：¥240,000－（¥24,000＋¥12,000）＝¥204,000
② 消費賃率（直接工Ａ）＝（¥90,000＋¥150,000）÷150時間
　　　　　　　　　　　＝＠¥1,600／h
　直接労務費＝＠¥1,600／h×130時間＝¥208,000
　間接労務費＝＠¥1,600／h×20時間＝¥32,000
③ 消費賃率（直接工Ｂ）＝（¥60,000＋¥120,000）÷150時間
　　　　　　　　　　　＝＠¥1,200／h
　直接労務費＝＠¥1,200／h×130時間＝¥156,000
　間接労務費＝＠¥1,200／h×20時間＝¥24,000

② 平均賃率

　平均賃率とは，賃金支払高の計算に用いたある各直接工別の１時間当たりの賃率の平均で，個別賃率を採用する場合に比べ，同じ製品でも，各直接工別の賃率の差で，製造原価が異なるなどの欠点を解消することができる点に特徴をもつ。そして，平均賃率は，次の計算式にあるように，工場全体の直接工の平均を計算するか，職種別の直接工の平均を計算するかで，総平均賃率と職種別平均賃率とに分けられる。

$$総平均賃率＝\frac{工場全体の直接工の基本賃金合計＋加給金合計}{工場全体の直接工の総就業時間}$$

$$職種別平均賃率＝\frac{特定職種の直接工の基本賃金合計＋加給金合計}{その職種の直接工の総就業時間}$$

　ここで，工場全体を一括した総平均賃率は，職種による賃金の水準に差がな

ければ，個別賃率を採用する場合に比べ，計算の手数が大幅に簡略化される効果をもつ。しかし，職種ごとに要求される熟練度，責任の重さ，作業条件などが異なり，それが賃率に反映される場合には，多少，計算の手数を要すとしても，職種別平均賃率を採用する方が，総平均賃率を採用するより，その事実を製品原価計算に適正に反映することになる。したがって，通常，賃金消費高の計算では，職種別平均賃率を採用し，計算する必要があるとされている。

例題19－3　製品製造業を営むM社は，直接工を4名採用しており，直接工Aと直接工Bを機械工，直接工Cと直接工Dを組立工に配置している。
当月，M社の直接工への賃金等の支払条件が 資料 である場合，次の問いに答えなさい。なお，M社の直接工に関する賃金支払高の計算期間は，賃金消費高の計算期間（原価計算期間）と一致している。

資料　直接工への賃金等の支払条件

	機械工		組立工	
	直接工A	直接工B	直接工C	直接工D
基本賃金	@¥600/h	@¥400/h	@¥1,250/h	@¥700/h
就業時間	150時間	150時間	100時間	150時間
直接作業時間	130時間	120時間	90時間	120時間
間接作業時間	20時間	30時間	10時間	30時間
加給金	¥150,000	¥120,000	¥125,000	¥105,000
諸手当	¥90,000	¥60,000	¥90,000	¥60,000
所得税	¥33,000	¥24,000	¥34,000	¥27,000
健康保険料	¥16,500	¥12,000	¥17,000	¥13,500

① 賃金等を現金で支払った際の仕訳をしなさい。
② 総平均賃率を採用した場合，賃金消費に関する仕訳をしなさい。
③ 職種別平均賃率を採用した場合，賃金消費に関する仕訳をしなさい。

《解説》　①（借）賃　　　　　金　　880,000　（貸）所得税預り金　118,000
　　　　　　　　　従業員賞与手当　300,000　　　　　健康保険料預り金　59,000
　　　　　　　　　　　　　　　　　　　　　　　　　現　　　　　金　1,003,000
　　　　②（借）仕　　掛　　品　　736,000　（貸）賃　　　　　金　　880,000
　　　　　　　　　製造間接費　　　144,000

③（借）仕　　掛　　品　736,400　（貸）賃　　　　金　880,000
　　　　製　造　間　接　費　143,600

① 基本賃金
　　直接工Ａ：@¥600／h×150時間＝¥90,000
　　直接工Ｂ：@¥400／h×150時間＝¥60,000
　　直接工Ｃ：@¥1,250／h×100時間＝¥125,000
　　直接工Ｄ：@¥700／h×150時間＝¥105,000
　賃金支払高
　　直接工Ａ：¥90,000＋¥150,000＋¥90,000＝¥330,000
　　直接工Ｂ：¥60,000＋¥120,000＋¥60,000＝¥240,000
　　直接工Ｃ：¥125,000＋¥125,000＋¥90,000＝¥340,000
　　直接工Ｄ：¥105,000＋¥105,000＋¥60,000＝¥270,000
　正味支払高
　　直接工Ａ：¥330,000－（¥33,000＋¥16,500）＝¥280,500
　　直接工Ｂ：¥240,000－（¥24,000＋¥12,000）＝¥204,000
　　直接工Ｃ：¥340,000－（¥34,000＋¥17,000）＝¥289,000
　　直接工Ｄ：¥270,000－（¥27,000＋¥13,500）＝¥229,500
② 総平均賃率を採用した場合
　　消費賃率＝｛(¥90,000＋¥150,000)＋(¥60,000＋¥120,000)
　　　　　　　＋(¥125,000＋¥125,000)＋(¥105,000＋¥105,000)｝
　　　　　　÷(150時間＋150時間＋100時間＋150時間)
　　　　　＝@¥1,600／h
　　直接労務費＝@¥1,600／h×(130時間＋120時間＋90時間
　　　　　　　＋120時間)＝¥736,000
　　間接労務費＝@¥1,600／h×(20時間＋30時間＋10時間
　　　　　　　＋30時間)＝¥144,000
③ 職種別平均賃率を採用した場合
　　消費賃率（機械工）＝｛(¥90,000＋¥150,000)＋(¥60,000＋
　　　　　　　　¥120,000)｝÷(150時間＋150時間)
　　　　　　　　＝@¥1,400／h
　　消費賃率（組立工）＝｛(¥125,000＋¥125,000)＋(¥105,000＋
　　　　　　　　¥105,000)｝÷(100時間＋150時間)
　　　　　　　　＝@¥1,840／h

$$\text{直接労務費（機械工）} = @¥1,400\diagup h \times (130\text{時間} + 120\text{時間})$$
$$= ¥350,000$$
$$\text{直接労務費（組立工）} = @¥1,840\diagup h \times (90\text{時間} + 120\text{時間})$$
$$= ¥386,400$$
$$\text{直接労務費合計} = ¥350,000 + ¥386,400 = ¥736,400$$
$$\text{間接労務費（機械工）} = @¥1,400\diagup h \times (20\text{時間} + 30\text{時間})$$
$$= ¥70,000$$
$$\text{間接労務費（組立工）} = @¥1,840\diagup h \times (10\text{時間} + 30\text{時間})$$
$$= ¥73,600$$
$$\text{間接労務費合計} = ¥70,000 + ¥73,600 = ¥143,600$$

なお,職種別平均賃率にもとづく計算による場合でも,原価計算期間における実際の賃金支払高の総額をその期間の実際総就業時間で除して計算される実際職種別平均賃率を採用した場合には,月末になるまで賃金支払高の集計ができないため,月の途中で製品が完成する場合に,ただちに労務費の額がわからないという欠点を依然としてもち続ける。そのため,現在,賃金消費高の計算には,予定職種別平均賃率が多く採用されている。

③ 予定賃率

予定賃率とは,会計期間における賃金支払高と総就業時間をあらかじめ予想し,予定賃金支払高合計を予定総就業時間合計で除すことで設定される賃率をいう。

$$\text{予定賃率} = \frac{\text{会計期間の予定賃金支払高合計}}{\text{会計期間の予定総就業時間合計}}$$

この予定賃率(予定平均賃率)は,実際平均賃率の短期平均値の見積もりを意味する消費賃率であり,計算手続きの簡略化や計算の迅速化だけではなく,賃率変動による影響を排除した労務費の計算で,作業能率の良否のみを反映する利点がある。

例題19－4 製品製造業を営むM社は，直接工を4名採用している。本年度，M社は予定賃率を採用するため，直接工への基本賃金と加給金の予定支払高および予定総就業時間を資料1のように見積もった。
当月，M社の直接工への賃金等の支払条件が資料2である場合，次の問いに答えなさい。なお，M社の直接工に関する賃金支払高の計算期間は，賃金消費高の計算期間（原価計算期間）と一致している。

資料1 直接工への予定支払高および予定総就業時間

	機械工		組立工	
	直接工A	直接工B	直接工C	直接工D
基 本 賃 金	¥1,080,000	¥720,000	¥1,800,000	¥1,440,000
加 給 金	¥1,350,000	¥900,000	¥2,250,000	¥1,800,000
合 計	¥2,430,000	¥1,620,000	¥4,050,000	¥3,240,000
就 業 時 間	1,800時間	1,800時間	1,800時間	1,800時間

資料2 直接工への賃金等の支払条件

	機械工		組立工	
	直接工A	直接工B	直接工C	直接工D
基 本 賃 金	@¥600/h	@¥400/h	@¥1,250/h	@¥700/h
就 業 時 間	150時間	150時間	100時間	150時間
直接作業時間	130時間	120時間	90時間	120時間
間接作業時間	20時間	30時間	10時間	30時間
加 給 金	¥150,000	¥120,000	¥125,000	¥105,000
諸 手 当	¥90,000	¥60,000	¥90,000	¥60,000
所 得 税	¥33,000	¥24,000	¥34,000	¥27,000
健 康 保 険 料	¥16,500	¥12,000	¥17,000	¥13,500

① 予定総平均賃率・予定職種別平均賃率をそれぞれ計算し，適当な仕訳を示しなさい。
② 予定総平均賃率・予定職種別平均賃率をそれぞれ採用する場合で，実際に賃金が支払われた際の，予定消費高と実際消費高の差異に関する仕訳を示しなさい。

《解 説》 ① －予定総平均賃率を採用した場合－
　　　　　　　（借）仕 掛 品　　724,500　　　（貸）賃　　　金　　866,250
　　　　　　　　　 製造間接費　　141,750
　　　　　　－予定職種別平均賃率を採用した場合－
　　　　　　　（借）仕 掛 品　　706,500　　　（貸）賃　　　金　　843,750
　　　　　　　　　 製造間接費　　137,250
　　　　② －予定総平均賃率を採用した場合－
　　　　　　　（借）賃 率 差 異　　13,750　　　（貸）賃　　　金　　13,750
　　　　　　－予定職種別平均賃率を採用した場合－
　　　　　　　（借）賃 率 差 異　　36,250　　　（貸）賃　　　金　　36,250

① 予定総平均賃率を採用した場合
　消費賃率＝(¥2,430,000＋¥1,620,000＋¥4,050,000
　　　　　　＋¥3,240,000)÷(1,800時間＋1,800時間＋1,800時間
　　　　　　＋1,800時間)＝＠¥1,575／h
　直接労務費＝＠¥1,575／h×(130時間＋120時間＋90時間
　　　　　　＋120時間)＝¥724,500
　間接労務費＝＠¥1,575／h×(20時間＋30時間＋10時間
　　　　　　＋30時間)＝¥141,750
　予定職種別平均賃率を採用した場合
　消費賃率（機械工）＝(¥2,430,000＋¥1,620,000)
　　　　　　　　　　÷(1,800時間＋1,800時間)＝＠¥1,125／h
　消費賃率（組立工）＝(¥4,050,000＋¥3,240,000)
　　　　　　　　　　÷(1,800時間＋1,800時間)＝＠¥2,025／h
　直接労務費（機械工）＝＠¥1,125／h×(130時間＋120時間)
　　　　　　　　　　　＝¥281,250
　直接労務費（組立工）＝＠¥2,025／h×(90時間＋120時間)
　　　　　　　　　　　＝¥425,250
　　直接労務費合計＝¥281,250＋¥425,250＝¥706,500
　間接労務費（機械工）＝＠¥1,125／h×(20時間＋30時間)
　　　　　　　　　　　＝¥56,250
　間接労務費（組立工）＝＠¥2,025／h×(10時間＋30時間)
　　　　　　　　　　　＝¥81,000

　　　　間接労務費合計＝¥56,250＋¥81,000＝¥137,250
　② 予定総平均賃率を採用した場合
　　　　賃率差異＝（¥724,500＋¥141,750）－¥880,000＝△¥13,750
　　　予定職種別平均賃率を採用した場合
　　　　賃率差異＝（¥706,500＋¥137,250）－¥880,000＝△¥36,250

　なお，本例題で計上される賃率差異が，仮にこのまま決算まで計上され続けた場合には，次に示すように，売上原価に賦課され，調整されることになる。
　－予定総平均賃率を採用した場合－
　　（借）売 上 原 価　　13,750　　　（貸）賃 率 差 異　　13,750
　－予定職種別平均賃率を採用した場合－
　　（借）売 上 原 価　　36,250　　　（貸）賃 率 差 異　　36,250

（3）直接工の実際作業時間

　賃金の支払対象となる直接工の就業時間は，出勤表により記録された勤務時間から，定時休憩時間および職場離脱時間を差し引いた時間で求められる。そして，就業時間の内訳は，製造指図書番号・作業内容・作業量・賃率などが記入された作業時間報告書により把握され，直接作業時間・間接作業時間・手待時間に分けられる。

　ここで，直接作業時間は，直接工が本来の任務である製品の加工作業をなす時間（加工時間）ないし加工作業に従事するための準備時間（段取時間）で構成される時間である。また，間接作業時間は，機械の修理や，材料や完成品の運搬など，直接工が本来の任務である製品の加工作業以外の仕事に従事した時間である。さらに，手待時間は，材料待ち，指図待ちなど，直接工に責任のない無作業の時間である。

　直接工の勤務時間の内訳をまとめると図表19－1のようになるが，直接作業時間に対応する労務費が直接労務費，間接作業時間・手待時間に対応する労務費が間接労務費をなす。

図表19－1　直接工の勤務時間の内訳

勤務時間				
就業時間				定時休憩時間 職場離脱時間
実働時間			手待時間	
直接作業時間		間接作業時間		
加工時間	段取時間			

例題19－5　製品製造業を営むM社は，本年度，予定賃率を採用し，直接工への予定支払高および予定総就業時間を 資料1 のように見積もった。

当月，M社の直接工に関する勤務時間・賃金が 資料2 ・ 資料3 である場合，次の問いに答えなさい。なお，M社には，直接工に対する前月賃金未払額が¥140,000ある。

資料1　直接工への予定支払高および予定総就業時間

	機械工		組立工	
	直接工A	直接工B	直接工C	直接工D
基 本 賃 金	¥1,080,000	¥720,000	¥1,800,000	¥1,440,000
加 給 金	¥1,350,000	¥900,000	¥2,250,000	¥1,800,000
合 計	¥2,430,000	¥1,620,000	¥4,050,000	¥3,240,000
就 業 時 間	1,800時間	1,800時間	1,800時間	1,800時間

資料2　直接工の勤務時間

	機械工		組立工	
	直接工A	直接工B	直接工C	直接工D
勤 務 時 間	150時間	160時間	120時間	120時間
職場離脱時間	10時間	10時間	20時間	5時間
直接作業時間	130時間	135時間	90時間	100時間
間接作業時間	10時間	15時間	10時間	15時間

200　◇

|資料3| 直接工への賃金

当月賃金支払高　¥700,000
当月賃金未払額　¥200,000

① 予定総平均賃率・予定職種別平均賃率をそれぞれ計算し，適当な仕訳を示しなさい。
② 予定総平均賃率・予定職種別平均賃率をそれぞれ採用する場合で，実際の賃金消費高が計算された際の，予定消費高と実際消費高の差異に関する仕訳を示しなさい。

《解　説》　① －予定総平均賃率を採用した場合－
（借）仕　掛　品　　716,625　　（貸）賃　　　金　795,375
　　　製造間接費　　 78,750
－予定職種別平均賃率を採用した場合－
（借）仕　掛　品　　682,875　　（貸）賃　　　金　761,625
　　　製造間接費　　 78,750

② －予定総平均賃率を採用した場合－
（借）賃　　　金　　 35,375　　（貸）賃　率　差　異　35,375
－予定職種別平均賃率を採用した場合－
（借）賃　　　金　　　1,625　　（貸）賃　率　差　異　 1,625

① 予定総平均賃率を採用した場合
　消費賃率＝（¥2,430,000＋¥1,620,000＋¥4,050,000
　　　　　　＋¥3,240,000）÷(1,800時間＋1,800時間＋1,800時間
　　　　　　＋1,800時間)＝＠¥1,575／h
　直接労務費＝＠¥1,575／h×(130時間＋135時間＋90時間
　　　　　　＋100時間)＝¥716,625
　間接労務費＝＠¥1,575／h×(10時間＋15時間＋10時間
　　　　　　＋15時間)＝¥78,750
予定職種別平均賃率を採用した場合
　消費賃率（機械工）＝（¥2,430,000＋¥1,620,000）÷(1,800時間
　　　　　　＋1,800時間)＝＠¥1,125／h
　消費賃率（組立工）＝（¥4,050,000＋¥3,240,000）÷(1,800時間

第19章　労務費の計算　◇　201

$$+1,800\text{時間}) = @¥2,025/h$$

$$\text{直接労務費（機械工）} = @¥1,125/h \times (130\text{時間} + 135\text{時間})$$
$$= ¥298,125$$
$$\text{直接労務費（組立工）} = @¥2,025/h \times (90\text{時間} + 100\text{時間})$$
$$= ¥384,750$$
$$\text{直接労務費合計} = ¥298,125 + ¥384,750 = ¥682,875$$
$$\text{間接労務費（機械工）} = @¥1,125/h \times (10\text{時間} + 15\text{時間})$$
$$= ¥28,125$$
$$\text{間接労務費（組立工）} = @¥2,025/h \times (10\text{時間} + 15\text{時間})$$
$$= ¥50,625$$
$$\text{間接労務費合計} = ¥28,125 + ¥50,625 = ¥78,750$$

② 賃金消費高 = ¥700,000 − ¥140,000 + ¥200,000 = ¥760,000
　予定総平均賃率を採用した場合
　　賃率差異 = (¥716,625 + ¥78,750) − ¥760,000 = ¥35,375
　予定職種別平均賃率を採用した場合
　　賃率差異 = (¥682,875 + ¥78,750) − ¥760,000 = ¥1,625

　なお，本例題で計上される賃率差異が，仮にこのまま決算まで計上され続けた場合には，次に示すように，売上原価に賦課され，調整されることになる。

－予定総平均賃率を採用した場合－
　（借）賃　率　差　異　　　35,375　　（貸）売　上　原　価　　　35,375
－予定職種別平均賃率を採用した場合－
　（借）賃　率　差　異　　　 1,625　　（貸）売　上　原　価　　　 1,625

3．その他の労務費

　賃金以外のその他の労務費の計算に関しては，間接工の賃金消費高の計算と同様，次の計算式が用いられる。

　　実際労務費 = 当該原価計算期間の負担に属する要支払額

　そして，この計算においても，実際賃金消費高を計算するときと同様の調整

を必要とする。すなわち，給与等計算期間と原価計算期間とが一致している場合には，給与等支払高が，そのまま当該原価計算期間の負担に属する要支払額となるのに対し，給与等計算期間と原価計算期間とが一致していない場合には，次の計算式にあるように，原価計算期間における実際の支払額から，前月分を控除し，当月分の未払額を加算することで，当該原価計算期間の負担に属する要支払額を算出する必要がある。

当月要支払額 ＝ 当月実際支払額 － 前月未払額 ＋ 当月未払額

しかし，この実際労務費の当月要支払額の算出は，その計算に際し，従業員賞与手当に該当する諸手当および福利費で，給与等計算期間と原価計算期間とが一致していない場合には，賃金消費高の計算と同様に，当該原価計算期間の負担に属する要支払額を計算し，未払給料等で処理することで当該期間の消費額を算出すべきであるとされるが，このような計算は困難であるうえ，金額も比較的少額なため，実務上は，実際の支払額を要支払額とみなして計算するのが一般的であるとされていること，従業員賞与手当および退職給与引当金繰入額（退職給付費用）の実際労務費の計算には，下記計算がなされるため，この計算式は適用されないことがあること，など，その計算には注意が必要である。

（1）従業員賞与手当については，通常，年2回に分けて支給されるものであるため，各月の消費額として計算される従業員賞与手当の額は，年度末の賞与予定支払額の月割額（月次引当額）で計算される。
（2）退職給与引当金繰入額（退職給付費用）については，通常，会計期末に計上されるものであるため，各月の消費額として計算される退職給与引当金繰入額（退職給付費用）の額は，会計期末の予定計上額の月割額（月次引当額）で計算される。

例題19－6 製品製造業を営むM社の次の取引について仕訳をしなさい。なお，M社の会計期間は，1月1日から12月31日までの1年間である。

① 12月31日，退職給付費用として¥500,000（月割額），健康保険料の事業主負担分¥100,000を計上した。
② 12月31日，決算に際し，退職給付引当金¥6,000,000を計上した。
③ 1月10日，健康保険料¥200,000を小切手を振り出して健康保険組合に支払った。なお，健康保険料¥200,000のうち，¥100,000は，従業員負担分である。
④ 1月20日，従業員の退職に際し，退職金¥4,800,000を現金で支払った。

《解　説》　① （借）製 造 間 接 費　600,000　（貸）退 職 給 付 費 用　500,000
　　　　　　　　　　　　　　　　　　　　　　　　　健 康 保 険 料　100,000
　　　　　② （借）退 職 給 付 費 用 6,000,000　（貸）退職給付引当金 6,000,000
　　　　　③ （借）健 康 保 険 料　100,000　（貸）当 座 預 金　200,000
　　　　　　　健康保険料預り金　100,000
　　　　　④ （借）退職給付引当金 4,800,000　（貸）現　　　　　金 4,800,000

　退職給付費用は，会計期末に計上する金額を予定して月割額を消費高とするもので，退職給付引当金を計上したときは，退職給付費用勘定の借方と退職給付引当金勘定の貸方に記入する。退職給付引当金勘定は，将来の退職一時金と退職年金の支払義務をあらわす負債勘定であり，従業員等の退職に際し，決済されるものである。

第20章　経費の計算

★1．経費の定義と分類

　製品を製造するために物品や労働力以外の資源を消費したとき，その消費によって発生する原価を**経費**という。

（1）経費の種類による分類
　経費は，外部から資源（用役）を購入し，これを消費することにより発生するものがほとんどであるが，それ以外にも，社会的費用の負担によるもの，経済価値の喪失が不可避なものなども含まれる。これら経費の主要なものには次のようなものがある。

① 外注加工賃
　外部（下請企業など）に材料を提供して加工をさせたときに支払う加工賃をいう。

② 特許権使用料
　他人の特許権を使用して製品を製造する場合に支払う使用料をいう。

③ 厚生費
　工場の従業員の保険，衛生，慰安などのために要した費用をいう。

④ 減価償却費
　工場の建物，設備などの固定資産の価値の減少を時の経過等によるものとし

て見積もり，計上する際の費用をいう。

なお，経費のうち，製品の製造活動に関係ないものは，経費とはならないで，販売費及び一般管理費になる。

（2）製品との関連における分類

経費も，材料費や労務費と同じように，製造された一定単位の製品との関連で，その発生が直接的に認識されるか否かにより，**直接経費**と**間接経費**に分けられる。

外注加工賃や製品の出来高に応じて支払う場合の特許権使用料などは，個別製品でどれだけの資源が消費されたかを把握することが容易なため，直接経費に分類される。これに対し，厚生費，減価償却費などのほとんどの経費は，個別製品でどれだけの資源が消費されたかを把握することが困難で，その消費額も共通的にしか認識できないため，間接経費となる。なお，直接経費は製品に直課（賦課ともいう）され，間接経費は製品に配賦される。

★2．経費の計算方法

（1）経費消費高の計算

原価計算期間における**経費消費高**は，経費が発生し，支払いを行った場合の支払高で把握する。ただし，必要があれば，支払高ではなく予定額や予定価格を用いることができる。

（2）経費消費高の把握方法

原価計算期間における経費消費高は，その計算方法の違いにより，次の4つの方法のいずれかで把握される。

① 支払経費

支払伝票または支払請求書に記載された現金実際支払額または支払請求額を

もって原価計算期間における原価とする経費をいう。支払経費は，原則として，支払高（現金実際支払額または支払請求額）を経費とするが，原価計算期間末に未払額や前払額があるときは，次の計算式にあるように，原価計算期間における支払高に未払額・前払額を加減することで，当期の経費を計算する。

支払経費 ＝ 当期支払高 ＋ 前期前払額 － 前期未払額 － 当期前払額
　　　　　＋ 当期未払額

例題20－1　製品製造業を営むM社の次の取引について仕訳をしなさい。
　① 6月20日　下請企業に対する6月1日から6月20日分の外注加工賃￥300,000を現金で支払った。
　② 6月30日　6月21日から6月30日までの外注加工賃￥150,000について支払請求書を受け取った。
　③ 6月30日　月末に際し，支払経費について消費の仕訳を行った。なお，外注加工賃につき，前月の前払額・未払額はないものとする。

《解　説》　① （借）外注加工費　　300,000　　（貸）現　　　金　　300,000
　　　　　② （借）外注加工費　　150,000　　（貸）未　払　金　　150,000
　　　　　③ （借）仕　掛　品　　450,000　　（貸）外注加工費　　450,000

　　　　　経費消費高 ＝ ￥300,000 ＋ ￥150,000 ＝ ￥450,000

② 測定経費

　実際の支払高とは別に，計量器で内部的に検針して測定した消費数量に一定の料率を乗じることで計算される消費高をもって原価計算期間における原価とする経費をいう。

> 例題20－2 製品製造業を営むM社の次の取引について仕訳をしなさい。
> ① 6月20日 5月16日から6月15日分の電力消費数量にもとづいて計算された電力料￥58,000を請求され，現金で支払った。
> ② 6月30日 月末に際し，測定経費について消費の仕訳を行った。なお，当月の経費測定表では，基本料金￥20,000，従量料金＠￥25／kWhの電力料は，次のようになっている。
> 電力消費kWh　前月末日2,720kWh　当月末日4,250kWh

《解　説》　①（借）電　力　料　58,000　（貸）現　　　金　58,000
　　　　　　②（借）製造間接費　58,250　（貸）電　力　料　58,250

経費消費高 ＝＠￥25／kwh×(4,250kWh －2,720kWh)＋￥20,000
　　　　　 ＝￥58,250

③　月割経費

　原価計算期間における支払高を月割計算することで把握される消費高を原価とする経費をいう。月割経費は，通常，1年または1会計期間といった比較的長い期間にわたる費用が一括して支払われる場合の経費に適用され，計上された費用額の総額を月数で除すことで経費消費高を計算する。

> 例題20－3 製品製造業を営むM社の次の取引について仕訳をしなさい。
> ① 7月1日 7月1日から12月31日までの保険料￥72,000につき，現金で支払った。
> ② 7月31日 月末に際し，月割経費について消費の仕訳を行った。

《解　説》　①（借）保　険　料　72,000　（貸）現　　　金　72,000
　　　　　　②（借）製造間接費　12,000　（貸）保　険　料　12,000

経費消費高 ＝￥72,000÷6カ月＝￥12,000

④　発生経費

　ある事象の発生の事実を直接の根拠として計算される計上高を原価計算期間における原価とする経費をいう。

> 例題20－4　先入先出法を採用しているM社の素材に関する次の資料にもとづいて、棚卸減耗費を計算し、発生経費に必要な仕訳を示しなさい。なお、素材の月初在庫量、当月受入数量の単価は、それぞれすべて＠￥10／kg、＠￥11／kgであり、当月の受け入れ・払い出しは、それぞれ1回の取引でなされている。また、棚卸減耗は、不可避的に発生したものとする。
>
> 　　　月初在庫量　　　　　　　　　　　900kg（＠￥10／kg）
> 　　　当月受入数量　　　　　　　　　3,000kg（＠￥11／kg）
> 　　　当月払出数量　　　　　　　　　2,900kg
> 　　　実地棚卸で把握される月末在庫量　950kg

《解　説》　　（借）棚卸減耗費　　550　　（貸）素　　　材　　550
　　　　　　　（借）製造間接費　　550　　（貸）棚卸減耗費　　550

　　　　　帳簿棚卸数量 ＝ 900kg＋3,000kg－2,900kg＝1,000kg
　　　　　棚卸減耗量 ＝ 1,000kg－950kg＝50kg
　　　　　棚卸減耗費（間接経費）＝＠￥11／kg×50kg＝￥550

なお、発生経費は、その月に発生した経費の計上高がそのまま経費消費高となるものであるが、月々の計上高をその月の原価として処理するよりも、年間の経費発生高を見積もり、それを月割りして各月の発生高を把握する（予定額・予定価格で経費を見積もる）ほうが優れているため、月割経費と同様に考えられることが多い。

3．複合費（複合経費）

　材料費、労務費、経費という形態別分類をせず、ある特定の目的や機能のために、それらの2ないし3つの費目を複合して1つの費目にした場合の経費をいう。

例題20－5　製品製造業を営むM社は，製品を製造するため保有する機械に問題箇所を発見したため，次の取引を行った。
① 修繕用の素材50kg（@￥500／kg）を購入し，代金は現金で支払った。
② 直接工（@￥1,000／h）を6時間の修繕作業に従事させ，代金は現金で支払った。
③ 外部へ修繕を委託し，代金￥50,000は小切手で支払った。
これらの取引にもとづいて，次の問いに答えなさい。
　a）各取引の仕訳をしなさい。
　b）単純経費について消費の仕訳を行いなさい。
　c）複合経費について消費の仕訳を行いなさい。

《解説》　a）① （借）素　　　　材　25,000　（貸）現　　　　金　25,000
　　　　　　② （借）賃　　　　金　　6,000　（貸）現　　　　金　　6,000
　　　　　　③ （借）修　繕　料　50,000　（貸）当 座 預 金　50,000
　　　　b） （借）製造間接費　50,000　（貸）修　繕　料　50,000
　　　　c） （借）製造間接費　81,000　（貸）素　　　　材　25,000
　　　　　　　　　　　　　　　　　　　　　　賃　　　　金　　6,000
　　　　　　　　　　　　　　　　　　　　　　修　繕　料　50,000

　　　　　間接材料費＝@￥500／kg×50kg＝￥25,000
　　　　　間接労務費＝@￥1,000／h×6時間＝￥6,000
　　　　　間 接 経 費＝￥50,000
　　　　　単 純 経 費＝間接経費＝￥50,000
　　　　　複 合 経 費＝間接材料費＋間接労務費＋間接経費＝￥81,000

第21章 製造間接費の計算

★1．製造間接費の定義と分類

　製品を製造するために消費した原価のうち，各製品種類に間接的・共通的に発生する原価を**製造間接費**という。それは，別言すれば，製造された一定単位の製品との関連で，その発生が直接的に認識されない原価であり，具体的には，間接材料費や間接労務費，間接経費に分類される。

　製造間接費は，直接材料費や直接労務費，直接経費のような製造直接費とは異なり，特定製品との関連を明確に跡付けできない。そのため，製品原価を計算する際，製造間接費を各製品種類に直接集計（直課あるいは賦課という）することはむずかしい。しかし，製造間接費も製品原価の正当な構成要素であるため，製品原価の計算には，間接的・共通的に発生する製造間接費を，何らかの合理的な基準により各製品種類に按分したうえで集計することが必要となる。この製造間接費を各製品種類に按分する手続きを配賦という。

★2．製造間接費の配賦基準

　製品の製造原価は，一般に，費目別計算，部門別計算，製品別計算の3つの原価計算段階を通じて算出される。しかし，工場規模が比較的小さく，製造工程が単純な場合には，これら3つの原価計算段階のうち，部門別計算を省略することが可能な場合が存在する。この場合，費目別計算で把握された工場全体の製造間接費は，単一の配賦基準で各製品種類に配賦されることになる。部門別計算を行わず，単一の配賦基準で，製造間接費を各製品種類に配賦するこの方法を製造間接費の**総括配賦**という。

◇ 211

図表21－1　製造間接費の総括配賦

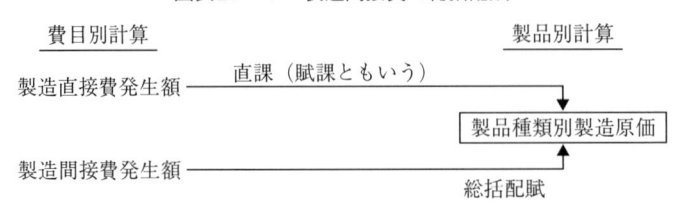

費目別計算　　　　　　　　　　　　　　　製品別計算

製造直接費発生額 ――― 直課（賦課ともいう）

　　　　　　　　　　　　　　　　　　製品種類別製造原価

製造間接費発生額 ―――――――――――
　　　　　　　　　　　　　　　　　総括配賦

　総括配賦による場合，原価計算期間における製造間接費を各製品種類に配賦するには何らかの基準が必要となる。配賦額の計算で基準となる数値のことは，**配賦基準**とよばれるが，この配賦基準には，通常，次のようなものが考えられ，製造活動における活動量の変化に高い感度で相関して変化する数値であることと，製造間接費の発生額の変化に高い感度で相関して変化する数値であることの２つを同時にみたす配賦基準を選択することで，製造間接費の発生額と製品種類別の製造活動とのあいだの因果関係を適切に表現することが可能となる。

図表21－2　製造間接費の配賦基準

```
                              ┌ 数量法
                              │
                              │           ┌ 直接材料費法
              ┌ 実際配賦 ─────┼ 価額法 ───┼ 直接労務費法
              │               │           └ 直 接 費 法
製造間接費の ──┤               │
  配賦基準     │               │           ┌ 直接作業時間法
              │               └ 時間法 ───┤
              │                           └ 機械運転時間法
              │
              │               ┌ 直接作業時間法
              └ 予定配賦 ─────┤
                              └ 機械運転時間法など
```

（１）数量法

　製品の個数，重量，面積，設備の利用回数などを配賦基準として，各製品種類に製造間接費を配賦する方法である。**数量法**は，仕様の異なる複数の製品種類を製造する場合などで，配賦基準と製造間接費とのあいだの相関関係が高い

ケースが乏しいため，あまり合理的な方法ではない。

（2）価額法

製品の製造に要した製造直接費を配賦基準として，各製品種類に製造間接費を配賦する方法である。**価額法**は，配賦基準とする原価に応じて次の3つに分けられる。

① **直接材料費法**

製品の製造に要した直接材料費を配賦基準とする方法である。直接材料費が製造原価の大部分を占めている場合の製造間接費の配賦に適している。

② **直接労務費法**

製品の製造に要した直接労務費を配賦基準とする方法である。直接労務費が製造原価の大部分を占めている場合の製造間接費の配賦に適している。

③ **直接費法（直接原価法ともいう）**

製品の製造に要した製造直接費（直接材料費・直接労務費・直接経費の合計額）を配賦基準とする方法である。製造間接費が製造直接費に比例して発生する場合の製造間接費の配賦に適している。

なお，ここで，製造間接費の配賦基準として価額法を用いる場合には，製造間接費の時間的要素を考慮に入れる必要がある。これは，製造間接費の多くの費目が，通常，時の経過とともに発生すると考えられることに起因する。直接労務費法は，製品の加工のために必要とされる直接作業時間に賃率をかけあわせることで算出される直接労務費を配賦基準とする点で時間を考慮に入れるため，価額法の3つの方法のなかでは最も有用な方法である。しかし，この直接労務費法も同一作業を異なる賃率の直接工が行う場合には，配賦基準数値が時間のみを反映した数値ではなくなるという問題がある。それゆえ，製造間接費の配賦計算では，時間的要素のみにもとづく時間法を用いることが望ましいと

思われる。

(3) 時間法

製品の製造に要した時間を配賦基準として，各製品種類に製造間接費を配賦する方法である。**時間法**は，配賦基準とする時間に応じて次の2つに分けられる。

① **直接作業時間法**

製品の製造に要した直接作業時間を配賦基準とする方法である。製造の大部分が手作業で行われ，直接作業時間を多く要する場合の製造間接費の配賦に適している。

② **機械運転時間法**（機械時間法あるいは機械作業時間法ともいう）

製品の製造に要した機械運転時間を配賦基準とする方法である。製造の大部分が機械作業で行われ，機械による加工に多くの時間を要する場合の製造間接費の配賦に適している。

なお，今日のように機械を大規模に使用して原材料を加工することが中心となっている状況下では，機械の減価償却費や修繕費，動力費など，機械関連の製造間接費が増大する。そのため，この場合には，増大した機械関連の製造間接費を製品原価に正しく配賦することができるか否かが重要となる。直接作業時間法は，製造間接費の多くの費目が時の経過とともに発生するため用いられる方法ではあるが，機械の使用時間を考慮しないため，作業の中心が機械作業にある場合の製造間接費の配賦基準としては合理性をもち得ない。したがって，このような認識に従えば，機械を大規模に使用する場合の製造間接費の合理的な配賦基準としては，機械運転時間法を用いることが望ましいと考える。

3．製造間接費の計算―実際配賦―

　原価計算期間における製造間接費の各製品種類への実際配賦額の計算は，次の計算式で行われる。

　　実際配賦額 ＝ 実際配賦率 × 各製品種類の実際配賦基準数値

$$ただし，実際配賦率 = \frac{原価計算期間の製造間接費実際発生額}{同一原価計算期間の実際配賦基準数値総数}$$

ここで，上記下段計算式の実際配賦率とは，原価計算期間における製造間接費の実際発生額にもとづいて事後的に算定される配賦率を実際配賦率という。そして，これら2つの計算式で算出された実際配賦額は，製造間接費から仕掛品への振替仕訳で各製品種類へと配賦される。このことは，製造間接費実際発生額の全額が各製品種類それぞれに配賦されることを意味するため，製造間接費の実際配賦では，実際発生額と実際配賦額が常に一致することになる。

例題21－1　製品製造業を営むM社の製造間接費と配賦基準に関するデータが 資料 である場合，次の問いに答えなさい。なお，M社の熟練工の消費賃率は，＠¥2,400／h，不熟練工の消費賃率は，＠¥1,200／hである。

資料 製造間接費と配賦基準に関するデータ

	No.101	No.102	No.103	工場全体
直接材料費	¥400,000	¥600,000	¥200,000	¥1,200,000
直接労務費	¥?	¥?	¥?	¥?
直 接 経 費	¥200,000	¥120,000	¥80,000	¥400,000
製造間接費	¥?	¥?	¥?	¥1,800,000
直接作業時間	480時間	360時間	360時間	1,200時間
熟 練 工	100時間	350時間	350時間	800時間
不熟練工	380時間	10時間	10時間	400時間
機械運転時間	150時間	150時間	420時間	720時間

① 配賦基準に直接材料費法を採用した場合，製造指図書No.101に関する配賦の仕訳を示しなさい。
② 配賦基準に直接労務費法を採用した場合，製造指図書No.101に関する配賦の仕訳を示しなさい。
③ 配賦基準に直接費法を採用した場合，製造指図書No.101に関する配賦の仕訳を示しなさい。
④ 配賦基準に直接作業時間法を採用した場合，製造指図書No.101に関する配賦の仕訳を示しなさい。
⑤ 配賦基準に機械運転時間法を採用した場合，製造指図書No.101に関する配賦の仕訳を示しなさい。

《解　説》
① （借）仕　掛　品　　600,000　　（貸）製造間接費　　600,000
② （借）仕　掛　品　　522,000　　（貸）製造間接費　　522,000
③ （借）仕　掛　品　　583,200　　（貸）製造間接費　　583,200
④ （借）仕　掛　品　　720,000　　（貸）製造間接費　　720,000
⑤ （借）仕　掛　品　　375,000　　（貸）製造間接費　　375,000

　直接労務費
　　No.101：＠¥2,400／h×100時間＋＠¥1,200／h×380時間
　　　　　＝¥696,000
　　No.102：＠¥2,400／h×350時間＋＠¥1,200／h×10時間
　　　　　＝¥852,000
　　No.103：＠¥2,400／h×350時間＋＠¥1,200／h×10時間
　　　　　＝¥852,000
　　直接労務費合計＝¥696,000＋¥852,000＋¥852,000＝¥2,400,000
＜価額法＞
　実際配賦率
　　直接材料費法：¥1,800,000÷¥1,200,000＝1.5
　　直接労務費法：¥1,800,000÷¥2,400,000＝0.75
　　直　接　費　法：¥1,800,000÷(¥1,200,000＋¥2,400,000
　　　　　　　　　　＋¥400,000)＝0.45
　製造指図書No.101への製造間接費配賦額
　　直接材料費法：1.5×¥400,000＝¥600,000

　　　　　直接労務費法：0.75×¥696,000＝¥522,000
　　　　　直　接　費　法：0.45×(¥400,000＋¥696,000＋¥200,000)
　　　　　　　　　　　　＝¥583,200
　＜時間法＞
　　実際配賦率
　　　直接作業時間法：¥1,800,000÷1,200時間＝＠¥1,500／h
　　　機械運転時間法：¥1,800,000÷720時間＝＠¥2,500／h
　　製造指図書№101への製造間接費配賦額
　　　直接作業時間法：＠¥1,500／h×480時間＝¥720,000
　　　機械運転時間法：＠¥2,500／h×150時間＝¥375,000

　ところで，**製造間接費の実際配賦**では，製造間接費の実際発生額および実際配賦基準数値総数に関するデータが必要となる。そして，製造間接費には，通常，季節ごとに発生額が変化する費目や不規則に発生する費目が含まれる。

　この製造間接費は，一般に，製造活動量の増減とは無関係に，生産能力を保有準備することで，総額において一定期間変化せずに発生する固定製造間接費と，製造活動量の増減に応じて，総額において比例して発生する変動製造間接費とで構成される。しかし，これらのデータは実績値にもとづくため，原価計算期間が終わるまで判明しないものである。

　それゆえ，原価計算期末の都度，集計されたデータをもとに実際配賦を行う場合には，(1)ある製造指図書の製品が原価計算期間の途中で完成する場合でも，製造間接費の実際発生額が判明するまでは，当該製造指図書の製品原価を把握することができないため，製品の単位原価を基礎に販売価格を決定する際には不都合を生じる点や，(2)季節変動や景気変動の影響による活動量の増減で，原価計算期間における実際配賦基準数値総数が変化する場合，製造間接費の実際配賦率が原価計算期間ごとに変化するため，それにもとづいて計算される製品の単位原価も変化する結果，同一の製品でも，製造した原価計算期間によって配賦額が異なるといった不都合を生じる点などの欠点をもつ。

図表21－3　変動費・固定費と実際配賦率

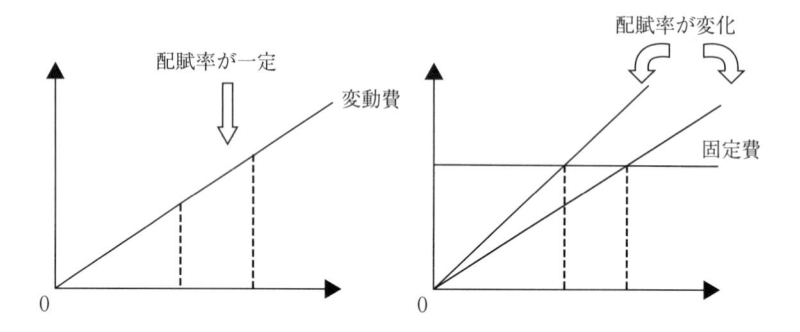

例題21－2　製品製造業を営むM社の製造間接費を固定製造間接費と変動製造間接費とに区分し，それぞれの発生態様を分析した結果が 資料 である場合，次の問いに答えなさい。なお，M社は，製造間接費の配賦基準に機械運転時間法を採用しており，製造指図書No.101の機械運転時間はいずれの場合も50時間であるとする。

資料 製造間接費に関するデータ

	月間の固定費	変動費率
変動製造間接費		
工場消耗品費	－	@¥120／h
間接工賃金	－	@¥960／h
電力料	－	@¥360／h
固定製造間接費		
監督費	¥180,000	－
固定資産税	¥60,000	－
減価償却費	¥120,000	－
	¥360,000	@¥1,440／h

① 機械運転時間が100時間である場合，製造指図書 No.101に関する配賦の仕訳を示しなさい。
② 機械運転時間が125時間である場合，製造指図書 No.101に関する配賦の仕訳を示しなさい。

《解　説》　①（借）仕　掛　品　　252,000　　（貸）製造間接費　　252,000
　　　　　　②（借）仕　掛　品　　216,000　　（貸）製造間接費　　216,000

　　　固定製造間接費の実際配賦率
　　　　100時間の場合：¥360,000÷100時間＝＠¥3,600／h
　　　　125時間の場合：¥360,000÷125時間＝＠¥2,880／h
　　　製造間接費の実際配賦率
　　　　100時間の場合：＠¥3,600／h＋＠¥1,440／h＝＠¥5,040／h
　　　　125時間の場合：＠¥2,880／h＋＠¥1,440／h＝＠¥4,320／h
　　　製造間接費の実際配賦額
　　　　100時間の場合：＠¥5,040／h×50時間＝¥252,000
　　　　125時間の場合：＠¥4,320／h×50時間＝¥216,000

　このように，実際配賦では，季節変動や景気変動の影響による製造活動量の増減で，原価計算期間における実際配賦基準数値総数が変化する(2)の場合，製造間接費に占める固定製造間接費の割合が大きいほど，価格決定，期間損益計算，利益管理などの原価計算目的に好ましくない影響を及ぼすことが懸念される。したがって，製造間接費の配賦額の計算では，あらかじめ妥当と思われる配賦率を算定し，製造間接費を配賦する手続きをとることがある。予定配賦とよばれるこの方法は，正常生産量を前提に算定される配賦率をもって計算するため，正常配賦ともよばれている。

★4．製造間接費の計算―予定配賦―

　原価計算期間における製造間接費の各製品種類への予定配賦額の計算は，次の計算式で行われる。

　　　予定配賦額 ＝ 予定配賦率 × 各製品種類の実際配賦基準数値

　　　ただし，予定配賦率 ＝ $\dfrac{会計期間の製造間接費予定発生額}{同一会計期間の予定配賦基準数値総数}$

ここで，上記下段計算式の予定配賦率とは，会計期間における製造間接費の予定発生額にもとづいて事前的に算定される配賦率のことをいう。それは，実際配賦率の短期平均値の見積もりを意味する配賦率であるともいえ，計算手続きの簡略化や計算の迅速化だけではなく，季節変動や景気変動による影響を排除した製造間接費の計算を可能にすることで，予算管理ができるようになる利点がある。そして，この**製造間接費の予定配賦**は，次のような計算手続きで構成される。

図表21－4　予定配賦の計算手続き

会計期間期首　　（1）予定配賦率の算定
　　　　　　　　　（2）予定配賦額の計算
原価計算期間　　（3）実際発生額の集計
　　　　　　　　　（4）配賦差異の把握と分析
会計期間期末　　（5）配賦差異の会計処理

（1）予定配賦率の算定

製造間接費の予定配賦を行うためには，まず，その会計期間に用いる予定配賦率をあらかじめ算定しておく必要がある。この場合，予定配賦率の計算式は，前述した計算式から次のようにもあらわせる。

$$予定配賦率 = \frac{基準操業度における製造間接費予算額}{配賦基準数値で表現された基準操業度}$$

計算式にある操業度とは，経営能力を一定とした場合の，一定期間における製造活動量の大きさをあらわすものである。そして，正常生産量を反映する操業度である**基準操業度**は，製造間接費の予定配賦率算定の際の分母となる活動水準であらわされる。なお，基準操業度には，会計期間における配賦基準発生数値総数の予測値が用いられるため，基準操業度を予定操業度とよぶこともある。

予定配賦率は，会計期間における製造間接費予定発生額を，ただ1つの活動水準を前提とした基準操業度で除すことで算定される比率であるため，実際配

賦の場合の，固定費の存在と配賦基準発生数値総数の実績値の変化による影響が解消される結果，常に１つの値として予定配賦が算出される点に特徴をもつ。しかし，基準操業度における製造間接費予定発生額は，会計期間における製造間接費実際発生額の予想平均額にもとづいて算定されるものであることから，製造間接費予定発生額は，配賦率算定のためだけではなく，製造間接費管理のためにも使用できるかたちで予測しておくことが望ましい。したがって，製造間接費の予定配賦率の算定には，通常，次の計算式にあるように，操業度変動の影響を受けて変動する**変動費予算額**と影響を受けずに発生する**固定費予算額**とを合計することを通じて設定される製造間接費予算額を製造間接費予定発生額として用いることになる（なお，製造間接費予算額の設定については，厳密には，工業簿記の対象ではないと思われる）。

　　製造間接費予算額 ＝ 変動費予算額 ＋ 固定費予算額

ところで，ここでいう基準操業度には，通常，次のようなものがある。

① 理論的生産能力

　操業の中断がない理想的な状態でのみ達成し得る最高の能率水準であり，理論上，計算可能な最大生産量により測定される操業度。

② 実際的生産能力（実際的操業度，技術的に達成可能な最大操業度）

　理論的生産能力から，機械の故障，修繕，段取りなどの不可避的な作業休止による生産量の減少分を差し引いたフル操業の状態で計算される実現可能な操業度。

③ 平均操業度（正常操業度）

　製品販売上予想される需要の季節変動や景気循環期間全体を通じた需要の変動による活動水準の増減予測を基礎に予想される将来数年間の生産量を平均した操業度。

④　期待実際操業度（予定操業度）

　生産能力の短期的な利用状況を示す活動水準の予測を基礎に予想される次年度の操業度。総合予算算定の基礎となることから予算操業度ともよばれる。

　これらの操業度のうち，①・②は，もっぱら生産技術的条件のみに着目するため，製品需要の制約とは無関係であるのに対し，③・④は，製品需要による操業度の変動を加味している点に特徴がある。また，①は，実際には期待されていない理想的状態での能力水準であるため，現実に採用されることはほとんどない。そのため，経済の成長期には②，安定期には③が基準操業度として用いられ，不安定になってくると④にもとづく予定配賦が行われる傾向が強いように思われる。

（2）予定配賦額の計算

　製造間接費の予定配賦額は，各製品種類および原価計算期間全体について計算する。

　各製品種類の予定配賦額は，予定配賦率に当該各製品種類の実際配賦基準数値を乗ずることで，また，原価計算期間全体の予定配賦額は，当該各製品種類の予定配賦額の期間的総和をなすことで算出する。そのため，予定配賦率に原価計算期間の配賦基準数値総数の実績値（実際操業度）を乗ずることで計算される金額が原価計算期間全体の予定配賦額であるということになる。

（3）実際発生額の集計

　製造間接費の実際発生額は，製品種類別の実際発生額として把握されるのではなく，原価計算期間全体における発生額として，製造間接費を構成する費目別に集計される。なお，各費目の実際発生額には，補助材料費のように価格要素と消費量要素とにもとづいて把握されるものと，減価償却費のように総額として把握されるだけのものとがある。

（4）配賦差異の把握

　製造間接費を予定配賦した結果，原価計算期間における予定配賦額と実際発生額とのあいだには，差額を生じることが通常である。**製造間接費配賦差異**とよばれるこの差額は，実際配賦を採用した場合の計算の遅延や単位原価の変動を排除する予定配賦の特徴である。そのため，製造間接費配賦差異は，次の計算式を用いることで有利差異（貸方差異）か不利差異（借方差異）かを把握することで，原価管理に役立てることが重要となる。

$$製造間接費配賦差異 ＝ 製造間接費予定配賦額 － 製造間接費実際発生額$$

（5）配賦差異の会計処理

　製造間接費勘定の借方項目である実際発生額と貸方項目である予定配賦額との差額で把握される製造間接費配賦差異には，次の会計処理をなす。

　製造間接費の実際発生額が予定配賦額より多い不利差異（借方差異）は，予定配賦額の過小配賦で，利益の減少要因を意味することから，製造間接費勘定貸方に不足額を追記し，製造間接費配賦差異勘定の借方に同額を記帳する。一方，製造間接費の実際発生額が予定配賦額より少ない有利差異（貸方差異）は，予定配賦額の過大配賦で，利益の増加要因を意味することから，製造間接費勘定借方に超過額を追記し，製造間接費配賦差異勘定の貸方に同額を記帳する。製造間接費配賦差異勘定に関するこのような処理を会計期間を通じてなした場合の残高は，営業外損益として処理する異常な場合を除き，原則として，会計年度末に売上原価勘定に振り替えられ，売上原価に賦課される。

例題21-3 製品製造業を営むM社は製造間接費の配賦に機械運転時間法による予定配賦を採用している。配賦基準に関するすべてのデータが「資料」である場合、次の問いに答えなさい。

「資料」製造間接費と配賦基準に関するデータ

1 製造間接費年間予測データ
　(1) 基準操業度（機械運転時間）　　2,400時間
　(2) 製造間接費予算額　　　　　　　¥7,776,000

2 原価計算期間実績データ

		No.101	No.102	No.103
実際操業度	機械運転時間	50時間	40時間	35時間
変動製造間接費	工場消耗品費	¥7,000	¥5,600	¥4,900
	間接工賃金	¥50,000	¥40,000	¥35,000
	電力料	¥20,000	¥16,000	¥14,000
固定製造間接費	監督費	¥180,000		
	固定資産税	¥60,000		
	減価償却費	¥120,000		

① 予定配賦に関する仕訳を示しなさい。
② 製造間接費配賦差異に関する仕訳を示しなさい。
③ 製造間接費配賦差異が会計年度末の残高である場合に売上原価に賦課する仕訳を示しなさい。

《解　説》　① （借）仕　掛　品　405,000　（貸）製造間接費　405,000
　　　　　② （借）製造間接費配賦差異　147,500　（貸）製造間接費　147,500
　　　　　③ （借）売　上　原　価　147,500　（貸）製造間接費配賦差異　147,500

① 予定配賦率＝¥7,776,000÷2,400時間＝@¥3,240／h
　No.101への予定配賦額＝@¥3,240／h×50時間＝¥162,000
　No.102への予定配賦額＝@¥3,240／h×40時間＝¥129,600
　No.103への予定配賦額＝@¥3,240／h×35時間＝¥113,400

　　　　　予定配賦額合計 ＝ ¥162,000 ＋ ¥129,600 ＋ ¥113,400 ＝ ¥405,000
　② 工場消耗品費：¥7,000 ＋ ¥5,600 ＋ ¥4,900 ＝ ¥17,500
　　　間 接 工 賃 金：¥50,000 ＋ ¥40,000 ＋ ¥35,000 ＝ ¥125,000
　　　電　　力　　料：¥20,000 ＋ ¥16,000 ＋ ¥14,000 ＝ ¥50,000
　　　　実際発生額合計 ＝ ¥17,500 ＋ ¥125,000 ＋ ¥50,000 ＋
　　　　　　　　　　　　¥180,000 ＋ ¥60,000 ＋ ¥120,000 ＝ ¥552,500
　　　製造間接費配賦差異 ＝ ¥405,000 － ¥552,500 ＝ △¥147,500

5．製造間接費配賦差異の差異分析

　予定配賦率を用いれば，製造された製品の数量と製品製造に要した操業度とで，製品の単位原価の計算が可能になる。しかし，当該原価はあくまでも予定額に過ぎないため，原価計算期間における製造間接費の各製品種類への実際発生額が確定すると，予定配賦額と実際発生額との差額として製造間接費配賦差異が把握される。この製造間接費配賦差異は，製造間接費予算額が，ただ予定配賦率算定のためだけではなく，製造間接費管理のためにも使用できるかたちで計算され，予定配賦率を算定する際の計算式の分子に用いられている場合には，なぜそのような配賦差異が生じたのかを分析し，是正措置を講じることが原価管理上の意味をもつ。

　差異分析ともよばれる，この製造間接費配賦差異の分析は，次の計算式にあるように，製造間接費配賦差異を総差異として把握した後，当該差異を予算差異と操業度差異の２つの差異に分解し，分析する方法である。

　　　製造間接費配賦差異（総差異）＝ 予定配賦額 － 実際発生額
　　　　　　　　　　　　　　　　　＝ 予算差異 ＋ 操業度差異

ここで，**予算差異**とは，実際操業度で許容される製造間接費の予算額（予算許容額）と実際発生額との差異を，また，**操業度差異**とは，予定配賦額と予算許容額との差異を意味する。そして，それらは，通常，次の計算式で示される。

予 算 差 異 ＝ 予算許容額 － 実際発生額
操業度差異 ＝ 予定配賦額 － 予算許容額

（１）予算差異

予算差異を分析する場合，製造間接費の予定配賦率算定に用いられる予算額には，通常，次のようなものがある（なお，以下で用いる変動費率とは，基準操業度における配賦基準数値の単位当たり変動費額を意味するものとする）。

① 固定予算

予算期間に予想される一定の操業度（基準操業度）を基礎に設定される予算額をいう。固定予算は，次の計算式にあるように，実際操業度と基準操業度とが乖離しても予算額が変更されない点に特徴を有する。

製造間接費予算額 ＝ 変動費率 × 基準操業度 ＋ 固定費予算額

② 変動予算

予算期間に予想される操業度の変化に弾力的に対応すべく設定される予算額をいう。そして，変動予算には，製造間接費が線形で計算されるという仮定のもと設定される公式法変動予算と，ある一定期間ごとの操業度に対応する製造間接費を実査によって設定する実査法変動予算とがある。このうち，公式法変動予算は，次の計算式にあるように，実際操業度における変動費予算に基準操業度における固定費予算を加えたものを実際操業度における予算額とする点に特徴を有する。

製造間接費予算額 ＝ 変動費率 × 実際操業度 ＋ 固定費予算額

図表21－5　固定予算と変動予算

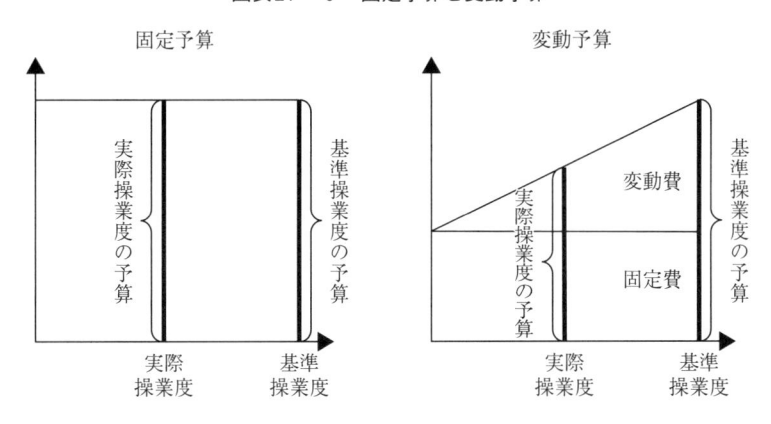

　そのため，製造間接費を固定予算にもとづいて設定する場合の予算差異は，具体的には，次の計算式で示される。

　―固定予算の予算差異―
　　予算差異 ＝ 予算許容額（固定予算額）－ 実際発生額
　　　　　　＝ 変動費率 × 基準操業度 ＋ 固定費予算額 － 実際発生額

上記計算式からもわかるように，固定予算による場合，実際操業度の予算額は，基準操業度の予算額と同額となる。これは，基準操業度における予算額が，常に，製造間接費予算額となるためで，製造間接費の大部分を固定費が占める場合や，実際操業度と基準操業度とがほぼ等しい場合には，固定予算を製造間接費予算額の設定に用いることも可能となる。しかし，それは，別言すれば，操業度の変動に応じて発生額が変化する費目の存在を認めないことになるため，実際操業度が基準操業度を下回る場合には，予算差異が過少に計算されることになる等の不都合を生じる。したがって，このような認識に従えば，固定予算を製造間接費予算額の設定に用いることは，原価管理を行ううえでは適当ではなく，変動予算を製造間接費予算額の設定に用いることが，原価管理上，適当であると思われる。そして，製造間接費を変動予算にもとづいて設定する場合の予算差異は，次の計算式で示される。

―変動予算の予算差異―
　　予算差異 ＝ 予算許容額（変動予算額）－ 実際発生額
　　　　　　 ＝ 変動費率 × 実際操業度 ＋ 固定費予算額 － 実際発生額

　変動予算による場合，予算差異は，実際操業度で発生すべき製造間接費の予算許容額と実際発生額の差異であるため，変動予算の予算差異は，変動製造間接費の予算が守れなかったことにより発生する差異であるともみてとれる。それゆえ，予算差異は，能率が悪く変動予算が守れなかった場合には不利差異（借方差異）が，また，能率が良く変動予算が守れた場合には有利差異（貸方差異）が差異として発生する。

（２）操業度差異
　変動予算にもとづいて操業度差異を分析する場合，操業度差異は，次の計算式で示される（なお，計算式の固定費率とは，基準操業度の固定費予算額を基準操業度における配賦基準数値で除したものである）。

―変動予算の操業度差異―
　　操業度差異 ＝ 予定配賦額 － 予算許容額（変動予算額）
　　　　　　　 ＝ 固定費率 ×（実際操業度 － 基準操業度）

　上記計算式からもわかるように，操業度差異は，原価計算期間における実際操業度と，予定配賦率算定の際の基準操業度とのあいだの乖離により生じる差異である。そして，それは，実際操業度が基準操業度よりも小さい場合には不利差異（借方差異）が，また，実際操業度が基準操業度よりも大きい場合には有利差異（貸方差異）が差異として発生することを意味している。それゆえ，実際的生産能力を基準操業度とする場合の操業度差異は，実際操業度がフル操業の状態を前提とする実際的生産能力を超えることができないことから，常に不利差異（借方差異）が発生することになる（この場合の操業度差異は，生産能力を遊休化したことにより生じた固定製造間接費の損失（不働能力費）を意味することから，不働能力差異ともよばれる）。したがって，このような認識に従えば，生産能

力の遊休化等により生じる固定製造間接費の配賦の是非を分析対象とする操業度差異は，別言すれば，設備の実際操業度が基準操業度と一致していれば問題とはならない製品原価計算のための会計処理と固定製造間接費管理のための会計処理との違いによって生じる差異ともみてとれる。

なお，操業度差異を固定予算にもとづいて分析する場合には，次の計算式で示される。確認されたい。

―固定予算の操業度差異―

操業度差異 ＝ 予定配賦額 － 予算許容額（固定予算額）
　　　　　 ＝ 予定配賦率 ×（実際操業度 － 基準操業度）

以上の結果，製造間接費配賦差異に関する差異分析を，予算差異と操業度差異の観点から図示したものが，次の図表である。

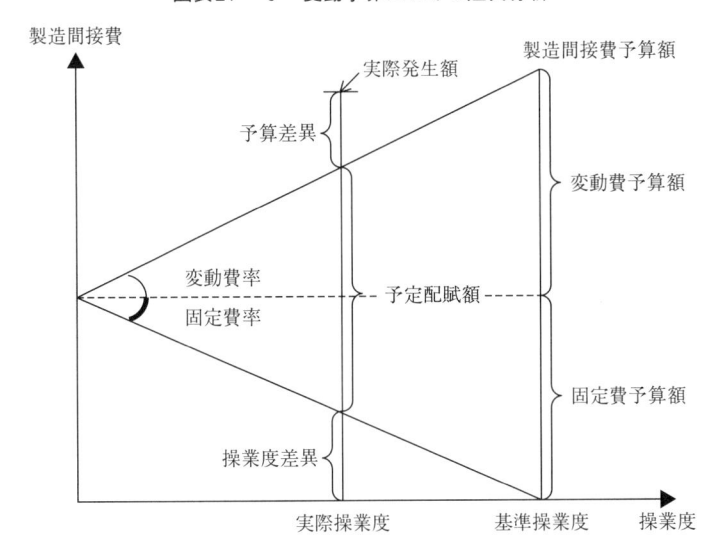

図表21－6　変動予算における差異分析

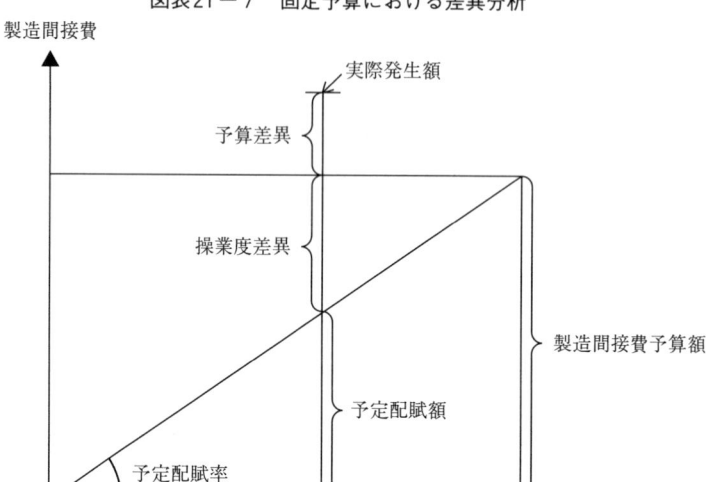

図表21－7　固定予算における差異分析

製造間接費

実際発生額
予算差異
操業度差異
製造間接費予算額
予定配賦額
予定配賦率
実際操業度　基準操業度　操業度

例題21－4　製品製造業を営むM社は製造間接費の配賦に機械運転時間法による予定配賦を採用している。配賦基準に関するすべてのデータが 資料 である場合，次の問いに答えなさい。

資料　製造間接費と配賦基準に関するデータ

1　製造間接費年間予測データ
　（1）基準操業度（機械運転時間）
　　　　　　No.101　　　　840時間
　　　　　　No.102　　　　960時間
　　　　　　No.103　　　　600時間
　（2）製造間接費予算額（変動予算）
　　　年間固定額　監　督　費　￥2,160,000
　　　　　　　　　固定資産税　￥720,000
　　　　　　　　　減価償却費　￥1,440,000
　　　変 動 費 率　工場消耗品費　@￥120／h
　　　　　　　　　間接工賃金　@￥960／h
　　　　　　　　　電　力　料　@￥360／h

2　原価計算期間実績データ

	No.101	No.102	No.103
実際操業度			
機械運転時間	50時間	40時間	35時間
変動製造間接費			
工場消耗品費	¥7,000	¥5,600	¥4,900
間 接 工 賃 金	¥50,000	¥40,000	¥35,000
電　　力　　料	¥20,000	¥16,000	¥14,000
固定製造間接費			
監　　督　　費	¥180,000			
固 定 資 産 税	¥60,000			
減 価 償 却 費	¥120,000			

① 予定配賦に関する仕訳を示しなさい。
② 製造間接費配賦差異に関する仕訳を示しなさい。
③ 製造間接費配賦差異を差異分析する際の仕訳を示しなさい。

《解　説》　① （借）仕　　掛　　品　405,000　（貸）製 造 間 接 費　405,000
② （借）製造間接費配賦差異　147,500　（貸）製 造 間 接 費　147,500
③ （借）予　算　差　異　12,500　（貸）製造間接費配賦差異　147,500
　　　　操 業 度 差 異　135,000

① 基準操業度（機械運転時間）＝840時間＋960時間＋600時間
　　　　　　　　　　　　　　＝2,400時間
　　変動費率＝＠¥120／h＋＠¥960／h＋＠¥360／h＝＠¥1,440／h
　　製造間接費予算額＝＠¥1,440／h×2,400時間＋¥2,160,000
　　　　　　　　　　　＋¥720,000＋¥1,440,000＝¥7,776,000
　　予定配賦率＝¥7,776,000÷2,400時間＝＠¥3,240／h
　　　　No.101への予定配賦額＝＠¥3,240／h×50時間＝¥162,000
　　　　No.102への予定配賦額＝＠¥3,240／h×40時間＝¥129,600
　　　　No.103への予定配賦額＝＠¥3,240／h×35時間＝¥113,400
　　　　　　予定配賦額合計＝¥162,000＋¥129,600＋¥113,400＝¥405,000
② 工場消耗品費：¥7,000＋¥5,600＋¥4,900＝¥17,500
　　間 接 工 賃 金：¥50,000＋¥40,000＋¥35,000＝¥125,000
　　電　　力　　料：¥20,000＋¥16,000＋¥14,000＝¥50,000

実際発生額合計＝¥17,500＋¥125,000＋¥50,000＋¥180,000
　　　　　　　＋¥60,000＋¥120,000＝¥552,500
製造間接費配賦差異＝¥405,000－¥552,500＝△¥147,500
③　実際操業度（機械運転時間）＝50時間＋40時間＋35時間＝125時間
変 動 費 率＝@¥120／h＋@¥960／h＋@¥360／h＝@¥1,440／h
予算許容額＝@¥1,440／h×125時間＋（¥2,160,000＋¥720,000
　　　　　　＋¥1,440,000）÷12カ月＝¥540,000
予 算 差 異＝¥540,000－¥552,500＝△¥12,500
操業度差異＝¥405,000－¥540,000＝△¥135,000

例題21－5　製品製造業を営むM社は製造間接費の配賦に機械運転時間法による予定配賦を採用している。配賦基準に関するすべてのデータが 資料 である場合、次の問いに答えなさい。

資料　製造間接費と配賦基準に関するデータ

1　製造間接費年間予測データ
　（1）基準操業度（機械運転時間）
　　　　　　　　No.101　　　　840時間
　　　　　　　　No.102　　　　960時間
　　　　　　　　No.103　　　　600時間
　（2）製造間接費予算額（固定予算）　　¥7,760,000

2　原価計算期間実績データ

	No.101	No.102	No.103
実際操業度			
機械運転時間	50時間	40時間	35時間
変動製造間接費			
工場消耗品費	@¥140／h		
間接工賃金	@¥1,000／h		
電　力　料	@¥400／h		
固定製造間接費			
監　　督　　費	¥180,000		
固定資産税	¥60,000		
減価償却費	¥120,000		

① 予定配賦に関する仕訳を示しなさい。
② 製造間接費配賦差異に関する仕訳を示しなさい。
③ 製造間接費配賦差異を差異分析する際の仕訳を示しなさい。

《解　説》　① （借）仕　　　掛　　　品　405,000　　（貸）製　造　間　接　費　405,000
② （借）製造間接費配賦差異　147,500　　（貸）製　造　間　接　費　147,500
③ （借）操　業　度　差　異　243,000　　（貸）製造間接費配賦差異　147,500
　　　　　　　　　　　　　　　　　　　　　　　　予　算　差　異　　95,500

① 基準操業度（機械運転時間）＝840時間＋960時間＋600時間
　　　　　　　　　　　　　　 ＝2,400時間
　予定配賦率＝¥7,776,000÷2,400時間＝＠¥3,240／h
　No.101への予定配賦額＝＠¥3,240／h×50時間＝¥162,000
　No.102への予定配賦額＝＠¥3,240／h×40時間＝¥129,600
　No.103への予定配賦額＝＠¥3,240／h×35時間＝¥113,400
　　予定配賦額合計＝¥162,000＋¥129,600＋¥113,400＝¥405,000
② 実際操業度（機械運転時間）＝50時間＋40時間＋35時間＝125時間
　工場消耗品費：＠¥140／h×125時間＝¥17,500
　間 接 工 賃 金：＠¥1,000／h×125時間＝¥125,000
　電　　力　　料：＠¥400×125時間＝¥50,000
　　実際発生額合計＝¥17,500＋¥125,000＋¥50,000＋¥180,000
　　　　　　　　　＋¥60,000＋¥120,000＝¥552,500
　製造間接費配賦差異＝¥405,000－¥552,500＝△¥147,500
③ 予算許容額＝¥7,776,000÷12カ月＝¥648,000
　予 算 差 異＝¥648,000－¥552,500＝¥95,500
　操業度差異＝¥405,000－¥648,000＝△¥243,000

第21章　製造間接費の計算　◇　233

第22章 原価の部門別計算

★1．部門別計算の定義と目的

　費目別計算において把握された原価要素を，各原価部門別に分類集計する手続きを原価の**部門別計算**という。それは，製造された一定単位の製品との関連で，その発生が直接的には認識されない製造間接費を原価計算する際の第2次の計算段階であり，①合理的で正確な製品原価の計算と②適切な原価管理に役立つ原価情報の提供を目的とする。

2．原価部門の設定

　製品の製造原価は，通常，費目別計算，部門別計算，製品別計算の3つの原価計算段階を通じて算出される。ところが，工場規模が比較的小さく，製造工程が単純な場合には，部門別計算を省略することが可能な場合が存在する。しかし，工場規模が大きくなり，製造工程が複雑化すると，部門別計算の省略は，製品単位当たりの原価を正確に計算することをむずかしくする。

　製造指図書別の発生額が直接的に認識される製造直接費は，直接集計（直課あるいは賦課という）することで，製品原価の計算結果の正確性を確保する。ところが，製造指図書別の発生額が直接的には認識されない製造間接費は，工場の作業内容次第で，発生する製造間接費の内容が異なるため，工場全体で計算される単一の配賦基準を用いるよりも，製造間接費を原価の発生態様に応じてグループ別に集計しなおし，グループごとの発生額を適切な配賦基準で配賦するようにしたほうが，より正確な製造間接費の配賦計算を可能とする。

　製造間接費をより合理的に配賦するため，費目別計算で把握された工場全体

の製造間接費の部門別計算を実施し，各製造部門別の製造間接費を把握した後，各製造部門別の適切な配賦基準で，製造間接費を各製品種類に配賦するこの方法を製造間接費の**部門別配賦**という。

図表22－1　製造間接費の部門別配賦

```
      費目別計算              部門別計算            製品別計算
                          直課（賦課ともいう）
製造直接費発生額 ─────────────────────────┐
                                                   ▼
                                              ┌─────────────┐
                                              │製品種類別製造原価│
                                              └─────────────┘
製造間接費発生額 ─────→ 部門別製造間接費 ─────↑
                                         部門別配賦
```

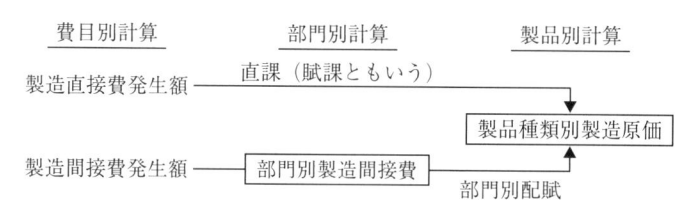

部門別配賦による場合，原価計算期間における原価の発生を機能別，責任区分別に管理するとともに，製品原価の計算を正確にするために，原価要素を分類集計する計算組織上の区分として，原価部門が設けられる。そして，製造原価の実際発生額を集計する場所的区分を意味する原価部門は，製造部門と補助部門とに分類される。ここで，**製造部門**は，材料の切断や組み立て，塗装などのように，製品の製造に直接的に従事する原価部門をいい，鋳造部，鍛造部，機械加工部，組立部等，製造の段階別，あるいは製造活動の種類別で細分される点に特徴をもつ。一方，**補助部門**は，製品の製造に直接的には従事しないが，製造部門にさまざまな用役（サービス）を提供する，製造部門に対して補助的な関係にある原価部門をいい，動力部，修繕部，検査部等，自己の製品または用役（サービス）を製造部門に提供することで，製造部門の作業を行いやすくする補助経営部門と，工場事務部，企画部，労務部等，製造部門および補助経営部門の事務全般に対する管理的機能を担う工場管理部門とで，製造部門が円

図表22－2　原価部門の分類

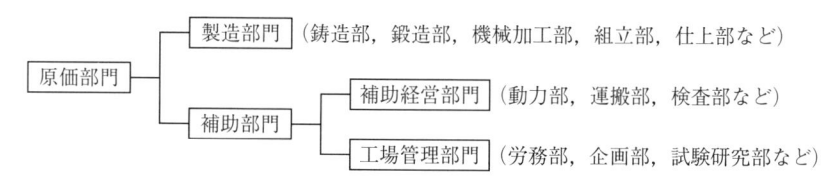

```
              ┌─ 製造部門 ──（鋳造部，鍛造部，機械加工部，組立部，仕上部など）
              │
原価部門 ─────┤           ┌─ 補助経営部門 （動力部，運搬部，検査部など）
              └─ 補助部門 ─┤
                          └─ 工場管理部門 （労務部，企画部，試験研究部など）
```

滑に操業できるようサポートする点に特徴をもつ。

なお，原価部門を設定する際，工場は，生産管理の観点から，設備（機械）や作業の種類等，製品製造の流れの中で原価部門を区分する。これは，基本的に異なる業務部門には，異なる原価が発生することを根拠とするが，より効果的な原価管理を行うためには，工場組織図に設定される責任・権限の関係を重視し，計算の経済性を考慮した原価部門を設定する必要がある。

★3．部門費の集計

部門別に分類集計する原価要素の範囲は，部門別計算の目的や採用する原価計算の形態などに依存するが，合理的な製品原価計算を重視し，個別原価計算を採用する場合には，製造間接費だけが部門費の集計の対象となる。そして，この場合の部門別計算の手続きは，次の3つの段階からなる。

① 原価部門の部門費の計算…製造間接費の各原価部門への集計
② 製造部門の部門費の計算…補助部門費の各製造部門への配賦
③ 製造指図書の製造間接費配賦額の計算…製造部門費の各製品への配賦

★（1）部門費の第1次集計

製造間接費の部門別計算で，各製造指図書の製造間接費配賦額を計算するためには，まず，各原価部門の部門費を計算する必要がある。各原価部門の部門費は，次の計算式で算定されるが，各原価部門に集計される部門費は，製造間接費が特定の原価部門で発生したことが直接的に認識されるか否かによって，部門個別費と部門共通費とに分類される。

部門費 ＝ 各原価部門の部門個別費 ＋ 部門共通費配賦額

$$\text{ただし，部門共通費配賦額} = \frac{\text{特定の原価部門の配賦基準量}}{\text{全原価部門の配賦基準量総数}} \times \text{部門共通費}$$

ここで，**部門個別費**は，部門内で発生する補助材料費や職長の給料，専属従業員の間接賃金等，原価を各原価部門に集計する際，その費目が特定部門で発生した（消費された）ことを直接的に認識できるものをいう。一方，**部門共通費**は，複数部門が使用する工場建物の減価償却費や固定資産税，保険料等，原価を各原価部門に集計する際，その費目が複数部門に共通して発生するため，特定部門で発生した（消費された）ことを直接的には認識できないものをいう。

　部門個別費は，特定の原価部門における製造活動とその発生額（消費額）との因果関係を直接的・個別的に認識することができるため，各原価部門にその金額を直接集計（直課あるいは賦課という）すればよい。しかし，部門共通費は，全部または一部の原価部門に共通する原価として発生することから，特定の原価部門における製造活動とその発生額（消費額）との因果関係を直接的・個別的に認識することができないため，何らかの合理的な基準により，部門共通費を各原価部門に按分したうえで集計することが必要となる。

　部門共通費を関係する各原価部門に按分する手続きを配賦というが，配賦の具体的な方法には，通常，(1)すべての部門共通費を一括して単一の配賦基準で配賦する一括配賦法や，(2)適切と考えられる配賦基準を同じくする費目については1つのグループにまとめたうえで各原価部門に配賦する費目群別配賦法，(3)部門共通費を構成する個々の費目ごとに適切な配賦基準を用いて配賦する費目別配賦法，の3つが考えられている。そして，これらの配賦方法は，①配賦されるべき部門共通費の発生額と配賦基準とのあいだに相関関係があることや，②各原価部門に共通の基準であること，③配賦基準量の把握が経済的に可能であること，などを考慮し，各費目別に適切な配賦基準を用いて配賦することが重要となるため，上記(1)の方法は，部門共通費の総額が部門個別費の総額に比して小さく，重要性が低い場合を除いては適切な方法ではないとされている。したがって，部門共通費を配賦する方法は，上記(3)の方法を原則的方法とし，上記(2)の方法を採用することが妥当であると思われる。

　なお，製造間接費の各費目を部門個別費と部門共通費とに分類したのち，部門個別費はその原価部門に直課する，部門共通費は関係する原価部門に配賦するというこの手続きを部門費の第1次集計という。

例題22－1 製品製造業を営むM社は、2つの製造部門（加工部門，組立部門）と3つの補助部門（動力部門，修繕部門，事務部門）をもち，部門費の計算を行っている。当月の製造間接費に関するデータが 資料1 ，部門共通費の配賦基準が 資料2 である場合，製造間接費を各原価部門費勘定に振り替えるための仕訳を示しなさい。

資料1 製造間接費に関するデータ

		加工部門	組立部門	動力部門	修繕部門	事務部門
個別費	間接材料費	￥180,000	￥200,000	￥30,000	￥45,000	―
	間接労務費	￥200,000	￥160,000	￥10,000	￥18,000	￥11,000
	間接経費	￥70,000	￥114,000	￥8,000	￥15,000	￥4,000
共通費	福利厚生費	￥240,000				
	建物減価償却費	￥600,000				

資料2 部門共通費の配賦基準

	合計	加工部門	組立部門	動力部門	修繕部門	事務部門
従業員数	80人	25人	15人	10人	10人	20人
専有面積	500㎡	200㎡	180㎡	30㎡	70㎡	20㎡

《解　説》　（借）加工部門費　765,000　　（貸）製造間接費　1,905,000
　　　　　　　　　組立部門費　735,000
　　　　　　　　　動力部門費　114,000
　　　　　　　　　修繕部門費　192,000
　　　　　　　　　事務部門費　 99,000

部門費集計表

(単位：円)

摘要	配賦基準	製造部門		補助部門		
		加工部門	組立部門	動力部門	修繕部門	事務部門
部門個別費		450,000	474,000	48,000	78,000	15,000
部門共通費						
福利厚生費	従業員数	75,000	45,000	30,000	30,000	60,000
建物減価償却費	専有面積	240,000	216,000	36,000	84,000	24,000
部門費		765,000	735,000	114,000	192,000	99,000

★（2）部門費の第2次集計

　部門費の第1次集計で，各原価部門に集計された製造間接費は，最終的には各製品種類に配賦され，製品原価の一部となる。ところが，補助部門に集計された製造間接費（補助部門費）は，製品の製造活動に直接関係しないことから，補助部門費と各製造指図書における製造活動とのあいだの因果関係にもとづいて，補助部門費を各製造指図書に直接配賦する適切な配賦基準を決定するには困難をともなうとされている。しかし，補助部門は，製造部門等をサポートするための原価部門であるため，補助部門費を製造部門に配賦するための合理的な配賦基準は存在する。そこで，部門別計算では，次の計算式で示すように，補助部門費を各製造部門にいったん配賦したうえで，補助部門費からの配賦額をも含んだ製造部門費を各製品種類に配賦するという手続きをとることで，製造間接費の各製品種類への合理的な配賦を達成する方法がとられている。

　ここで，補助部門費を一定の配賦基準に従って各製造部門へ配賦し，すべての部門費を製造部門に集計するこの手続きを部門費の第2次集計という。部門費の第2次集計では，部門費の第1次集計でなされる各原価部門の部門費の計算は所与のものであることから，部門費の第1次集計が，部門費の第2次集計に採用される補助部門費の配賦方法の影響を受けることはない。そして，原価の部門別計算は，この集計の手続きをもってすべての計算を完成する。

$$製造部門費 = 各製造部門の部門費 + 補助部門費配賦額$$

$$ただし，補助部門費配賦額 = \frac{特定の原価部門の配賦基準量}{全対象原価部門の配賦基準量総数} \times 補助部門費$$

　部門費の第2次集計では，補助部門費の用役（サービス）の利用の程度をよりよく反映できる適切な配賦方法の選択が重要となる。これは，原価部門としての補助部門が，製造部門に対して用役（サービス）を提供するだけではなく，他の補助部門に対しても用役（サービス）を提供することに起因する。したがって，補助部門費の配賦方法には，補助部門間相互における用役（サービス）の授受の事実を配賦計算でどの程度考慮するかについて，いくつかの仮定が必要となり，考慮の度合いで，具体的には，直接配賦法，階梯式配賦法，相互配

賦法等の方法に分けられる。

★① 直接配賦法

　補助部門間相互における用役（サービス）の授受の事実を配賦計算上すべて無視して，補助部門費を製造部門に対してのみ配賦する方法をいう。直接配賦法は，補助部門が他の補助部門に用役（サービス）を提供していたとしても，これを考慮しないことから，配賦計算の簡略化は図れるが，計算の正確性は阻害されることになる。

例題22－2　製品製造業を営むM社は，2つの製造部門（加工部門，組立部門）と3つの補助部門（動力部門，修繕部門，事務部門）をもち，部門費の計算を行っている。当月の製造間接費に関するデータが 資料1 ，部門共通費の配賦基準が 資料2 ，補助部門費の配賦基準が 資料3 である場合，次の問いに答えなさい。なお，M社は，補助部門費の配賦基準に直接配賦法を採用している。

資料1　製造間接費に関するデータ

		加工部門	組立部門	動力部門	修繕部門	事務部門
個別費	間接材料費	¥180,000	¥200,000	¥30,000	¥45,000	―
	間接労務費	¥200,000	¥160,000	¥10,000	¥18,000	¥11,000
	間接経費	¥70,000	¥114,000	¥8,000	¥15,000	¥4,000
共通費	福利厚生費	¥240,000					
	建物減価償却費	¥600,000				

資料2　部門共通費の配賦基準

	合計	加工部門	組立部門	動力部門	修繕部門	事務部門
従業員数	80人	25人	15人	10人	10人	20人
専有面積	500㎡	200㎡	180㎡	30㎡	70㎡	20㎡

資料3　補助部門費の配賦基準

	合計	加工部門	組立部門	動力部門	修繕部門	事務部門
動力消費量	1,000kwh	500kwh	300kwh	―	150kwh	50kwh
修繕作業時間	60時間	30時間	20時間	10時間	―	―
従業員数	80人	25人	15人	10人	10人	20人

① 製造間接費を各原価部門費勘定に振り替える仕訳を示しなさい。
② 補助部門費を各製造部門費勘定に振り替える仕訳を示しなさい。

《解　説》　①（借）加工部門費　　765,000　　（貸）製造間接費　1,905,000
　　　　　　　　　組立部門費　　735,000
　　　　　　　　　動力部門費　　114,000
　　　　　　　　　修繕部門費　　192,000
　　　　　　　　　事務部門費　　 99,000
　　　　　②（借）加工部門費　　248,325　　（貸）動力部門費　　114,000
　　　　　　　　　組立部門費　　156,675　　　　　修繕部門費　　192,000
　　　　　　　　　　　　　　　　　　　　　　　　　事務部門費　　 99,000

部門費集計表

(単位：円)

摘　要	配賦基準	製造部門		補助部門		
		加工部門	組立部門	動力部門	修繕部門	事務部門
部門個別費		450,000	474,000	48,000	78,000	15,000
部門共通費						
福利厚生費	従業員数	75,000	45,000	30,000	30,000	60,000
建物減価償却費	専有面積	240,000	216,000	36,000	84,000	24,000
部門費		765,000	735,000	114,000	192,000	99,000
動力部門費	動力消費量	71,250	42,750			
修繕部門費	修繕作業時間	115,200	76,800			
事務部門費	従業員数	61,875	37,125			
配賦額		248,325	156,675			
製造部門費		1,013,325	891,675			

② **階梯式配賦法**

　補助部門間相互における用役（サービス）の授受に，(1)他の補助部門への用役（サービス）提供先の数の多い補助部門を優先的に取り扱う［第1基準］，(2)他の補助部門への用役（サービス）提供先の数が同数となる補助部門の場合には，部門費の多い補助部門を優先的に取り扱う［第2基準］，とすることで補助部門に優先順位をつけ，その優先順位の高い補助部門から低い補助部門への用役（サービス）提供の事実は配賦計算上も認めるが，低い補助部門から高い補助部門への用役（サービス）提供の事実は配賦計算上無視して補助部門費を配賦す

る方法をいう。階梯式配賦法は，直接配賦法では阻害された計算の正確性を確保すべく，計算の複雑化をもたらさない範囲で，可能な限り，補助部門費発生の実態を配賦計算に反映させようとする点に特徴をもつ。

> 例題22－3 製品製造業を営むM社は，2つの製造部門（加工部門，組立部門）と3つの補助部門（動力部門，修繕部門，事務部門）をもち，部門費の計算を行っている。当月の製造間接費に関するデータが 資料1 ，部門共通費の配賦基準が 資料2 ，補助部門費の配賦基準が 資料3 である場合，次の問いに答えなさい。なお，M社は，補助部門費の配賦基準に階梯式配賦法を採用している。
>
> 資料1 製造間接費に関するデータ
>
> | | | 加工部門 | 組立部門 | 動力部門 | 修繕部門 | 事務部門 |
> |---|---|---|---|---|---|---|
> | 個別費 | 間接材料費 | ¥180,000 | ¥200,000 | ¥30,000 | ¥45,000 | － |
> | | 間接労務費 | ¥200,000 | ¥160,000 | ¥10,000 | ¥18,000 | ¥11,000 |
> | | 間接経費 | ¥70,000 | ¥114,000 | ¥8,000 | ¥15,000 | ¥4,000 |
> | 共通費 | 福利厚生費 | ¥240,000 |||||
> | | 建物減価償却費 | ¥600,000 |||||
>
> 資料2 部門共通費の配賦基準
>
> | | 合計 | 加工部門 | 組立部門 | 動力部門 | 修繕部門 | 事務部門 |
> |---|---|---|---|---|---|---|
> | 従業員数 | 80人 | 25人 | 15人 | 10人 | 10人 | 20人 |
> | 専有面積 | 500㎡ | 200㎡ | 180㎡ | 30㎡ | 70㎡ | 20㎡ |
>
> 資料3 補助部門費の配賦基準
>
> | | 合計 | 加工部門 | 組立部門 | 動力部門 | 修繕部門 | 事務部門 |
> |---|---|---|---|---|---|---|
> | 動力消費量 | 1,000kwh | 500kwh | 300kwh | － | 150kwh | 50kwh |
> | 修繕作業時間 | 60時間 | 30時間 | 20時間 | 10時間 | － | － |
> | 従業員数 | 80人 | 25人 | 15人 | 10人 | 10人 | 20人 |
>
> ① 製造間接費を各原価部門費勘定に振り替える仕訳を示しなさい。
> ② 補助部門費を各製造部門費勘定に振り替える仕訳を示しなさい。

《解 説》 ① (借) 加工部門費 765,000 (貸) 製造間接費 1,905,000
              組立部門費 735,000
              動力部門費 114,000
              修繕部門費 192,000
              事務部門費 99,000
       ② (借) 加工部門費 57,000 (貸) 動力部門費 114,000
              組立部門費 34,200
              修繕部門費 17,100
              事務部門費   5,700
          (借) 加工部門費 52,350 (貸) 事務部門費 104,700
              組立部門費 31,410
              修繕部門費 20,940
          (借) 加工部門費 138,024 (貸) 修繕部門費 230,040
              組立部門費 92,016

部門費集計表

(単位：円)

摘 要	配賦基準	製造部門		補助部門		
		加工部門	組立部門	修繕部門	事務部門	動力部門
部門個別費		450,000	474,000	78,000	15,000	48,000
部門共通費						
福利厚生費	従業員数	75,000	45,000	30,000	60,000	30,000
建物減価償却費	専有面積	240,000	216,000	84,000	24,000	36,000
部門費		765,000	735,000	192,000	99,000	114,000
動力部門費	動力消費量	57,000	34,200	17,100	5,700	
事務部門費	従業員数	52,350	31,410	20,940		
修繕部門費	修繕作業時間	138,024	92,016			
配賦額		247,374	157,626	230,040	104,700	
製造部門費		1,012,374	892,626			

③ 相互配賦法

　補助部門間相互における用役（サービス）の授受の事実を配賦計算上すべて認めて，補助部門費を配賦する方法をいう。相互配賦法は，部門間の用役（サービス）の提供割合をすべて考慮して配賦する方法であることから，補助部門費発生の実態に合致した最も正確な配賦方法であり，補助部門間相互における用役（サービス）の授受の事実が，配賦計算上，無視し得ないほどの重要性をもつ場合には，採用すべき方法であると思われる。しかし，相互配賦法では，

第22章　原価の部門別計算　◇　243

ある補助部門が他の補助部門に用役（サービス）を提供したという事実から，他の補助部門に補助部門費を配賦したとしても，その補助部門費の一部は，用役（サービス）を提供した補助部門に他の補助部門からの配賦というかたちでかえってくるため，補助部門間相互における用役（サービス）の授受が循環することになる。

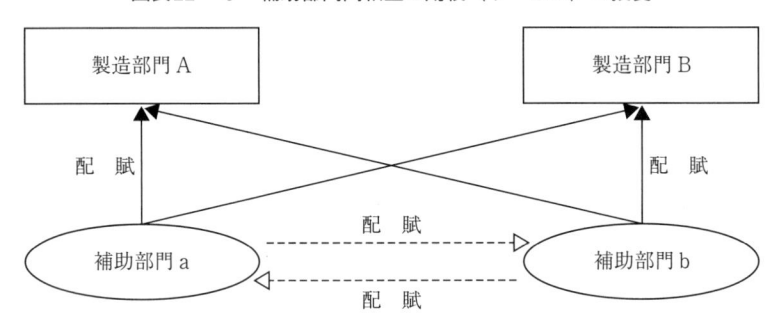

図表22－3　補助部門間相互の用役（サービス）の授受

```
   ┌─────────┐              ┌─────────┐
   │ 製造部門 A │              │ 製造部門 B │
   └─────────┘              └─────────┘
       ▲  ▲                    ▲  ▲
       │   ＼                 ／   │
     配 賦    ＼             ／   配 賦
       │        ＼         ／      │
       │          ＼     ／        │
       │            ＼ ／          │
       │            ／ ＼          │
       │          ／     ＼        │
       │        ／         ＼      │
       │      ／             ＼    │
       │    ／                 ＼  │
   ╭─────────╮    配 賦    ╭─────────╮
   │ 補助部門 a │─────────▷│ 補助部門 b │
   │         │◁─────────│         │
   ╰─────────╯    配 賦    ╰─────────╯
```

　この循環は，相互配賦を重ねると次第に小さくなっていくので，純粋な相互配賦法では，配賦額がゼロに限りなく近づくまで配賦し続けるという考えも存在する（連続配賦法）。しかし，この考えにもとづいた相互配賦は，通常，配賦計算に大変な労力を要するため，「製造工業原価計算要綱」に規定する相互配賦法（要綱の相互配賦法）では，配賦手続きを2つの段階に分割し，第1次配賦では，補助部門間相互における用役（サービス）の授受をも含めた事実にもとづいて，各補助部門費を製造部門および他の補助部門に配賦する手続きをとるが，第2次配賦では，補助部門間相互における用役（サービス）の授受の事実をすべて無視した直接配賦法による配賦計算を行う，という簡便な方法を採用する。

例題22－4　製品製造業を営むM社は，2つの製造部門（加工部門，組立部門）と3つの補助部門（動力部門，修繕部門，事務部門）をもち，部門費の計算を行っている。当月の製造間接費に関するデータが 資料1 ，部門共通費の配賦基準が 資料2 ，補助部門費の配賦基準が 資料3 である場合，次の問いに答えなさい。なお，M社は，補助部門費の配賦基準に「製造工業原価計算要綱」に規定する相互配賦法（要綱の相互配賦法）を採用している。

資料1　製造間接費に関するデータ

		加工部門	組立部門	動力部門	修繕部門	事務部門
個別費	間接材料費	¥180,000	¥200,000	¥30,000	¥45,000	—
	間接労務費	¥200,000	¥160,000	¥10,000	¥18,000	¥11,000
	間接経費	¥70,000	¥114,000	¥8,000	¥15,000	¥4,000
共通費	福利厚生費	¥240,000				
	建物減価償却費	¥600,000				

資料2　部門共通費の配賦基準

	合計	加工部門	組立部門	動力部門	修繕部門	事務部門
従業員数	80人	25人	15人	10人	10人	20人
専有面積	500㎡	200㎡	180㎡	30㎡	70㎡	20㎡

資料3　補助部門費の配賦基準

	合計	加工部門	組立部門	動力部門	修繕部門	事務部門
動力消費量	1,000kwh	500kwh	300kwh	—	150kwh	50kwh
修繕作業時間	60時間	30時間	20時間	10時間	—	—
従業員数	80人	25人	15人	10人	10人	20人

① 製造間接費を各原価部門費勘定に振り替える仕訳を示しなさい。
② 補助部門費を各製造部門費勘定に振り替える仕訳を示しなさい。

《解説》　①（借）加工部門費　　765,000　　（貸）製造間接費　1,905,000
　　　　　　　　　組立部門費　　735,000
　　　　　　　　　動力部門費　　114,000
　　　　　　　　　修繕部門費　　192,000
　　　　　　　　　事務部門費　　 99,000

② (借) 加工部門費　57,000　　(貸) 動力部門費　114,000
　　　　組立部門費　34,200
　　　　修繕部門費　17,100
　　　　事務部門費　　5,700
　　(借) 加工部門費　96,000　　(貸) 修繕部門費　192,000
　　　　組立部門費　64,000
　　　　動力部門費　32,000
　　(借) 加工部門費　41,250　　(貸) 事務部門費　99,000
　　　　組立部門費　24,750
　　　　動力部門費　16,500
　　　　修繕部門費　16,500
　　(借) 加工部門費　54,035　　(貸) 動力部門費　48,500
　　　　組立部門費　33,765　　　　修繕部門費　33,600
　　　　　　　　　　　　　　　　　事務部門費　 5,700

部門費集計表

(単位：円)

摘　要	配賦基準	製造部門		補助部門		
			加工部門	組立部門	動力部門	修繕部門	事務部門
部門個別費		450,000	474,000	48,000	78,000	15,000
部門共通費						
福利厚生費	従業員数	75,000	45,000	30,000	30,000	60,000
建物減価償却費	専有面積	240,000	216,000	36,000	84,000	24,000
部門費		765,000	735,000	114,000	192,000	99,000
動力部門費	動力消費量	57,000	34,200	－	17,100	5,700
修繕部門費	修繕作業時間	96,000	64,000	32,000	－	－
事務部門費	従業員数	41,250	24,750	16,500	16,500	－
第1次配賦額		194,250	122,950	48,500	33,600	5,700
動力部門費	動力消費量	30,312.5	18,187.5			
修繕部門費	修繕作業時間	20,160	13,440			
事務部門費	従業員数	3,562.5	2,137.5			
第2次配賦額		54,035	33,765			
製造部門費		1,013,275	891,715			

④　複数基準配賦法

　部門費の第2次集計で，補助部門費を配賦する基準には，補助部門費を固定費と変動費とに区分することなく，単一の配賦基準で関係する原価部門に配賦

246 ◇

する単一基準配賦法と，補助部門費をキャパシティ・コストとしての固定費とアクティビティ・コストとしての変動費とに区分して，実際的生産能力を準備するために発生する固定費には用役（サービス）を受け取る原価部門の用役（サービス）利用能力で，また，実際的生産能力を提供することで発生する変動費には用役（サービス）を受け取る原価部門の用役（サービス）実際利用量で，関係する原価部門に配賦する複数基準配賦法とが存在する。複数基準配賦法は，単一基準配賦法に比べ，それぞれの費目により適切な配賦基準を用いることができることから，補助部門費の配賦方法として原価管理上は好ましいと考えられるが，補助部門費の配賦計算が煩雑になることから，実務では，単一基準配賦法が用いられることが多いとされている。

★4．製造部門費の配賦

（1）実際配賦

　部門別計算において，製造間接費は，部門費の第1次集計と第2次集計の手続きを経ることで，最終的に各製造部門の製造部門費に収斂する。そして，この製造部門費は，次の計算式を用いることで，各製品種類へと実際配賦されることになる。

$$実際配賦額 = 部門別実際配賦率 \times 各製品種類の実際配賦基準数値$$

$$ただし，部門別実際配賦率 = \frac{原価計算期間の製造間接費実際発生額}{同一原価計算期間の実際配賦基準数値総数}$$

この計算手続きは，前章の「製造間接費の計算―実際配賦―」の手続きを，各製造部門別に適用するものである。そのため，この部門別計算で，実績値にもとづく製造部門費を各製造指図書に実際配賦する場合には，(1)計算の遅れや，(2)単位原価の変動といった2つの問題に直面する。したがって，部門別計算でも，あらかじめ妥当と思われる配賦率を算定し，製造部門費を配賦する予定配賦の手続きをとることがある。

（2）予定配賦

製造部門費の各製品種類への予定配賦額の計算は，次の計算式で行われる。

予定配賦額 ＝ 部門別予定配賦率 × 各製品種類の実際配賦基準数値

$$\text{ただし，部門別予定配賦率} = \frac{\text{会計期間の製造部門費予定発生額}}{\text{同一会計期間の予定配賦基準数値総数}}$$

この計算手続きは，前章の「製造間接費の計算―予定配賦―」の手続きを，各製造部門別に適用するものである。そのため，この部門別計算で，予測値にもとづく製造部門費を各製造指図書に予定配賦する場合には，(1)計算手続きの簡略化や計算の迅速化だけではなく，(2)季節変動や景気変動による影響を排除した製造部門費の計算を可能にすることで，予算管理ができるようになるという利点がある。そして，この製造部門費の予定配賦は，次のような計算手続きで構成される。

図表22－4　予定配賦の計算手続き

会計期間期首　　（1）予定配賦率の算定
　　　　　　　　｛（2）予定配賦額の計算
原価計算期間　　　（3）実際発生額の集計
　　　　　　　　　（4）配賦差異の把握と分析
会計期間期末　　（5）配賦差異の会計処理

① 予定配賦率の算定

製造部門費の予定配賦を行うためには，まず，その会計期間に用いる**予定配賦率**をあらかじめ算定しておく必要がある。この場合，予定配賦率の計算式は，前述した計算式から次のようにもあらわせる。

$$\text{部門別予定配賦率} = \frac{\text{基準操業度における製造部門費予算額}}{\text{配賦基準数値で表現された基準操業度}}$$

製造部門の部門別予定配賦率は，会計期間における製造部門費予定発生額を，ただ1つの活動水準を前提とした基準操業度で除すことで算定される比率であ

るため，実際配賦の場合の，固定費の存在と配賦基準発生数値総数の実績値の変化による影響が解消される結果，常に１つの値として配賦率が算出される点に特徴をもつ。しかし，基準操業度における製造部門費予定発生額は，会計期間における製造部門費実際発生額の予想平均額にもとづいて算定されるものであることから，製造部門費予定発生額は，配賦率算定のためだけではなく，製造部門費管理のためにも使用できるかたちで予測しておくことが望ましい。したがって，製造部門費の部門別予定配賦率の算定には，通常，次の計算式にあるように，まず，各原価部門の部門費予算額を計算したのち，各製造部門の製造部門費予算額を計算することで，設定される製造部門費予算額を製造部門費予定発生額として用いることになる。

―各原価部門の部門費予算額の計算―

部門費予算額 ＝ 部門個別費予算額 ＋ 部門共通費予算配賦額

ただし，部門共通費予算配賦額 ＝ $\dfrac{\text{特定原価部門の基準操業度}}{\text{全原価部門の基準操業度}}$ × 部門共通費予算額

―各製造部門の製造部門費予算額の計算―

製造部門費予算額 ＝ 部門費予算額 ＋ 補助部門費予算配賦額

ただし，補助部門費予算配賦額 ＝ $\dfrac{\text{特定原価部門の基準操業度}}{\text{全対象原価部門の基準操業度}}$

× 補助部門費予算額

② 予定配賦額の計算

　製造部門費の予定配賦額は，各製品種類および原価計算期間全体について計算する。

　各製品種類の予定配賦額は，部門別予定配賦率に当該各製品種類の実際配賦基準数値を乗ずることで，また，原価計算期間全体の予定配賦額は，当該各製品種類の予定配賦額の期間的総和をなすことで算出する。そのため，部門別予定配賦率に原価計算期間の配賦基準数値総数の実績値（実際操業度）を乗ずることで計算される金額が原価計算期間全体の予定配賦額であるということになる。

③ 実際発生額の集計

製造部門費の実際発生額は，各製造部門の部門費実際発生額に補助部門費配賦額を加えることで計算される。この場合，補助部門費配賦額は，直接配賦法，階梯式配賦法，相互配賦法等の中から適当なものが補助部門費の配賦方法として，また，単一基準配賦法と複数基準配賦法のうちのいずれかが配賦基準として選択されることを通じて計算されることになる。

単一基準配賦法による場合，補助部門費は，固定費と変動費とに区分することなく，用役（サービス）を受け取る原価部門の用役（サービス）実際利用量等，消費量を単一の配賦基準として配賦することが通常である。これは，製造部門費の実際発生額を計算するための補助部門費の配賦計算としては，実績値としての用役（サービス）実際利用量等を用いることで配賦額を算出するほうが，合理的であることに起因する。

補助部門費実際配賦額 ＝ 実際配賦率 × 実際配賦基準数値

$$ただし，実際配賦率 = \frac{原価計算期間の補助部門費実際発生額}{同一原価計算期間の実際配賦基準数値総数}$$

しかし，実際配賦では，補助部門における原価管理の不調により，製造間接費の実際発生額が増加した場合などに，用役（サービス）実際利用量は同じでも，実際配賦率が異なる結果，配賦額が異なる事態が存在する。この場合，実際配賦額を用いると，補助部門で発生した原価の増加分がそのまま製造部門に転嫁されるため，原価に対する責任が不明瞭になることから，原価管理の観点から補助部門費の各製造部門への配賦においても，次の計算式にあるように，補助部門費の予定配賦を実施することがある。

補助部門費予定配賦額 ＝ 予定配賦率 × 実際配賦基準数値

$$ただし，予定配賦率 = \frac{会計期間の補助部門費予定発生額}{同一会計期間の予定配賦基準数値総数}$$

$$= \frac{基準操業度における補助部門費予算額}{配賦基準数値で表現された基準操業度}$$

④　配賦差異の把握

　原価計算期間における製造部門費の予定配賦額と実際発生額が確定すると，両者の差額として**製造部門費配賦差異**が把握される。製造部門費配賦差異は，実際配賦を採用した場合の計算の遅延や単位原価の変動を排除する予定配賦の特徴であり，次の計算式を用いることで有利差異（貸方差異）か不利差異（借方差異）かを把握することで，原価管理に役立てることが重要となる。

　　製造部門費配賦差異 ＝ 製造部門費予定配賦額 － 製造部門費実際発生額

⑤　配賦差異の会計処理

　製造部門費勘定の借方項目である実際発生額と貸方項目である予定配賦額との差額で把握される製造部門費配賦差異には，次の会計処理をなす。

　製造部門費の実際発生額が予定配賦額より多い不利差異（借方差異）は，予定配賦額の過小配賦で，利益の減少要因を意味することから，製造部門費勘定貸方に不足額を追記し，製造部門費配賦差異勘定の借方に同額を記帳する。一方，製造部門費の実際発生額が予定配賦額より少ない有利差異（貸方差異）は，予定配賦額の過大配賦で，利益の増加要因を意味することから，製造部門費勘定借方に超過額を追記し，製造部門費配賦差異勘定の貸方に同額を記帳する。製造部門費配賦差異勘定に関するこのような処理を会計期間を通じてなした場合の残高は，営業外損益として処理する異常な場合を除き，原則として，会計年度末に売上原価勘定に振り替えられ，売上原価に賦課される。

5．製造部門費配賦差異の差異分析

　原価計算期間における製造部門費の予定配賦額と実際発生額の差額として把握される製造部門費配賦差異は，予定配賦率を算定する際の計算式の分子に製造部門費予算額を用いている場合には，なぜそのような配賦差異が生じたのかを分析し，是正措置を講じることが原価管理上の意味をもつ。

　差異分析ともよばれる，この製造部門費配賦差異の分析は，次の計算式にあ

るように，製造部門費配賦差異を総差異として把握した後，当該差異を予算差異と操業度差異の２つの差異に分解し，分析する方法である。

　　製造部門費配賦差異（総差異）＝ 予定配賦額 － 実際発生額
　　　　　　　　　　　　　　　　＝ 予算差異 ＋ 操業度差異

ここで，予算差異とは，実際操業度で許容される製造部門費の予算額（予算許容額）と実際発生額との差異を，また，操業度差異とは，予定配賦額と予算許容額との差異を意味する。そして，それらは，通常，次の計算式で示される。

　　予 算 差 異 ＝ 予算許容額 － 実際発生額
　　操業度差異 ＝ 予定配賦額 － 予算許容額

なお，この計算手続きも，前章の「製造間接費配賦差異の差異分析」の手続きを，各製造部門別に適用するものである。したがって，その詳細は，前章に譲ることにするが，製造部門費配賦差異の分析では，次に示すように，補助部門費を実際配賦率で配賦する場合と，予定配賦率で配賦する場合とで，その取り扱いが大きく異なることには注意が必要であると考える。

（１）補助部門費を実際配賦率で配賦する場合
　補助部門の段階で配賦差異が把握されることはないため，配賦差異は，製造部門の段階でのみ把握され，各製造部門別に，予算許容額を媒介とした，予算差異と操業度差異の分析がなされる。

（２）補助部門費を予定配賦率で配賦する場合
　製造部門の段階だけではなく，補助部門の段階でも配賦差異が把握されるため，次の計算式にもとづいて，原価計算期間における補助部門費の予定配賦額を算定したのち，補助部門費の実際発生額との差額として補助部門費配賦差異を把握する。

　　補助部門費予定配賦額 ＝ 予定配賦率 × 実際配賦基準数値

補助部門費配賦差異（総差異）＝ 予定配賦額 － 実際発生額

この補助部門費配賦差異には，その後，予算許容額を媒介とした，予算差異と操業度差異の分析が実施される。なお，補助部門費を予定配賦した場合の製造部門の配賦差異は，実際配賦した場合の配賦差異の計上額に対し，補助部門費の配賦差異の総額だけ，増減が生じることになる（配賦差異全体としての合計額は同じであるが，あらかじめ計上される補助部門費配賦差異だけ，製造部門で計上される配賦差異が増減する）。したがって，製造部門の配賦差異の把握ののち，予算許容額を媒介とした，予算差異と操業度差異の分析を実施する場合には，予算差異の分析で，その手続きが引き継がれる。

例題22－5　製品製造業を営むM社は，2つの製造部門（加工部門，組立部門）と1つの補助部門（動力部門）をもち，部門費の計算には予定配賦を採用している。予定配賦に関する年間データが 資料1 ，実際配賦に関する月次データが 資料2 である場合，次の問いに答えなさい。なお，M社の補助部門費は，単一配賦法により配賦しており，補助部門の固定費部分の配賦額は製造部門でも固定費，変動費部分の配賦額は製造部門でも変動費として処理している。

資料1　予定配賦に関する年間データ

	加工部門	組立部門	動力部門
配賦基準	機械作業時間	直接作業時間	動力供給量
基準操業度	144,000時間	180,000時間	7,200,000kwh
部門個別費予算額（変動予算）			
変動費率	@¥900／h	@¥800／h	@¥2／kwh
年間固定額	¥12,000,000	¥15,600,000	¥6,000,000
部門共通費予算額	¥24,000,000		
配賦割合	40%	40%	20%

なお，動力部門の動力供給量のうち，1,440,000kwhは加工部門，残りは組立部門に対するものである。

|資料2| 実際配賦に関する月次データ

	加工部門	組立部門	動力部門
実際操業度	12,500時間	14,800時間	500,000kwh
部門個別費実際発生額			
変動費	¥11,875,000	¥11,544,000	¥1,250,000
固定費	¥750,000	¥1,250,000	¥500,000
部門共通費実際発生額		¥2,000,000	
配賦割合	40%	40%	20%

なお，動力部門の動力供給量のうち，120,000kwhは加工部門，残りは組立部門に対するものである。

① 加工部門と組立部門の予定配賦に関する仕訳を示しなさい。
② 補助部門費の配賦計算を実際配賦率で行う場合と予定配賦率で行う場合の実際配賦と配賦差異，差異分析に関する仕訳を示しなさい。

《解説》 ① (借) 仕　　掛　　品　29,132,100　　(貸) 加　工　部　門　費　13,562,500
　　　　　　　　　　　　　　　　　　　　　　　　　　組　立　部　門　費　15,569,600

② ―補助部門費の配賦計算に実際配賦率を用いる場合―
(借) 加　工　部　門　費　13,941,000　　(貸) 製　造　間　接　費　29,169,000
　　 組　立　部　門　費　15,228,000
(借) 加工部門費配賦差異　378,500　　(貸) 加　工　部　門　費　　378,500
(借) 組　立　部　門　費　341,600　　(貸) 組立部門費配賦差異　341,600
(借) 加工部門費予算差異　461,000　　(貸) 加工部門費配賦差異　378,500
　　　　　　　　　　　　　　　　　　　　加工部門費操業度差異　 82,500
(借) 組立部門費配賦差異　341,600　　(貸) 組立部門費予算差異　379,200
　　 組立部門費操業度差異　37,600

―補助部門費の配賦計算に予定配賦率を用いる場合―
(借) 加　工　部　門　費　13,425,000　　(貸) 製　造　間　接　費　29,169,000
　　 組　立　部　門　費　13,594,000
　　 動　力　部　門　費　 2,150,000
(借) 加　工　部　門　費　　420,000　　(貸) 動　力　部　門　費　1,750,000
　　 組　立　部　門　費　 1,330,000
(借) 動力部門費配賦差異　400,000　　(貸) 動　力　部　門　費　　400,000
(借) 動力部門費予算差異　250,000　　(貸) 動力部門費配賦差異　400,000
　　 動力部門費操業度差異　150,000

（借）加工部門費配賦差異 282,500 　（貸）加 工 部 門 費 282,500
（借）組 立 部 門 費 645,600 　（貸）組立部門費配賦差異 645,600
（借）加工部門費予算差異 365,000 　（貸）加工部門費配賦差異 282,500
　　　　　　　　　　　　　　　　　　　加工部門費操業度差異 82,500
（借）組立部門費配賦差異 645,600 　（貸）組立部門費予算差異 683,200
　　　組立部門操業度差異 37,600

① 動力部門費予算額
　　固定費＝¥6,000,000＋¥24,000,000×20％＝¥10,800,000
　　　固定費率＝¥10,800,000÷7,200,000kwh＝@¥1.5／kwh
　　変動費＝@¥2／kwh×7,200,000kwh＝¥14,400,000
製造部門費予算額
加工部門
　　固定費＝¥12,000,000＋¥24,000,000×40％
　　　　　＋@¥1.5／kwh×1,440,000kwh＝¥23,760,000
　　変動費＝@¥900／h×144,000時間＋@¥2／kwh×1,440,000kwh
　　　　　＝¥132,480,000
組立部門
　　固定費＝¥15,600,000＋¥24,000,000×40％
　　　　　＋@¥1.5／kwh×（7,200,000kwh－1,440,000kwh）
　　　　　＝¥33,840,000
　　変動費＝@¥800／h×180,000時間＋@¥2／kwh×
　　　　　（7,200,000kwh－1,440,000kwh）＝¥155,520,000

製造部門費予算額
（単位：千円）

摘　　要	加工部門 固定費	加工部門 変動費	組立部門 固定費	組立部門 変動費	動力部門 固定費	動力部門 変動費
部門個別費	12,000	129,600	15,600	144,000	6,000	14,400
部門共通費	9,600	－	9,600	－	4,800	－
部　門　費	21,600	129,600	25,200	144,000	10,800	14,400
動力部門費	2,160	2,880	8,640	11,520		
製造部門費	23,760	132,480	33,840	155,520		

予定配賦率
　加工部門
　　固定費率＝¥23,760,000÷144,000時間＝@¥165／h
　　変動費率＝¥132,480,000÷144,000時間＝@¥920／h

組立部門
  固定費率＝¥33,840,000÷180,000時間＝@¥188／h
  変動費率＝¥155,520,000÷180,000時間＝@¥864／h
予定配賦額
  加工部門：(@¥165／h＋@¥920／h)×12,500時間＝¥13,562,500
  組立部門：(@¥188／h＋@¥864／h)×14,800時間＝¥15,569,600

② 動力部門費実際発生額
  固定費＝¥500,000＋¥2,000,000×20％＝¥900,000
  変動費＝¥1,250,000
補助部門費実際配賦率
  固定費率＝¥900,000÷500,000kwh＝@¥1.8／kwh
  変動費率＝¥1,250,000÷500,000kwh＝@¥2.5／kwh
製造間接費実際発生額
  加工部門
    固定費＝¥750,000＋¥2,000,000×40％＋@¥1.8／kwh
        ×120,000kwh＝¥1,766,000
    変動費＝¥11,875,000＋@¥2.5／kwh×120,000kwh
        ＝¥12,175,000
    加工部門費＝¥1,766,000＋¥12,175,000＝¥13,941,000
  組立部門
    固定費＝¥1,250,000＋¥2,000,000×40％＋@¥1.8／kwh
        ×(500,000kwh－120,000kwh)＝¥2,734,000
    変動費＝¥11,544,000＋@¥2.5／kwh
        ×(500,000kwh－120,000kwh)＝¥12,494,000
    組立部門費＝¥2,734,000＋¥12,494,000＝¥15,228,000

製造部門費実際発生額　　　　　　　(単位：千円)

摘　要	加工部門 固定費	加工部門 変動費	組立部門 固定費	組立部門 変動費	動力部門 固定費	動力部門 変動費
部門個別費	750	11,875	1,250	11,544	500	1,250
部門共通費	800	－	800	－	400	－
部　門　費	1,550	11,875	2,050	11,544	900	1,250
動力部門費	216	300	684	950		
製造部門費	1,766	12,175	2,734	12,494		

配賦差異
　　加工部門：¥13,562,500 − ¥13,941,000 ＝ △¥378,500
　　組立部門：¥15,569,600 − ¥15,228,000 ＝ ¥341,600
予算許容額
　　加工部門：¥23,760,000 ÷ 12カ月 ＋ @¥920／h × 12,500時間
　　　　　　　＝ ¥13,480,000
　　組立部門：¥33,840,000 ÷ 12カ月 ＋ @¥864／h × 14,800時間
　　　　　　　＝ ¥15,607,200
予算差異
　　加工部門：¥13,480,000 − ¥13,941,000 ＝ △¥461,000
　　組立部門：¥15,607,200 − ¥15,228,000 ＝ ¥379,200
操業度差異
　　加工部門：¥13,562,500 − ¥13,480,000 ＝ ¥82,500
　　組立部門：¥15,569,600 − ¥15,607,200 ＝ △¥37,600
補助部門費予定配賦額
　　加工部門
　　　固定費 ＝ @¥1.5／kwh × 120,000kwh ＝ ¥180,000
　　　変動費 ＝ @¥2／kwh × 120,000kwh ＝ ¥240,000
　　組立部門
　　　固定費 ＝ @¥1.5／kwh × (500,000kwh − 120,000kwh) ＝ ¥570,000
　　　変動費 ＝ @¥2／kwh × (500,000kwh − 120,000kwh) ＝ ¥760,000
配賦差異（補助部門）
　　補助部門：(¥180,000 ＋ ¥240,000 ＋ ¥570,000 ＋ ¥760,000)
　　　　　　　− (¥500,000 ＋ ¥2,000,000 × 20％ ＋ ¥1,250,000)
　　　　　　　＝ △¥400,000
予算許容額（補助部門）
　　補助部門：¥10,800,000 ÷ 12カ月 ＋ @¥2／kwh × 500,000kwh
　　　　　　　＝ ¥1,900,000
予算差異（補助部門）
　　補助部門：¥1,900,000 − ¥2,150,000 ＝ △¥250,000
操業度差異（補助部門）
　　補助部門：¥1,750,000 − ¥1,900,000 ＝ △¥150,000

製造部門費実際発生額　　　　　　（単位：千円）

摘　要	加工部門 固定費	加工部門 変動費	組立部門 固定費	組立部門 変動費	動力部門 固定費	動力部門 変動費
部門個別費	750	11,875	1,250	11,544	500	1,250
部門共通費	800	－	800	－	400	－
部門費	1,550	11,875	2,050	11,544	900	1,250
動力部門費	180	240	570	760		
製造部門費	1,730	12,115	2,620	12,304		

製造部門費

　加工部門

　　固定費＝¥750,000＋¥2,000,000×40％＋＠¥1.5／kwh

　　　　　×120,000kwh＝¥1,730,000

　　変動費＝¥11,875,000＋＠¥2／kwh×120,000kwh

　　　　　＝¥12,115,000

　　加工部門費＝¥1,730,000＋¥12,115,000＝¥13,845,000

　組立部門

　　固定費＝¥1,250,000＋¥2,000,000×40％＋＠¥1.5／kwh

　　　　　×(500,000kwh－120,000kwh)＝¥2,620,000

　　変動費＝¥11,544,000＋＠¥2／kwh×(500,000kwh－120,000kwh)

　　　　　＝¥12,304,000

　　組立部門費＝¥2,620,000＋¥12,304,000＝¥14,924,000

配賦差異

　　加工部門：¥13,562,500－¥13,845,000＝△¥282,500

　　組立部門：¥15,569,600－¥14,924,000＝¥645,600

予算差異

　　加工部門：¥13,480,000－¥13,845,000＝△¥365,000

　　組立部門：¥15,607,200－¥14,924,000＝¥683,200

操業度差異

　　加工部門：¥13,562,500－¥13,480,000＝¥82,500

　　組立部門：¥15,569,600－¥15,607,200＝△¥37,600

第23章　個別原価計算

★1. 個別原価計算の意義

　個別原価計算は，個別受注生産を行う企業で用いられる原価計算である。個別原価計算では，個々の注文ごとに集計した製造原価を生産量で割って特定製品の製造原価を計算する。したがって個別原価計算は製品別原価計算の一形態で，顧客からの注文を受けて製品を製造し，提供する造船業や特殊機械製造業あるいは建設業などの個別受注生産企業における原価計算である。

　個別受注生産企業では，顧客からの注文を受けると，受注製品の詳細を記載した仕様書を発行し，これをもとに**特定製造指図書**を発行する。特定製造指図書は特定の製品を指定された期日までに完成させるよう指示した命令書で，その記載内容は，注文番号，指図書番号，品名，規格，数量，完成日，納期，受注先名，などである。

図表23－1　特定製造指図書

特定製造指図書		
注文書番号No.5　　平成××年××月××日		指図書番号 No.001
品名および規格	数　量	備　考
×機械　　ABC型	8台	
完成指示月日	完　成　日	納　入　期　日
平成××年 8月25日	平成××年 8月25日	平成××年 9月2日
受　　注　　先		引　渡　場　所

個別原価計算では，特定製造指図書にもとづいて，特定製造指図書と同じ番号を付した原価計算表を作成する。原価計算表では，材料費，労務費，経費を直接費と間接費に分類して，指図書別に集計する。間接材料費，間接労務費，間接経費は製造間接費として適当な配賦基準に従って各製造指図書に配賦される。直接材料費，直接労務費，直接経費ならびに製造間接費の合計が当該指図書の**製造原価**となり，受注品が月末までに完成した場合は完成品原価となり，未完成の場合は月末**仕掛品原価**となる。

図表23－2　製造指図書別原価計算表と仕掛品勘定

製造指図書別原価計算表			
製造指図書番号	No.101	No.102	合計
直接材料費	30,000	54,000	84,000
直接労務費	40,000	30,000	70,000
製造間接費	8,000	24,000	32,000
合計	78,000	108,000	186,000

仕掛品勘定の借方へ

仕　掛　品			
材　料	84,000	製　品	78,000
賃　金	70,000	次月繰越	108,000
製造間接費	32,000		
	186,000		186,000

仕掛品勘定の貸方へ

例題23－1　以下の資料から，仕掛品勘定に記入しなさい。

資料1

（単位：円）

指図書	No.001	No.002	No.003	合　計
月初仕掛品	120,000			120,000
直接材料費	110,000	100,000	168,000	378,000
直接労務費	172,400	90,000	128,400	390,800
直接経費	40,000	55,000		95,000
製造間接費	106,800	55,000	63,600	225,400
合　計	549,200	300,000	360,000	1,209,200
備　考	完　成	完　成	未完成	

資料2

① No.001は，前月から製造中で，当月に完成している。
② No.002は，当月から製造を開始し，当月中に完成している。
③ No.003は，当月から製造を開始し，当月末までに完成していない。

《解　説》

仕 掛 品				
前 月 繰 越	120,000	製　　　品	849,200
材　　　料	378,000	次 月 繰 越	360,000
賃　　　金	390,800		
経　　　費	95,000		
製造間接費	225,400		
	1,209,200		1,209,200

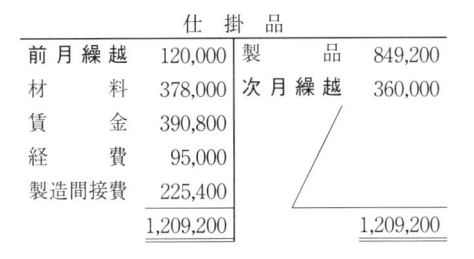

　指図書番号No.001の製品は月初仕掛品があるため，仕掛品勘定では前月繰越となる。指図書番号No.001およびNo.002は当月中に完成しているため，合計額は製品勘定に記入される。指図書番号No.003は製品が未完成のため，合計額は仕掛品勘定に次月繰越として記入される。

★2．個別原価計算の種類

　個別原価計算は，部門別計算を行うか否かによって，単純個別原価計算と部門別個別原価計算に分けられる。**単純個別原価計算**は費目別計算から製品別計算を経て指図書別に製造原価を集計する。**部門別個別原価計算**は，費目別計算の後，部門別計算を行い，製品別計算を行って指図書別に製造原価を集計する。部門別個別原価計算には，製造間接費のみを部門別に集計する製造間接費部門別個別原価計算と，直接労務費と製造間接費を加工費として，これを部門別に集計する加工費部門別個別原価計算がある。単純個別原価計算と部門別個別原価計算の勘定連絡を示せば以下のようになる。

図表23-3　単純個別原価計算と部門別個別原価計算の勘定連絡図

単純個別原価計算の勘定連絡図

部門別個別原価計算の勘定連絡図

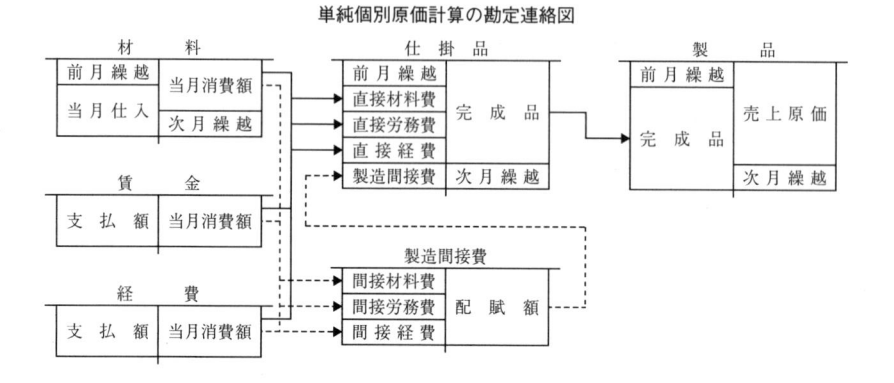

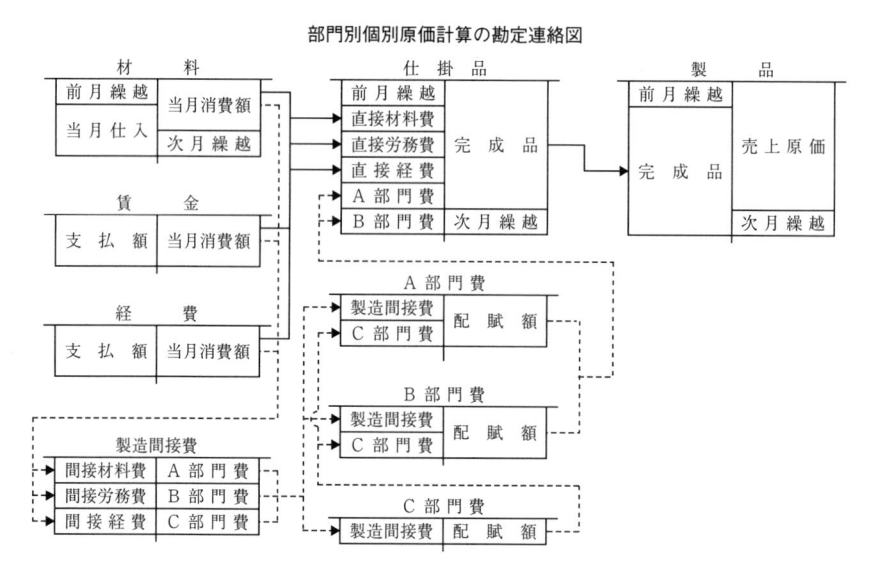

★3．仕損品と仕損費

　製造中に従業員の過失や機械の故障などにより，製造指図書の合格品に満たない場合が発生する。この合格品にならなかった製品を**仕損品**といい，その補修または代用品製造のために要した費用を**仕損費**という。仕損品はその状況に

応じて以下のような処理を行う。

仕損品が補修によって合格品となる場合	補修指図書を発行し，修理する。この場合，その補修指図書に集計された製造原価が仕損費となる。
仕損品が補修しても合格品にならない場合	新製造指図書を発行して代用品を製造する
→①旧製造指図書の全部が仕損品になった場合	旧製造指図書の製造原価が仕損費となる。
→②旧製造指図書の一部が仕損品になった場合	新製造指図書の製造原価が仕損費となる。
補修や代用品の製造に指図書を発行しない場合	製造原価を見積もって仕損費とする。
＊仕損品が売却または利用できる場合	見積額を仕損費の金額から控除する。

これらの場合の仕訳は以下のようになる。

★①　仕損費が補修によって合格品となる場合

借方に仕損費が発生し，貸方には補修費用を記入する。

たとえば，製造指図書No.145が仕損じとなったので，補修指図書No.8を発行した。補修費用は，材料費￥11,000，労務費￥7,500であるときの仕訳は，

　　（借）　仕　損　費　　　18,500　　（貸）　材　　　料　　　11,000
　　　　　　　　　　　　　　　　　　　　　　　労　務　費　　　 7,500

★②　仕損品が補修しても合格品にならない場合

1）旧製造指図書の全部が仕損品になった場合

借方に仕損費が発生し，貸方には旧製造指図書の製造原価を記入する。

たとえば，製造指図書No.146の全部の製品が仕損品となり，代用品を製造することになった。これまでのNo.146の製造原価は，￥123,000であり，仕損品の売却見積額は￥23,000であったときの仕訳は，

　　（借）　仕　損　品　　　23,000　　（貸）　仕　掛　品　　　123,000
　　　　　　仕　損　費　　　100,000

2）旧製造指図書の一部が仕損品になった場合

借方に仕損費が発生し，貸方には新製造指図書の製造原価を記入する。

たとえば，製造指図書No.147（数量50個）のうち7個の製品が仕損品となり，代用品を製造することになった。新製造指図書に集計された金額は，材料費￥25,000，労務費￥15,000である。仕損品の売却見積額は￥11,000であったときの仕訳は，

　　　（借）　仕　損　品　　11,000　　（貸）　材　　　料　　25,000
　　　　　　　仕　損　費　　29,000　　　　　　労　務　費　　15,000

③　仕損品の補修または代用品製造のために指図書を発行しない場合

仕損品の補修が完了していない場合には，借方は仕損品，貸方は仕損費となり，その金額は，見積額となる。その後，補修や代用品の製造が完成したら，借方に仕損費が発生し，貸方に補修費用や代用品の製造原価を記入する。

たとえば，製造指図書No.148（数量20個）のうち8個の製品が仕損品となった。この仕損品は補修指図書を発行せずに補修を行うことにした。製造原価の見積額は￥45,000であったときの仕訳は，

　　　（借）　仕　損　品　　45,000　　（貸）　仕　損　費　　45,000

上記の補修が完了した。補修の実際原価は，材料費￥33,000，労務費￥12,000であった場合は，

　　　（借）　仕　損　費　　45,000　　（貸）　材　　　料　　33,000
　　　　　　　　　　　　　　　　　　　　　　　労　務　費　　12,000

となる。

4．仕損費の処理と仕損品の売却

仕損費は，その実際生産高または見積額を，その製造指図書に賦課し，あるいは，製造間接費として，各製造指図書に配賦して処理する。さらに，金額が多額であるなどの異常な仕損費は，製造原価に算入せず，営業外費用として会計年度末に**損益勘定**へ振り替える。

正常な仕損費	製造指図書に賦課	(借)仕 掛 品	△△	(貸)仕 損 費	△△
	製造間接費として 各製造指図書に配賦	(借)製造間接費	○○	(貸)仕 損 費	○○
異常な仕損費	営業外費用	(借)損　　　益	××	(貸)仕 損 費	××

仕損品を売却した場合，資産として処理を行い，金額は売却見積額で記録する。売却の際に評価額と売却額に差額が生じた場合，仕損品売却損益勘定で処理する。

> 例題23－2　以下の場合の仕損品に関する仕訳をしなさい。
>   製造指図書No.9（数量10個）のうち２個の製品が仕損品となった。この仕損品の売却見積額は¥21,000と評価し売却した。その代金は現金で受け取り，実際の売却金額は¥27,000であった。

《解　説》　（借）現　　　金　27,000　　（貸）仕　損　品　21,000
　　　　　　　　　　　　　　　　　　　　　　仕損品売却益　 6,000

★5．作業屑の処理

製造中に発生した材料の残りくずや切りくずなどを**作業屑**という。作業屑が，外部に売却可能な場合や，内部で再利用可能な場合は，作業屑の評価額に相応する分だけ製造原価が少なくなると考えられる。そこで，その発生の状況に応じて，売却価値または利用価値を見積もって評価し，いずれかの方法で処理する。評価は，売却するかまたは自家消費するか，さらに加工の有無などで方法が異なる。
　作業屑は以下のように処理する。

① 作業屑の発生した製造指図書の直接材料費あるいは製造原価から見積額を控除する。
② 作業屑が製造指図書別に把握されていない場合は，製造間接費から控除する。
③ 部門別個別原価計算を採用し，作業屑が製造指図書別に把握されていな

い場合は，作業屑が発生した部門の部門費から控除する。
④ 作業屑の金額が少額の場合は，売却価値等の評価をせず，作業屑を売却したときに，雑益として処理する。

以上を踏まえて，作業屑の処理に関して簡単な例を用いて解説する。
［例］製造指図書No.2で作業屑が生じた。評価額は¥6,200である。
　　（借）作　業　屑　　6,200　　（貸）仕　掛　品　　6,200
［例］上記作業屑を¥8,500で売却し，代金は現金で受け取った。
　　（借）現　　　金　　8,500　　（貸）作　業　屑　　6,200
　　　　　　　　　　　　　　　　　　　作業屑売却益　2,300
［例］作業屑を¥4,300で売却し，代金は現金で受け取った。なお作業屑に関しては特に評価はしていない。
　　（借）現　　　金　　4,300　　（貸）雑　　　益　　4,300
［例］製造指図書No.3で作業屑¥17,000が生じた。これを材料倉庫へ戻した。この作業屑の処理は，他の製造指図書の原価に関係させない。
　　（借）材　　　料　17,000　　（貸）仕　掛　品　17,000
この場合，（借）作　業　屑　17,000　（貸）仕　掛　品　17,000
と　　　（借）材　　　料　17,000　（貸）作　業　屑　17,000
を同時に仕訳を行ったため上記の仕訳となる。
［例］製造指図書No.4 加工部門において作業屑¥26,000が生じた。これを材料倉庫へ戻した。この作業屑は，加工部門を通過した全ての製造指図書に関係させるので，同部門費から控除する。
　　（借）材　　　料　26,000　　（貸）加工部門費　26,000
［例］製造指図書No.5で作業屑¥39,000が生じた。これを材料倉庫へ戻さず，売却し現金を受け取った。
　　（借）現　　　金　39,000　　（貸）仕　掛　品　39,000
この場合，（借）作　業　屑　39,000　（貸）仕　掛　品　39,000
と　　　（借）現　　　金　39,000　（貸）作　業　屑　39,000
を同時に仕訳を行ったため上記の仕訳となる。

第24章　総合原価計算（Ⅰ）

★1．総合原価計算の特徴

　総合原価計算は，生産形態・計算方法・月末仕掛品・製造指図書において，個別原価計算とは対照的な特徴がある。

　まず総合原価計算は，同種類または異種類の製品を，連続して製造する生産形態において利用される。また，1原価計算期間（通常1ヵ月）の計算要素の消費高を，総合的に集計し，月末時に完成品と月末仕掛品にそれを配分する計算方法を用いる。

　総合原価計算では，単位原価（製品1単位当たりの製造原価）は，1原価計算期間の完成品原価 ÷ 1原価計算期間の完成品数量で計算できる。完成品原価は，1原価計算期間のすべての原価要素を集計して算定できる。通常，一定期間継続して製造を命令する継続製造指図書に沿って生産活動を行うため，期間生産量を原価集計の単位とする。したがって，総合原価計算では，原価要素を個々の製品ごとに集計しないため，製造原価を原則として直接費と間接費に分類する必要がない。また，総合原価計算は，月末に平均法や先入先出法などの方法によって，月末仕掛品に配分された製造費用が月末仕掛品原価となる。

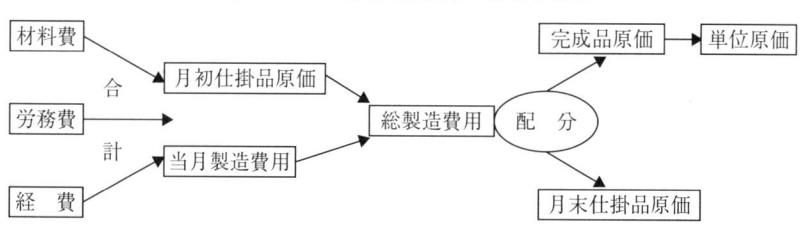

図表24－1　総合原価計算の計算手続き

◇ 267

★2．総合原価計算の種類

総合原価計算は，製品の種類や生産形態の違いによって，3つに分類される。

図表24－2　総合原価計算の種類と特色

単純総合原価計算	同種の製品を連続生産する場合　　ex）製粉業
等級別総合原価計算	同種の製品であるが，等級別に分類した製品の連続生産をする場合　　　　　　　　　　　　　ex）衣料品製造業
組別総合原価計算	異種の製品を組ごとに分類し，組ごとに同種の製品を連続生産する場合　　　　　　　　　　　ex）製菓工業

総合原価計算には，これらのほかに製品製造にいくつかの製造工程がある場合，個別原価計算での部門別計算にあたる，工程別総合原価計算もある。

★3．単純総合原価計算

単純総合原価計算は，同種類の製品を連続して大量生産する製造業（製粉業・製鉄業・セメント製造業など）に適用される原価の計算方法である。総合原価計算では，原価要素が総合的に集計されているため，総製造費用の中に完成品原価と月末仕掛品原価が混在している。したがって，総合原価計算で完成品原価を求める場合，

　　完成品原価 ＝ 総製造費用（月初仕掛品原価＋当月製造費用）－ 月末仕掛品原価

となる。

単純総合原価計算は，5つのステップを経て行われる。

① 1原価計算期間に発生したすべての原価要素を集計して当月製造費用を計算する。

当月製造費用 ＝ 当月材料費 ＋ 当月労務費 ＋ 当月経費

② 月初仕掛品原価に当月製造費用を加算して，総製造費用を計算する。

総製造費用 ＝ 月初仕掛品原価 ＋ ①当月製造費用

③ 月末仕掛品原価を計算する。

月末仕掛品の評価を行う

④ 総製造費用から月末仕掛品原価を差し引き，完成品原価を計算する。

完成品原価 ＝ 総製造費用 － ③月末仕掛品原価

⑤ 完成品原価を完成品数量で割って，製品の単位原価を計算する。

製品の単位原価（製品単価）＝ ④完成品原価 ÷ 完成品数量

（1）月末仕掛品評価

　総合原価計算では，1カ月間における原価要素の消費高を集計するため，月末に，総製造費用を完成品原価にあたる部分と，月末仕掛品原価にあたる部分に分割する。この時，総製造費用のうちどれだけが月末仕掛品原価に該当するかを計算することを，**月末仕掛品評価**という。月末仕掛品評価は，総製造費用を，完成品数量と月末仕掛品の**完成品換算数量**を基準に分割して行う。完成品換算数量とは，月末の段階で未完成品である月末仕掛品を完成品に比較した場合，完成品何個分に相当するかを示す数量である。

月末仕掛品完成品換算数量 ＝ 月末仕掛品数量×加工進捗度（％）

　加工進捗度は，原価要素が製造の進行に応じてどのくらい消費されたかを示すもので，未加工の場合0％となり，完成が100％となる。

　なお，月末仕掛品に含まれる素材費と**加工費**（素材費以外の材料費・労務費・経費）とでは，仕上がり程度が異なるため，月末仕掛品の完成品換算数量も異

なってくる。したがって，素材費と加工費に分類して月末仕掛品原価を計算しなければならない。さらに，素材を製造着手の時にすべて投入する場合と，製造の進捗に応じて投入する場合とで，計算方法は異なる。

	素 材 費	加 工 費
材 料 費	素 材 費	工場消耗品費・燃料費
労 務 費	－	賃金・給料・健康保険料など
経 費	－	電力料・修繕料・減価償却費など

月末仕掛品の評価には，**平均法・先入先出法**・後入先出法などの計算方法がある。後入先出法は，当月に加工されたものから先に完成するものと仮定して，月末仕掛品を計算する方法であるが，本章では取り扱わない。

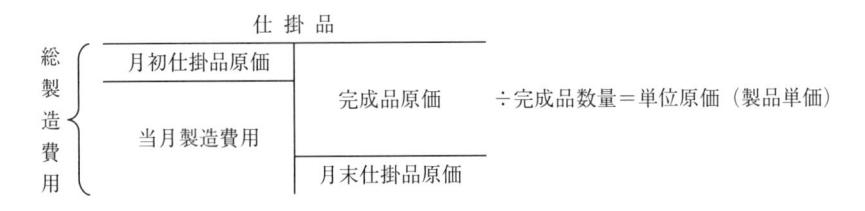

```
              仕 掛 品
総  ┌ 月初仕掛品原価 ┐
製  │                │ 完成品原価   ÷完成品数量＝単位原価（製品単価）
造  │                │
費  │ 当月製造費用   │
用  └                ┘ 月末仕掛品原価
```

① 平均法

平均法は，月初仕掛品と当月製造分が平均的に完成品と月末仕掛品に配分されるという仮定のもとに計算する方法である。総製造費用（月初仕掛品原価 ＋ 当月製造費用）を，完成品数量と月末仕掛品数量または月末仕掛品の完成品換算数量で比例配分して，月末仕掛品原価と完成品原価を計算する。

図表24－3　平均法による原価の配分

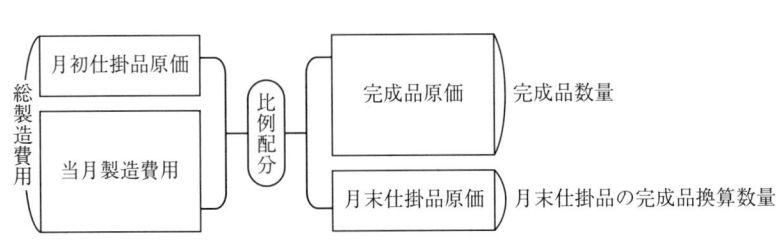

```
        ┌ 月初仕掛品原価 ┐         ┌ 完成品原価   ┐ 完成品数量
総製造   │                │ 比例配分 │              │
費用    │ 当月製造費用   │         │ 月末仕掛品原価│ 月末仕掛品の完成品換算数量
        └                ┘         └              ┘
```

素材が製造着手の時にすべて投入される場合

　素材費は製造着手の時にすでに全額発生しているため，製造工程のどこであっても加工進捗度（原価の発生割合）は100％になる。したがって，月末仕掛品の完成品換算数量は月末仕掛品数量と等しくなるので，求める必要はない。

　しかしながら，加工費についてはつねに製造の進捗度に応じて消費されていくので，月末に，加工進捗度を調べ，月末仕掛品の完成品換算数量を求めなければならない。

素材が製造の進捗に応じて投入される場合

　素材が製造の進捗に応じて投入される場合は，素材の投入割合と加工費の発生率が同じ時と違う時がある。同じ時は，素材費と加工費を区別して計算する必要がないので，以下のように計算すればよい。

$$月末仕掛品原価 = (月初仕掛品原価 + 当月製造費用) \times \frac{月末仕掛品の完成品換算数量}{完成品数量 + 月末仕掛品の完成品換算数量}$$

　素材の投入割合と加工費の発生率が違う時は，素材費と加工費を分け，それぞれの加工進捗度に応じて月末仕掛品の加工費を求める式（図表24－4を参照）を用いて，月末仕掛品原価を求める。

② **先入先出法**

　先入先出法は，月初仕掛品が先に加工されてすべて完成したと考え，当月着手分が完成品と月末仕掛品に配分されるという仮定のもとに計算する方法である。完成品数量から月初仕掛品の完成品換算数量を差し引いた数量と，月末仕掛品（完成品換算）数量とで，当月製造費用を比例配分して月末仕掛品原価および完成品原価を計算する。

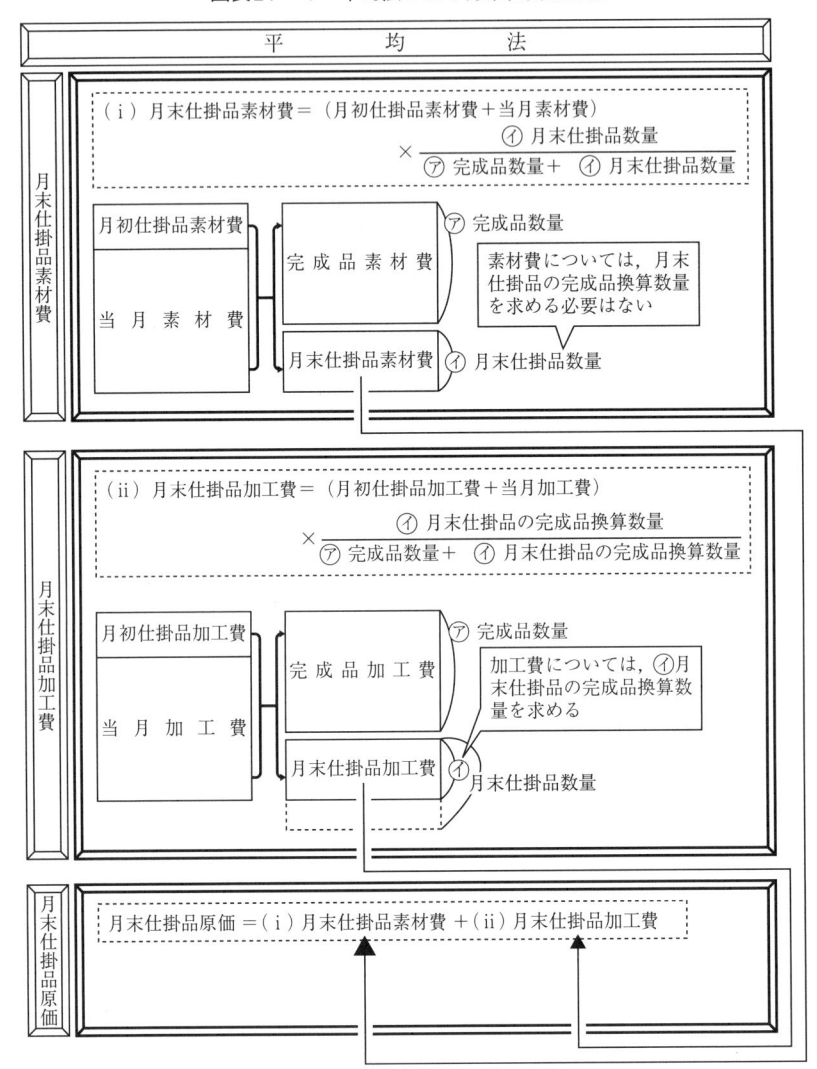

図表24-4　平均法による月末仕掛品評価

平　均　法

月末仕掛品素材費

（ⅰ）月末仕掛品素材費＝（月初仕掛品素材費＋当月素材費）
$$\times \frac{㋑\text{月末仕掛品数量}}{㋐\text{完成品数量}＋㋑\text{月末仕掛品数量}}$$

月初仕掛品素材費／当月素材費 → 完成品素材費 ㋐完成品数量

月末仕掛品素材費 ㋑月末仕掛品数量

素材費については，月末仕掛品の完成品換算数量を求める必要はない

月末仕掛品加工費

（ⅱ）月末仕掛品加工費＝（月初仕掛品加工費＋当月加工費）
$$\times \frac{㋑\text{月末仕掛品の完成品換算数量}}{㋐\text{完成品数量}＋㋑\text{月末仕掛品の完成品換算数量}}$$

月初仕掛品加工費／当月加工費 → 完成品加工費 ㋐完成品数量

月末仕掛品加工費 ㋑月末仕掛品数量

加工費については，㋑月末仕掛品の完成品換算数量を求める

月末仕掛品原価

月末仕掛品原価＝（ⅰ）月末仕掛品素材費＋（ⅱ）月末仕掛品加工費

図表24－5　先入先出法による月末仕掛品評価

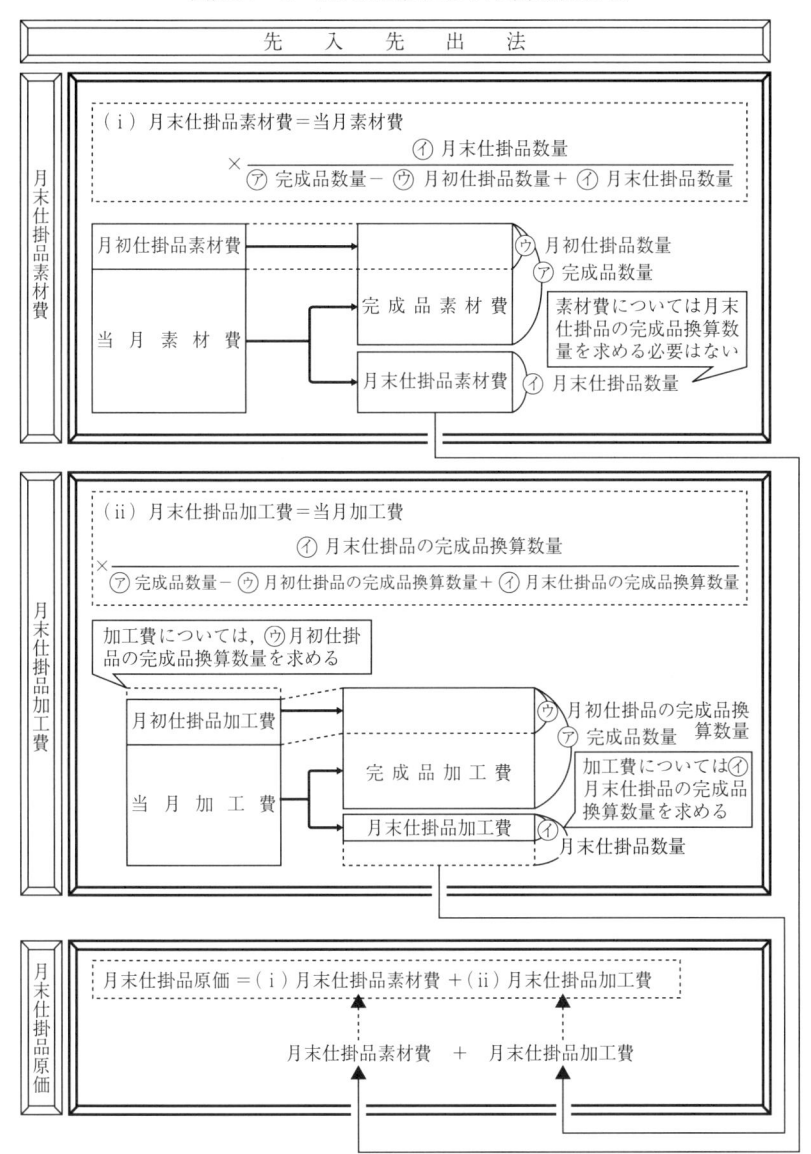

先　入　先　出　法

月末仕掛品素材費

（ⅰ）月末仕掛品素材費＝当月素材費
$$\times \frac{\text{㋑月末仕掛品数量}}{\text{㋐完成品数量}-\text{㋒月初仕掛品数量}+\text{㋑月末仕掛品数量}}$$

月初仕掛品素材費 ─→ 完成品素材費

当　月　素　材　費 ─→ 月末仕掛品素材費

㋒月初仕掛品数量
㋐完成品数量
㋑月末仕掛品数量

素材費については月末仕掛品の完成品換算数量を求める必要はない

月末仕掛品加工費

（ⅱ）月末仕掛品加工費＝当月加工費
$$\times \frac{\text{㋑月末仕掛品の完成品換算数量}}{\text{㋐完成品数量}-\text{㋒月初仕掛品の完成品換算数量}+\text{㋑月末仕掛品の完成品換算数量}}$$

加工費については，㋒月初仕掛品の完成品換算数量を求める

月初仕掛品加工費 ─→ 完成品加工費

当　月　加　工　費 ─→ 月末仕掛品加工費

㋒月初仕掛品の完成品換算数量
㋐完成品数量
加工費については㋑月末仕掛品の完成品換算数量を求める
㋑月末仕掛品数量

月末仕掛品原価

月末仕掛品原価＝（ⅰ）月末仕掛品素材費＋（ⅱ）月末仕掛品加工費

月末仕掛品素材費　＋　月末仕掛品加工費

第24章　総合原価計算（Ⅰ）　◇　273

素材が製造着手の時にすべて投入される場合

　素材が製造着手の時にすべて投入される場合は，平均法の場合と同じように，素材費に関しては仕掛品を完成品に換算する必要はない。したがって，加工費に関してのみ仕掛品を完成品に換算する。

素材が製造の進捗に応じて投入される場合

　素材が製造の進捗に応じて投入される場合も，平均法の場合と同様に考えればよい。素材が製造の進捗に応じて投入される場合は，月末仕掛品に含まれる素材費と加工費の進捗度が，同じ場合と違う場合がある。同じ場合は，素材費と加工費を区別する必要がないので，以下のように計算すればよい。

$$月末仕掛品原価 = 当月製造費用 \times \frac{月末仕掛品の完成品換算数量}{完成品数量 - 月初仕掛品の完成品換算数量 + 月末仕掛品の完成品換算数量}$$

　月末仕掛品に含まれる素材費と加工費の進捗度が違う場合は，平均法の場合と同様に，素材費と加工費を分け，それぞれの加工進捗度に応じて月末仕掛品の加工費を求める式（図表24－5を参照）を用いて，月末仕掛品原価を求める。

（2）単純総合原価計算表

　単純総合原価計算表は，月初仕掛品原価，当月製造費用などの金額を記録し，月末仕掛品原価，完成品原価，製品単価の算出を一覧にした計算表である。

例題24－1　次のデータにもとづいて，単純総合原価計算表を作成しなさい。ただし，素材は製造着手の時にすべて投入され，月末仕掛品の評価は平均法による。

データ
1. 当月製造費用　¥970,000
　　　内訳：素材費¥450,000　　工場消耗品費¥ 40,000
　　　　　　労務費¥320,000　　経　　　　費¥160,000

2．月初仕掛品原価￥113,000
　　内訳：素材費￥ 50,000　　工場消耗品費￥ 63,000
3．当月完成品数量　2,000個
4．月末仕掛品数量　500個（加工進捗度40％）

《解　説》

単純総合原価計算表
平成×年4月分

摘　　　要	素 材 費	加 工 費	合　　　計
当 月 製 造 費 用			
材　料　費	450,000	40,000	490,000
労　務　費	—	320,000	320,000
経　　　費	—	160,000	160,000
計	450,000	520,000	970,000
月初仕掛品原価	50,000	63,000	113,000
計	500,000	583,000	1,083,000
月末仕掛品原価	① 100,000	② 53,000	153,000
完 成 品 原 価	③ 400,000	④ 530,000	930,000
完 成 品 数 量	2,000個	2,000個	2,000個
製 品 単 価	⑤ ￥200	⑥ ￥265	￥465

月末仕掛品原価：￥100,000＋￥53,000＝￥153,000

① 月末仕掛品素材費：

$$(￥50,000＋￥450,000) \times \frac{500個}{2,000個＋500個} ＝￥100,000$$

② 月末仕掛品加工費：

$$(￥63,000＋￥520,000) \times \frac{500個 \times 40\%}{2,000個＋500個 \times 40\%} ＝￥53,000$$

完成品原価：￥400,000＋￥530,000＝￥930,000

③ 素材費：￥450,000＋￥50,000－￥100,000＝￥400,000
④ 加工費：￥520,000＋￥63,000－￥53,000＝￥530,000

単位原価：￥930,000÷2,000個＝￥465

⑤ 素材費：￥400,000÷2,000個＝￥200
⑥ 加工費：￥530,000÷2,000個＝￥265

（3）記帳方法

単純総合原価計算では，仕掛品勘定を設け，借方に各原価要素勘定からその

第24章　総合原価計算（Ⅰ）◇275

月の製品の製造に要した原価要素の消費高を振替記入し，貸方には1原価計算期間の完成品原価を記入し，製品勘定に振り替える。

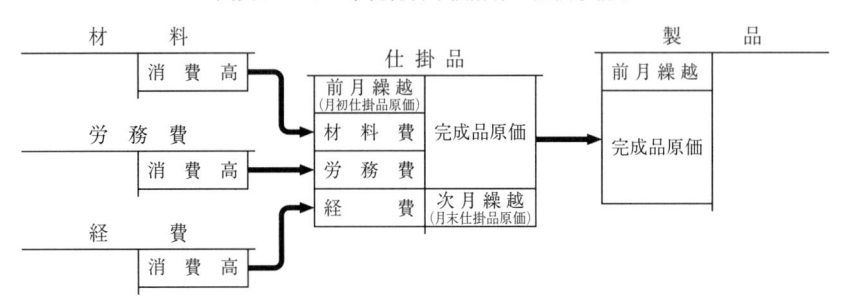

図表24－6　単純総合原価計算の記帳手続き

```
     材　　料                      仕 掛 品                    製　　品
   ┌─────────┐           ┌─────────┐            ┌─────────┐
   │ 消 費 高 │──┐        │前月繰越  │            │前月繰越  │
   └─────────┘  │        │(月初仕掛品原価)│            │          │
                  ├──→│材 料 費  │完成品原価 │          │
     労　務　費    │        │          │──────→│完成品原価│
   ┌─────────┐  │        │労 務 費  │            │          │
   │ 消 費 高 │──┤        │          │            │          │
   └─────────┘  │        │経　　費  │次月繰越    │          │
                  │        │          │(月末仕掛品原価)│          │
     経　　費      │        └─────────┘            └─────────┘
   ┌─────────┐  │
   │ 消 費 高 │──┘
   └─────────┘
```

★4．等級別総合原価計算

等級別総合原価計算は，同じ製造工程から同種類の製品を連続的に製造するが，形状・大きさ・重さ・品質などによっていくつかの等級に区別される製品を生産する製造業，たとえば，衣料品製造業・製粉業・醸造業などに適用される原価計算方法である。

（1）等級別総合原価計算の計算方法

等級別総合原価計算は，等級別総合原価計算表上で4つのステップを経て行われる。

① 各等級製品の単位原価比率である**等価係数**を決定する。等価係数とは，製品の大きさや品質など等級の異なる製品を，同じ等級に換算するために用いる一定数値のことである。

② 各等級製品の等価係数に，完成品数量をかけて**積数**を計算する。

　　　積　数 ＝ 等価係数 × 各等級製品の完成品数量

③ 単純総合原価計算と同じ方法で計算した，1原価計算期間の全製品の製造原価（総合原価）を，各等級製品の積数の比で配分して，各等級製品の製造原価を計算する。

$$各等級製品の製造原価 = 全部の製品の製造原価（総合原価） \times \frac{各等級製品の積数}{積数合計}$$

④ 等級別製造原価を，その月の完成品数量で割って単位原価（製品単価）を計算する。

$$各等級製品の単位原価 = \frac{各等級製品の製造原価}{各等級製品}$$

(2) 等級別総合原価計算表

等価係数は，各等級製品の重量・大きさ・長さ・面積・容積・純分度など，製品の原価の発生に関係ある性質にもとづいて決定される。このような計算は，**等級別総合原価計算表**を作成して行われる。

例題24－2 次のデータにもとづいて，等級別総合原価計算表を作成しなさい。ただし，等価係数は，製品1個当たりの重量を用いるものとする。

<u>データ</u>

1. 月初仕掛品原価 ¥250,000
2. 当月製造費用 ¥1,600,000
    内訳：材料費 ¥500,000　労務費 ¥650,000　経　費 ¥450,000
3. 月末仕掛品原価 ¥350,000
4. 完成品数量および製品1個当たりの重量

製　品	完成品数量	製品1個当たりの重量
1級製品	400個	12kg
2級製品	500個	8kg
3級製品	800個	4kg

《解　説》

等級別総合原価計算表
平成×年4月分

等級別製品	重　量	等価係数	完成品数量	積　数	等級別製造原価	単位原価
1級製品	12kg	①3	400個	②1,200	④600,000	⑤1,500
2級製品	8kg	①2	500個	1,000	500,000	1,000
3級製品	4kg	①1	800個	800	400,000	500
				3,000	③1,500,000	

① 12kg：8kg：4kg＝3：2：1

② 3（等価係数）×400個（完成品数量）＝1,200

④ 1級製品製造原価：¥1,500,000 × $\dfrac{1,200}{3,000}$ ＝¥600,000

③ 全等級別製品の製造原価：
　¥250,000＋¥1,600,000－¥350,000＝¥1,500,000

⑤ 1級製品単位原価：¥600,000÷400個＝¥1,500

（3）記帳方法

　等級別総合原価計算では，各等級製品ごとに製品勘定を設け，仕掛品（製造）勘定から等級製品ごとの製造原価を各等級製品勘定に振り替える。また，製品の種類が多い場合は，製品勘定を統制勘定とし，製品元帳各等級製品ごとの口座を設けて，その内訳を記録する。

図表24－7　等級別総合原価計算の記帳手続き

5．組別総合原価計算

 組別総合原価計算は，異種の製品を組別に連続的に製造する製造業，たとえば，食品工業・機械製造業・自動車工業・織物業などに適用される原価計算方法である。組別総合原価計算では，製品の規格・品質が異なるごとに組を分け，それぞれの組単位の完成品原価を求め，その組の完成品数量で割り，製品の単位原価を算出する。

（1）組別総合原価計算の計算方法
 組別総合原価計算は，組別総合原価計算表上で4つのステップを経て行われる。

① 1原価計算期間の製造費用を各組の製品製造のために直接発生した**組直接費**と，各組の製品に共通に発生した**組間接費**に分ける。
② 組直接費は各組に賦課し，組間接費は個別原価計算の製造間接費配賦計算と同様に，一定の配賦基準に従って各組に配賦する。
③ 各組ごとに，単純総合原価計算と同じ方法で，各組に集計された製造費用に月初仕掛品原価を加え，その合計額から月末仕掛品原価を差し引いて，組別製品の完成品原価を求める。
④ 各組ごとの完成品原価をその組の完成品数量で割って，組別製品の単位原価（製品単価）を算出する。

（2）組別総合原価計算表
 組別総合原価計算は，単純総合原価計算と同様に**組別総合原価計算表**上で計算を行う。

例題24－3　次のデータにもとづいて，組別総合原価計算表を作成しなさい。ただし，組間接費は，各組の直接材料費を基準として配賦するものとする。また，素材は製造着手の時にすべて投入され，月末仕掛品の評価は平均法による。

データ

製　品	A　組	B　組	組間接費
当月製造費用			
素材費	¥870,000	¥1,160,000	¥40,000
労務費	¥570,000	¥962,000	¥180,000
経　費	―	―	¥270,000
月初仕掛品原価			
素材費	¥76,000	¥82,000	
加工費	¥56,000	¥58,000	
月末仕掛品数量	300個 （加工進捗度60%）	400個 （加工進捗度50%）	
完成品数量	4,000個	5,000個	

《解　説》

組別総合原価計算表
平成×年4月

摘　　要	A　組	B　組	合　　計
組　直　接　費			
素　材　費	870,000	1,160,000	2,030,000
労　務　費	570,000	962,000	1,532,000
経　　　費	―	―	―
組間接費配賦額	210,000	280,000	490,000
当月製造費用	1,650,000	2,402,000	4,052,000
月初仕掛品原価			
素　材　費	76,000	82,000	158,000
加　工　費	56,000	58,000	114,000
計	1,782,000	2,542,000	4,324,000
月末仕掛品原価			
素　材　費	66,000	92,000	158,000
加　工　費	36,000	50,000	86,000
完　成　品　原　価	1,680,000	2,400,000	4,080,000
完　成　品　数　量	4,000	5,000	
製　品　単　価	¥420	¥480	

組間接費配賦額

A組 （¥40,000＋¥180,000＋¥270,000）

$$\times \frac{¥870,000}{¥870,000+¥1,160,000} = ¥210,000$$

B組 （¥40,000＋¥180,000＋¥270,000）

$$\times \frac{¥1,160,000}{¥870,000+¥1,160,000} = ¥280,000$$

月末仕掛品原価

A組月末仕掛品原価　¥66,000＋¥36,000＝¥102,000

A組素材費 $(¥76,000＋¥870,000) \times \dfrac{300個}{4,000個＋300個} = ¥66,000$

A組加工費 （¥56,000＋¥570,000＋¥210,000）×

$$\times \frac{300個 \times 60\%}{4,000個＋300個 \times 60\%} = ¥36,000$$

B組月末仕掛品原価　¥92,000＋¥50,000＝¥142,000

B組素材費 $(¥82,000＋¥1,160,000) \times \dfrac{400個}{5,000個＋400個} = ¥92,000$

B組加工費 （¥58,000＋¥962,000＋¥280,000）

$$\times \frac{400個 \times 50\%}{5,000個＋400個 \times 50\%} = ¥50,000$$

完成品原価

A　組　（¥132,000＋¥1,650,000）－¥102,000＝¥1,680,000

素材費　（¥76,000＋¥870,000）－¥66,000＝¥880,000

加工費　（¥56,000＋¥570,000＋¥210,000）－¥36,000＝¥800,000

B　組　（¥140,000＋¥2,402,000）－¥142,000＝¥2,400,000

素材費　（¥82,000＋¥1,160,000）－¥92,000＝¥1,150,000

加工費　（¥58,000＋¥962,000＋¥280,000）－¥50,000＝¥1,250,000

単位原価

A　組　¥1,680,000÷4,000個＝¥420

素材費　$\dfrac{¥76,000＋¥870,000}{4,000個＋300個} = ¥220$

加工費　$\dfrac{¥56,000＋¥570,000＋¥210,000}{4,000個＋300個 \times 60\%} = ¥200$

B　組　¥2,400,000÷5,000個＝¥480

素材費　$\dfrac{¥82,000+¥1,160,000}{5,000個+400個}=¥230$

加工費　$\dfrac{¥58,000+¥962,000+¥280,000}{5,000個+400個×50\%}=¥250$

（3）記帳方法

　組別総合原価計算では，各組ごとに仕掛品勘定と製品勘定を設ける。組直接費は，各原価要素の勘定から組別の製品勘定に直接的に振り替え，組間接費は，いったん組間接費勘定に集計した後，配賦額を各組別の仕掛品勘定に振り替える。次に，組別総合原価計算表から得た組別の完成品原価を，各組別仕掛品勘定から組別の製品勘定に振り替える。

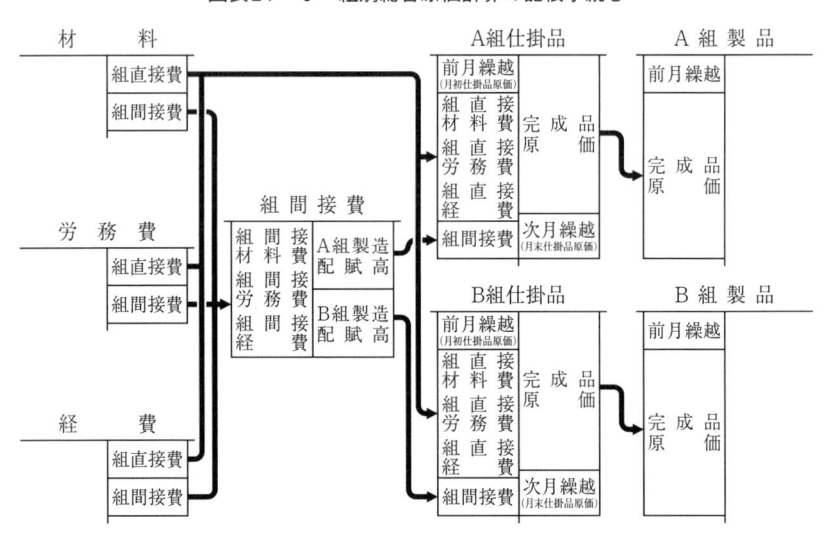

図表24－8　組別総合原価計算の記帳手続き

第25章　総合原価計算（Ⅱ）

★1．工程別総合原価計算

　工程別総合原価計算は，製造工程が2つ以上の連続する工程に分かれていて，製品がそれぞれの工程を通過して製造される場合，その工程ごとに原価を計算する時に用いられる計算方法である。多くの製造業では，いくつかの製造工程を経て製品が製造される。工程別総合原価計算は，パン製造業などの食品加工業や化学工業・製紙業などで採用されている。この計算方法を採用すれば，工程ごとに原価が計算されるので，工程ごとの原価低減に役立ち，正確な製品原価の計算が可能となる。

（1）工程別総合原価計算の計算方法

　工程別総合原価計算は，工程別に当月製造費用を集計する手続きと工程別の完成品原価・完成品単価を計算する手続きに分類される。工程別総合原価計算における製造工程は，部門別個別原価計算における製造部門にあたる。したがって，工程別に当月製造費用を集計する手続きは，製造間接費を部門別に集計する手続きと同じである。ただし，工程別総合原価計算においては，すべての原価要素を工程別に集計する点に注意しなければならない。

　工程別総合原価計算は，工程別総合原価計算表上で，5つのステップを経て行われる。

① 当月製造費用のうち，各工程だけに発生した**工程個別費**および各補助部門だけに発生した**補助部門個別費**と各工程・各補助部門に共通して発生した**部門共通費**に分類する。

◇ 283

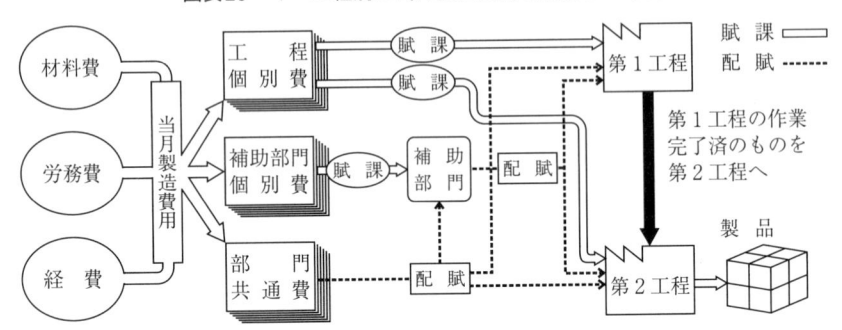

図表25－1　工程別に当月製造費用を集計する場合

② 工程個別費は各工程に，補助部門個別費は各補助部門にそれぞれ賦課する。部門共通費は，適当な配賦基準に従って各工程および各補助部門に配賦する。
③ 補助部門費は，部門別個別原価計算の場合と同様に，各製造工程に配賦する。
④ 工程別に集計された製造原価は，単純総合原価計算と同様の方法で，各工程ごとの完成品原価および完成品単位原価を計算する。そこで，各工程ごとに集計された当月製造費用に月初仕掛品原価を加え，その合計額から月末仕掛品原価を差し引いて，各工程の完成品原価を計算する。このとき，第1工程の完成品原価は第2工程へ，第2工程の完成品原価は第3工程へと順に振り替えて計算を行うため，各工程の完成品原価は，それぞれ次の工程の当月製造費用に**前工程費**として加算される。したがって，あとの工程では，前の工程から受け入れた完成品をもとにして製造を行うため，前の工程から受け入れた完成品は，製造着手の時に投入される素材と同じとして考えなければならない。この場合，前工程費の月末仕掛品評価は素材の場合と同じように行えばよいので，月末仕掛品に含まれる前工程費を計算する場合は，月初および月末の仕掛品の数量を完成品数量に換算する必要はない。
⑤ 最終工程の完成品原価をその完成品数量で割って単位原価（製品単価）を計算する。

図表25－2　工程別総合原価計算の手続き

```
                    ┌─ 工程別の完成品原価・完成品単価を計算する手続き ─┐
        第1工程                          第2工程                    完成品
┌─────────┐                    ┌─────────┐
│第1工程   │     ┌第1工程┐     │第2工程   │     ┌第2工程┐
│月初仕掛品│  ┌─▶│完成   │÷完成  │月初仕掛品│  ┌─▶│完成   │÷完成
│原    価 │  │  │原   価│ 数量  │原    価 │  │  │原   価│ 数量
├─────────┤──┤  └──────┘第1工程 ├─────────┤──┤  └──────┘第2工程
│第1工程   │  │  ┌第1工程┐=完成品│第2工程   │  │  ┌第2工程┐=完成品
│当月製造 │  └─▶│月末仕掛│ 単価  │当月製造 │  └─▶│月末仕掛│ 単価
│費    用 │     │品 原価│       │費（前工程費）│     │品 原価│
└─────────┘     └──────┘       └─────────┘     └──────┘
    ▲
    └─ 工程別に当月製造費用を集計する手続き      ※上図は第2工程が最終工程の場合を示した。
```

（2）工程別総合原価計算表

工程別総合原価計算は，通常，工程別総合原価計算表上で行う。

例題25－1　製造部門（第1工程，第2工程）と補助部門をもつ工場の次のデータにもとづき，工程別総合原価計算表を作成しなさい。ただし，第1工程完成品はすべて第2工程に移されるものとする。また素材は各工程着手の時にすべて投入され，月末仕掛品の評価は平均法による。

＜データ＞

1．当月製造費用

（ア）工程個別費および補助部門個別費

	第1工程	第2工程	補助部門	合　　計
素 材 費	￥400,000	￥200,000	￥30,000	￥630,000
労 務 費	￥300,000	￥340,000	￥150,000	￥790,000
経　　費	￥240,000	￥360,000	￥100,000	￥700,000
合　　計	￥940,000	￥900,000	￥280,000	￥2,120,000

（イ）部門共通費￥200,000

　　　内訳：工場消耗品費￥20,000　労務費￥120,000　経費￥60,000

　　　部門共通費配賦割合：第1工程　40％　第2工程　50％

　　　　　　　　　　　　　補助部門　10％

（ウ）補助部門費の配賦割合：第1工程　60％　第2工程　40％

第25章　総合原価計算（Ⅱ）　◇　285

2．月初仕掛品

	素 材 費	加 工 費	前工程費	合 計
第1工程	¥40,000	¥50,500	―	¥90,500
第2工程	¥10,000	¥48,000	¥290,000	¥348,000

3．月末仕掛品
　　第1工程　100個（加工進捗度　50％）
　　第2工程　400個（加工進捗度　20％）

4．完成品数量
　　第1工程　1,000個　　第2工程　800個

《解　説》

工程別総合原価計算表
平成×年6月分

摘　要	第1工程	第2工程	合　計
工程個別費	940,000	900,000	1,840,000
部門共通費配賦額	① 80,000	① 100,000	180,000
補助部門費配賦額	② 180,000	② 120,000	② 300,000
前 工 程 費		1,210,000	1,210,000
当月製造費用	1,200,000	2,330,000	3,530,000
月初仕掛品原価	90,500	348,000	438,500
計	1,290,500	2,678,000	3,968,500
月末仕掛品原価	③ 80,500	④ 658,000	738,500
工程完成品原価	1,210,000	2,020,000	3,230,000
工程完成品数量	1,000個	800個	
工程完成品単価	¥1,210	¥2,525	

① ¥200,000×40％＝¥80,000（第1工程）
　 ¥200,000×50％＝¥100,000（第2工程）

② ¥30,000＋¥150,000＋¥100,000＋¥200,000×10％＝¥300,000
　　　　　　　　　　　　　　　　　　　　　　　　（補助部門費合計）
　 ¥300,000×60％＝¥180,000（第1工程）
　 ¥300,000×40％＝¥120,000（第2工程）

③ 第1工程月末仕掛品素材費：

$$(¥40,000＋¥400,000) \times \frac{100個}{1,000個＋100個} ＝¥40,000 \cdots\cdots 1$$

第1工程月末仕掛品加工費：

$$(¥50,500+¥300,000+¥240,000+¥80,000+¥180,000)$$
$$\times \frac{100個\times50\%}{1,000個+100個\times50\%}=¥40,500 \cdots\cdots 2$$

第1工程月末仕掛品原価＝1＋2＝¥80,500

④ 第2工程月末仕掛品素材費：

$$(¥10,000+¥200,000)\times\frac{400個}{800個+400個}=¥70,000 \cdots\cdots 1$$

第2工程月末仕掛品加工費：

$$(¥48,000+¥340,000+¥360,000+¥100,000+¥120,000)$$
$$\times\frac{400個\times20\%}{800個+400個\times20\%}=¥88,000 \cdots\cdots 2$$

第2工程月末仕掛品前工程費：

$$(¥290,000+¥1,210,000)\times\frac{400個}{800個+400個}=¥500,000 \cdots 3$$

第2工程月末仕掛品原価＝1＋2＋3＝¥658,000

このとき，前工程費については，第2工程の月末仕掛品の加工進捗度が100％（つまり完成品）であるため，月末仕掛品数量を完成品数量に換算する必要はない。

（3）記帳方法

工程別総合原価計算では，6つのステップを経て記帳していく。

① 工程別に製造（仕掛品）勘定（たとえば，第1工程製造勘定）を設けるとともに，各補助部門費勘定および部門共通費勘定を設ける。
② 工程個別費と補助部門個別費は，各原価要素勘定から各工程製造勘定および各補助部門費勘定の借方に振り替える。
③ 部門共通費は，各原価要素勘定から部門共通費勘定の借方へ振り替える。
④ 部門共通費の各工程と各補助部門への配賦額を，部門共通費勘定の貸方から各工程製造（仕掛品）勘定の借方へ振り替える。

⑤ 補助部門費は，部門別個別原価計算と同様に，各工程への配賦額を各補助部門費勘定の貸方から各工程製造（仕掛品）勘定の借方へ振り替える。
⑥ 工程完成品原価は，次の工程製造（仕掛品）勘定の借方へ振り替え，最終工程の完成品原価は，工程製造（仕掛品）勘定の貸方から製品勘定の借方に振り替える。

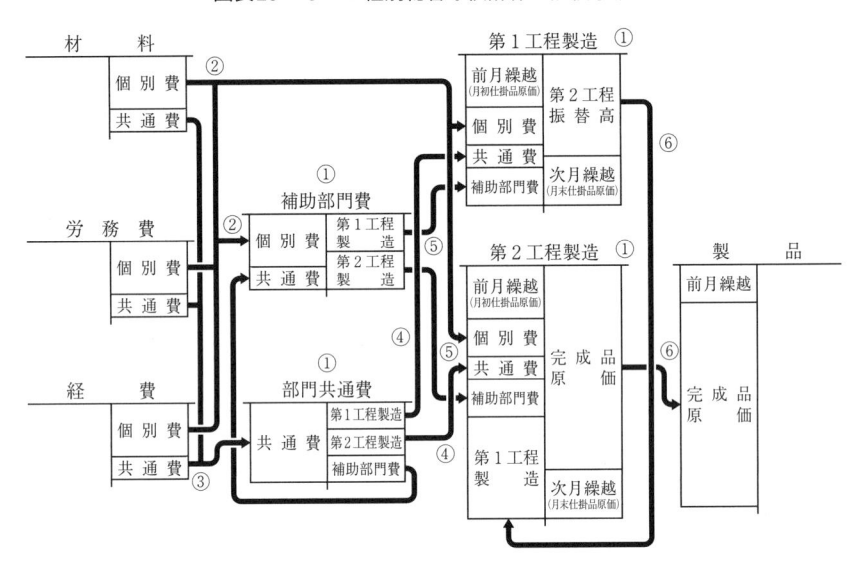

図表25－3　工程別総合原価計算の記帳手続き

（4）半製品がある場合の記帳方法

製造作業上の理由で，製造工程のすべてを終了しない途中段階で工程完成品を次工程に移行せず，倉庫に保管したり外部に販売したりすることのできる製品のことを**半製品**という。半製品に関しては，たとえば，第1工程の完成品の一部を倉庫に保管しておき，必要に応じて第2工程に引き渡している場合，第1工程製造勘定と第2工程製造勘定の間に，**第1工程半製品勘定**を設けて記帳を行う。半製品と仕掛品は，さらに加工を必要とする点では同じだが，半製品は，工程ごとの加工は完了しており，保管も販売も可能である。それに対し，仕掛品は，工程ごとの加工が完了しておらず，販売は不可能である。

288 ◇

図表25－4　半製品勘定の振替関係

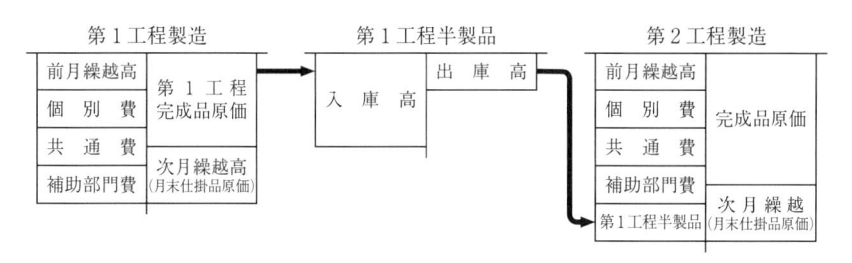

第1工程製造	第1工程半製品	第2工程製造
前月繰越高 / 個別費 / 共通費 / 補助部門費 / 第1工程完成品原価 / 次月繰越高（月末仕掛品原価）	入庫高 / 出庫高	前月繰越高 / 個別費 / 共通費 / 補助部門費 / 第1工程半製品 / 完成品原価 / 次月繰越（月末仕掛品原価）

★2．副産物の評価，作業屑・仕損品の処理

（1）副産物の評価

　石鹸製造業におけるグリセリンやビール工業における酵母，豆腐製造業におけるおからなど，主産物の製造工程から必然的に発生する副次的な物品を**副産物**という。副産物は4つの方法によって評価し，これを主産物の製造原価から差し引いて，**副産物勘定**の借方に記入する。

図表25－5　副産物の評価方法

①	そのまま外部に売却できる副産物
	副産物評価額 ＝ 見積売却価額 －（販売費・保管料などの見積額 ＋ 通常の見積利益額）
②	加工のうえ，売却可能な副産物
	副産物評価額 ＝ 加工後見積売却価額 －（加工費見積額 ＋ 販売費・保管料などの見積額 ＋ 通常の見積利益額）
③	そのまま自家消費する副産物
	副産物評価額 ＝ 発生した副産物を消費することによって節約される物品の見積購入価額
④	加工のうえ，自家消費する副産物
	副産物評価額 ＝ 発生した副産物を加工した後，これを消費することによって節約される物品の見積購入価額 － 加工費見積額

＊副産物の価額がわずかな場合は，上記の評価方法を利用せず，売却した際にその売却額を雑益として処理する。

(2) 作業屑・仕損品の処理

作業屑と仕損品の評価および処理は，副産物の場合と同様に評価し，作業屑勘定・仕損品勘定を設けて処理する。ただし，仕損費については，その発生額が通常生じると認められる程度であれば，特別に仕損費の費目を設けず当月製造費用の中に含ませたままにしておき，その月の完成品および月末仕掛品にその原価を負担させる（原価に算入させる）が，その発生額が異常な場合は損益勘定へ振り替える。

3. 連産品

同一の工程において，同一の原材料から，必然的に製造される異種製品であって，製品相互間では主産物と副産物の区別ができないものを**連産品**という。たとえば，石油精製業における，原油を蒸留・分解して得られる重油・ガソリン・灯油・軽油などや，精肉業におけるロース・ヒレなどが連産品にあたる。

これは，主産物・副産物の区別ができないため連産品に区分される。また，連産品原価の計算は，連産品の市価などを基準として等価係数を定め，それぞれの連産品への原価配分を行い，等級別総合原価計算の手続きに準じて行う。

また，連産品原価の計算は，通常，連産品原価計算表上で行われる。

図表25－6　連産品原価計算表

連産品原価計算表

製品	市　価	等価係数	完成品数量	積　数	連産品原価	単位原価
A 品	¥500	5	1,000個	5,000	20,000	¥ 20
B 品	¥400	4	3,000個	12,000	48,000	¥ 16
C 品	¥300	3	2,000個	6,000	24,000	¥ 12
				23,000	92,000	

4. 仕損と減損

製品の製造において，投入した原材料に加工を加えても，すべての製品が基

準を満たした合格品として完成するわけではない。また，原材料の種類によっては，加工の過程で蒸発・粉散・ガス化などにより消失してしまう場合もある。このように合格品にならなかったものを**仕損**といい，消失してしまったものを**減損**という。

（1）仕　損

仕損とは，材料の不良，機械の故障，従業員の不注意などの原因によって，標準規格に満たない不合格品の発生のことを指し，その不合格品を**仕損品**という。仕損により生じた損失を**仕損費**といい，仕損費は以下のいずれかの金額となる。

① 仕損費を補修し合格品とした場合 → その補修費の金額
② 仕損品の補修を行わず処分価額が付加された場合 → **仕損品 － 処分価額**

（2）減　損

減損とは，製品の加工中に原材料が蒸発・粉散・ガス化・煙化などにより消失する，もしくは無価値の原材料部分が発生した場合をいい，減損により生じた損失を**減損費**という。減損費は以下のいずれかの金額となる。

① 消失したもしくは無価値の原材料の原価
② ①の原価に廃棄物処理のための費用を加えた金額

（3）仕損・減損の分類
① 正常仕損，正常減損

その発生が，毎期不可避的に生じる程度の仕損・減損であり，その原価を正常仕損費，正常減損費という。これらは，通常発生するものとしてとらえ，費用とせずに完成品原価，月末仕掛品原価の中に含めて処理をする。このことを，完成品原価，月末仕掛品原価に負担させるという。

② 異常仕損，異常減損

その発生が，通常発生する程度を超える仕損，減損であり，その原価を異常仕損費，異常減損費という。これらは，原価の中に含めずに非原価項目として処理する。

（4）正常仕損費，正常減損費の負担

正常仕損費，正常減損費は，その発生の進捗度によって負担させる場所（①完成品原価と月末仕掛品原価の両方　②完成品原価のみ）が異なる。

① 完成品原価と月末仕掛品原価の両方

仕損・減損の発生進捗度 ≦ 月末仕掛品進捗度の場合には，仕損費，減損費の金額を月末仕掛品と完成品の両方に負担させる。また，正常減損が工程の始点から終点に至るすべての間で，**平均的に発生した場合**も，便宜的に減損の進捗度を50％として考え，減損費の金額を月末仕掛品と完成品の両方に負担させる。

② 完成品原価のみ

仕損・減損の発生進捗度 ＞ 月末仕掛品進捗度の場合には，仕損費，減損費の金額を完成品のみに負担させる。

（5）正常仕損費，正常減損費の処理方法

① 度外視法

正常仕損，正常減損の数量だけを計算し，金額をまったく無視する方法のことである。原価の把握や按分は行わず，数量を計算に組み込むことにより，自動的に正常仕損費，正常減損費を良品（月末仕掛品，完成品）に負担させる方法のことである。

② 非度外視法

正常仕損費，正常減損費を按分計算し，把握した上で良品（月末仕掛品，完成品）に追加配賦という形で負担させる方法のことである。

例題25-2 次のデータにより，総合原価計算表を完成させなさい。

<データ>
1．生産データ

月初仕掛品	300kg	(60％)
当月投入	2,100kg	
合　計	2,400kg	
減　損	100	(50％)
月末仕掛品	300	(40％)
完成品	2,000kg	

(1) 原料はすべて工程の始点（製造着手の時）に投入される。
(2) (　) 内の数値は加工進捗度を示す。
(3) 月末仕掛品の評価方法は平均法による。
(4) 減損は，加工進捗度50％で発生しており，すべて正常なものである。計算は度外視法によって行うこと。

総合原価計算表

（単位：円）

	原　料　費	加　工　費	合　　計
月初仕掛品	120,000	34,000	154,000
当月製造費用	600,000	400,000	1,000,000
合　　計	720,000	434,000	1,154,000
月末仕掛品原価			
完成品総合原価			
完成品単位原価			

《解　説》　正常減損費は，度外視法によって計算を行うため，進捗度をチェックする。月末仕掛品進捗度40％＜正常減損費発生進捗度50％となっているので，月末仕掛品の正常減損は生じていない状態となる。したがって，正常減損費は，完成品のみに負担させる。
　　正常減損分は，完成品原価に負担させるため，完成品の数量に減損の数量（換算量）を含めて原価配分する。

月末仕掛品原料費＝

$$(¥120,000+¥600,000)\times\frac{300\text{kg}}{2,000\text{kg}+100\text{kg}+300\text{kg}}=¥90,000$$

月末仕掛品加工費＝

$$(¥34,000+¥400,000)\times\frac{120\text{kg}}{2,000\text{kg}+50\text{kg}+120\text{kg}}=¥24,000$$

月末仕掛品原価＝¥90,000＋¥24,000＝¥114,000
完 成 品 原 価＝¥154,000＋¥1,000,000－¥114,000＝¥1,040,000
完成品単位原価＝¥1,040,000÷2,000kg＝¥520／kg

したがって，総合原価計算表は下記のようになる。

<table>
<tr><td colspan="4" align="center">総合原価計算表</td></tr>
<tr><td colspan="4" align="right">(単位：円)</td></tr>
<tr><td></td><td align="center">原　料　費</td><td align="center">加　工　費</td><td align="center">合　　　計</td></tr>
<tr><td>月 初 仕 掛 品</td><td>120,000</td><td>34,000</td><td>154,000</td></tr>
<tr><td>当 月 製 造 費 用</td><td>600,000</td><td>400,000</td><td>1,000,000</td></tr>
<tr><td>合　　　　　計</td><td>720,000</td><td>434,000</td><td>1,154,000</td></tr>
<tr><td>月末仕掛品原価</td><td>90,000</td><td>24,000</td><td>114,000</td></tr>
<tr><td>完成品総合原価</td><td>630,000</td><td>410,000</td><td>1,040,000</td></tr>
<tr><td>完成品単位原価</td><td>¥315／kg</td><td>¥205／kg</td><td>¥520／kg</td></tr>
</table>

(参考)

<table>
<tr><td colspan="6">(平均法)　　　　　　　　　　　　　　　　　　(単位：円)</td></tr>
<tr><td rowspan="2" align="center">適　　要</td><td colspan="2" align="center">原　料　費</td><td colspan="2" align="center">加　工　費</td><td rowspan="2" align="center">合　計</td></tr>
<tr><td align="center">数　量</td><td align="center">金　額</td><td align="center">換算量</td><td align="center">金　額</td></tr>
<tr><td>月 初 仕 掛 品</td><td>300</td><td>120,000</td><td>180</td><td>34,000</td><td>154,000</td></tr>
<tr><td>当 月 投 入</td><td>2,100</td><td>600,000</td><td>1,990</td><td>400,000</td><td>1,000,000</td></tr>
<tr><td>　　計</td><td>2,400</td><td>720,000</td><td>2,170</td><td>434,000</td><td>1,154,000</td></tr>
<tr><td>月 末 仕 掛 品</td><td>300</td><td>90,000</td><td>120</td><td>24,000</td><td>114,000</td></tr>
<tr><td>差　　　引</td><td>2,100</td><td>630,000</td><td>2,050</td><td>410,000</td><td>1,040,000</td></tr>
<tr><td>正 常 減 損</td><td>100</td><td>－</td><td>50</td><td>－</td><td>－</td></tr>
<tr><td>完　　　品</td><td>2,000</td><td>630,000</td><td>2,000</td><td>410,000</td><td>1,040,000</td></tr>
<tr><td>完成品単位原価</td><td colspan="2" align="center">¥315</td><td colspan="2" align="center">¥205</td><td align="center">¥520</td></tr>
</table>

第26章 製品の完成・販売と決算

★1．製品の完成

製品の製造に関する作業が終了し，製品が完成した場合，その記帳は，個別原価計算制度を採用している企業と，総合原価計算を採用している企業では，その手続きが異なる。

（1）個別原価計算の記帳手続き

原価計算係は製品の完成によって，完成品原価報告書を作成する。完成品原価報告書には，製造指図書番号，完成日，品名，数量，単価，金額などが記入され，原価計算係と会計係が捺印する。つぎに会計係は，完成品原価報告書にもとづき製品元帳に受け入れの記入を行う。

	完成品原価報告書					
No. 205	平成××年5月12日					
製造指図書番号	完成日	品名等	数量	単価	金額	
No. 322	5/12	ドラゴンボール	7	4,000	28,000	
備考				会計係 （孫）	原価計算係 （亀）	

製 品 元 帳

品名　ドラゴンボール

(先入先出法)

平成 ××年	摘　要	入　庫			出　庫			残　高		
		数量	単価	金額	数量	単価	金額	数量	単価	金額
5/ 1	前期繰越	2	5,000	10,000				2	5,000	10,000
5/12	受　入	7	4,000	28,000				{ 2	5,000	10,000
								7	4,000	28,000

　原価計算期末（月末）になると原価計算係は，1カ月分の完成品原価報告書の写しを集計して，完成品原価月報を作成して会計係に提出する。会計係はこれにもとづいて完成品原価を，仕掛品勘定から製品勘定への振替仕訳を行い，総勘定元帳に転記する。

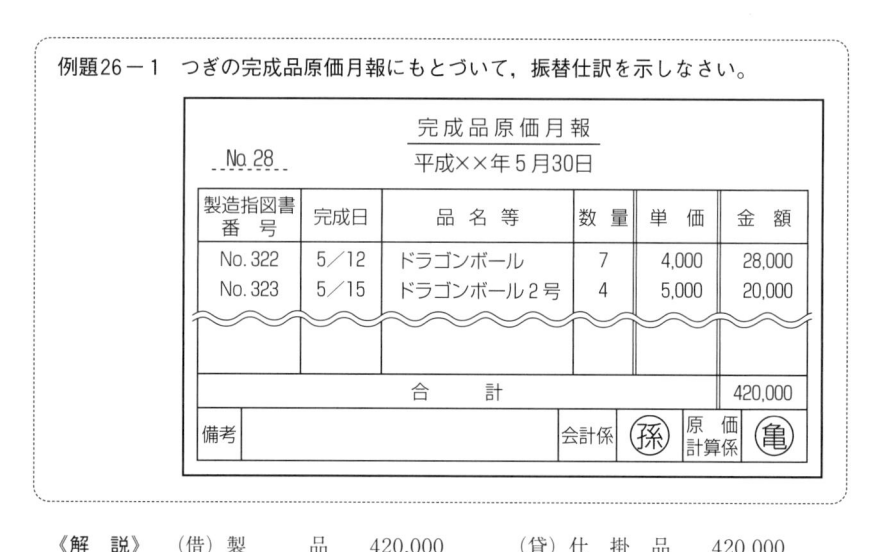

例題26－1　つぎの完成品原価月報にもとづいて，振替仕訳を示しなさい。

完成品原価月報

No. 28　　平成××年5月30日

製造指図書 番　号	完成日	品　名　等	数量	単価	金額
No. 322	5/12	ドラゴンボール	7	4,000	28,000
No. 323	5/15	ドラゴンボール2号	4	5,000	20,000

合　計　　　　420,000

備考　　　　　　　　　　会計係（孫）　原価計算係（亀）

《解　説》　（借）製　　品　420,000　　（貸）仕　掛　品　420,000

（2）総合原価計算の記帳手続き

　総合原価計算では，原価計算期末にならなければ，製品単価が算出できないため，会計係は，製品が完成すると製造日報（完成品の品名と完成数量が記載され

ている）にもとづいて，製品元帳に受入数量のみを記入しておく。

　月末に原価計算係は1カ月分の製造日報を製造月報にまとめて，これにもとづいて総合原価計算表を作成する。会計係は，総合原価計算表で算出された製品単価にもとづいて，製品元帳に単価および金額を記入し，完成品原価を仕掛品勘定から製品勘定に振り替える仕訳を行って，総勘定元帳に転記する。

> 例題26－2　月末の総合原価計算表の完成品原価は，¥5,800,000であった場合の振替仕訳を示しなさい。

《解　説》　（借）製　　　　品　5,800,000　　（貸）仕　掛　品　5,800,000

★2．製品の販売

　完成した製品が掛け売りで販売されると，販売担当者は売上伝票にもとづいて，売上帳および売掛金元帳に記入する。そして会計係は製品元帳に払い出し記入を行う。月末に販売担当者から売上帳の合計額が報告されると，会計係は，その仕訳を行う。

> 例題26－3　今月分の売上帳の合計額が¥3,000,000であった場合の仕訳を示しなさい。ただし，売上はすべて掛け売りである。

《解　説》　（借）売　掛　金　3,000,000　　（貸）売　　　　上　3,000,000

　さらに会計係は，売上伝票に記入されている製造原価を集計して，売上製品原価月報を作成し，売上製品の製造原価を製品勘定から売上原価勘定に振り替える仕訳を行う。

例題26−4 次の売上製品原価月報にもとづき振替仕訳を示しなさい。

売上製品原価月報
No.1　平成××年5月分

売上伝票番号	品名等	摘要	数量	単価	金額
281	ドラゴンボール	(株)クリリン	100	4,000	400,000
					3,200,000

《解説》　(借) 売 上 原 価　3,200,000　　(貸) 製　　　品　3,200,000

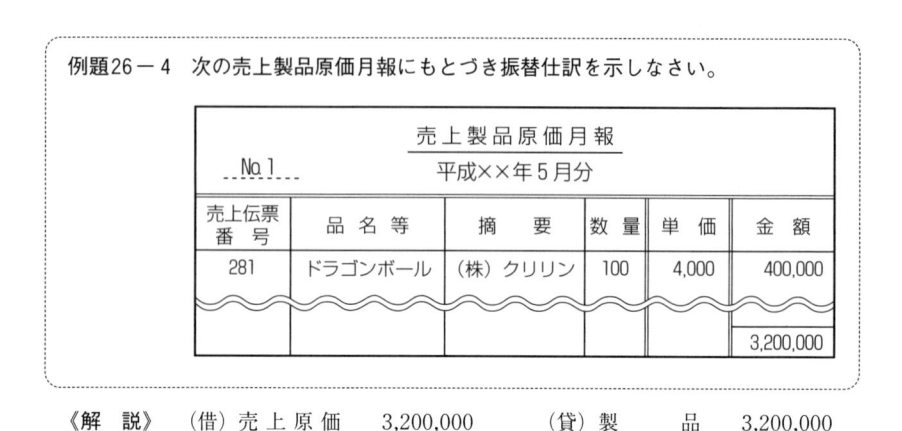

★3．工業簿記における決算

　工業簿記では，経営管理に役立てるために，短期の経営成績を明らかにする。そのため，原価計算期末（毎月末）に1カ月ごとの営業損益を計算する。これを月次決算という。**月次決算**は，元帳に月次損益勘定を設けて，借方に売上原価，販売費及び一般管理費を記入し，貸方に売上高を記入して，1カ月間の営業損益を計算する。

　これに対して，会計期末に行う決算を**年次決算**という。年次決算は商業簿記と同様の手続きで行うが，年次決算では，損益勘定に月次損益，営業外収益，営業外費用，特別利益，特別損失の勘定残高が振り替えられ，1会計期間の純損益が計算される。月次決算と年次決算の振替関係を示せば図表26−1のようになる。

図表26-1　月次決算と年次決算の振替関係

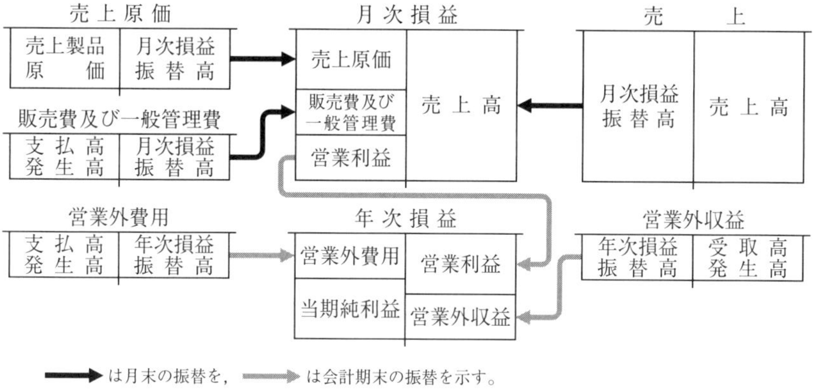

売上原価		月次損益		売　　　　上	
売上製品原価	月次損益振替高	売上原価	売上高	月次損益振替高	売上高
販売費及び一般管理費		販売費及び一般管理費			
支払発生高	月次損益振替高	営業利益			

営業外費用		年次損益		営業外収益	
支払発生高	年次損益振替高	営業外費用	営業利益	年次損益振替高	受取発生高
		当期純利益	営業外収益		

　▶ は月末の振替を，▷ は会計期末の振替を示す。

★4．損益計算書と製造原価報告書

　財務諸表を作成する場合，商品販売業と製造業では，売上原価の計算に以下のような違いがある。

【商品販売業の場合】

　　売上原価 ＝ 期首商品棚卸高 ＋ 当期商品純仕入高 － 期末商品棚卸高
　　※ 純仕入高（総仕入高 － 仕入値引・返品高）

【製造業の場合】

　　売上原価 ＝ 期首製品棚卸高 ＋ 当期製品製造原価 － 期末製品棚卸高

　製造業の損益計算書では，その売上原価の算定の基礎となるのは当期製品製造原価である。当期製品製造原価は，1会計期間に製造された製品の製造原価のことで，その内訳明細は**製造原価報告書**に明示されている。その意味では，製造原価報告書は，損益計算書に添付される明細書である。製造原価報告書は，以下のような手順で作成される。

① 当期の製造費用を材料費，労務費，経費の各原価要素に区分して，1会計期間の消費高を計算・表示する。
② 材料費，労務費，経費の合計額を当期製造費用として表示する。
③ 当期製造費用に期首仕掛品棚卸高を加算する。
④ 当期製造費用と期首仕掛品棚卸高の合計から期末仕掛品棚卸高を差し引いて，当期製品製造原価を計算・表示する。

図表26－2は，製造原価報告書と財務諸表の関係を示したものです。

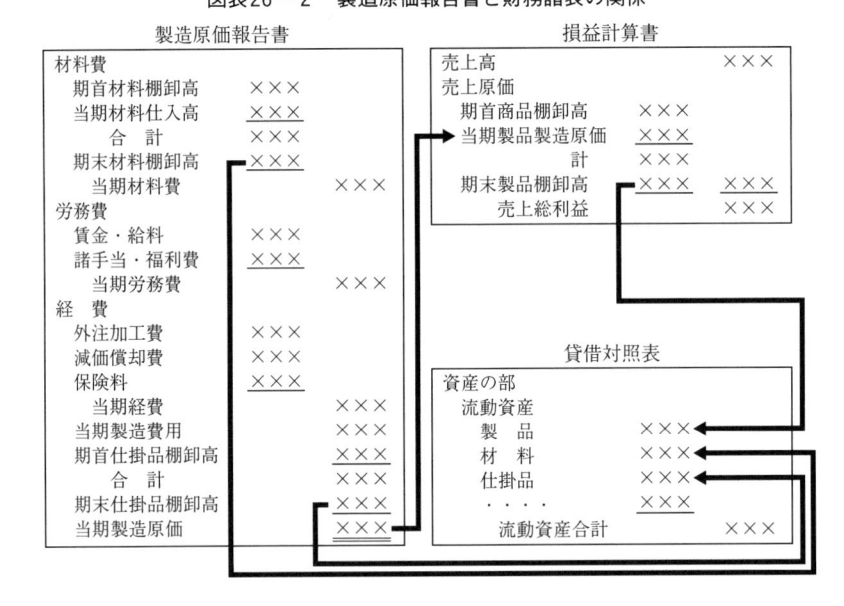

図表26－2　製造原価報告書と財務諸表の関係

製造原価報告書		損益計算書	
材料費		売上高	×××
期首材料棚卸高	×××	売上原価	
当期材料仕入高	×××	期首商品棚卸高	×××
合　計	×××	当期製品製造原価	×××
期末材料棚卸高	×××	計	×××
当期材料費		×××	期末製品棚卸高	×××	×××
労務費		売上総利益	×××
賃金・給料	×××		
諸手当・福利費	×××		
当期労務費		×××		
経　費			
外注加工費	×××	貸借対照表	
減価償却費	×××	資産の部	
保険料	×××	流動資産	
当期経費		×××	製　品	×××
当期製造費用		×××	材　料	×××
期首仕掛品棚卸高		×××	仕掛品	×××
合　計		×××	・・・・	×××
期末仕掛品棚卸高		×××	流動資産合計	×××
当期製造原価		×××		

例題26－5 次の資料にもとづいて，製造原価報告書を作成しなさい。
① 期首および期末在高

	期首在高	期末在高
材料棚卸高	¥240,000	¥320,000
賃金未払高	80,000	160,000
製造経費未経過高	40,000	32,000
仕掛品棚卸高	120,000	200,000

② 材料仕入高　　¥1,680,000
③ 賃金支払高　　 1,200,000
④ 製造経費支払高　 712,000

《解　説》

製造原価報告書

Ⅰ　材料費
　1．期首材料棚卸高　　　　240,000
　2．当期材料仕入高　　 1,680,000
　　　合　計　　　　　　 1,920,000
　3．期末材料棚卸高　　　　320,000　　1,600,000
Ⅱ　労務費
　　　賃　金　　　　　　　　　　　　 1,280,000
Ⅲ　経　費
　　　製造経費　　　　　　　　　　　　 720,000
　　当期総製造費用　　　　　　　　　 3,600,000
　　期首仕掛品棚卸高　　　　　　　　　 120,000
　　　合　計　　　　　　　　　　　　 3,720,000
　　期末仕掛品棚卸高　　　　　　　　　 200,000
　　当期製品製造原価　　　　　　　　 3,520,000

材料費＝¥1,680,000＋¥240,000－¥320,000＝¥1,600,000
労務費＝¥1,200,000－¥80,000＋¥160,000＝¥1,280,000
経　費＝¥712,000＋¥40,000－¥32,000＝¥720,000
当期総製造費用＝¥1,600,000＋¥1,280,000＋¥720,000＝¥3,600,000
当期製品製造原価＝¥3,600,000＋¥120,000－¥200,000＝¥3,520,000

★5．工場会計の独立

　工場の規模が比較的小さく，本社と工場の距離が近い場合は，すべての取引を本社の会計帳簿に記録する方法がとられることが一般的である。しかし，本社と工場の地理的な距離が遠くなり，工場の規模が拡大して，生産工程が複雑になると，工場の会計と本社の会計を一括して行うと，帳簿組織や勘定が複雑になり，その運用が困難になってしまう。そこで，このような状況では，帳簿組織に関して，仕訳帳を本社の一般仕訳帳と工場の工場仕訳帳に，総勘定元帳を本社の一般元帳と工場の元帳にそれぞれ分離して，工場独自の帳簿組織を設ける。これを**工場会計の独立**という。工場会計を独立させることによって，工場での原価管理に必要な資料の作成が可能となるというメリットがある。また，本社と工場間の責任分担により，内部統制に効果があり，また，本社の経理事務の軽減が図れる。

　工場会計の独立では，一般に，本社の会計帳簿から製品の製造に関する諸勘定（たとえば，材料勘定，労務費勘定，経費勘定，製造（仕掛品）勘定，製造間接費勘定，製品勘定など）を分離して，工場元帳に移行する。本社には購買活動および販売活動に関する諸勘定（たとえば，買掛金勘定，売掛金勘定，売上勘定，売上原価勘定など）が設定される。さらに，工場には本社との貸借関係を処理する勘定として**本社勘定**，本社には工場との貸借関係を処理する勘定として**工場勘定**が設定される。本社勘定と工場勘定の関係は，商業簿記における本支店会計の本店勘定と支店勘定の関係と同一である。たとえば，本社が材料を掛けで仕入れ，材料は仕入れ先から工場に直送された場合，本社は工場に対する債権の増加として工場勘定の借方に金額を記入し，工場は本社に対する債務の増加として本社勘定貸方に金額を記入する。

　また，工場元帳勘定と本社元帳勘定には本社と工場間のすべての取引が記入され，工場元帳勘定と本社元帳勘定の残高は，貸借反対で常に一致する。

図表26－3　一般元帳と工場元帳の関係

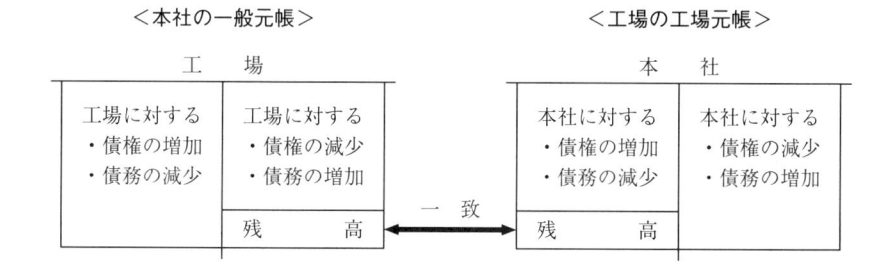

＜本社の一般元帳＞

工　　　場	
工場に対する ・債権の増加 ・債務の減少	工場に対する ・債権の減少 ・債務の増加
	残　　高

＜工場の工場元帳＞

本　　　社	
本社に対する ・債権の増加 ・債務の減少	本社に対する ・債権の減少 ・債務の増加
	残　　高

←一致→

　工場会計を独立させた場合、取引は、本社だけに関係する取引、工場だけに関係する取引、本社と工場の両方に関係する取引に分けられる。

［本社だけに関係する取引］
　本社は取引先に対して買掛金¥350,000を現金で支払った。
　　　（借）買　掛　金　　350,000　　　（貸）現　　　金　　350,000
　本社の一般仕訳帳と一般元帳に記入する。

［工場だけに関係する取引］
　工場において、材料¥120,000を直接材料費として消費した。
　　　（借）仕　掛　品　　120,000　　　（貸）材　　　料　　120,000
　工場の工場仕訳帳と工場元帳に記入する。

［本社と工場の両方に関係する取引］
　本社は、材料¥280,000を現金で仕入れ、仕入れ先から工場に材料を直送させた。
［本社］（借）工　　　場　　280,000　　　（貸）現　　　金　　280,000
［工場］（借）材　　　料　　280,000　　　（貸）本　　　社　　280,000
　本社は一般仕訳帳と一般元帳に記入し、工場は工場仕訳帳と工場元帳に記入する。

第27章 標準原価計算（Ⅰ）

★1．標準原価計算の意義と目的

（1）標準原価計算の意義

標準原価計算は，原価管理などの経営管理に役立つ原価情報を提供することを目的とした原価計算制度であり，あらかじめ設定された標準原価によって製品の原価を計算する方法である。

これまで学習してきた実際原価計算は，製品の製造のために実際に要した原価（実際原価）を算定する。すなわち，各原価要素について実際価格（あるいは予定価格）と実際消費量をもとに，実際発生額を算定するものである。

しかし，実際原価計算で算定される実際原価には，作業の不能率や偶発的な要因による原価の変動が含まれている。また，原価の実際発生額が判明しないと原価計算に取りかかることができないため，原価資料の作成が遅くなり，タイムリーな原価情報の提供ができなくなる。このようなことから，実際原価計算が原価管理に役立つには限界がある。

標準原価計算においては，科学的・統計的調査にもとづいてあらかじめ設定された製品1単位当たりの**原価標準**に，実際生産量を乗じて**標準原価**を算定する。したがって，算定された標準原価は，原価管理における能率の尺度となる目標原価をあらわすものである。したがって，標準原価と実際発生額（実際原価）との差異（原価差異）を計算することで，経営能率の良否を分析することができ，原価管理に有用な情報を得ることができるのである。

（2）標準原価計算の目的

標準原価計算の目的には，次の4つがある（原価計算基準40）。

① 原価管理目的 … 原価管理を効果的に行うために有用な情報を提供すること。
② 財務諸表作成目的 … 真実の原価として仕掛品や製品などの棚卸資産価額および売上原価算定の基礎となること。
③ 予算管理目的 … 予算，とくに見積財務諸表の作成に信頼できる情報を提供すること。
④ 記帳の簡略化・迅速化 … 標準原価を勘定組織に組み入れることで記帳を簡略化・迅速化すること。

実際原価計算が財務諸表作成を主目的とするのに対し，標準原価計算の主目的は①の原価管理にある。また，④の記帳の簡略化・迅速化は，工業簿記に直接関係する重要な目的である。

★2．標準原価計算の手続きと標準原価のタイプ

（1）標準原価計算の手続き

標準原価計算は原価管理を主目的とするものであり，その手続きは，（1）原価標準の設定，（2）標準原価による製品別原価の算定，（3）原価差異の分析，の大きく3つの段階から構成される。

この手続きを一連のプロセスとして示すと次のようになる。

① 原価標準の設定
② 実際原価の計算
③ 標準原価の計算
④ 実際原価と標準原価の差異（原価差異）の計算
⑤ 原価差異の原因分析と報告
⑥ 原価差異の会計処理

（2）標準原価のタイプ

標準原価は，科学的・統計的調査にもとづいて設定されるが，標準をどのレベル（タイトネス：厳格度）に設定するかによって，次の３つのタイプに分類される（原価計算基準４（1）2）。

① 理想的標準原価
技術的に達成可能な最大操業度のもとで，最高能率を表す最低の原価のことであり，理想的水準における標準原価をあらわす。
② 現実的標準原価
良好な能率のもとにおいて，その達成が期待されうる標準原価をいい，通常生じると認められる程度の減損，仕損，遊休時間等の余裕率を含む原価であり，原価管理に最も適するものである。
③ 正常標準原価
経営における異常な状態を排除し，経営活動に関する比較的長期にわたる過去の実際数値を統計的に平準化し，これに将来の趨勢を加味した正常価格にもとづいて決定される原価のことであり，財務諸表作成目的のために最も適するものである。

原価計算基準において，標準原価計算制度における標準原価として認められるのは，②の現実的標準原価と③の正常標準原価である。

3．原価標準の設定

（1）原価標準と標準原価

前節で説明したように，標準原価計算のプロセスは原価標準の設定から始まる。ここで原価標準とは，製品１単位当たりの標準原価のことであり，次式で表される。

　　原価標準 ＝ 標準価格 × 標準消費量

一方，標準原価とは，原価標準に実際生産量を乗じることで求められるものであり，当期の生産実績に対して許容される原価額を示す。

標準原価 ＝ 原価標準 × 実際生産量
**　　　　＝ 標準価格 × 標準消費量 × 実際生産量**

したがって，原価標準は生産活動に先立って設定される事前原価であるのに対して，標準原価は実際に生産活動が行われた後に計算される事後原価である。

（2）原価標準の算定

原価標準は，直接材料費，直接労務費，製造間接費という原価要素ごとに設定される。

① 直接材料費標準の設定

直接材料費標準は，製品1単位当たりの標準直接材料費であり，製品1単位を製造するために必要な直接材料の種類ごとに，製品1単位当たりの標準価格と標準材料消費量にもとづき，次式のように算定される。

直接材料費標準 ＝ 標準価格 × 標準材料消費量

② 直接労務費標準の設定

直接労務費標準は，製品1単位当たりの標準直接労務費であり，製品1単位当たりの標準賃率と標準作業時間にもとづき，次式のように算定される。

直接労務費標準 ＝ 標準賃率 × 標準作業時間

例題27－1　沖縄工業では製品αに関する標準原価の設定を行っており，次のような調査結果が得られた。このデータにもとづき，製品αの直接材料費標準，直接労務費標準を算定しなさい。

製品αを1個製造するために，直接材料として，1kg当たり標準価格¥400の材料Pを標準で2kgと，1kg当たり標準価格¥300の材料Qを標準で5kg消費する。また，直接作業として，1時間当たり標準賃率¥1,000の作業を標準で2時間必要とする。

《解　説》　製品αの直接材料費標準
　　　　　　　＝ 材料Pの直接材料費標準 ＋ 材料Qの直接材料費標準
　　　　　　　＝ 材料Pの（標準価格 × 標準材料消費量）
　　　　　　　　＋ 材料Qの（標準価格 × 標準材料消費量）
　　　　　　　＝ ¥400／kg×2kg／個 ＋ ¥300／kg×5kg／個
　　　　　　　＝ ¥2,300／個
　　　　　　製品αの直接労務費標準 ＝ 標準賃率 × 標準作業時間
　　　　　　　　　　　　　　　　　＝ ¥1,000／h×2h／個
　　　　　　　　　　　　　　　　　＝ ¥2,000／個

③　製造間接費標準の設定

製造間接費標準は，製品1単位当たりの標準製造間接費であり，製品1単位当たりの標準配賦率と標準配賦基準量（直接作業時間や機械運転時間など）にもとづき，次式のように算定される。

製造間接費標準 ＝ 標準配賦率 × 標準配賦基準量

この計算を行うためには，製造部門ごとの標準配賦率を設定する必要がある。部門別の標準配賦率は，各部門の一定期間における製造間接費予算額を，同期間の基準操業度（予定直接作業時間）で割ることによって求められる。

$$部門別製造間接費標準配賦率 ＝ \frac{部門別製造間接費予算額}{基準操業度}$$

この部門別の標準配賦率に，製造部門ごとに定められた製品1単位を製造するために必要な標準配賦基準量を掛けあわせて合計したものが，製品1単位当

たりの標準製造間接費となる。

部門別の製造間接費予算の設定には，（a）固定予算と，（b）変動予算という2つの方法がある。

（a）固定予算

固定予算は，予算期間において予期される一定の操業度（基準操業度）を前提として設定される予算のことである。予算期間中に，実際操業度が基準操業度から乖離したとしても当初の予算額の改定は行われず，そのまま実際発生額と比較され，差異分析が行われる。したがって，原価管理という目的にはあまり有用な情報を提供することはできない。

（b）変動予算

変動予算は，予算期間に予期される範囲内の操業度の変化に対応した予算額を算定することが可能な予算のことである。変動予算では，製造間接費予算額を，操業度の増減に比例して増減する変動費部分と，操業度の増減にかかわらず一定額が発生する固定費部分とに分けることによって，操業度の変化に弾力的に対応させることができる。これによって，原価管理目的に対しても有用な情報を提供しうるのである。

変動予算額は，次の式によって算定される。この変動予算の算定方法は公式法と呼ばれる。

$$\text{変動予算額}(y) = \text{固定費額}(a) + \text{変動費率}(b) \times \text{操業度}(x)$$

したがって，変動予算のもとでの部門別製造間接費標準配賦率の算定式は，次のようになる。

$$\text{部門別製造間接費標準配賦率} = \frac{\text{固定費額} + \text{変動費率} \times \text{基準操業度}}{\text{基準操業度}}$$

$$= \frac{\text{固定費額}}{\text{基準操業度}} + \text{変動費率}$$

$$= \text{固定費率} + \text{変動費率}$$

固定予算と変動予算を図示すると，図表27-1のようになる。

図表27－1　固定予算と変動予算

〈固定予算〉　　　　　　　　　　〈変動予算〉

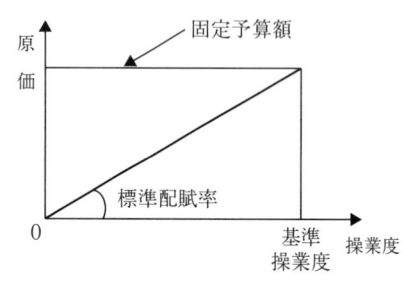

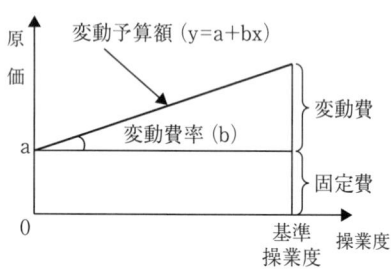

> 例題27－2　例題27－1の沖縄工業の製品αに関する次のデータをもとに，製造間接費標準を算定しなさい。
> 　　　製造部門製造間接費予算額：¥360,000
> 　　　予定直接作業時間：450時間
> 　　　製品α1個当たり標準作業時間：2時間

《解　説》　部門製造間接費標準配賦率＝製造間接費予算額／基準操業度
　　　　　　　　　　　　　　　　　　＝¥360,000／450h
　　　　　　　　　　　　　　　　　　＝¥800／h
　　　したがって，製造間接費標準は，この標準配賦率に製品1個当たりの標準配賦基準量（標準作業時間）を乗じて求められる。
　　　　　製造間接費標準＝標準配賦率×標準配賦基準量
　　　　　　　　　　　　＝¥800／h×2h
　　　　　　　　　　　　＝¥1,600

（3）標準原価カード

　原価標準は，製品1単位当たりの標準原価を示すものであり，製品1単位当たりの直接材料費標準，製品1単位当たりの直接労務費標準，製品1単位当たりの製造間接費標準の合計額となる。

　この原価標準は，標準原価カードに記載される。図表27－2は，例題27－1と例題27－2の沖縄工業の製品αについて，標準原価カードを作成したものである。

図表27－2　標準原価カード

	製品α　標準原価カード			
	標準価格	標準消費量	金　額	合　計
直接材料費				
材料P	¥400	2 kg	¥800	
材料Q	¥300	5 kg	¥1,500	¥2,300
直接労務費	標準賃率	標準作業時間		
	¥1,000	2 時間	¥2,000	¥2,000
製造間接費	標準配賦率	標準作業時間		
	¥800	2 時間	¥1,600	¥1,600
	製品α　1個当たりの標準原価			¥5,900

★4．標準原価の計算

　前述したように，標準原価は，原価標準に実際生産量を乗じることで求められる。期末に仕掛品が存在する場合，実際生産量は完成品数量と期末仕掛品数量から構成される。

　期末仕掛品の標準原価は，加工費（直接労務費と製造間接費）については，加工進捗度に応じた完成品換算量を用いて算定する。なお，直接材料費については，材料が工程の始点ですべて投入されている場合，加工進捗度は100％，すなわち，月末仕掛品の完成品換算量と月末仕掛品量は同じになる。

　標準原価の算定式をまとめると次のようになる。

　　完成品の標準原価 ＝ 製品1単位当たりの標準原価（原価標準）
　　　　　　　　　　　　　　　　　　　　　　　　　× 完成品数量

　　月末仕掛品の標準原価 ＝ 原価標準 × 月末仕掛品の完成品換算量
　　　　　　　　　　　　　＝ 原価標準 × 月末仕掛品数量 × 加工進捗度

例題27－3　標準原価計算を行っている鹿児島工業の製品βに関する次の資料をもとに，完成品の標準原価と月末仕掛品の標準原価を計算しなさい。

[資料]
1．標準原価カード

製品β　標準原価カード

	標準価格	標準消費量	金　額
直接材料費	¥1,000	1.2kg	¥1,200
	標準賃率	標準作業時間	
直接労務費	¥1,500	2時間	¥3,000
	標準配賦率	標準作業時間	
製造間接費	¥2,000	2時間	¥4,000
	製品β　1個当たりの標準原価		¥8,200

2．当月の実際生産量（カッコ内は加工進捗度）
　　月初仕掛品　　80個（40％）
　　当月完成品　600個
　　月末仕掛品　120個（50％）
　　(注)直接材料は工程の始点ですべて投入されている。

《解　説》　完成品の標準原価 = 製品β1個当たりの標準原価（原価標準）
　　　　　　　　　　　　　　　　　　　　　　　　　　　× 完成品数量
　　　　　　　　　　　= ¥8,200／個 × 600個
　　　　　　　　　　　= ¥4,920,000

　　　　　月末仕掛品の標準原価 = 原価標準 × 月末仕掛品の完成品換算量
　　　　　　= ¥1,200／個 × 120個 +（¥3,000／個 + ¥4,000／個）× 120個 × 50％
　　　　　　= ¥564,000

★5．標準原価の勘定記入

(1) パーシャル・プランとシングル・プラン

　標準原価計算における標準原価の記帳方法には，①パーシャル・プランと②シングル・プランの2つがある。これは，標準原価をどの段階で勘定に記入す

るかによる違いである。

　実際原価計算では，製品の実際原価を算定するため，仕掛品勘定の借方・貸方ともに実際原価で記入される。一方，標準原価計算では，仕掛品勘定の貸方は標準原価で記入されるが，借方に実際原価を記入するか，標準原価を記入するかによって，パーシャル・プランとシングル・プランとに分けられる。すなわち，仕掛品勘定の借方に実際原価を記入する方法をパーシャル・プラン，標準原価を記入する方法をシングル・プランと呼ぶ。

図表27－3　パーシャル・プランとシングル・プランにおける仕掛品勘定

〈パーシャル・プラン〉

仕　掛　品	
実際原価	標準原価

〈シングル・プラン〉

仕　掛　品	
標準原価	標準原価

　このような仕掛品勘定への記入の仕方の違いから，パーシャル・プランとシングル・プランでは原価差異の把握の仕方も異なってくる。

図表27－4　パーシャル・プランとシングル・プランにおける原価差異

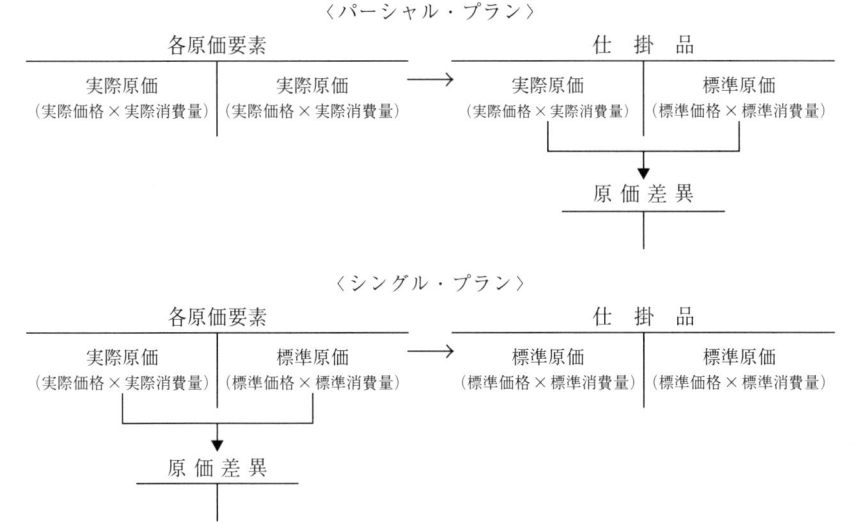

〈パーシャル・プラン〉

各原価要素	
実際原価 （実際価格×実際消費量）	実際原価 （実際価格×実際消費量）

→

仕　掛　品	
実際原価 （実際価格×実際消費量）	標準原価 （標準価格×標準消費量）

原　価　差　異

〈シングル・プラン〉

各原価要素	
実際原価 （実際価格×実際消費量）	標準原価 （標準価格×標準消費量）

→

仕　掛　品	
標準原価 （標準価格×標準消費量）	標準原価 （標準価格×標準消費量）

原　価　差　異

パーシャル・プランのもとでは，仕掛品勘定の借方は実際原価で，貸方は標準原価で記入されるため，貸借の差額は原価差異をあらわす。このように，パーシャル・プランにおいては，仕掛品勘定において原価差異を把握できる。

一方，シングル・プランのもとでは，原価財の投入を標準原価で勘定記入するため，材料勘定や賃金勘定などの原価要素勘定において原価差異が把握される。仕掛品勘定には，借方・貸方ともに標準原価で記入されるため，原価差異は生じない。なお，原価差異の算定・分析方法については次章で解説する。

(2) パーシャル・プラン

パーシャル・プランは，原価財の投入を実際原価で勘定記入し，完成品原価および月末仕掛品原価を標準原価で勘定記入する方法である。パーシャル・プランのもとでの仕掛品勘定への記入は，図表27-5のようになる（原価差異が不利差異の場合の例示である）。

図表27-5　パーシャル・プランにおける仕掛品勘定

仕　掛　品	
月初仕掛品原価 （標準原価）	完成品原価 （標準原価）
当月製造費用 （実際原価）	月末仕掛品原価 （標準原価）
	原価差異

このように，仕掛品勘定の借方は，月初仕掛品原価が標準原価で，当月製造費用が実際原価で記入される。ここで，月初仕掛品原価は，前月末に月末仕掛品として標準原価で評価されているため，パーシャル・プランにおいても標準原価で勘定記入される点に注意が必要である。また，貸方は，完成品原価および月末仕掛品原価が標準原価で記入される。

パーシャル・プランにおける原価差異は，前述したように，仕掛品勘定の貸借の差額として把握される。

その場合，貸方の標準原価は原価標準に実際生産量を乗じて計算されるものであるため，原価差異が算定されるのは，月末に実際生産量（アウトプット）が明らかとなった後となる。なお，このような原価差異の計算方法を**アウトプット法**といい，通常，パーシャル・プランと組み合わせて用いられる。

（3）シングル・プラン
　シングル・プランは，原価財の投入を標準原価で勘定記入する方法であり，したがって，仕掛品勘定の借方・貸方ともに標準原価で記入される。シングル・プランのもとでの仕掛品勘定への記入は，図表27－6のようになる。

図表27－6　シングル・プランにおける仕掛品勘定

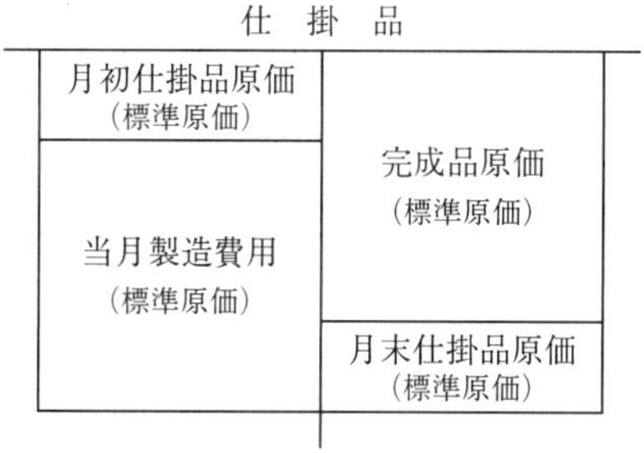

仕　掛　品	
月初仕掛品原価 （標準原価）	完成品原価 （標準原価）
当月製造費用 （標準原価）	
	月末仕掛品原価 （標準原価）

　シングル・プランにおける原価差異は，前述したように，仕掛品勘定への原価財投入要素の各勘定において把握される。すなわち，原価財の投入が標準原価で記入されるため，各原価財投入要素勘定において，実際原価と標準原価が比較され，原価差異が算定される。このように，原価財の投入時点（インプット）において原価差異を計算する方法を**インプット法**といい，通常，シングル・プランと組み合わせて用いられる。

例題27-4 標準原価計算を採用している宮崎工業の製品γに関する次の資料にもとづき，（1）パーシャル・プランによる場合と，（2）シングル・プランによる場合のそれぞれについて，仕掛品勘定に記入しなさい。

[資料]

1．製品γの標準原価カード

	標準価格	標準消費量	金　額
直接材料費	¥2,000	3kg	¥6,000
	標準賃率	標準作業時間	
直接労務費	¥1,250	4時間	¥5,000
	標準配賦率	標準作業時間	
製造間接費	¥1,500	4時間	¥6,000
	製品γ 1個当たりの標準原価		¥17,000

2．当月の実際生産量：（　）内は加工進捗度

月初仕掛品　20台（50％）
当月完成品　80台
月末仕掛品　30台（50％）

（注）直接材料は工程の始点ですべて投入されている。

3．実際原価に関するデータ

直接材料投入額　　　　¥595,000
直接工賃金消費額　　　¥450,000
製造間接費実際発生額　¥550,000

《解　説》　（1）パーシャル・プランの場合

仕　掛　品

前月繰越	230,000	製　　品	1,360,000
材　　料	595,000	原価差異	120,000
賃　　金	450,000	次月繰越	345,000
製造間接費	550,000		
	1,825,000		1,825,000

前月繰越：¥6,000／台×20台＋（¥5,000／台＋¥6,000／台）×20台
　　　　　×50％＝¥230,000

当月完成品：¥17,000／台×80台＝¥1,360,000

次月繰越：¥6,000／台×30台＋（¥5,000／台＋¥6,000／台）×30台

316 ◇

×50％＝¥345,000

なお，仕掛品勘定への記入の仕訳を示すと次のようになる。

（借）仕 掛 品　595,000　（貸）材　　　料　595,000
（借）仕 掛 品　450,000　（貸）賃　　　金　450,000
（借）仕 掛 品　550,000　（貸）製造間接費　550,000
（借）製　　　品　1,360,000　（貸）仕 掛 品　1,360,000
（借）原価差異　120,000　（貸）仕 掛 品　120,000

（2）シングル・プランの場合

仕　掛　品

前月繰越	230,000	製　　品	1,360,000
材　　料	540,000	次月繰越	345,000
賃　　金	425,000		
製造間接費	510,000		
	1,705,000		1,705,000

シングル・プランのもとで，仕掛品勘定の借方の当月製造費用（材料，賃金，製造間接費）は標準原価で記入される。その際，当月の投入量は，（完成品数量＋月末仕掛品の完成品換算量－月初仕掛品の完成品換算量）で求められる。

材　　料：¥6,000／台×(80＋30－20)台＝¥540,000
賃　　金：¥5,000／台×(80＋30×50％－20×50％)台
　　　　　　　　　　　　　　　　　　　　＝¥425,000
製造間接費：¥6,000／台×(80＋30×50％－20×50％)台
　　　　　　　　　　　　　　　　　　　　＝¥510,000

なお，仕掛品勘定への記入の仕訳を示すと次のようになる。

（借）仕 掛 品　540,000　（貸）材　　　料　540,000
（借）仕 掛 品　425,000　（貸）賃　　　金　425,000
（借）仕 掛 品　510,000　（貸）製造間接費　510,000
（借）製　　　品　1,360,000　（貸）仕 掛 品　1,360,000

第28章 標準原価計算（Ⅱ）

★1．標準原価差異の分析

　標準原価計算の主目的は原価管理にある。そのため，標準原価と実際原価との差額である**標準原価差異**を算定し，その差異の発生原因を分析することが重要なプロセスとなる。本章では，標準原価計算のもとでの標準原価差異の分析について解説する。

　標準原価差異（総差異ともよばれる）は次の式で求められる。

標準原価差異 ＝ 標準原価 － 実際原価
　　　　　　＝（原価標準×実際生産量）－ 実際原価

　このように，標準原価差異は，実際原価が標準原価からどのくらい乖離しているかをあらわすものであるが，（標準原価＞実際原価）である場合，原価差異はプラスになり，これは実際原価が標準原価を下回っている状況を示しているため，その乖離は有利差異とよばれる。一方，（標準原価＜実際原価）である場合，原価差異はマイナスになり，これは実際原価が標準原価を上回っている状況であるため，その乖離は不利差異とよばれる。また，有利差異の場合，勘定上では，貸方の金額が大きくなるため，貸方差異とよばれる。不利差異の場合，借方金額が大きくなるため，借方差異とよばれる。

　標準原価と実際原価と標準原価差異との関係を図示すると，図表28－1のようになる。

図表28－1　標準原価／実際原価と標準原価差異との関係

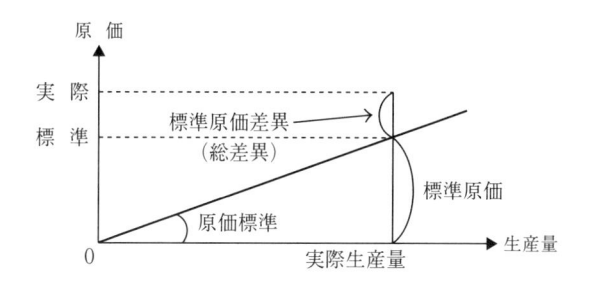

標準原価差異は，原価要素別に，①直接材料費差異，②直接労務費差異，③製造間接費差異として把握され，分析される。

★2．直接材料費差異の分析

直接材料費差異とは，標準直接材料費と実際直接材料費との差額をいう。この直接材料費差異は，材料の種類別に，**価格差異** ─ 材料の標準価格と実際価格との差額 ─ と**数量差異** ─ 材料の標準消費量と実際消費量との差 ─ に分けて分析することができる。

直接材料費差異の計算式は，次のようにあらわされる。

直接材料費差異 ＝ 標準直接材料費 － 実際直接材料費
　　　　　　　＝（標準価格 × 標準消費量）－（実際価格 × 実際消費量）
　　　　　　　＝（標準価格 － 実際価格）× 実際消費量
　　　　　　　　＋ 標準価格 ×（標準消費量 － 実際消費量）
　　　　　　　＝ 価格差異 ＋ 数量差異

価格差異 ＝（標準価格 － 実際価格）× 実際消費量

数量差異 ＝ 標準価格 ×（標準消費量 － 実際消費量）

これらの関係を図示すると，図表28－2のようになる。

図表28－2　直接材料費差異

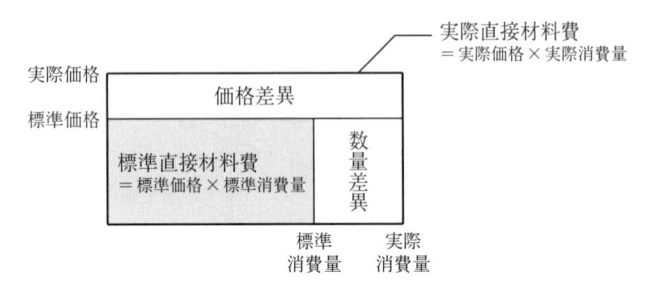

```
                          ┌── 実際直接材料費
                          │    ＝実際価格×実際消費量
    実際価格 ┌─────────────┬──┐
            │   価格差異   │  │
    標準価格 ├─────────────┤数 │
            │             │量 │
            │ 標準直接材料費│差 │
            │ ＝標準価格×  │異 │
            │   標準消費量 │  │
            └─────────────┴──┘
                        標準    実際
                       消費量  消費量
```

　この図をみると，直接材料費ならびに各差異は，四角形の面積として捉えられることがわかる。すなわち，外側の太線で囲まれた四角形の面積が実際直接材料費をあらわしており（実際価格 × 実際消費量），内側の網掛けされた四角形が標準直接材料費をあらわしている（標準価格 × 標準消費量）。したがって，直接材料費差異は両者の面積の差であり，それがさらに価格差異と数量差異に分かれる関係となっている。このように，各差異を図式化して四角形の面積として捉えると，容易に上記の計算式が導かれることがわかるであろう。

　価格差異が生じるのは，材料の市場価格が変動したり，購買活動が適切に行われなかったりする場合である。したがって，これは製造部門にとっては管理不能な要因であり，価格差異は製造部門の直接的な責任とはならないものである。

　一方，数量差異は，作業上の失敗や不良材料の使用，作業方法の変更などにともない生じるものであり，製造部門の作業能率をあらわすため，製造部門が責任を負うべきものである。したがって，数量差異の分析は，原価管理の中心となるものである。

例題28－1　標準原価計算を採用している山口工業の製品Qに関する次の資料にもとづき，直接材料費差異を求め，それをさらに価格差異と数量差異に分解しなさい。

[資料]
1. 製品Q1個当たりの原価標準
　　直接材料費：￥150／kg（標準価格）×4kg／個（標準消費量）
　　　　　　　＝￥600／個
2. 生産データ：（　）内は加工進捗度
　　月初仕掛品数量　　100個（70％）
　　当月投入数量　　　800個
　　　合　　計　　　　900個
　　月末仕掛品数量　　150個（40％）
　　当月完成品数量　　750個

　　（注）直接材料は工程の始点ですべて投入されている。
3. 実際原価に関するデータ
　　直接材料費　￥508,400（実際消費量　3,280kg）

《解　説》　当月の投入数量が800個であるため，標準消費量は3,200 kg（＝4 kg／個×800個）である。また，実際単価は￥155／kg（＝￥508,400÷3,280 kg）である。

　したがって，各差異は次のように算定される。

直接材料費差異 ＝ 標準直接材料費 － 実際直接材料費
　　　　　　　＝（標準価格 × 標準消費量）－（実際価格 × 実際消費量）
　　　　　　　＝￥150／kg×3,200 kg－￥155／kg×3,280 kg
　　　　　　　＝￥480,000－￥508,400
　　　　　　　＝－￥28,400（不利差異）

価格差異 ＝（標準価格 － 実際価格）× 実際消費量
　　　　＝（￥150／kg－￥155／kg）×3,280 kg
　　　　＝－￥16,400（不利差異）

数量差異 ＝ 標準価格×（標準消費量 － 実際消費量）
　　　　＝￥150／kg×（3,200 kg－3,280 kg）
　　　　＝－￥12,000（不利差異）

「直接材料費差異 ＝ 価格差異＋数量差異」の関係を利用して，各差異の算定結果を検算することができる。

直接材料費差異（－¥28,400）
＝ 価格差異（－¥16,400）＋ 数量差異（－¥12,000）

これらの差異の関係を図示すると次のようになる。

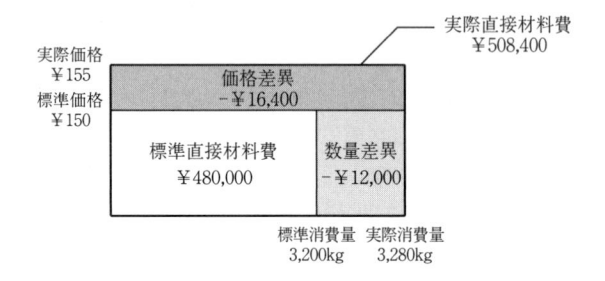

	実際直接材料費 ¥508,400	
実際価格 ¥155	価格差異 －¥16,400	
標準価格 ¥150	標準直接材料費 ¥480,000	数量差異 －¥12,000
	標準消費量 3,200kg	実際消費量 3,280kg

★3．直接労務費差異の分析

直接労務費差異の考え方・算定の仕方は，直接材料費差異の場合と同じである。すなわち，直接労務費差異とは，標準直接労務費と実際直接労務費との差額をいい，職種別に**賃率差異**―標準賃率と実際賃率との差額―と**作業時間差異**―標準作業時間と実際作業時間との差―に分けて分析することができる。

直接労務費差異の計算式は，次のようにあらわされる。

直接労務費差異 ＝ 標準直接労務費 － 実際直接労務費
　　　　　＝（標準賃率×標準作業時間）－（実際賃率×実際作業時間）
　　　　　＝（標準賃率 － 実際賃率）× 実際作業時間
　　　　　　　＋ 標準賃率 ×（標準作業時間 － 実際作業時間）
　　　　　＝ 賃率差異 ＋ 作業時間差異

賃率差異 ＝（標準賃率 － 実際賃率）×実際作業時間

作業時間差異 ＝ 標準賃率 ×（標準作業時間 － 実際作業時間）

これらの関係を図示すると，図表28－3のようになる。

図表28－3　直接労務費差異

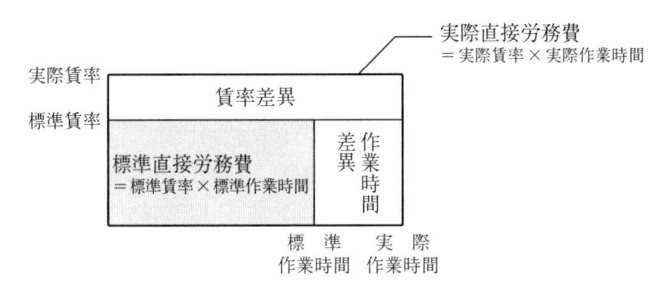

```
                                    ┌─ 実際直接労務費
                                    │  ＝実際賃率×実際作業時間
実際賃率 ┌─────────────────────────┐
         │         賃率差異          │
標準賃率 ├─────────────────────┬───┤
         │   標準直接労務費      │作差│
         │ ＝標準賃率×標準作業時間│業異│
         │                      │時  │
         │                      │間  │
         └─────────────────────┴───┘
              標準         実際
            作業時間     作業時間
```

　この図の外側の太線で囲まれた四角形の面積が実際直接労務費をあらわしており（実際賃率 × 実際作業時間），内側の網掛けされた四角形が標準直接労務費をあらわしている（標準賃率 × 標準作業時間）。したがって，直接労務費差異は両者の面積の差であり，それがさらに賃率差異と作業時間差異に分かれる関係となっている。

　賃率差異が生じるのは，賃金水準の変動や賃金支払制度の変更など，労務管理上の問題が原因の場合である。したがって，これは製造部門にとっては管理不能な要因であり，賃率差異は製造部門の直接的な責任とはならないものである。

　一方，作業時間差異は，作業員の作業能率の低下や作業方法の変更をあらわすものであり，製造部門が責任を負うべきものである。したがって，作業時間差異についても，原価管理の中心問題として差異の詳細な原因分析が行われる。

> **例題28－2**　例題28－1の山口工業の製品Qに関する次の資料にもとづき，直接労務費差異を求め，それをさらに賃率差異と作業時間差異に分解しなさい。なお，生産データは例題28－1と同じである。
> ［資料］
> 1．製品Q1個当たりの原価標準
> 　　直接労務費：¥750／h（標準賃率）× 2h／個（標準作業時間）
> 　　　　　　　＝¥1,500／個
> 2．実際原価に関するデータ
> 　　直接労務費　¥1,178,000（実際作業時間　1,550h）

第28章　標準原価計算（Ⅱ）　◇　323

《解　説》　直接労務費の当月の投入数量は，740個（＝750個－100個×70％＋150個×40％）であるため，標準作業時間は1,480h（＝2h／個×740個）である。また，実際賃率は¥760／h（＝¥1,178,000÷1,550h）である。
したがって，各差異は次のように算定される。
直接労務費差異 ＝ 標準直接労務費 － 実際直接労務費
　　　　　　＝（標準賃率 × 標準作業時間）－（実際賃率 × 実際作業時間）
　　　　　　＝（¥750／h×1,480h）－（¥760／h×1,550h）
　　　　　　＝¥1,110,000－¥1,178,000
　　　　　　＝－¥68,000（不利差異）
賃率差異 ＝（標準賃率 － 実際賃率）× 実際作業時間
　　　　＝（¥750／h－¥760／h）×1,550h
　　　　＝－¥15,500（不利差異）
作業時間差異 ＝ 標準賃率 ×（標準作業時間 － 実際作業時間）
　　　　　　＝¥750／h×(1,480h－1,550h)
　　　　　　＝－¥52,500（不利差異）
「直接労務費差異＝賃率差異＋作業時間差異」の関係を利用して，各差異の算定結果を検算することができる。
直接労務費差異（－¥68,000）
　　＝賃率差異（－¥15,500）＋作業時間差異（－¥52,500）
これらの差異の関係を図示すると次のようになる。

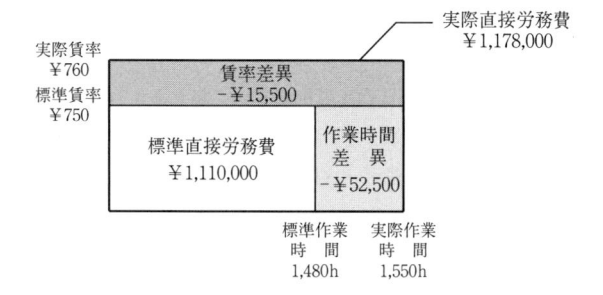

	賃率差異 －¥15,500	実際直接労務費 ¥1,178,000
実際賃率 ¥760 標準賃率 ¥750	標準直接労務費 ¥1,110,000	作業時間 差　異 －¥52,500
	標準作業 時　　間 1,480h	実際作業 時　　間 1,550h

★4．製造間接費差異の分析

　製造間接費差異とは，製造間接費標準配賦額と製造間接費実際発生額との差額をいう。計算式で示すと次のようになる（図表28－4参照）。

　　製造間接費差異 ＝ 製造間接費標準配賦額 － 製造間接費実際発生額

　製造間接費差異は，部門別にいくつかの差異に分解して分析を行うが，前章で説明したように，製造間接費予算の設定方法には固定予算と変動予算があり，それによって差異分析のやり方も変わってくる。

（1）固定予算にもとづく製造間接費差異の分析

　製造間接費予算が，固定予算によって設定されている場合，製造間接費差異は，**予算差異，能率差異，操業度差異**，の3つに分解して分析できる。

　予算差異は，製造間接費の予算額と実際発生額との相違によって生じるものであり，**能率差異**は，各部門の標準の作業能率水準（作業時間）と実際の作業能率水準（作業時間）との相違によって生じる配賦差異をあらわすものであり，**操業度差異**は，部門別の基準操業度と実際操業度との相違によって生じる配賦差異をあらわすものである。

　これら3つの差異の算定式を示すと次のようになる。

　　製造間接費差異 ＝ 予算差異 ＋ 能率差異 ＋ 操業度差異

　　予 算 差 異 ＝ 製造間接費予算額 － 製造間接費実際発生額

　　能 率 差 異 ＝ 標準配賦率 ×（標準操業度 － 実際操業度）

　　操業度差異 ＝ 標準配賦率 × 実際操業度 － 製造間接費予算額

　これらの差異の関係を図示すると図表28－4のようになる。

図表28－4　固定予算にもとづく製造間接費差異の分析

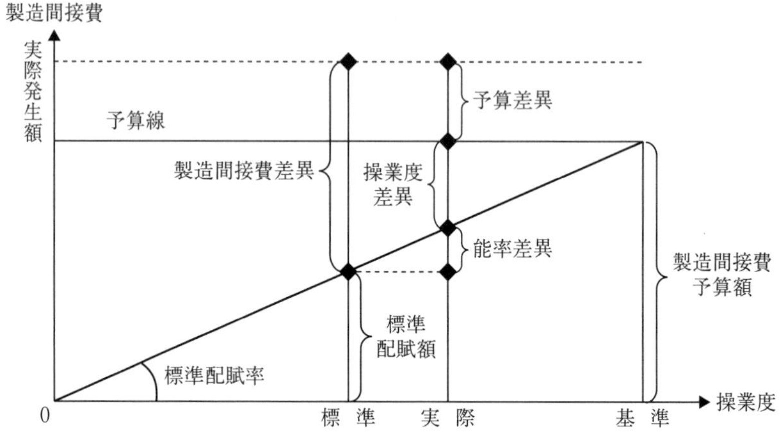
製造間接費
実際発生額
予算線
製造間接費差異
予算差異
操業度差異
能率差異
標準配賦額
製造間接費予算額
標準配賦率
0
標準
実際
基準
操業度

（2）変動予算にもとづく製造間接費差異の分析

製造間接費予算が変動予算（公式法）によって設定されている場合，製造間接費差異をどのような原因別の差異に分解するかによって，①2分法，②3分法，③4分法とよばれる分析方法がある。

これら3つの分析方法によって算定される差異の関係を図示すると，図表28－5のようになる（以下の説明文中のⓐ～ⓕは，図中のⓐ～ⓕに対応している）。

①　2分法

2分法は，製造間接費差異を管理可能差異と操業度差異の2つに分けて分析する方法である。**管理可能差異**は，変動予算額と実際発生額との差額であり，変動予算差異ともよばれる。各差異の計算式は次のとおりである。

製造間接費差異 ＝ 管理可能差異（ⓐ）＋ 操業度差異（ⓑ）

管理可能差異（ⓐ）
＝ 標準操業度における製造間接費予算額 － 製造間接費実際発生額

操業度差異（ⓑ）＝ 固定費率 ×（標準操業度 － 基準操業度）

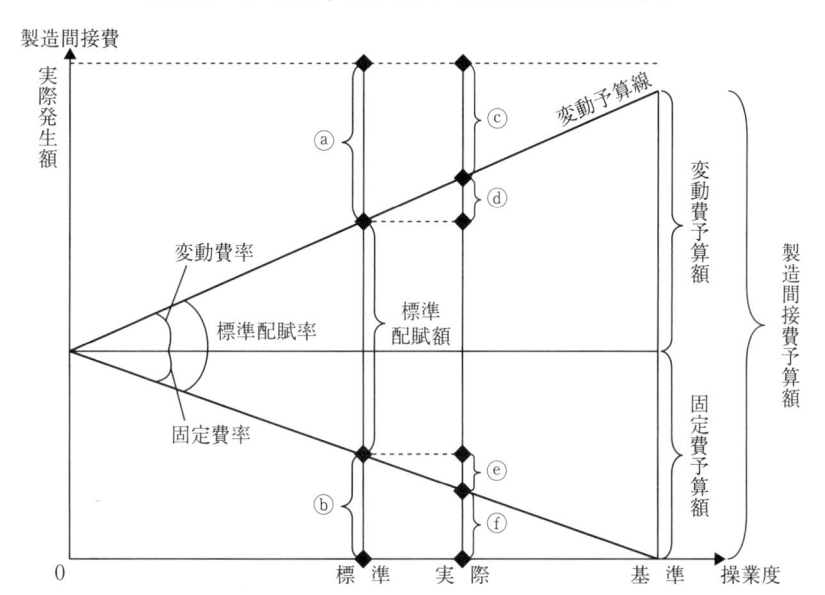

図表28－5　変動予算にもとづく製造間接費差異の分析

② 3分法

3分法は，製造間接費差異を予算差異，能率差異，操業度差異の3つに分けて分析する方法であるが，能率差異と操業度差異の算定方法の違いにより，さらに2つの方法に分けられる。

a）第1法

この方法による3つの差異の算定式を示すと次のようになる。

　　製造間接費差異 ＝ 予算差異（ⓒ）＋ 能率差異（ⓓ＋ⓔ）＋ 操業度差異（ⓕ）

　　予算差異（ⓒ）
　　　＝ 実際操業度における製造間接費予算額 － 製造間接費実際発生額
　　　＝（変動費率×実際操業度＋固定費予算額）－ 製造間接費実際発生額

　　能率差異（ⓓ＋ⓔ）＝ 標準配賦額 － 実際操業度 × 標準配賦率
　　　　　　　　　　＝ 標準配賦率 ×（標準操業度 － 実際操業度）

操業度差異（ⓕ）
　　＝ 実際操業度 × 標準配賦率 − 実際操業度における製造間接費予算額
　　＝ 固定費率 ×（実際操業度 − 基準操業度）

b）第 2 法

この方法は，予算差異については第 1 法と同じであるが，能率差異と操業度差異の算定方法が異なる。

この方法による 3 つの差異の算定式を示すと次のようになる。

製造間接費差異 ＝ 予算差異（ⓒ）＋ 能率差異（ⓓ）＋ 操業度差異（ⓔ＋ⓕ）

予算差異（ⓒ）
　　＝ 実際操業度における製造間接費予算額 − 製造間接費実際発生額

能率差異（ⓓ）＝ 標準操業度における製造間接費予算額
　　　　　　　　− 実際操業度における製造間接費予算額
　　　　　　＝ 変動費率 ×（標準操業度 − 実際操業度）

操業度差異（ⓔ＋ⓕ）
　　＝ 標準配賦額 − 標準操業度における製造間接費予算額
　　＝ 固定費率 ×（標準操業度 − 基準操業度）

第 1 法と第 2 法の能率差異と操業度差異の算定方法の相違点は次のとおりである。第 1 法では，変動費と固定費の能率差異の合計額（ⓓ＋ⓔ）を算定するのに対して，第 2 法では，能率差異の算定は変動費に限定され（ⓓ），固定費の能率の良否によって生じた差異は操業度差異に含められる（ⓔ＋ⓕ）。

③　4 分法

4 分法は，製造間接費差異を予算差異，変動費能率差異，固定費能率差異，操業度差異の 4 つに分けて分析する方法である。予算差異については 3 分法の場合と同じであるが，4 分法では，能率の良否によって生じた変動費と固定費の能率差異を，**変動費能率差異**（ⓓ）と**固定費能率差異**（ⓔ）と別個に分けて

算定する点で3分法と異なっている。それにともなって，4分法の操業度差異は，3分法（第1法）の操業度差異と等しく，また，4分法の変動費能率差異は，3分法（第2法）の能率差異と等しくなる。

4分法による各差異の算定式を示すと次のようになる。

　製造間接費差異
　　　＝ 予算差異（ⓒ）＋ 変動費能率差異（ⓓ）
　　　　　　＋ 固定費能率差異（ⓔ）＋ 操業度差異（ⓕ）

　予算差異（ⓒ）
　　　＝ 実際操業度における製造間接費予算額 － 製造間接費実際発生額

　変動費能率差異（ⓓ）＝ 変動費率 ×（標準操業度 － 実際操業度）

　固定費能率差異（ⓔ）＝ 固定費率 ×（標準操業度 － 実際操業度）

　操業度差異（ⓕ）＝ 固定費率 ×（実際操業度 － 基準操業度）

ここで取りあげた変動予算における製造間接費差異の分析方法の関係をまとめると，図表28－6のようになる。

図表28－6　変動予算における製造間接費差異分析の体系

2分法	3分法 （第1法）	3分法 （第2法）	4分法
管理可能差異（ⓐ）	予算差異（ⓒ）	予算差異（ⓒ）	予算差異（ⓒ）
	能率差異（ⓓ＋ⓔ）	能率差異（ⓓ）	変動費能率差異（ⓓ）
操業度差異（ⓑ）		操業度差異（ⓔ＋ⓕ）	固定費能率差異（ⓔ）
	操業度差異（ⓕ）		操業度差異（ⓕ）

例題28－3 例題28－1，例題28－2の山口工業の製品Qに関する次の資料にもとづき，製造間接費差異を求めなさい。また，同社は変動予算を採用しており，製造間接費差異を2分法，3分法，4分法で分析しなさい。なお，生産データは例題28－1と同じである。

[資料]
1. 製品Q1個当たりの原価標準
　　製造間接費：¥600／h（標準配賦率）×2h／個（標準作業時間）
　　　　　　　＝¥1,200／個
2. 製造間接費の月間予算額
　　変動費予算額：¥384,000　　固定費予算額：¥576,000
　　月間基準操業度（直接作業時間）：1,600h
3. 実際原価に関するデータ
　　製造間接費　¥976,500（実際作業時間　1,550h）

《解　説》　製造間接費の当月の投入数量は，740個（＝750個－100個×70％＋150個×40％）であるため，標準作業時間（標準操業度）は1,480h（＝2h／個×740個）である。

したがって，製造間接費差異は次のように算定される。
製造間接費差異 ＝ 製造間接費標準配賦額 － 製造間接費実際発生額
　　　　　　　＝¥1,200／個×740個－¥976,500
　　　　　　　＝－¥88,500（不利差異）

また，変動費率は¥240／h（＝¥384,000÷1,600h），固定費率は¥360／h（＝¥576,000÷1,600h）である。

＜2分法＞
管理可能差異（ⓐ）
　　＝標準操業度における製造間接費予算額 － 製造間接費実際発生額
　　＝（¥240／h×1,480h＋¥576,000）－¥976,500
　　＝－¥45,300（不利差異）
操業度差異（ⓑ）＝固定費率×（標準操業度 － 基準操業度）
　　　　　　　＝¥360／h×（1,480h－1,600h）
　　　　　　　＝－¥43,200（不利差異）
「製造間接費差異 ＝ 管理可能差異 ＋ 操業度差異」の関係を利用して，

差異の算定結果を検算すると次のようになる。
　　製造間接費差異（－¥88,500）
　　　　＝管理可能差異（－¥45,300）＋操業度差異（－¥43,200）

＜3分法（第1法）＞
予算差異（ⓒ）
　　＝実際操業度における製造間接費予算額 － 製造間接費実際発生額
　　＝（¥240／h×1,550h＋¥576,000）－¥976,500
　　＝－¥28,500（不利差異）
能率差異（ⓓ＋ⓔ）＝標準配賦率×（標準操業度 － 実際操業度）
　　　　　　　　＝¥600／h×（1,480h－1,550h）
　　　　　　　　＝－¥42,000（不利差異）
操業度差異（ⓕ）＝固定費率×（実際操業度 － 基準操業度）
　　　　　　　＝¥360／h×（1,550h－1,600h）
　　　　　　　＝－¥18,000（不利差異）
「製造間接費差異 ＝ 予算差異 ＋ 能率差異 ＋ 操業度差異」の関係を利用して，差異の算定結果を検算すると次のようになる。
　　製造間接費差異（－¥88,500）＝予算差異（－¥28,500）
　　　　　　　＋能率差異（－¥42,000）＋操業度差異（－¥18,000）

＜3分法（第2法）＞
予算差異（ⓒ）
　　＝実際操業度における製造間接費予算額 － 製造間接費実際発生額
　　＝－¥28,500（不利差異）
能率差異（ⓓ）＝変動費率×（標準操業度 － 実際操業度）
　　　　　　＝¥240／h×（1,480h－1,550h）
　　　　　　＝－¥16,800（不利差異）
操業度差異（ⓔ＋ⓕ）＝固定費率×（標準操業度 － 基準操業度）
　　　　　　　　＝¥360／h×（1,480h－1,600h）
　　　　　　　　＝－¥43,200（不利差異）
「製造間接費差異 ＝ 予算差異 ＋ 能率差異 ＋ 操業度差異」の関係を利用して，差異の算定結果を検算すると次のようになる。
　　製造間接費差異（－¥88,500）＝予算差異（－¥28,500）
　　　　　　　＋能率差異（－¥16,800）＋操業度差異（－¥43,200）

＜4分法＞
予算差異（ⓒ）
　　　＝実際操業度における製造間接費予算額 － 製造間接費実際発生額
　　　＝－¥28,500（不利差異）
変動費能率差異（ⓓ）＝変動費率×（標準操業度 － 実際操業度）
　　　　　　　　　　＝¥240／h×（1,480h － 1,550h）
　　　　　　　　　　＝－¥16,800（不利差異）
固定費能率差異（ⓔ）＝固定費率×（標準操業度 － 実際操業度）
　　　　　　　　　　＝¥360／h×（1,480h － 1,550h）
　　　　　　　　　　＝－¥25,200（不利差異）
操業度差異（ⓕ）＝固定費率×（実際操業度 － 基準操業度）
　　　　　　　　＝¥360／h×（1,550h － 1,600h）
　　　　　　　　＝－¥18,000（不利差異）

「製造間接費差異 ＝ 予算差異 ＋ 変動費能率差異 ＋ 固定費能率差異 ＋ 操業度差異」の関係を利用して，差異の算定結果を検算すると次のようになる。

製造間接費差異（－¥88,500）＝ 予算差異（－¥28,500）
　　　　＋ 変動費能率差異（－¥16,800）＋ 固定費能率差異（－¥25,200）
　　　　＋ 操業度差異（－¥18,000）

これらの差異の関係を図示すると次のようになる。

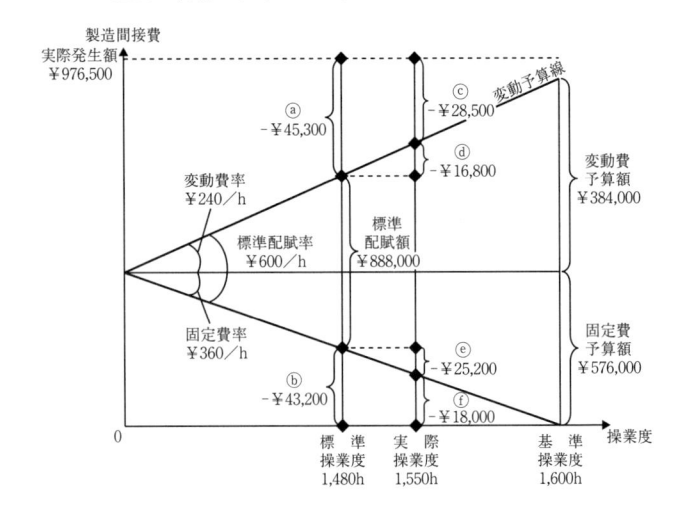

★5．原価差異の会計処理

　標準原価計算によって算定された原価差異は，財務諸表作成目的のために，期末に適切に処理しなければならない。原価計算基準では，標準原価計算制度における原価差異の処理方法について，異常な状態にもとづくと認められるものは非原価項目として処理し，その場合を除いて，原価差異はすべて実際原価計算制度における処理の方法に準じて処理をすると規定している（原価計算基準47）。

　ここで，実際原価計算制度における原価差異の処理の方法とは，原則として売上原価に賦課するものであるが，不適当な予定価格などを原因とする比較的多額の原価差異が生じる場合には，売上原価と期末棚卸資産に，指図書別または科目別に配賦するというものである。

　原価差異の処理を表示した損益計算書のフォーマットは，図表28－7のようになる。原価差異を売上原価に賦課した場合には，売上原価の内訳科目として，借方差異（不利差異）の場合には加算され，貸方差異（有利差異）の場合には減算される。

図表28－7　標準原価計算制度における損益計算書

損益計算書　　　　　　（単位：円）
自平成×5年1月1日　至平成×5年12月31日

Ⅰ	売上高		2,000,000
Ⅱ	売上原価		
1	期首製品標準棚卸高	300,000	
2	当期製品標準製造原価	1,200,000	
	合　計	1,500,000	
3	期末製品標準棚卸高	500,000	
	標準売上原価	1,000,000	
4	原価差異	50,000	1,050,000
	売上総利益		950,000
Ⅲ	販売費及び一般管理費		650,000
	営業利益		300,000

例題28－4　例題28－1～例題28－3の山口工業の製品Qに関する資料にもとづき，パーシャル・プランによって仕掛品勘定に記入しなさい。また，仕掛品勘定への記入に関わる仕訳を示しなさい。ただし，同社は変動予算にもとづき，4分法で差異分析を行っている。なお，製造間接費実際発生額の内訳は，材料¥216,000，賃金¥445,000，経費¥315,500である。

《解　説》　製品Qの1個当たりの原価標準：¥3,300／個
（直接材料費：¥600／個，直接労務費：¥1,500／個，製造間接費：¥1,200／個）
前月繰越：¥600／個×100個
　　　　　　　＋（¥1,500／個＋¥1,200／個）×100個×70％＝¥249,000
当月完成品：¥3,300／個×750個＝¥2,475,000
次月繰越：¥600／個×150個
　　　　　　　＋（¥1,500／個＋¥1,200／個）×150個×40％＝¥252,000

仕　掛　品

前月繰越	249,000	製　　品	2,475,000
材　　料	508,400	価格差異	16,400
賃　　金	1,178,000	数量差異	12,000
製造間接費	976,500	賃率差異	15,500
		作業時間差異	52,500
		予算差異	28,500
		変動費能率差異	16,800
		固定費能率差異	25,200
		操業度差異	18,000
		次月繰越	252,000
	2,911,900		2,911,900

＜仕　訳＞

① （借）仕　掛　品　　508,400　（貸）材　　料　　724,400
　　　　製造間接費　　216,000
② （借）仕　掛　品　1,178,000　（貸）賃　　金　1,623,000
　　　　製造間接費　　445,000
③ （借）製造間接費　　315,500　（貸）経　　費　　315,500

④（借）仕　　掛　　品　976,500　（貸）製 造 間 接 費　976,500
⑤（借）製　　　　　品　2,475,000　（貸）仕　　掛　　品　2,475,000
⑥（借）価　格　差　異　16,400　（貸）仕　　掛　　品　184,900
　　　　数　量　差　異　12,000
　　　　賃　率　差　異　15,500
　　　　作 業 時 間 差 異　52,500
　　　　予　算　差　異　28,500
　　　　変 動 費 能 率 差 異　16,800
　　　　固 定 費 能 率 差 異　25,200
　　　　操　業　度　差　異　18,000

なお，勘定連絡図を示すと次のようになる。

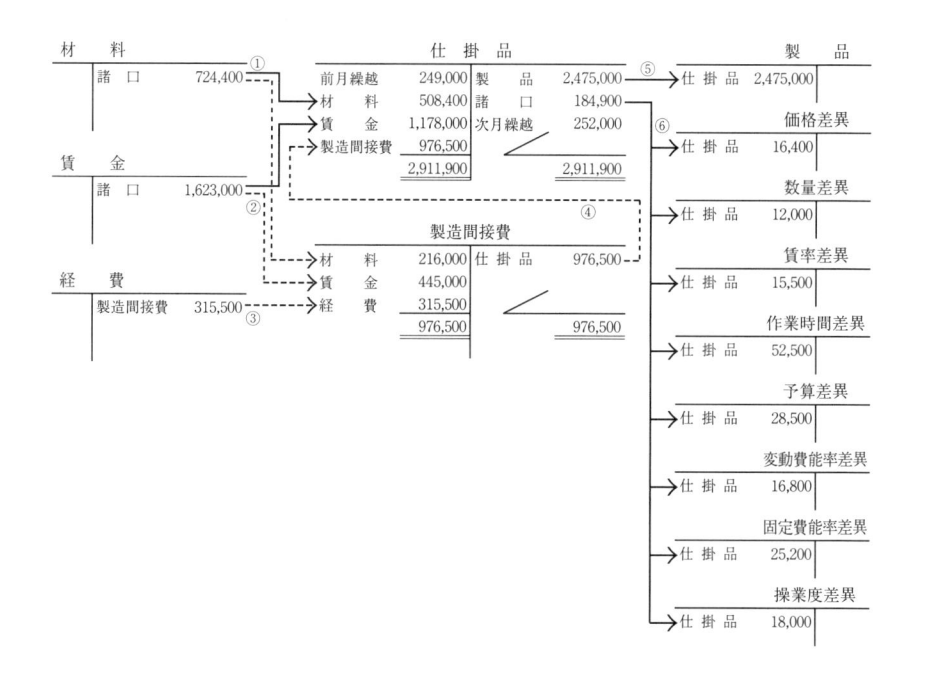

```
材　料                        仕　掛　品                    製　品
  諸口    724,400 ①→ 前月繰越  249,000 製　品  2,475,000 ⑤→ 仕掛品 2,475,000
                  → 材　料    508,400 諸　口    184,900
                  → 賃　金  1,178,000 次月繰越  252,000      価格差異
賃　金            → 製造間接費 976,500                    ⑥→ 仕掛品    16,400
  諸口  1,623,000 ②                2,911,900  2,911,900
                                                            数量差異
                     製造間接費                          → 仕掛品    12,000
                                     ④
                  → 材　料    216,000 仕掛品   976,500       賃率差異
経　費            → 賃　金    445,000                    → 仕掛品    15,500
  製造間接費 315,500 ③→ 経　費    315,500
                              976,500          976,500     作業時間差異
                                                         → 仕掛品    52,500

                                                            予算差異
                                                         → 仕掛品    28,500

                                                          変動費能率差異
                                                         → 仕掛品    16,800

                                                          固定費能率差異
                                                         → 仕掛品    25,200

                                                            操業度差異
                                                         → 仕掛品    18,000
```

第29章 CVP（原価・営業量・利益）関係の分析

★1．CVP分析の意義と損益分岐点分析

（1）CVP分析の目的と意義

　企業の経営者は，毎期利益計画を策定し，目標利益を達成するよう企業活動を管理していく。この利益計画を策定する際に有用な技法が**CVP分析**である。

　CVPとは，C…cost（原価），V…volume（営業量：売上高や生産量など），P…profit（利益）のことであり，CVP分析は，これら原価・営業量（売上高）・利益の相互関係を分析することで，利益計画策定に役立つ情報を得ることを目的としている。

　CVP分析においては，原価を変動費と固定費に分解し，貢献利益とよばれる利益概念を用いる。**変動費**とは，売上高（営業量）の増減に比例して増減する原価であり，**固定費**とは，売上高（営業量）の増減にかかわらず一定額が発生する原価である。**貢献利益**（限界利益ともよばれる）とは，売上高から変動費を控除した利益のことである。そして貢献利益から固定費を控除すると営業利益が算定される。したがって，貢献利益は，固定費を回収し，営業利益の創出に貢献する利益という意味合いをもつことになる。

　これらの関係は次のようにあらわされる。

　　売上高 － 変動費 ＝ 貢献利益
　　貢献利益 － 固定費 ＝ 営業利益

　ここで，変動費は売上高の増減に比例して増減する原価であるため，売上高から変動費を控除した利益である貢献利益も，売上高の増減と比例関係をもつことになる。したがって，CVP分析を通して，売上高（営業量）と原価（変動

費）と利益（貢献利益）の間の比例関係を把握することができる。たとえば，売上高の増加にともなって原価がどのくらい増え，利益はいくらになるのかといった情報が得られるようになるのである。

さらにCVP分析では，目標とする利益を達成するためには売上高がどのくらい必要か，どのくらい原価を削減する必要があるかといった分析へ展開していくことができる。このように，CVP分析は，利益計画の策定に対して有用な情報を提供する分析技法なのである。

（2）CVP分析と損益分岐点分析

CVP分析の中で，特に利益がゼロの場合についての分析を**損益分岐点分析**という。損益分岐点とは損失と利益が分岐する点のことであり，企業にとってはちょうど利益がゼロの採算点となる。したがって，損益分岐点分析においては，利益がゼロのときの売上高（V）と原価（C）の関係を分析するものである。

損益分岐点におけるCVP関係を損益計算書の形で示すと次のようになる。

図表29－1　損益分岐点におけるCVP関係

売上高	1,000	⎤
変動費	600	⎦ ⓐ
貢献利益	400	⎤
ⓑ ⎩ 固定費	400	⎦
営業利益	0	

ここで，売上高に対して変動費の占める割合（$\frac{変動費}{売上高}$）は，**変動費率**とよばれ，売上高に対して貢献利益の占める割合（$\frac{貢献利益}{売上高}$）は，**貢献利益率**とよばれる。両者は「変動費率＋貢献利益率＝100％」という関係にある。

図表29－1にみられるように，損益分岐点においては次のような2つの特徴的な状況にあることがわかる（図表中のⓐ，ⓑは以下の関係式中のⓐ，ⓑに対応

第29章　CVP（原価・営業量・利益）関係の分析　◇　337

している)。

　　損益分岐点の売上高 ＝ 変動費 ＋ 固定費 ＝ 総原価（ⓐ）
　　貢献利益 ＝ 固定費（ⓑ）（したがって，変動費 ＋ 貢献利益 ＝ 損益分岐点売上高）

つまり，損益分岐点においては利益がゼロであるので，売上高と総原価が一致（売上高 ＝ 総原価）しており（ⓐ），また貢献利益はすべて固定費の回収にあてられる（貢献利益 ＝ 固定費）（ⓑ）という関係になっているのである。

★2．損益分岐図表

CVP関係は，次に示す**損益分岐図表**とよばれる図表を用いてあらわすことができる。

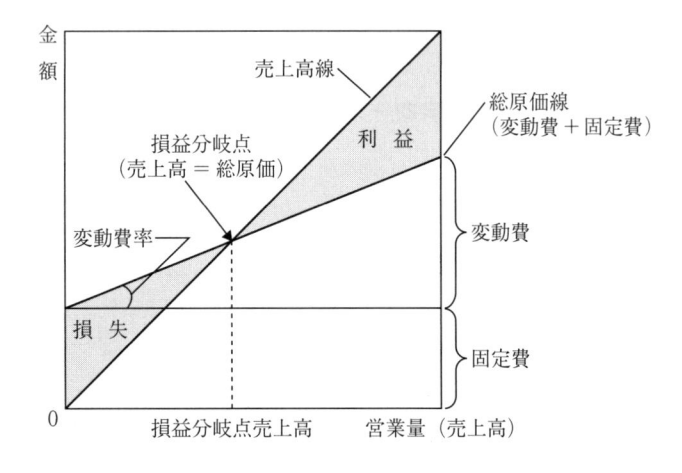

図表29－2　損益分岐図表

損益分岐図表は，横軸に営業量（売上高），縦軸に金額（収益・原価）をとり，これに売上高，固定費，変動費を描き込むことで，視覚的にCVP関係を分析することができる。

図表上，売上高をあらわす売上高線と，総原価（変動費 ＋ 固定費）をあらわ

す総原価線が交わった点（売上高 = 総原価，すなわち利益 = 0）が損益分岐点となる。そして，そのときの売上高（横軸との交点）が損益分岐点における売上高を示す損益分岐点売上高となる。

損益分岐点の右側の領域は売上高 > 総原価であるため，その差額分，利益が発生している状況をあらわしている。一方，損益分岐点の左側の領域は，売上高 < 総原価となっているため，その差額分，損失が発生している状況をあらわしている。

また，損益分岐点が低い企業と高い企業を比べると，前者は低い売上高で利益を出せるため比較的経営は安定しているのに対して，後者は売上高をたくさんあげないと利益を出せないため経営は不安定といえる。

> 例題29－1　愛媛工業の来期の見積もりによると，売上高が¥24,000,000，変動費が¥12,000,000，固定費が¥8,000,000である。このとき，損益分岐図表を作成し，損益分岐点における売上高を求めなさい。

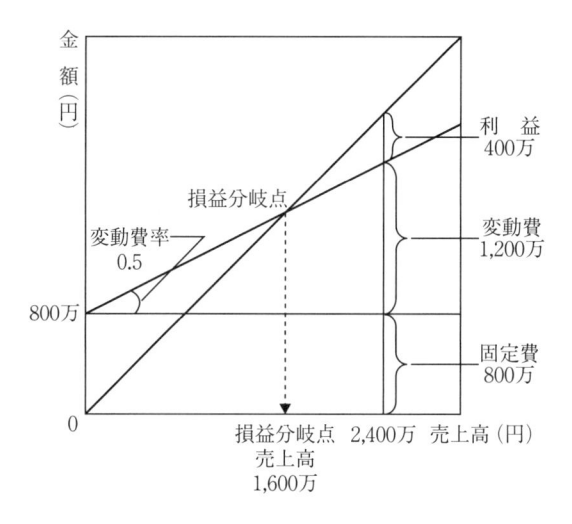

《解　説》

損益分岐図表の作成手順は，まず横軸に営業量（売上高），縦軸に金額（収益・原価）をとり，そこに原点から45°の角度で売上高線をひく。次に，固定費額¥8,000,000を横軸に平行に記入する。総原価線をあらわ

第29章　CVP（原価・営業量・利益）関係の分析　◇　339

ため，固定費額¥8,000,000の上に変動費率（$\frac{¥12,000,000}{¥24,000,000}=0.5$）に応じた傾きの直線を記入する（y＝0.5x＋¥8,000,000）。売上高線と総原価線が交わったところが損益分岐点であり，そのときの売上高¥16,000,000が損益分岐点売上高となる。

★3．損益分岐点分析の計算式

損益分岐点は，次式（29.1）において，利益がゼロのときの売上高または販売数量として求められる。

売上高　　＝　変動費 ＋ 固定費 ＋ 利益 ……………（29.1）
　‖　　　　　　‖
（販売単価 × 販売数量）　（単位当たり変動費 × 販売数量）

（1）損益分岐点販売数量の算定

損益分岐点における販売数量の算定式は，式（29.1）にもとづき，次のように導くことができる。

売上高　＝　変動費　＋　固定費　＋　0
（販売単価 × 損益分岐点販売数量）
　　　＝（単位当たり変動費 × 損益分岐点販売数量）＋ 固定費
（販売単価 － 単位当たり変動費）× 損益分岐点販売数量 ＝ 固定費

$$損益分岐点販売数量 = \frac{固定費}{販売単価 － 単位当たり変動費}$$

$$= \frac{固定費}{単位当たり貢献利益}$$

例題29−2 次の製品Wのデータにもとづき，損益分岐点における販売数量を求めなさい。

販売単価	¥1,500
単位当たり変動費	¥600
固定費	¥4,500,000

《解 説》 損益分岐点販売数量 $= \dfrac{¥4,500,000}{¥1,500 - ¥600} = 5,000$ 個

（2）損益分岐点売上高の算定

損益分岐点における売上高の算定式は，式（29.1）にもとづき，次のように導くことができる。なお，$\dfrac{変動費}{売上高} = $ 変動費率より，「変動費 ＝ 変動費率 × 売上高」となる。

売上高 ＝ 変動費 ＋ 固定費 ＋ 0

損益分岐点売上高 ＝ 変動費率 × 損益分岐点売上高 ＋ 固定費

（1 − 変動費率）× 損益分岐点売上高 ＝ 固定費

$$損益分岐点売上高 = \dfrac{固定費}{1 - 変動費率}$$

$$= \dfrac{固定費}{1 - \dfrac{変動費}{売上高}}$$

$$= \dfrac{固定費}{貢献利益率^*}$$

$*\ 1 - 変動費率 = 1 - \dfrac{変動費}{売上高} = \dfrac{売上高 - 変動費}{売上高} = \dfrac{貢献利益}{売上高}$

$= 貢献利益率$

例題29－3　次の製品Uに関する次年度の見積もりデータをもとに、損益分岐点売上高を求めなさい。

　　売上高　　　　¥50,000,000
　　変動費　　　　¥25,000,000
　　固定費　　　　¥30,000,000

《解　説》　損益分岐点売上高 $= \dfrac{¥30,000,000}{1 - \dfrac{¥25,000,000}{¥50,000,000}} = ¥60,000,000$

（3）安全余裕率と損益分岐点比率

損益分岐点は損益がゼロの点であり、売上高がそれを下回ると損失が発生する企業にとっての採算点をあらわすものである。したがって、損益分岐点を越えて高い売上高をあげればあげるほど、企業の経営は安全といえる。

安全余裕率とは、現在の売上高（あるいは計画売上高）が、損益分岐点に達するまでどのくらい低下する余裕があるかを示す指標である。したがって、この数値が高いほど経営の安全性が高いことになる。

安全余裕率は次の算式で求められる。

$$安全余裕率（\%）= \dfrac{現在の売上高 － 損益分岐点売上高}{現在の売上高} \times 100$$

また、安全余裕率と類似の指標で、**損益分岐点比率**とよばれる指標がある。これは、損益分岐点が現在の売上高（あるいは計画売上高）に対してどの程度の水準にあるかを示す指標であり、この数値が低いほど経営の安全性が高いことになる。

損益分岐点比率は次の算式で求められる。

$$損益分岐点比率（\%）= \dfrac{損益分岐点売上高}{現在の売上高} \times 100$$

この式をみてわかるように、安全余裕率と損益分岐点比率は裏返しの指標であり、「安全余裕率 ＋ 損益分岐点比率 ＝ 100％」という関係になっている。

例題29－4　次の香川工業のデータにもとづき，安全余裕率と損益分岐点比率を求めなさい。

現在の売上高　￥200,000,000
変動費　￥90,000,000
固定費　￥82,500,000

《解　説》　香川工業の損益分岐点売上高は，$\dfrac{￥82,500,000}{1-\dfrac{￥90,000,000}{￥200,000,000}}=￥150,000,000$

である。

$$安全余裕率（\%）=\dfrac{￥200,000,000-￥150,000,000}{￥200,000,000}\times 100=25\%$$

$$損益分岐点比率（\%）=\dfrac{￥150,000,000}{￥200,000,000}\times 100=75\%$$

4．目標利益とCVP分析

これまで，利益がゼロの点を算定・分析する損益分岐点分析の算式について解説してきた。本節では，目標利益（率）が与えられた状況において，その達成のための売上高を算定・分析する方法について解説する。

（1）目標利益達成点の算定

a）目標利益達成点販売数量の算定

目標利益達成のための販売数量を求める算定式は，式（29.1）にもとづき，次のように導くことができる。

売上高　＝　変動費　＋　固定費　＋　目標利益
（販売単価 × 目標利益達成点販売数量）
　＝（単位当たり変動費 × 目標利益達成点販売数量）＋ 固定費 ＋ 目標利益
（販売単価 － 単位当たり変動費）× 目標利益達成点販売数量
　　　　　　　　　　　　　　　　＝ 固定費 ＋ 目標利益

$$\text{目標利益達成点販売数量} = \frac{\text{固定費} + \text{目標利益}}{\text{販売単価} - \text{単位当たり変動費}}$$

$$= \frac{\text{固定費} + \text{目標利益}}{\text{単位当たり貢献利益}}$$

b）目標利益達成点売上高の算定

　目標利益達成のための売上高を求める算定式は，式（29.1）にもとづき，次のように導くことができる。

　　売上高　＝　変動費　＋　固定費　＋　目標利益
　　目標利益達成点売上高　＝　変動費率　×　目標利益達成点売上高　＋　固定費
　　　　　　　　＋　目標利益
　　（1－変動費率）× 目標利益達成点売上高　＝　固定費　＋　目標利益

$$\text{目標利益達成点売上高} = \frac{\text{固定費} + \text{目標利益}}{1 - \text{変動費率}}$$

$$= \frac{\text{固定費} + \text{目標利益}}{1 - \dfrac{\text{変動費}}{\text{売上高}}}$$

$$= \frac{\text{固定費} + \text{目標利益}}{\text{貢献利益率}}$$

例題29－5　徳島工業は，製品Ｖに関する次年度の利益計画を策定中である。次のデータにもとづき，以下の問いに答えなさい。

次年度の見積データ：

販売単価	￥300
販売数量	400,000個
１個当たり変動費	￥120
固定費	￥61,000,000

（1）目標利益¥20,000,000を達成するために必要な販売数量と売上高を求めなさい。

（2）景気の低迷により，販売価格，販売数量とも見積データ以上の増加は見込めない。そこで，固定費の削減によって目標利益¥20,000,000を達成しようとする場合，固定費をいくら削減する必要があるか。

《解　説》　（1）目標利益達成点販売数量 $= \dfrac{¥61,000,000 + ¥20,000,000}{¥300 - ¥120}$

$= 450,000$個

目標利益達成点売上高 $= \dfrac{¥61,000,000 + ¥20,000,000}{1 - \dfrac{¥120}{¥300}}$

$= ¥135,000,000$*

*目標利益達成点販売数量450,000個×¥300でも求められる。

（2）売上高　＝　変動費　＋　固定費　＋　目標利益
　　　　（見積販売単価 × 見積販売数量）
　　　＝（1個当たり変動費 × 見積販売数量）＋目標利益達成固定費
　　　　＋目標利益

目標利益達成固定費
　　＝（見積販売単価－1個当たり変動費）× 見積販売数量－目標利益
目標利益達成固定費＝（¥300－¥120）× 400,000個－¥20,000,000
　　＝¥52,000,000

したがって，削減すべき固定費額は，
　　見積固定費¥61,000,000－目標利益達成固定費¥52,000,000
　　＝¥9,000,000

となる。

（2）目標売上高利益率達成点売上高の算定

目標売上高利益率達成のための売上高を求める算定式は，式（29.1）にもとづき，次のように導くことができる。なお，$\dfrac{利　益}{売上高} = $ 売上高利益率よ

第29章　CVP（原価・営業量・利益）関係の分析　◇　345

り,「利益 = 売上高利益率 × 売上高」となる。

売上高 = 変動費 + 固定費 + 目標利益
目標利益率達成点売上高
= 変動費率 × 目標利益率達成点売上高 + 固定費
  + 目標売上高利益率 × 目標利益率達成点売上高
（1 − 変動費率 − 目標売上高利益率）× 目標利益率達成点売上高
= 固定費

$$目標利益率達成点売上高 = \frac{固定費}{1 - 変動費率 - 目標売上高利益率}$$

$$= \frac{固定費}{1 - \dfrac{変動費}{売上高} - \dfrac{目標利益}{売上高}}$$

例題29−6 例題29−5の徳島工業の利益計画において，次年度，売上高利益率20％を目標として設定した場合，これを達成する売上高および販売数量を求めなさい。

《解　説》　$$目標利益率達成点売上高 = \frac{¥61,000,000}{1 - 0.4 - 0.2} = ¥152,500,000$$

目標利益率達成点販売数量を求める公式はないので，目標利益率達成点売上高を販売単価で割ることで求める。

目標利益率達成点販売数量 = ¥152,500,000 ÷ ¥300
= 508,333.33 ≒ 508,334個

★5．原価予測の方法

CVP分析や損益分岐点分析では，変動費と固定費という原価の分類が用いられる。この変動費，固定費，あるいは準変動費，準固定費という原価の分類は，営業量の変化に対して原価がどのような動きを示すか（これを**原価態様**という）にもとづくものである。

このような原価態様にもとづき，変動費と固定費を把握しておくことは，企

業が利益計画を策定する際に，営業量の変化によって発生する原価を予測するためにも必要なことである。

原価を営業量との関係にもとづき変動費と固定費に分類することを**原価分解**（**原価の固変分解**）という。この方法には，（1）費目別精査法（勘定科目精査法），（2）高低点法，（3）スキャッター・チャート（散布図表）法，（4）最小自乗法などがある。これらの方法は，原価の実績データにもとづく方法であるため，実績データ基準法とよばれる。

★（1）費目別精査法（勘定科目精査法）

費目別精査法（**勘定科目精査法**）は，会計担当者が知識と経験にもとづいて各原価の費目（勘定科目）を個別に精査し，原価を変動費と固定費に分類していく方法である。

この方法によれば，原価分解が簡単に行えるが，会計担当者の主観的判断に左右される可能性があり，分類結果の信頼性に欠けるという問題がある。したがって，原価の費目（勘定科目）にもとづいて明らかに変動費か固定費か判断できるもの以外については，次に説明する（2）〜（4）の統計的手法を用いた方法を用いるのが望ましい。

★（2）高低点法

高低点法は，過去の原価データのうち，正常な営業量の範囲内（正常操業圏という）で最高の営業量と最低の営業量のときの原価額をもとに原価分解を行う方法である。すなわち，最高時営業量における原価額と最低時営業量における原価額の2点をとり，その2点間の直線を推定することで，単位当たり変動費と固定費額を求めるものである（図表29－3直線①参照）。

ここで，固定費額をa，単位当たり変動費をb，営業量をxとすると，原価額yは次のようにあらわされる。

$$y = a + bx$$

単位当たり変動費と固定費額を求める算定式は次のとおりである。

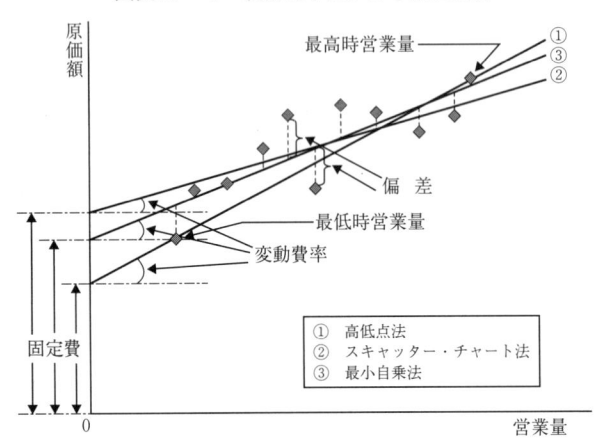

図表29－3　統計的手法による原価分解

$$単位当たり変動費 (b) = \frac{最高時原価額 - 最低時原価額}{最高時営業量 - 最低時営業量}$$

固定費額 (a) ＝ 最高（最低）時原価額 － 単位当たり変動費
　　　　　　　× 最高（最低）時営業量

　この方法は，最高時と最低時2点のみを用いて固変分解できるので非常に簡便な方法である。しかし，多数のデータのうち2点のみを用いて全体を推定するため，結果の正確性に問題があるといえる。

（3）スキャッター・チャート（散布図表）法

　スキャッター・チャート（散布図表）法は，過去の原価データをグラフ上にすべてプロットしていき，各点の中央を通る直線を目分量で引き，その直線の傾きから単位当たり変動費を，縦軸との交点から固定費額を求めるものである（図表29－3の直線②参照）。

　この方法は，利用できるすべてのデータを用いるため，高低点法に比べより正確な固変分解ができる。しかし，直線を目分量で引くため分析者の主観に左右される可能性がある。また，直線の傾きや固定費額を読み取る際にも，誤差が生じる可能性がある。

（4）最小自乗法

最小自乗法は，スキャッター・チャート法において原価データ上に目分量で引いた直線を，統計学における回帰分析の方法を用いて計算によって求めるものである。すなわち，すべての原価データを示す点からの距離（偏差）の合計が最小となる直線が，すべての原価データに最も近接した直線となるのであり，それを計算によって求めるのが最小自乗法である（図表29－3の直線③参照）。この方法は数学的に合理的な方法であり，最も正確に原価の固変分解を行うことができる。

求める直線は次の連立方程式の解となる。なお，nはデータ数をあらわす。

$$\begin{cases} \Sigma y = na + b\Sigma x \\ \Sigma xy = a\Sigma x + b\Sigma x^2 \end{cases}$$

この連立方程式を展開すると，a（固定費額）とb（単位当たり変動費）は次の式により求められる。

$$a = \frac{\Sigma x^2 \Sigma y - \Sigma x \Sigma xy}{n\Sigma x^2 - (\Sigma x)^2}$$

$$b = \frac{n\Sigma xy - \Sigma x \Sigma y}{n\Sigma x^2 - (\Sigma x)^2}$$

例題29－7 次の資料は，準変動費として分類された補助材料費の過去6カ月間の実績データである。(1) 高低点法，(2) 最小自乗法によって，補助材料費を単位当たり変動費と固定費（月額）に分解しなさい。なお，計算結果に端数がでる場合には，四捨五入によって円の位まで求めなさい。

月	直接作業時間	補助材料費
4	250h	420千円
5	200	350
6	270	460
7	300	510
8	220	380
9	280	470

《解 説》 （1）最高時（7月）：直接作業時間300h，原価額￥510,000
最低時（5月）：直接作業時間200h，原価額￥350,000
したがって，単位当たり変動費と固定費は次のように算定される。

$$単位当たり変動費 = \frac{￥510,000 - ￥350,000}{300h - 200h} = ￥1,600／h$$

固定費額 ＝ ￥510,000 － ￥1,600／h × 300h ＝ ￥30,000

（2）固定費額を a，単位当たり変動費を b，直接作業時間を x，補助材料費を y，データ数を n とし，公式中の各要素を計算すると次のようになる。

	x	y	x^2	xy
4 月	250	420	62,500	105,000
5 月	200	350	40,000	70,000
6 月	270	460	72,900	124,200
7 月	300	510	90,000	153,000
8 月	220	380	48,400	83,600
9 月	280	470	78,400	131,600
合 計	1,520	2,590	392,200	667,400

これを公式に当てはめると，求める固定費額（a）と単位当たり変動費（b）は次のように求められる。

$$a（固定費額）= \frac{392,200 \times 2,590 - 1,520 \times 667,400}{6 \times 392,200 - (1,520)^2}$$

$$= \frac{1,350,000}{42,800} = 31.542 ≒ ￥31,542$$

$$b（単位当たり変動費）= \frac{6 \times 667,400 - 1,520 \times 2,590}{6 \times 392,200 - (1,520)^2}$$

$$= \frac{67,600}{42,800} = 1.579 ≒ ￥1,579／h$$

第30章 直接原価計算

★1. 直接原価計算の特徴と意義

(1) 直接原価計算の意義

直接原価計算とは，製造原価を変動費と固定費に区分した上で，変動費（変動製造原価）のみを製品原価として集計し，固定費（固定製造原価）については期間原価として処理する原価計算方式である。したがって，変動原価計算ともよばれる。

これまで学習してきた原価計算は，実際原価計算であれ標準原価計算であれ，すべての製造原価を製品に集計する方法であり，全部原価計算とよばれる。これに対して，直接原価計算は，変動費という原価要素の一部のみで製品原価を計算するため，部分原価計算とよばれる。

また，直接原価計算では，販売費及び一般管理費についても変動費（変動販売費）と固定費（固定販売費ならびに一般管理費）に分類する。そして，これらの原価は，固定製造間接費とともに，期間原価として処理される。

直接原価計算のもとでの原価の分類は，図表30－1のようにまとめられる。すなわち，製品原価となるのが製造直接費と変動製造間接費であり，期間原価

図表30－1　直接原価計算における原価の分類

	製造原価		販　売　費	一般管理費
	製造直接費	製造間接費		
変 動 費	製造直接費	変動製造間接費	変動販売費	
固 定 費		固定製造間接費	固定販売費	一般管理費

　　　　　… 製品原価　　　　　　　　… 期間原価

となるのが，固定製造間接費，変動販売費，固定販売費，一般管理費である。

このような原価の分類にもとづき，直接原価計算では，売上高から変動製造原価を控除して変動製造マージンを求め，そこから変動販売費を控除して貢献利益（限界利益ともいう）を求め，そこからさらに固定費を控除することで営業利益を算定する。したがって，直接原価計算は，期間損益計算の一方法として捉えられるのであり，変動製造原価のみで製品原価を算定する原価計算の方法という枠組みをこえた意義をもっているのである。

（2）直接原価計算の目的

直接原価計算は，上記のような特徴・意義をもつことから，次のような目的に役立つ。

① 期間損益計算の改善

直接原価計算では，固定製造間接費を製品原価に含めないことによって，在庫量の変動による期間利益のゆがみを取り除くことができる。

すなわち，全部原価計算のもとでは，固定製造間接費は製品原価に集計されるため，その一部が在庫品とともに次年度に繰り越されることになる。したがって，在庫量を増やすことで，固定製造間接費の一部を次年度へ繰り越すことができるため，今年度の利益をかさ上げできることになる。このように，全部原価計算のもとでは，在庫量の増減により，期間損益がゆがみをもつことになるが，直接原価計算では，変動製造原価のみで製品原価を算定するため，このような在庫量の変動による期間損益変動の影響を排除することができる。

② 短期利益計画の策定

直接原価計算では，原価を変動費と固定費に区別し，貢献利益を算定することにより，CVP（原価・売上高・利益）関係を把握することができるため，短期利益計画の策定に対して，有用な情報を提供することができる。

③ 経営意思決定への情報提供

　直接原価計算では，変動費・固定費・貢献利益の概念により，セグメント（事業部，製品，地域，顧客など）別損益計算書による収益性評価や業績評価，貢献利益法による製品の組み合わせ（プロダクト・ミックス）に関する意思決定や，価格決定などに有用な情報を提供することができる。

★2．直接原価計算による損益計算

　直接原価計算では，製造原価，販売費及び一般管理費を変動費と固定費に区分し，貢献利益概念を用いて損益計算を行うものであるが，その計算構造をまとめると次のようになる。

　　売上高 － 変動売上原価（製造直接費 ＋ 変動製造間接費）＝ 変動製造マージン

　　変動製造マージン － 変動販売費 ＝ 貢献利益（限界利益）

　　貢献利益 － 固定費（固定製造間接費 ＋ 固定販売費 ＋ 一般管理費）＝ 営業利益

　直接原価計算では，ある一定期間の売上高から，その期間に販売した製品の製造および販売に要した変動費に該当する原価を控除して貢献利益（限界利益）を算定する。

　その際，売上高から，まず製造に要した変動製造原価（変動売上原価）を差し引いて変動製造マージンを算定し，そこから販売に要した変動販売費（販売費のうち変動費となる原価）を控除して貢献利益を求める。

　貢献利益は，固定費の回収と営業利益の創出に貢献する利益額をあらわすものであり，製品ごとの収益性の分析などに対して有用な情報を得ることができる。また，貢献利益は売上高から変動費（売上高に比例して増減する原価）を差し引いて求められるため，やはり売上高に比例する。したがって，売上高の増減によって原価と利益がどのような影響を受けるかといった関係を把握することができるようになり，利益計画の策定に対しても有用な情報を得られるのである。

そして，貢献利益から固定費に該当する原価，すなわち，固定製造間接費と販売費のうち固定費となる固定販売費，そして一般管理費（通常，固定費となる）を控除して営業利益を算定する。

　このように，直接原価計算における損益計算の計算構造は，全部原価計算における損益計算の計算構造とは大きく異なっている。そしてそれにともない，算定される棚卸資産（製品，仕掛品）の原価も異なってくる。それは，両原価計算において製品原価に集計される原価の範囲が異なるためである。すなわち，全部原価計算においては，製造原価はすべて製品原価に含めるのに対して，直接原価計算においては，固定製造間接費を製品原価に含めず，期間原価として期間に対応させ，変動製造原価のみで製品原価を算定するためである。

　また，このように両原価計算において固定製造間接費の取り扱いが異なることにより，棚卸資産に含まれる固定製造間接費の額だけ，全部原価計算と直接原価計算では営業利益の額も異なってくることになる。

　こうした全部原価計算と直接原価計算の原価集計の違いを図式化すると図表30－2のようにまとめられる。

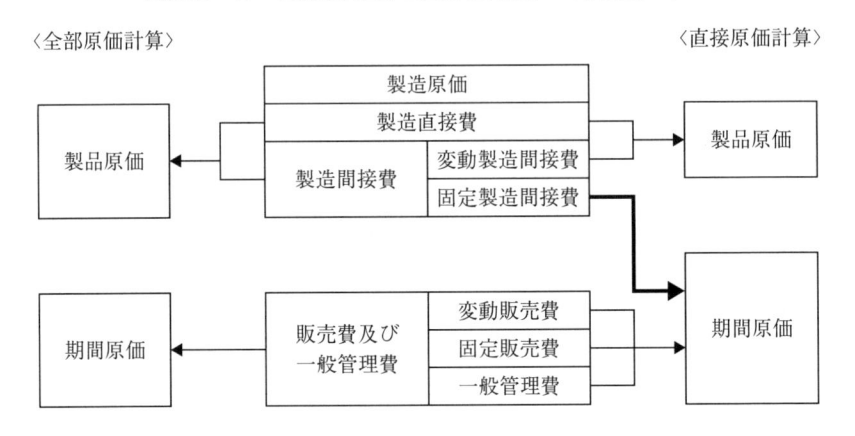

図表30－2　全部原価計算と直接原価計算の原価集計の相違

直接原価計算の計算構造にもとづく損益計算書を，全部原価計算による損益計算書と比較して示すと，図表30－3のようになる。

図表30－3　全部原価計算と直接原価計算による損益計算書

＜全部原価計算＞

```
                      損 益 計 算 書

  Ⅰ  売    上    高                                 ××××
  Ⅱ  売  上  原  価
      1  期首製品棚卸高              ××××
      2  当期製品製造原価            ××××
            合      計              ××××
      3  期末製品棚卸高              ××××        ××××
            売 上 総 利 益                        ××××
  Ⅲ  販売費及び一般管理費                          ××××
            営  業  利  益                        ××××
```

＜直接原価計算＞

```
                      損 益 計 算 書

  Ⅰ  売    上    高                                 ××××
  Ⅱ  変 動 売 上 原 価
      1  期首製品棚卸高              ××××
      2  当期製品変動製造原価        ××××
            合      計              ××××
      3  期末製品棚卸高              ××××        ××××
            変動製造マージン                      ××××
  Ⅲ  変  動  販  売  費                           ××××
            貢  献  利  益                        ××××
  Ⅳ  固      定      費
      1  固定製造間接費              ××××
      2  固定販売費及び一般管理費    ××××        ××××
            営  業  利  益                        ××××
```

例題30－1 次のデータにもとづき，全部原価計算と直接原価計算による月次損益計算書を作成しなさい。

1. 当月生産データ
   月初仕掛品数量　　0個
   期末仕掛品数量　200個（進捗度50％）

2. 当月原価データ
   直接材料費　￥230,000
   直接労務費　￥200,000
   間接材料費　￥50,000（内訳：変動費￥30,000，固定費￥20,000）
   間接労務費　￥80,000（内訳：変動費￥40,000，固定費￥40,000）
   間 接 経 費　￥150,000（内訳：すべて固定費）
   販売費及び一般管理費
   　　　　　￥320,000（内訳：変動費￥120,000，固定費￥200,000）

3. 当月製品データ
   月初製品棚卸数量　　　0個
   当月完成品数量　　　900個
   月末製品棚卸数量　　100個
   当月製品販売数量　　800個
   製品販売単価　　￥1,500

   （注）すべての製造費用は，製造の進行に応じて投入される。
   　　　製品の出庫単価の計算は先入先出法による。

《解　説》　＜全部原価計算＞

月 次 損 益 計 算 書

Ⅰ　売　上　高		1,200,000
Ⅱ　売　上　原　価		
1　月初製品棚卸高	0	
2　当月製品製造原価	639,000	
合　　計	639,000	
3　月末製品棚卸高	71,000	568,000
売 上 総 利 益		632,000
Ⅲ　販売費及び一般管理費		320,000
営 業 利 益		312,000

356

当月製品製造原価 ＝（¥230,000 ＋ ¥200,000 ＋ ¥50,000 ＋ ¥80,000
　　　　　　　　＋ ¥150,000）× $\dfrac{900個}{900個 + 200個 \times 50\%}$

　　　　　　　　＝ ¥639,000

月末製品棚卸高 ＝ ¥639,000 × 100個／900個 ＝ ¥71,000

＜直接原価計算＞

月次損益計算書

Ⅰ　売　　上　　高		1,200,000
Ⅱ　変動売上原価		
1　月初製品棚卸高	0	
2　当月製品変動製造原価	450,000	
合　　　計	450,000	
3　月末製品棚卸高	50,000	400,000
変動製造マージン		800,000
Ⅲ　変　動　販　売　費		120,000
貢　献　利　益		680,000
Ⅳ　固　　定　　費		
1　固定製造間接費	210,000	
2　固定販売費及び一般管理費	200,000	410,000
営　業　利　益		270,000

当月製品変動製造原価 ＝（¥230,000 ＋ ¥200,000 ＋ ¥70,000）
　　　　　　　　　　　× $\dfrac{900個}{900個 + 200個 \times 50\%}$
　　　　　　　　　　＝ ¥450,000

月末製品棚卸高 ＝ ¥450,000 × 100個／900個 ＝ ¥50,000

　このように，全部原価計算によって算定された営業利益は¥312,000，直接原価計算によって算定された営業利益は¥270,000となり，両金額は一致しないことが確認される。

3．直接原価計算による記帳手続き

　直接原価計算では，変動費（変動製造原価）のみを製品原価として集計し，固定費（固定製造原価）については期間原価として処理することが特徴であるが，その記帳手続きは次のように行われる。

① 各原価要素（材料費，労務費，経費）を変動費と固定費に分類する。
② 各原価要素の直接費（直接材料費，直接労務費，直接経費）は変動費として，仕掛品勘定の借方へ振り替える。
③ 各原価要素の間接費のうち，変動製造間接費は仕掛品勘定の借方へ，固定製造間接費は固定製造間接費勘定の借方へ振り替える。
④ 仕掛品勘定において完成品原価が確定したら，製品勘定の借方へ振り替える。
⑤ 製品勘定において売上原価が確定したら，変動売上原価勘定の借方へ，さらに損益勘定の借方へ振り替える。
⑥ 固定製造間接費を損益勘定の借方へ振り替える。
⑦ 販売費及び一般管理費についても変動費と固定費に分類し，変動販売費，固定販売費，一般管理費として，損益勘定の借方へそれぞれ振り替える。

　直接原価計算による記帳関係を勘定連絡図として示すと，図表30－4のようになる。

図表30-4 直接原価計算における記帳関係

[図表: 材料・賃金・経費・販売費及び一般管理費から仕掛品・変動製造間接費・固定製造間接費・変動販売費・固定販売費及び一般管理費を経由して製品・変動売上原価・損益勘定へ流れる記帳関係図]

※ ──は製品原価の流れを，---は期間原価の流れをあらわす。

直接原価計算による損益計算書

Ⅰ 売上高　　　　　　　　　　　　　　（ ① ）
Ⅱ 変動売上原価
　1．期首製品棚卸高　　（ ② ）
　2．当期製品製造原価　（ ③ ）
　　　合　計　　　　　　×××
　3．期末製品棚卸高　　（ ④ ）　（ ⑤ ）
　　　変動製造マージン　　　　　×××
Ⅲ 変動販売費　　　　　　　　　　　（ ⑥ ）
　　　貢献利益　　　　　　　　　　　×××
Ⅳ 固定費
　1．固定製造間接費　　（ ⑦ ）
　2．固定販売費及び
　　　一般管理費　　　　（ ⑧ ）　×××
　　　営業利益　　　　　　　　　　　×××

例題30-2 例題30-1のデータをもとに，直接原価計算の記帳手続きに従って仕訳をし，勘定へ転記しなさい。（締切不要）

《解　説》

①	（借）	仕　掛　品	430,000	（貸）	材		料	230,000
						賃	金	200,000
②	（借）	変動製造間接費	70,000	（貸）	材		料	30,000
						賃	金	40,000
③	（借）	固定製造間接費	210,000	（貸）	材		料	20,000
						賃	金	40,000
						経		費	150,000

第30章　直接原価計算　◇　359

④	(借)	仕　　掛　　品	70,000	(貸)	変動製造間接費	70,000
⑤	(借)	製　　　　　品	450,000	(貸)	仕　　掛　　品	450,000
⑥	(借)	変 動 売 上 原 価	400,000	(貸)	製　　　　　品	400,000
⑦	(借)	損　　　　　益	400,000	(貸)	変 動 売 上 原 価	400,000
⑧	(借)	損　　　　　益	210,000	(貸)	固定製造間接費	210,000
⑨	(借)	変 動 販 売 費 固定販売費及び 一 般 管 理 費	120,000 200,000	(貸)	販 売 費 及 び 一 般 管 理 費	320,000
⑩	(借)	損　　　　　益	120,000	(貸)	変 動 販 売 費	120,000
⑪	(借)	損　　　　　益	200,000	(貸)	固定販売費及び 一 般 管 理 費	200,000
⑫	(借)	売　　　　　上	1,200,000	(貸)	損　　　　　益	1,200,000

仕訳の①～⑫の番号は，勘定に記された①～⑫の番号に対応している。

(単位：千円)

```
材　　　料                      仕　　掛　　品                     製　　　品
① 仕 掛 品  230    ① 諸    口   430  ⑤ 製    品  450    ⑤ 仕 掛 品  450  ⑥ 変動売上原価 400
② 変動製造間接費 30   ④ 変動製造間接費 70

③ 固定製造間接費 20
                              変動製造間接費                     変動売上原価
賃　　　金           ② 諸    口    70  ④ 仕 掛 品   70    ⑥ 製    品  400  ⑦ 損    益  400
① 仕 掛 品  200
② 変動製造間接費 40              固定製造間接費                        損　　　益
③ 固定製造間接費 40   ③ 諸    口   210  ⑧ 損    益  210    ⑦ 変動売上原価 400 ⑫ 売  上 1,200
                                                      ⑧ 固定製造間接費 210
経　　　費                      変動販売費                     ⑩ 変動販売費  120
③ 固定製造間接費 150  ⑨ 販売費及び      ⑩ 損    益  120    ⑪ 固定販売費及び
                      一般管理費 120                        一般管理費 200

販売費及び一般管理費              固定販売費及び一般管理費                売　　　上
⑨ 諸    口  320    ⑨ 販売費及び      ⑪ 損    益  200    ⑫ 損    益 1,200
                      一般管理費 200
```

★ 4．全部原価計算と直接原価計算による営業利益と固定費調整

　直接原価計算は，経営管理に役立つ有用な情報を提供する原価計算方式である。しかし，今日，公表財務諸表作成のために直接原価計算を用いることは認められていないため，全部原価計算を用いて作成しなければならない。原価計算基準では，直接原価計算による場合，「会計年度末においては，当該会計期間に発生した固定費額は，これを期末の仕掛品および製品と当年度の売上品と

に配賦する」（原価計算基準30）と規定されている。

したがって，直接原価計算を採用する場合，直接原価計算によって算定された営業利益を，期末に，全部原価計算にもとづく営業利益に修正しなければならない。このような，営業利益の修正を**固定費調整**という。

直接原価計算による営業利益と全部原価計算による営業利益が一致しないのは，全部原価計算においては，製造原価はすべて製品原価に含めるのに対して，直接原価計算においては，固定製造間接費を製品原価に含めず，変動製造原価のみで製品原価を算定するためである。つまり，棚卸資産に含まれる固定製造間接費の額だけ，全部原価計算と直接原価計算では営業利益の金額が異なってくるのである。

したがって，固定費調整は，次のように，直接原価計算による営業利益に対して，棚卸資産（仕掛品・製品）に含まれる固定製造間接費の金額を調整するかたちで行われる。

直接原価計算による営業利益	×××
＋期末棚卸資産（仕掛品・製品）の固定製造間接費	×××
－期首棚卸資産（仕掛品・製品）の固定製造間接費	×××
全部原価計算による営業利益	×××

例題30－3 例題30－1のデータにもとづき，直接原価計算による営業利益に固定費調整を行い，全部原価計算による営業利益を計算しなさい。

《解　説》　本問では，期首に仕掛品・製品の棚卸高がないため，期末の仕掛品・製品の棚卸高にもとづき，固定費調整を行う。

固定製造間接費 ＝ ¥20,000 ＋ ¥40,000 ＋ ¥150,000 ＝ ¥210,000

期末仕掛品に含まれる固定製造間接費

$$= ¥210,000 \times \frac{200個 \times 50\%}{900個 + 200個 \times 50\%} = ¥21,000$$

期末製品に含まれる固定製造間接費 $= ¥189,000 \times \dfrac{100個}{900個} = ¥21,000$

したがって，全部原価計算による営業利益は次のように算定される。

直接原価計算による営業利益	¥270,000
＋　期末仕掛品の固定製造間接費	¥21,000
＋　期末製品の固定製造間接費	¥21,000
全部原価計算による営業利益	¥312,000

　直接原価計算と全部原価計算における固定製造間接費の集計の流れを図式化すると，次のようになる。

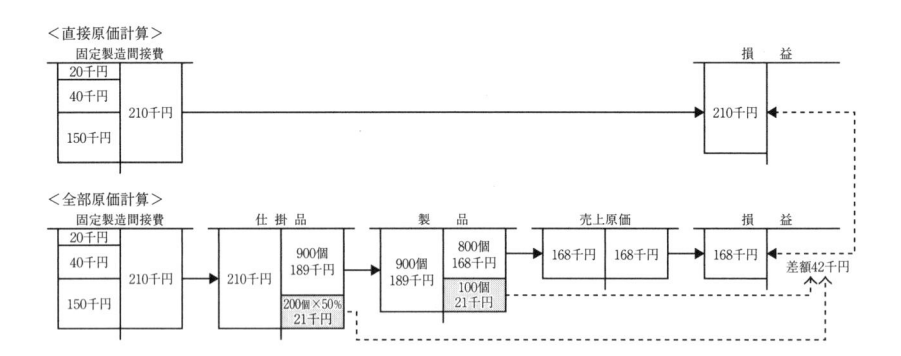

```
＜直接原価計算＞
  固定製造間接費
   20千円
   40千円   210千円 ─────────────→ 損益
  150千円                            210千円 ┄┄┄┄┐
                                              ┆
＜全部原価計算＞                              ┆
  固定製造間接費                              ┆
   20千円                                     ┆
   40千円   210千円  仕掛品    製品   売上原価  損益
  150千円           210千円  900個   900個  168千円  168千円  168千円  ←┄ 差額42千円
                           189千円  189千円  800個                    ↑
                          200個×50%        100個                    ┆
                           21千円          21千円 ┄┄┄┄┄┄┄┄┄┄┄┄┄┄┄┄┘
```

　このように，全部原価計算のもとでは，固定製造間接費の一部が仕掛品と製品の期末棚卸高（¥21,000と¥21,000）として次年度に繰り越されるため，その金額（¥42,000）だけ営業利益が直接原価計算の場合よりも大きくなっている。したがって，直接原価計算による営業利益に対してその金額で調整を加えると，全部原価計算による営業利益が導かれる。

第31章　業務的意思決定

1. 経営意思決定と業務的意思決定

　企業の将来進むべき方向について，経営者が行う代替案からの選択は，経営意思決定とよばれる。経営意思決定は，通常，一度限りの問題に対して臨時的，個別的に行われるものである。

　経営意思決定は，その意思決定が経営構造の変革をともなうか否かによって，構造的意思決定と業務的意思決定の２つに分類できる。

　構造的意思決定とは，経営の基本構造の変革に関する意思決定であり，その成否は企業に大きなインパクトをもたらす。たとえば，新工場の建設，新鋭の生産設備の導入，M&A，新製品の開発などに関する意思決定である。この構造的意思決定については第32章で説明する。

　一方，**業務的意思決定**は，構造的意思決定で決められた経営の基本構造を前提として，その基本構造の中で行われる短期的な日常の業務執行に関する意思決定のことである。たとえば，特別注文を受けるか否か，部品を自製するか購入するか，既存製品を廃止すべきか否かなどに関する意思決定である。

　このような業務的意思決定においては，さまざまな特殊原価を活用し，差額原価収益分析とよばれる分析手法を用いる。

2. 意思決定のための原価概念

　意思決定に有用な原価情報を提供するために行われる臨時的な原価計算は，**特殊原価調査**とよばれる。この特殊原価調査では，原価計算制度で用いられる原価の一般概念とは異なるさまざまな原価概念，すなわち**特殊原価**が用いられ

◇ 363

る。以下では，意思決定のために用いられる代表的な特殊原価概念を説明する。

（1）差額原価

差額原価とは，代替案の間で生じる原価の差額分のことである。増分原価ともよばれる。

意思決定にあたっては代替案間の比較を行うが，その際，代替案の間で差額を示す部分に着目することによって，はじめて代替案間の優劣を判断することができる。したがって，差額原価は，意思決定に影響を与える原価，すなわち**関連原価**として，意思決定問題の分析に際してきわめて重要な役割を果たす。

（2）埋没原価

埋没原価とは，代替案によって変化しない原価のことである。すなわち，埋没原価は，代替案の間で差額を示さない原価であり，意思決定に影響を与えない非関連原価として分析から除外される。過去の投資によって発生した減価償却費は，いずれの代替案を選択しようとも発生する（したがって，代替案の間で差額を示さない）ため，埋没原価となる典型的な例である。

なお，現在の業務活動を変更・中止することによってその発生を回避できる（発生しなくなる）原価は**回避可能原価**とよばれ，意思決定にあたって関連原価（差額原価）となる。一方，現在の業務活動を変更・中止してもその発生を回避できない（発生し続ける）原価は**回避不能原価**とよばれ，意思決定にあたっては**非関連原価**（埋没原価）となる。

例題31－1　大阪工業では，昨今の景気回復を受けて，主力製品Mの生産を1,000個から2,000個へと増産する計画を検討している。増産にあたっての原価データは以下のとおりである。なお，固定製造間接費は製造用機械の減価償却費である。差額原価ならびに埋没原価はどの原価でその金額はいくらか。

	現状維持案 （1,000個）	増産案 （2,000個）
直接材料費	￥1,000,000	￥2,000,000
直接労務費	￥500,000	￥1,000,000
変動製造間接費	￥200,000	￥400,000
固定製造間接費	￥700,000	￥700,000
製造原価合計	￥2,400,000	￥4,100,000

《解　説》　差額原価は代替案の間で差額を示すものであるため，この意思決定問題における差額原価は，直接材料費￥1,000,000（＝￥2,000,000－￥1,000,000），直接労務費￥500,000（＝￥1,000,000－￥500,000），変動製造間接費￥200,000（＝￥400,000－￥200,000），製造原価合計で￥1,700,000である。

　変動費は営業量の増減に応じて比例的に増減する原価であるため，代替案によって営業量が変動する場合，変動費の差額分は典型的な差額原価となる。

　また，どちらの案を選択したとしても，製造用機械の減価償却費である「固定製造間接費」は￥700,000同額発生する。したがって，固定製造間接費￥700,000は，この意思決定には影響を与えないため，埋没原価（非関連原価）となる。

（3）機会原価

　意思決定においては，いくつかの代替案の中からある1つの案が選択されるが，このとき，採用されなかった他の案から得られるはずの利益を失うことになる。この場合の失われた利益，すなわち逸失利益のことを機会原価という。採用されなかった代替案が複数ある場合には，そのうちの最大の逸失利益が機会原価となる。

　たとえば，A案，B案，C案があり，それぞれ￥10,000,000，￥20,000,000，￥15,000,000の利益が見込まれるとする。この場合，利益が最も大きいB案を選択したとすると，採用されなかった他の2つの代替案のうち最大の利益をもたらすC案の￥15,000,000の利益が，B案を選択したことによる機会原価となる。

3．差額原価収益分析

(1) 差額原価収益分析の基礎

意思決定問題の評価に際して適用される代表的な分析手法が，**差額原価収益分析**（差額分析ともよばれる）である。差額原価収益分析は，一方の案を基準案とした上で，もう一方の案との間に生じる差額の部分，すなわち，代替案間で差額を示す収益（差額収益）と原価（差額原価），そして両者の差額としての利益（差額利益）にもとづいて代替案の評価を行う手法である。

差額原価収益分析の基本的な考え方を式で示すと次のようになる。

差額収益 － 差額原価 ＝ 差額利益

ここで，「差額収益 － 差額原価」の結果がプラスになる，すなわち利益（差額利益）が算定される場合，基準案を実行することが有利となることを示している。反対に，「差額収益 － 差額原価」の結果がマイナスになる，すなわち損失（差額損失）が算定される場合には，基準案を実行することは不利になることを示している。

差額原価収益分析の分析手順は次のとおりである。

① 比較検討する代替案を適切に識別し，代替案に関するすべてのデータを収集する。
② 代替案の間で差額を示さない収益・原価（埋没原価）を除外する。
③ 基準案をもとに差額収益・差額原価・差額利益を計算し，その結果にもとづいて最善の案を決定する。

(2) 差額原価収益分析の適用例

以下では，差額原価収益分析の適用の仕方を，代表的な業務的意思決定の事例をとおして説明する。

① 追加加工か販売か

「追加加工か販売か」の意思決定は，半製品または製品をそのまま販売するのと，追加加工を加えて完成品にしたり，別の製品として販売したりするのと，どちらが有利かを判断する問題である。

> 例題31－2　兵庫工業は，自社生産の半製品Ｐに，さらに加工を加えて製品Ｑとして販売している。最近，半製品Ｐの市場が急成長してきたため，兵庫工業でも，追加加工を加えて製品Ｑとして販売するのをやめて，半製品Ｐのまま市場へ販売する検討を始めた。次の資料をもとに，兵庫工業は半製品Ｐを市場で販売した方がよいか，それとも今までどおり追加加工を加えて製品Ｑとして販売した方がよいか，判断しなさい。なお，半製品Ｐ，製品Ｑの予定生産・販売数量は50,000個である。
>
> ［資料］
>
> | 半製品Ｐの単位当たりデータ | | 製品Ｑの単位当たりデータ | |
> |---|---|---|---|
> | 製造原価 | ¥500 | 追加加工費 | ¥350 |
> | 販売費 | ¥50 | 販売費 | ¥50 |
> | 販売価格 | ¥750 | 販売価格 | ¥1,200 |

《解　説》　＜追加加工を加え製品Ｑとして販売する案＞を基準にして，＜半製品Ｐのまま販売する案＞よりもどのくらい収益・原価が増加するかをみていくと，以下のようになる。

差額収益　　－　　差額原価　　＝　　差額利益
［¥450×50,000個］－［¥350×50,000個］＝　¥5,000,000

ここで，半製品Ｐを生産することにかかわる製造原価¥500と販売費¥50は，いずれの案を選択した場合でも等しく発生するため，非関連原価（埋没原価）としてこの分析から除外される点に注意が必要である。

このように，＜追加加工を加え製品Ｑとして販売する案＞は，＜半製品Ｐのまま販売する案＞よりも追加加工費が［¥350×50,000個＝¥17,500,000］余計にかかるが，増分収益［¥450×50,000個＝¥22,500,000］が得られるため，トータルでは¥5,000,000利益が多くなる。したがって，今までどおり半製品Ｐに追加加工を加えて製品Ｑとして販売した方がよいという判断になる。

② 自製か購入か

「自製か購入か」の意思決定は，会社で生産している製品を構成する部品について，自社で生産するのと外部から購入するのと，どちらが有利かを判断する問題である。

> 例題31－3　淡路島工業は，産業用機械AWの生産・販売を行っている。現在，産業用機械AW用の組立部品QWを外部から購入しているが，遊休生産能力（3,000機械時間）を利用して自製してはどうかとの提案がなされた。次の［資料］にもとづき，組立部品QWを自製するのがよいか購入するのがよいか判断しなさい。
>
> ［資料］
> ① 組立部品QWの単位当たり製造原価
>   直接材料費　　　　　　　　　　　　　　¥4,000
>   直接労務費　＠¥1,200×2作業時間　　　¥2,400
>   製造間接費　＠¥900×3機械時間　　　　¥2,700
>   　合　計　　　　　　　　　　　　　　　¥9,100
> ② 製造間接費変動予算
>   変動費率　　　　　　　　　　　　　　　＠¥300／h
>   月間固定費予算額　　　　　　　　　　　¥15,000,000
>   月間基準操業度　　　　　　　　　　　　25,000機械時間
> ③ 組立部品QWの購入単価　　　　　　　　　¥8,000
> ④ 組立部品QWの月間必要量（生産量）　　　1,000個

《解　説》　組立部品QWの購入原価が¥8,000であり，単位当たり製造原価が¥9,100であることから，一見すると外部から購入する方が有利に見える。

しかし，固定製造間接費は，組立部品QWを自製した場合でも外部から購入した場合でも変わらず発生するため，埋没原価（非関連原価）となり，この分析からは除外して考える必要がある。したがって，差額分析を行うと次のようになる。

(単位：円)

	単位当たり原価 自製案	購入案	1,000個の原価 自製案	購入案
購入原価		8,000		8,000,000
直接材料費	4,000	—	4,000,000	—
直接労務費	2,400 *1	—	2,400,000	—
変動製造間接費	900 *2	—	900,000	—
計	7,300	8,000	7,300,000	8,000,000
差額原価	700		700,000	

*1 @1,200×2作業時間
*2 @300×3機械時間

　このように，組立部品QWは，外部から購入するより自製した方が，単位当たり¥700，1,000個で¥700,000有利となるので，自製した方がよいという判断になる。

③　特別注文の諾否

「特別注文を引き受けるかどうか」の意思決定は，生産能力に余裕がある状況で，通常の販売価格を下回る価格での特別注文がきた場合，それを引き受けるべきかどうかを決定する問題である。

> 例題31－4　滋賀部品工業では建設機械用の汎用組立部品Ｂを生産・販売している。これまで取引のなかった大津建機工業から，急遽，月末までに組立部品Ｂを，1個¥1,400で10,000個納入できないかという注文が入った。
> この大津建機工業からの注文を引き受けるべきか断るべきか，次の資料をもとに判断しなさい。なお，滋賀部品工業では，この一度限りの低い販売価格での注文を受けたとしても，今後，既存の取引先との価格に影響はないと予測している。
>
> ［資料］
> （１）汎用組立部品Ｂの販売に関するデータ
> 　　　　販売価格は¥2,000であり，当月の予定販売数量は85,000個である。

（2）汎用組立部品Ｂの生産に関するデータ

滋賀部品工業の汎用組立部品Ｂの月間生産能力は100,000個であるが，当月の予定生産数量は85,000個である。

汎用組立部品Ｂの当月の単位当たり予定製造原価は以下のとおりである。

直接材料費	￥550
直接労務費	350
変動製造間接費	300
固定製造間接費	400
	￥1,600

なお，固定製造間接費は製造用機械の減価償却費である。また，この注文を引き受けたとしても，生産能力に余裕があるため追加の設備投資は必要ない。

《解説》　汎用組立部品Ｂの単位当たり製造原価は￥1,600であり，それを下回る￥1,400でという大津建機工業からの注文は，とうてい引き受けられるものではないと思われるかもしれない。

しかし，固定製造間接費は製造用機械の減価償却費であるため，この注文を受けても断っても変わらず発生するものである。したがって，これが非関連原価（埋没原価）となり分析から除外される。

ここで「特別注文の引受案」を基準案とすると，この基準案と「特別注文の拒否案」との間で差額を示す差額収益・差額原価にもとづき差額利益を計算し，基準案が有利かどうかを分析する。

(単位：千円)

差額収益（@￥1,400×10,000個）		14,000
差額原価		
製造原価：		
直接材料費（@￥550×10,000個）	5,500	
直接労務費（@￥350×10,000個）	3,500	
変動製造間接費（@￥300×10,000個）	3,000	12,000
差額利益		2,000

この分析結果から，差額利益¥2,000,000が発生するため，特別注文を引き受けた方がよいという判断になる。

4．最適発注量の決定（経済的発注量（EOQ））

経済的発注量（EOQ）とは，在庫関連費用が最小となる発注量のことである。ここで，在庫関連費用を構成するのは，主として発注費と保管費である。

発注費とは，材料や部品などを注文するときに発生する通信費や事務処理費，入荷した材料や部品の荷下ろし費や検査費などの費用のことをいう。この発注費は次式であらわすことができる。

年間発注費 ＝ 1回当たり発注費 (P) × 年間発注回数
$$= 1回当たり発注費 (P) \times \frac{年間必要量 (D)}{1回当たり発注量 (Q)}$$

保管費とは，材料や部品などの在庫品を保管するための倉庫賃貸料や火災保険料，在庫品への投資によって拘束される資本の機会原価などの費用のことをいう。この保管費は次式であらわすことができる。

年間保管費 ＝ 1単位当たり保管費 (C) × 平均在庫量 $\left(\frac{Q}{2}\right)$

したがって，年間在庫関連費用は次式であらわすことができる。

年間在庫関連費用 (TC) ＝ 年間発注費 ＋ 年間保管費
$$= P\left(\frac{D}{Q}\right) + C\left(\frac{Q}{2}\right)$$

発注費と保管費との間には，1回当たりの発注量が大きくなると発注回数が少なくなり発注費が減少する一方で，在庫量が増加するため，保管費が増大するという関係がある。これを図示すると図表31－1のようになる。

したがって，経済的発注量 EOQ は，年間総在庫関連費用を最小にする発注1回当たりの発注量として求められるため，年間発注費と年間保管費をイコールとおいて，発注1回当たり発注量 Q で解くことで求められる。

図表31－1　EOQと在庫関連費用

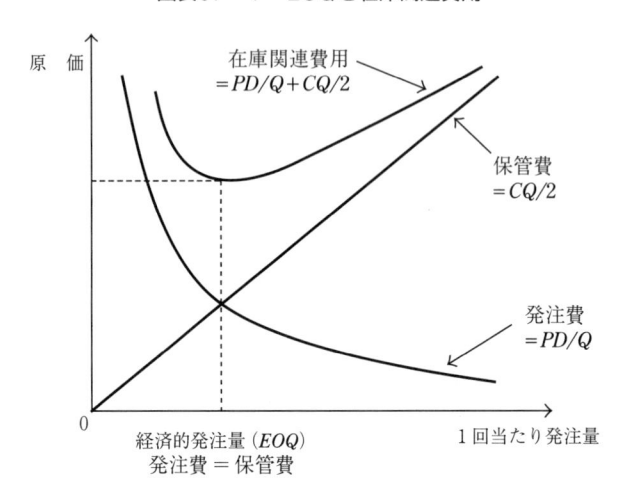

原価／1回当たり発注量のグラフ
- 在庫関連費用 $=PD/Q+CQ/2$
- 保管費 $=CQ/2$
- 発注費 $=PD/Q$
- 経済的発注量 (EOQ) 発注費＝保管費

$$P\left(\frac{D}{Q}\right) = C\left(\frac{Q}{2}\right)$$

$$Q^2 = \frac{2PD}{C}$$

$$Q = \sqrt{\frac{2PD}{C}} = \sqrt{\frac{2 \times 1回当たり発注費 \times 年間必要量}{1単位当たり保管費}}$$

このように，経済的発注量は経済的発注量モデルを用いて解がもたらされる日常反復的な意思決定問題の典型例である。

例題31－5　奈良製作所は，組立部品Nを外部企業から購入している。組立部品Nに関する［資料］にもとづき，以下の設問に答えなさい。

［資料］
年間必要量	400,000個
現在の1回当たり発注量	5,000個
1個当たり発注費	¥1,000
1個当たり年間保管費	¥200

（1）経済的発注量を求めなさい。
（2）経済的発注量のもとでの年間在庫関連費用を求めなさい。
（3）経済的発注量に従った場合，年間在庫関連費用は現在よりどれくらい節約されるか求めなさい。

《解　説》（1）経済的発注量 $= \sqrt{\dfrac{2 \times 1 回当たり発注費 \times 年間必要量}{1個当たり保管費}}$

$= \sqrt{\dfrac{2 \times ¥1,000 \times 400,000個}{¥200}} = 2,000個$

（2）経済的発注量における年間在庫関連費用
　　　＝経済的発注量における年間発注費＋経済的発注量における年間保管費
　　　＝ 1回当たり発注費 × 年間必要量／経済的発注量
　　　　　　＋ 1個当たり保管費 × 平均在庫量
　　　＝¥1,000×400,000個／2,000個＋¥200×2,000個／2
　　　＝¥200,000＋¥200,000
　　　＝¥400,000

（3）現在の年間発注費 ＝ 1回当たり発注費 × 年間発注回数
　　　＝ 1回当たり発注費 × 年間必要量／1回当たり発注量
　　　＝¥1,000×400,000個／5,000個
　　　＝¥80,000

　　現在の年間保管費 ＝ 1個当たり保管費 × 平均在庫量
　　　＝¥200×5,000個／2
　　　＝¥500,000

　　現在の年間在庫関連費用 ＝ 年間発注費 ＋ 年間保管費
　　　＝¥80,000＋¥500,000
　　　＝¥580,000

　　経済的発注量に従った場合の年間在庫関連費用の節約額
　　　＝現在の年間在庫関連費用 － 経済的発注量における年間在庫関連費用
　　　＝¥580,000－¥400,000
　　　＝¥180,000

第32章 構造的意思決定

1. 構造的意思決定と設備投資意思決定

　構造的意思決定は，経営の基本構造の決定・変革に関して随時的に行われる意思決定のことであり，戦略的意思決定ともよばれる。本章では，この構造的意思決定問題のうち，設備投資の意思決定について解説する。
　設備投資意思決定は，生産や販売に使用される土地や建物，設備等の固定資産の新設・拡張・取替などに関する意思決定を行うものである。
　設備投資は，企業の将来の成長に欠かせないものであるが，投資額の規模も大きく，一度支出がなされると企業の経営構造を長期にわたり規定することになる。このように，設備投資の成否は企業の命運を大きく左右するものであるため，設備投資に関して合理的な意思決定を行う必要があり，そのため設備投資案について適切な経済性計算を行うことが重要になる。

2. 設備投資意思決定の特徴

　設備投資意思決定の特徴として，次の4点があげられる。

① 設備投資意思決定における経済性計算は，企業全体の利益を対象に行うのではなく，個々の設備投資プロジェクトそれ自体を対象に行う。
② 経済的効果の測定には，会計上の利益ではなくキャッシュ・フロー（現金の収入・支出：CF）を用いる。
③ 経済性計算における計算対象期間は，1年などのある特定の会計期間ではなく，個々の設備投資プロジェクトからの経済的効果が生じる期間

(経済命数とよばれる)である。
④ 設備投資プロジェクトは長期間にわたるため,その評価に際して貨幣の時間価値を考慮する。

このような特徴から,設備投資意思決定の経済性計算においては,キャッシュ・フロー,貨幣の時間価値などの概念を理解する必要がある。

3．設備投資意思決定における基礎概念

(1) キャッシュ・フロー

キャッシュ・フローとは,現金の収入・支出のことであり,設備投資から得られる経済的効果の測定にはこのキャッシュ・フローが用いられる。

第31章で学習したように,意思決定に関連する情報は,代替案の間で差額を示す情報であるため,この場合のキャッシュ・フローは差額キャッシュ・フローとなる。

設備投資案のキャッシュ・フローは,次の3つから構成される。

① 原投資額

設備を取得するのに要した現金支出額(キャッシュ・アウトフロー:COF)であり,これには付随費用等も含める。また,取替投資等で今まで使っていた設備を売却することができる場合,売却によって得られたキャッシュ・インフロー(CIF)は原投資額から控除する。したがって,原投資額の算定式は次のようにあらわされる。

原投資額 = 取得原価(購入代価 + 付随費用)− 旧資産売却によるCIF

② 毎期のキャッシュ・フロー

設備投資案から得られる毎期の経済的効果の測定は,現金の収入と支出にもとづくキャッシュ・フローによって行われる。キャッシュ・フローは,投資案実行後の当該設備から得られるキャッシュ・インフロー(売上高)から,実際

に現金支出をともなう費用（キャッシュ・アウトフロー）を控除した正味キャッシュ・フローとして算定される。なお，後で説明するように，キャッシュ・フローの算定に際して，減価償却費などの現金支出をともなわない費用（非現金支出費用）の取り扱いに注意が必要である。

③　処分時のキャッシュ・フロー
　設備投資案の経済命数終了時に当該設備に処分価値がある場合には，処分時にその額だけキャッシュ・インフローが得られるため，最終期のキャッシュ・フローの計算にその処分価額を含める。

(2) 貨幣の時間価値
　貨幣の時間価値とは，「時間の経過によってお金の価値が変わる」という考え方のことである。これは，たとえば¥10,000を年利子率10％で銀行に預金すると，1年後には元本¥10,000と，それに対する10％の利子¥1,000を合わせた¥11,000になることからもわかるであろう。ということは，逆に，1年後の¥11,000というのは，現在の価値に直すと，10％の利子分¥1,000だけ少ない金額，すなわち，¥10,000ということになる（図表32－1参照）。この例か

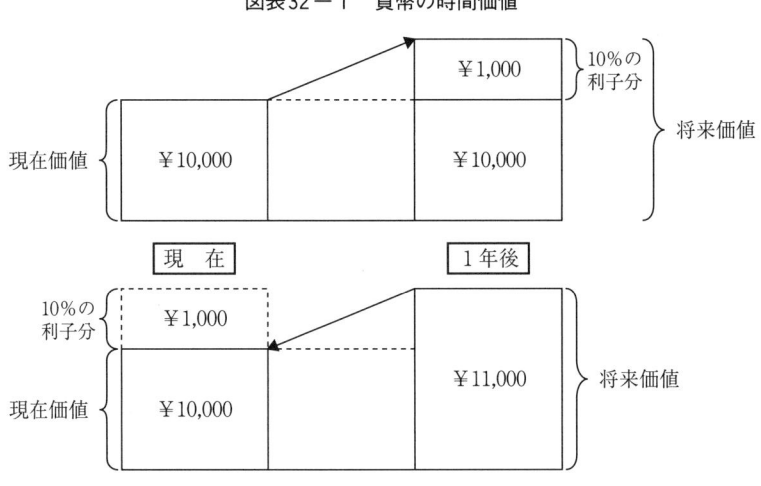

図表32－1　貨幣の時間価値

らもわかるように，将来の価値を現在の価値に直す場合には，利子率を使って調整する。

設備投資においては，投資の効果が生じる期間が長期にわたるため，投資から得られる将来キャッシュ・フローの価値は，時間の経過によって現在の価値とは異なってくる。そこで，将来キャッシュ・フローの価値を現在の価値に修正した上で投資案の経済性について評価を行う必要がある。

今，将来価値を FV，現在価値を PV，利子率を r，期間を t とすると，将来価値は次のようにあらわすことができる。

$$FV = PV \times (1+r)^t$$

将来価値がこのような形で計算されるとすれば，現在価値は上式を変形した次の式で求められる。

$$PV = \frac{FV}{(1+r)^t}$$

このように，現在価値は将来価値を利子率で割り引くことによって求められる。ここで割り引くとは，将来価値を現在価値に変換することであり，その際用いられる利子率は**割引率**とよばれる。

なお，現在価値を求める式中の $1/(1+r)^t$ は現価係数とよばれ，この現価係数の値を計算した結果は現価係数表にまとめられている（巻末の付録A：現価係数表を参照）。したがって，この表を利用すれば，該当する年数（t）と割引率（r）に対応した**現価係数**を容易に得ることができ，現在価値の計算を簡単に行うことができる。

（3）資本コスト

資本コストとは，資本を用いることで不可避的に発生するコストを意味する。設備投資には多額の資本が必要であり，その資本を各種資金源泉（借入金や社債，株式など）から調達し利用するには，各資金源泉が要求するリターン（期待収益率）に応じた利子や配当金などの支払いという形でコストがかかる。ということは，採用される投資案は，それらの資金調達にともなうコストを上回る

リターンをもたらす必要がある。
　したがって，資本コストは，設備投資案の採算性を考える場合の必要最低利益率，あるいは不利な投資案を切り捨てるための切捨率の役割を果たすものであり，将来キャッシュ・フローを現在価値に割り引く際に，割引率として利用される（この場合，資本コスト率（％）としてあらわされる）。
　なお，資本コストは調達資金源泉別の資本コストを加重平均した**加重平均資本コスト（WACC）**が用いられる。

4．設備投資案の評価方法

　設備投資案を評価する代表的な技法には，（1）会計的利益率法（ARR法），（2）回収期間法，（3）正味現在価値法（NPV法），（4）内部利益率法（IRR法）がある。

（1）会計的利益率法（ARR法）

　会計的利益率法（ARR法）は，投資利益率法（ROI法）ともよばれ，投資によってどれだけ利益をあげるかという収益性の観点から投資案の評価を行う方法である。この評価方法では，投資からの経済的効果の測定にキャッシュ・フローではなく，会計上の利益（税引後利益）が用いられることから会計的利益率とよばれている。
　会計的利益率法は，分母の投資額に何を用いるかで次の2つに分けられる。

① 総投資利益率法…分母に総投資額を用いる方法

$$総投資利益率 = \frac{税引後平均利益}{総投資額} \times 100$$

② 平均投資利益率法…分母に平均投資額（＝総投資額÷2）（投下資本の平均残高）を用いる方法

$$平均投資利益率 = \frac{税引後平均利益}{平均投資額} \times 100$$

会計的利益率法では，算定された投資利益率が高いほど優れた投資案として評価される。

会計的利益率法は，①会計上の利益との整合性があるため会計担当者にとって理解しやすく，また②計算資料の入手が容易で計算も簡単であるという特徴をもっている。しかし，①経済的効果の測定にキャッシュ・フローではなく会計上の利益を用いている，②「貨幣の時間価値」を考慮していない，という点から問題があるとされている。

例題32－1　新宿工業では，新設備の導入にあたって，A案，B案という2つの案を検討している。各案の原投資額ならびに各案から見込まれる毎期の税引後利益に関する次のデータにもとづき，A案，B案どちらの投資案を採用すべきか，会計的利益率法（平均投資利益率法）で評価しなさい。

(単位：万円)

案＼期	原投資額 0	毎期の税引後利益 1	2	3	4	5
A案	2,500	100	200	350	300	150
B案	2,000	200	200	200	200	200

《解説》　A案，B案の平均投資利益率を算定すると次のようになる。

A案：税引後平均利益＝(¥1,000,000＋¥2,000,000＋¥3,500,000
　　　　　　　　　　＋¥3,000,000＋¥1,500,000)／5＝¥2,200,000

$$\frac{¥2,200,000}{¥25,000,000／2} \times 100 = 17.6\%$$

B案：$\dfrac{¥2,000,000}{¥20,000,000／2} \times 100 = 20\%$

以上の計算結果から，会計的利益率の高いB案を採用すべきである。

（2）回収期間法

回収期間法は，投資から得られる毎期のキャッシュ・フローによって，原投資額をどのくらいの期間で回収できるかにもとづき投資案を評価する方法であ

る。具体的には，毎期のキャッシュ・インフローを累計していき，原投資額と等しくなる期間（回収期間）を計算し，原投資額を早期に回収する投資案をもって優れた投資案とする。このように，回収期間法は，投資額の早期回収という観点から投資案を評価する方法である。

毎期のキャッシュ・フローが均一である場合，回収期間は次の式で計算できる。

$$回収期間 = \frac{原投資額}{毎期のキャッシュ・フロー}$$

回収期間法は，①経済的効果の測定にキャッシュ・フローを用いる，②投資案の収益性よりも投資額の早期回収を重視する，③計算が簡単でわかりやすい，という特徴をもっている。しかし一方で，①原投資額回収以後の収益性を無視している，②基準となる回収期間の設定が恣意的になる，③貨幣の時間価値を考慮しない，という問題点も指摘されている。

例題32－2 目黒工業では，新設備の導入にあたって，A案，B案という2つの案を検討している。各案の原投資額ならびに各案から見込まれる毎期のキャッシュ・インフローに関する次のデータにもとづき，A案，B案どちらの投資案を採用すべきか，回収期間法で評価しなさい。

（単位：万円）

案＼期	原投資額 0	1	2	3	4	5
A案	3,000	800	1,000	1,500	900	700
B案	3,200	1,000	1,000	1,000	1,000	1,000

《解　説》

（単位：万円）

期	A案 CF	累積回収額	累積未回収額	B案 CF	累積回収額	累積未回収額
0	(3,000)	0	(3,000)	(3,200)	0	(3,200)
1	800	800	(2,200)	1,000	1,000	(2,200)
2	1,000	1,800	(1,200)	1,000	2,000	(1,200)
3	1,500	3,300	300	1,000	3,000	(200)
4	900	4,200	1,200	1,000	4,000	800
5	700	4,900	1,900	1,000	5,000	1,800

以上の結果より，各案の回収期間は次のようになる。
　　A案：2年＋（¥12,000,000／¥15,000,000）×1年＝2.8年
　　B案：¥32,000,000／¥10,000,000＝3.2年
したがって，回収期間の短いA案を採用すべきである。

（3）正味現在価値法（NPV法）
　正味現在価値法（NPV法）は，次の内部利益率法とともに，経済的効果の測定にキャッシュ・フローを用い，なおかつ貨幣の時間価値を考慮に入れる**割引キャッシュ・フロー法（DCF法）**の代表的な評価方法である。
　正味現在価値法は，投資によって得られる将来キャッシュ・フローの現在価値合計（PV）から原投資額（I_0）を控除した正味現在価値（NPV）をもとに投資案の評価を行う方法である。
　この関係を式であらわすと次のようになる。

$$NPV = PV - I_0$$

　正味現在価値（NPV）がプラスになれば，投資額（I_0）よりも投資から得られる経済的効果（PV）の方が大きいということになるので，その投資案は採用に値するという判断になる。逆に，正味現在価値（NPV）がマイナスになる場合には，投資から得られる経済的効果（PV）が投資額（I_0）より小さいということになるので，この投資案は採用に値しないという判断になる。
　この関係をあらわすと次のようになる。

　　$NPV\ (= PV - I_0) > 0$　　⇒ 投資案を採用
　　$NPV\ (= PV - I_0) < 0$　　⇒ 投資案を棄却

　また，複数の投資案からの選択を行う場合には，正味現在価値の大きいものをもって優れた投資案とする。
　正味現在価値法における計算式は，先に説明した，将来価値を現在価値に直す公式にもとづき，次式のようにあらわされる。なお，I_0は原投資額，CF_tはt期のキャッシュ・フロー，rは資本コスト，nは投資案の経済命数である。

① 毎期のキャッシュ・フローが均一ではない場合

$$NPV = \frac{CF_1}{(1+r)} + \frac{CF_2}{(1+r)^2} + \cdots\cdots + \frac{CF_n}{(1+r)^n} - I_0$$
$$= \sum_{t=1}^{n} \frac{CF_t}{(1+r)^t} - I_0$$

② 毎期のキャッシュ・フローが均一の場合

$$NPV = \frac{CF}{(1+r)} + \frac{CF}{(1+r)^2} + \cdots\cdots + \frac{CF}{(1+r)^n} - I_0$$
$$= CF \left\{ \frac{1}{(1+r)} + \frac{1}{(1+r)^2} + \cdots\cdots + \frac{1}{(1+r)^n} \right\} - I_0$$
$$= CF \left\{ \frac{1-(1+r)^{-n}}{r} \right\} - I_0$$

ここで，$\{1-(1+r)^{-n}/r\}$ は**年金現価係数**とよばれ，その計算結果は年金現価係数表にまとめられている（巻末の付録B：年金現価係数表を参照）。

正味現在価値法には，資本コストの決定に問題があるなどの点が指摘されているが，①貨幣の時間価値を考慮に入れている，②内部利益率法のような複雑な計算を必要としない，③複数の投資案の中からどれか1つの案しか採用できないような場合（相互排他的投資案）でも正しい評価が行える，という特徴をもっている。したがって，各種評価方法の中で理論的に最も優れた方法といわれている。

> **例題32－3** 例題32－2のデータをもとに，A案，B案どちらの投資案を採用すべきか，正味現在価値法で評価しなさい。なお，資本コストは10％とする。

《解 説》 $NPV_{(A)} = \dfrac{CF_1}{(1+r)} + \dfrac{CF_2}{(1+r)^2} + \cdots\cdots + \dfrac{CF_n}{(1+r)^n} - I_0$

$= \dfrac{¥8,000,000}{(1+0.10)} + \dfrac{¥10,000,000}{(1+0.10)^2} + \dfrac{¥15,000,000}{(1+0.10)^3}$

$+ \dfrac{¥9,000,000}{(1+0.10)^4} + \dfrac{¥7,000,000}{(1+0.10)^5} - ¥30,000,000$

$$= ¥8,000,000 \times 0.9091 + ¥10,000,000 \times 0.8264 + ¥15,000,000$$
$$\times 0.7513 + ¥9,000,000 \times 0.6830 + ¥7,000,000 \times 0.6209$$
$$- ¥30,000,000$$
$$= ¥37,299,600 - ¥30,000,000$$
$$= ¥7,299,600$$

$$NPV_{(B)} = \frac{CF_1}{(1+r)} + \frac{CF_2}{(1+r)^2} + \cdots\cdots + \frac{CF_n}{(1+r)^n} - I_0$$
$$= \frac{¥10,000,000}{(1+0.10)} + \frac{¥10,000,000}{(1+0.10)^2} + \frac{¥10,000,000}{(1+0.10)^3}$$
$$+ \frac{¥10,000,000}{(1+0.10)^4} + \frac{¥10,000,000}{(1+0.10)^5} - ¥32,000,000$$
$$= ¥10,000,000 \times 3.7908 - ¥32,000,000$$
$$= ¥37,908,000 - ¥32,000,000$$
$$= ¥5,908,000$$

以上の計算結果から，正味現在価値が高いA案を採用すべきである。

（4）内部利益率法（IRR法）

内部利益率法（IRR法）は，投資案の内部利益率を算出し，これを必要利益率（切捨率）と比較し投資案の優劣を評価する方法である。

ここで内部利益率とは，投資案からのキャッシュ・インフローの現在価値合計（PV）を原投資額（I_0）と等しくするような割引率，すなわち，「$PV-I_0 = NPV = 0$」の関係が成り立つ場合の割引率のことである。

したがって内部利益率法では，この内部利益率を未知数として求め，求めた値があらかじめ設定された必要利益率（切捨率）よりも高ければ採用に値し，低ければ採用に値しないと判断する。一般に，必要利益率（切捨率）として資本コストが用いられる。

内部利益率法における投資案の評価基準は次のとおりである。

　　内部利益率 ＞ 必要利益率（切捨率）⇒ 投資案を採用
　　内部利益率 ＜ 必要利益率（切捨率）⇒ 投資案を棄却

なお，複数の投資案からの選択を行う場合には，内部利益率の大きいものをもって優れた投資案とする。

内部利益率（r）の算定式は次のようにあらわされる。

a）毎期のキャッシュ・フローが均一ではない場合

$$I_0 = \sum_{t=1}^{n} \frac{CF_t}{(1+r)^t}$$

$$\frac{CF_1}{(1+r)} + \frac{CF_2}{(1+r)^2} + \cdots\cdots + \frac{CF_n}{(1+r)^n} - I_0 = 0$$

この方程式を手計算で解くことはできないので，任意に選んだ割引率をもとに，試行錯誤法によって解を見つける必要がある。

b）毎期のキャッシュ・フローが均一の場合

$$\frac{CF}{(1+r)} + \frac{CF}{(1+r)^2} + \cdots\cdots + \frac{CF}{(1+r)^n} - I_0 = 0$$

$$I_0 = CF \left\{ \frac{1}{(1+r)} + \frac{1}{(1+r)^2} + \cdots\cdots + \frac{1}{(1+r)^n} \right\}$$

$$\frac{I_0}{CF} = \frac{1-(1+r)^{-n}}{r}$$

この場合，右辺は年金現価係数をあらわしている。このように，投資案からの毎期のキャッシュ・フローが均一の場合には，原投資額を毎期のキャッシュ・フローで割った値が年金現価係数をあらわすため，年金現価表を利用することによって簡単に内部利益率を求めることができる。

内部利益率法は，DCF法の代表的な評価方法であり，DCF法が共通的に有する利点をもっている。しかし，①必要利益率（切捨率）の決定に問題がある，②計算が複雑である，といった弱点もある。

例題32－4　例題32－2のデータをもとに，A案，B案どちらの投資案を採用すべきか，内部利益率法で評価しなさい。なお，資本コストは10％とする。

《解　説》　A案のキャッシュ・インフローは毎期均一ではないため，以下のように，任意に選んだ割引率（この場合18％）を出発点として，いくつかの割引率を実際に当てはめて計算し，投資からのキャッシュ・インフローの現在価値合計が原投資額とほぼ等しくなる（$PV - I_0 = 0$ となる）割引率をみつけていくことによって内部利益率を求める（試行錯誤法）。その結果，A案の内部利益率は約19％となる。

(単位：万円)

期	CF	試算①-18% 現価係数	現在価値	試算②-20% 現価係数	現在価値	試算③-19% 現価係数	現在価値
0	-3,000	1.0000	-3,000	1.0000	-3,000	1.0000	-3,000
1	800	0.8475	678.00	0.8333	666.64	0.8403	672.24
2	1,000	0.7182	718.20	0.6944	694.40	0.7062	706.20
3	1,500	0.6086	912.90	0.5787	868.05	0.5934	890.10
4	900	0.5158	464.22	0.4823	434.07	0.4987	448.83
5	700	0.4371	305.97	0.4019	281.33	0.4190	293.30
計	1,900		79.29		-55.51		10.67

　また，B案のキャッシュ・インフローは毎期均一であるため，原投資額を毎期のキャッシュ・インフローで割って年金現価係数を求めると，¥32,000,000／¥10,000,000＝3.2となる。

　本投資案は経済命数が5年であるから，年金現価係数表の期間が5年のときの係数をみていき，3.2に最も近い係数の利率を探すと，16％のとき3.2743，17％のとき3.1993であることがわかる。したがって，3.2に最も近い係数を示す利率17％がB案の内部利益率となる。

　以上の計算結果から，いずれの投資案も資本コストを上回る内部利益率をもっているが，より内部利益率が高いA案を採用すべきである。

5．法人税と毎期のキャッシュ・フローの見積もり

　これまで，単純化のために，投資からのキャッシュ・インフローの見積もりの際に，法人税については考慮してこなかった。しかし，税金の支払いは現金支出（キャッシュ・アウトフロー）をともなうものであり，キャッシュ・フローの見積もりに大きな影響を与える。そこで本節では，法人税を考慮した場合のキャッシュ・フローの見積もりについて解説する。

会計上の利益には，減価償却費などの実際に現金支出をともなわない費用（非現金支出費用）が含まれる。減価償却費は財務会計上費用として扱われるので，その分だけ税引前利益を減少させ，税引前利益に対して課される法人税を減らす効果をもっている（こうした節税効果はタックス・シールドとよばれる）。

ここで，売上高をS，現金支出費用をC，減価償却費をD，税率をtとすると，税金の支払額は$t(S-C-D)$となるので，毎期の現金支出額は，「$C+t(S-C-D)$」となる。したがって，毎期のキャッシュ・フロー（税引後）は次のようにあらわすことができる。

$$毎期のキャッシュ・フロー = S - \{C + t(S-C-D)\}$$
$$= (S-C)(1-t) + tD$$

このように，減価償却費に法人税率を乗じた分（tD）だけ毎期の現金流出（キャッシュ・アウトフロー）が抑えられている，すなわち，法人税による現金流出が節約されていることがわかる。

また，会計上の利益からキャッシュ・フローへの修正計算を行う場合，減価償却費の節税効果を考慮に入れるため，減価償却費を一度費用として計上し，法人税を控除した後，税引後利益に加え戻すという手続きをとる。

$$毎期のキャッシュ・フロー = 税引後利益 + 減価償却費$$
$$= (S-C-D)(1-t) + D$$

例題32−5 練馬工業では，設備投資案のキャッシュ・フローの見積もりを行っている。この投資による毎期の売上高（キャッシュ・インフロー）は￥80,000,000，現金支出費用は￥50,000,000，減価償却費は￥18,000,000と予測される。このときの毎期のキャッシュ・フローを計算しなさい。なお，法人税率は50％である。

《解　説》　　毎期のキャッシュ・フロー $= (S-C)(1-t) + tD$
　　　　　　　　$= (￥80,000,000 - ￥50,000,000)(1 - 0.5) + 0.5 \times ￥18,000,000$
　　　　　　　　$= ￥15,000,000 + ￥9,000,000 = ￥24,000,000$

付録Ａ．現価係数表

$$(1+r)^{-n}$$

n/r	1 %	2 %	3 %	4 %	5 %	6 %	7 %	8 %	9 %	10%
1	0.9901	0.9804	0.9709	0.9615	0.9524	0.9434	0.9346	0.9259	0.9174	0.9091
2	0.9803	0.9612	0.9426	0.9246	0.9070	0.8900	0.8734	0.8573	0.8417	0.8264
3	0.9706	0.9423	0.9151	0.8890	0.8638	0.8396	0.8163	0.7938	0.7722	0.7513
4	0.9610	0.9238	0.8885	0.8548	0.8227	0.7921	0.7629	0.7350	0.7084	0.6830
5	0.9515	0.9057	0.8626	0.8219	0.7835	0.7473	0.7130	0.6806	0.6499	0.6209
6	0.9420	0.8880	0.8375	0.7903	0.7462	0.7050	0.6663	0.6302	0.5963	0.5645
7	0.9327	0.8706	0.8131	0.7599	0.7107	0.6651	0.6227	0.5835	0.5470	0.5132
8	0.9235	0.8535	0.7894	0.7307	0.6768	0.6274	0.5820	0.5403	0.5019	0.4665
9	0.9143	0.8368	0.7664	0.7026	0.6446	0.5919	0.5439	0.5002	0.4604	0.4241
10	0.9053	0.8203	0.7441	0.6756	0.6139	0.5584	0.5083	0.4632	0.4224	0.3855

n/r	11%	12%	13%	14%	15%	16%	17%	18%	19%	20%
1	0.9009	0.8929	0.8850	0.8772	0.8696	0.8621	0.8547	0.8475	0.8403	0.8333
2	0.8116	0.7972	0.7831	0.7695	0.7561	0.7432	0.7305	0.7182	0.7062	0.6944
3	0.7312	0.7118	0.6931	0.6750	0.6575	0.6407	0.6244	0.6086	0.5934	0.5787
4	0.6587	0.6355	0.6133	0.5921	0.5718	0.5523	0.5337	0.5158	0.4987	0.4823
5	0.5935	0.5674	0.5428	0.5194	0.4972	0.4761	0.4561	0.4371	0.4190	0.4019
6	0.5346	0.5066	0.4803	0.4556	0.4323	0.4104	0.3898	0.3704	0.3521	0.3349
7	0.4817	0.4523	0.4251	0.3996	0.3759	0.3538	0.3332	0.3139	0.2959	0.2791
8	0.4339	0.4039	0.3762	0.3506	0.3269	0.3050	0.2848	0.2660	0.2487	0.2326
9	0.3909	0.3606	0.3329	0.3075	0.2843	0.2630	0.2434	0.2255	0.2090	0.1938
10	0.3522	0.3220	0.2946	0.2697	0.2472	0.2267	0.2080	0.1911	0.1756	0.1615

n/r	21%	22%	23%	24%	25%	26%	27%	28%	29%	30%
1	0.8264	0.8197	0.8130	0.8065	0.8000	0.7937	0.7874	0.7813	0.7752	0.7692
2	0.6830	0.6719	0.6610	0.6504	0.6400	0.6299	0.6200	0.6104	0.6009	0.5917
3	0.5645	0.5507	0.5374	0.5245	0.5120	0.4999	0.4882	0.4768	0.4658	0.4552
4	0.4665	0.4514	0.4369	0.4230	0.4096	0.3968	0.3844	0.3725	0.3611	0.3501
5	0.3855	0.3700	0.3552	0.3411	0.3277	0.3149	0.3027	0.2910	0.2799	0.2693
6	0.3186	0.3033	0.2888	0.2751	0.2621	0.2499	0.2883	0.2274	0.2170	0.2072
7	0.2633	0.2486	0.2348	0.2218	0.2097	0.1983	0.1877	0.1776	0.1682	0.1594
8	0.2176	0.2038	0.1909	0.1789	0.1678	0.1574	0.1478	0.1388	0.1304	0.1226
9	0.1799	0.1670	0.1552	0.1443	0.1342	0.1249	0.1164	0.1084	0.1011	0.0943
10	0.1486	0.1369	0.1262	0.1164	0.1074	0.0992	0.0916	0.0847	0.0784	0.0725

n/r	31%	32%	33%	34%	35%	36%	37%	38%	39%	40%
1	0.7634	0.7576	0.7519	0.7463	0.7407	0.7353	0.7299	0.7246	0.7194	0.7143
2	0.5827	0.5739	0.5653	0.5569	0.5487	0.5407	0.5328	0.5251	0.5176	0.5102
3	0.4448	0.4348	0.4251	0.4156	0.4064	0.3975	0.3889	0.3805	0.3724	0.3644
4	0.3396	0.3294	0.3196	0.3102	0.3011	0.2923	0.2839	0.2757	0.2679	0.2603
5	0.2592	0.2495	0.2403	0.2315	0.2230	0.2149	0.2072	0.1998	0.1927	0.1859
6	0.1979	0.1890	0.1807	0.1727	0.1652	0.1580	0.1512	0.1448	0.1386	0.1328
7	0.1510	0.1432	0.1358	0.1289	0.1224	0.1162	0.1104	0.1049	0.0997	0.0949
8	0.1153	0.1085	0.1021	0.0962	0.0906	0.0854	0.0806	0.0760	0.0718	0.0678
9	0.0880	0.0822	0.0768	0.0718	0.0671	0.0628	0.0588	0.0551	0.0516	0.0484
10	0.0672	0.0623	0.0577	0.0536	0.0497	0.0462	0.0429	0.0399	0.0371	0.0346

付録B．年金現価係数表

$$\frac{1-(1+r)^{-n}}{r}$$

n/r	1%	2%	3%	4%	5%	6%	7%	8%	9%	10%
1	0.9901	0.9804	0.9709	0.9615	0.9524	0.9434	0.9346	0.9259	0.9174	0.9091
2	1.9704	1.9416	1.9135	1.8861	1.8594	1.8334	1.8080	1.7833	1.7591	1.7355
3	2.9410	2.8839	2.8286	2.7751	2.7232	2.6730	2.6243	2.5771	2.5313	2.4869
4	3.9020	3.8077	3.7171	3.6299	3.5460	3.4651	3.3872	3.3121	3.2397	3.1699
5	4.8534	4.7135	4.5797	4.4518	4.3295	4.2124	4.1002	3.9927	3.8897	3.7908
6	5.7955	5.6014	5.4172	5.2421	5.0757	4.9173	4.7665	4.6229	4.4859	4.3553
7	6.7282	6.4720	6.2303	6.0021	5.7864	5.5824	5.3893	5.2064	5.0330	4.8684
8	7.6517	7.3255	7.0197	6.7327	6.4632	6.2098	5.9713	5.7466	5.5348	5.3349
9	9.5660	8.1622	7.7861	7.4353	7.1078	6.8017	6.5152	6.2469	5.9952	5.7590
10	9.4713	8.9826	8.5302	8.1109	7.7217	7.3601	7.0236	6.7101	6.4177	6.1446

n/r	11%	12%	13%	14%	15%	16%	17%	18%	19%	20%
1	0.9009	0.8929	0.8850	0.8772	0.8696	0.8621	0.8547	0.8475	0.8403	0.8333
2	1.7125	1.6901	1.6681	1.6467	1.6257	1.6052	1.5852	1.5656	1.5465	1.5278
3	2.4437	2.4018	2.3612	2.3216	2.2832	2.2459	2.2096	2.1743	2.1399	2.1065
4	3.1024	3.0373	2.9745	2.9137	2.8550	2.7982	2.7432	2.6901	2.6386	2.5887
5	3.6959	3.6048	3.5172	3.4331	3.3522	3.2743	3.1993	3.1272	3.0576	2.9906
6	4.2305	4.1114	3.9975	3.8887	3.7845	3.6847	3.5892	3.4976	3.4098	3.3255
7	4.7122	4.5638	4.4226	4.2883	4.1604	4.0386	3.9224	3.8115	3.7057	3.6046
8	5.1461	4.9676	4.7988	4.6389	4.4873	4.3436	4.2072	4.0776	3.9544	3.8372
9	5.5370	5.3282	5.1317	4.9464	4.7716	4.6065	4.4506	4.3030	4.1633	4.0310
10	5.8892	5.6502	5.4262	5.2161	5.0188	4.8332	4.6586	4.4941	4.3389	4.1925

n/r	21%	22%	23%	24%	25%	26%	27%	28%	29%	30%
1	0.8264	0.8197	0.8130	0.8065	0.8000	0.7937	0.7874	0.7813	0.7752	0.7692
2	1.5095	1.4915	1.4740	1.4568	1.4400	1.4235	1.4074	1.3916	1.3761	1.3609
3	2.0739	2.0422	2.0114	1.9813	1.9520	1.9234	1.8956	1.8684	1.8420	1.8161
4	2.5404	2.4936	2.4438	2.4043	2.3616	2.3202	2.2800	2.2410	2.2031	2.1662
5	2.9260	2.8636	2.8035	2.7454	2.6893	2.6351	2.5827	2.5320	2.4830	2.4356
6	3.2446	3.1669	3.0923	3.0205	2.9514	2.8850	2.8210	2.7594	2.7000	2.6427
7	3.5079	3.4155	3.3270	3.2423	3.1611	3.0833	3.0087	2.9370	2.8682	2.8021
8	3.7256	3.6193	3.5179	3.4212	3.3289	3.2407	3.1564	3.0758	2.9986	2.9247
9	3.9054	3.7863	3.6731	3.5655	3.4631	3.3657	3.2728	3.1842	3.0997	3.0190
10	4.0541	3.9232	3.7993	3.6819	3.5705	3.4648	3.3644	3.2689	3.1781	3.0915

n/r	31%	32%	33%	34%	35%	36%	37%	38%	39%	40%
1	0.7634	0.7576	0.7519	0.7463	0.7407	0.7353	0.7299	0.7246	0.7194	0.7143
2	1.3461	1.3315	1.3172	1.3032	1.2894	1.2760	1.2627	1.2497	1.2370	1.2245
3	1.7909	1.7663	1.7423	1.7188	1.6959	1.6735	1.6516	1.6302	1.6093	1.5889
4	2.1305	2.0957	2.0618	2.0290	1.9969	1.9658	1.9355	1.9060	1.8772	1.8492
5	2.3897	2.3452	2.3021	2.2604	2.2200	2.1807	2.1427	2.1058	2.0699	2.0352
6	2.5875	2.5342	2.4828	2.4331	2.3852	2.3388	2.2939	2.2506	2.2086	2.1680
7	2.7368	2.6775	2.6187	2.5620	2.5075	2.4550	2.4043	2.3555	2.3083	2.2628
8	2.8539	2.7860	2.7208	2.6582	2.5982	2.5404	2.4849	2.4315	2.3801	2.3306
9	2.9419	2.8681	2.7976	2.7300	2.6653	2.6033	2.5437	2.4866	2.4317	2.3790
10	3.0091	2.9304	2.8553	2.7836	2.7150	2.6495	2.5857	2.5265	2.4689	2.4136

索　引

ア

預り金　57
預り有価証券　78
洗替法　53, 77, 121
安全余裕率　342
意匠権　91
一勘定制　43
移動平均法　33
受取手形　61
　　──記入帳　66
受取人　61, 62
受取配当金　74
受取利息　75
打歩発行　98
裏書　64
　　──譲渡　64
　　──手形　68
　　──人　64
売上　25
　　──勘定　174
　　──原価勘定　173
　　──総利益　23, 128
　　──帳　28, 140
　　──伝票　132
　　──値引　26
　　──戻り　26
　　──割引　28
　　──割戻　27
売掛金　25
　　──元帳　50
営業利益　128
英米式決算法　20

カ

買入償還　99
買い替え　87
買掛金　25
　　──元帳　50
開業費　93
会計期間　2
会計的利益率法 (ARR法)　378
開始記入　21
回収期間法　379
階梯式配賦法　241
開発費　93
回避可能原価　165, 364
回避不能原価　364
価格計算目的　157
価格差異　319
価額法　213
確定決算主義　113
確定申告　112
貸方　6
貸倒れ　52
貸倒損失　53

貸倒引当金　52
　　──繰入　52
　　──戻入　53
貸付金　55
貸付有価証券　79
合併　107
株券　71
株式　71
　　──交付費　93, 107
　　──払込剰余金　105, 106
　　──申込証拠金　106
株主資本　104
貨幣測定　2
貨幣の時間価値　376
借入金　55
借入有価証券　79
仮受金　59
仮受消費税　115
借方　6
借越限度額　43
仮払金　59
仮払消費税　115
仮払法人税等　114
為替手形　61
勘定　5
勘定科目　10
　　──精査法　347
勘定口座　14
完成品換算数量　269
完成品原価　260
間接経費　206
間接材料費　178
間接費　82
間接労務費　188
管理可能差異　326
関連会社株式　71
関連原価　165, 364
機械運転時間法　214
機会原価　164, 365
期間原価　163
企業単位　2
基準操業度　220
逆計算法　184
キャッシュ・フロー　375
キャパシティ・コスト　164
業務的意思決定　363
切放し法　77
銀行勘定調整表　45
金融商品取引法　71
金利調整差額　76, 98
偶発債務　56, 67
組間接費　279
組直接費　279
組別総合原価計算　279
　　──表　279

繰越試算表　22
繰越商品　25
繰越利益剰余金　104, 108, 127
繰延資産　93, 128
経営計画目的　158
経営成績　3
経済的発注量 (EOQ)　371
経常利益　128
継続記録法　182
継続棚卸法　155
経費　205
　　──消費高　206
決算整理　119
月次決算　298
月次損益計算書　155
欠損　108, 110
月末仕掛品原価　260
月末仕掛品評価　269
限界原価　165
原価管理目的　157
減価償却　82, 123
　　──累計額　82
原価態様　346
原価の固変分解　347
原価標準　306
原価分解　347
原価要素　156
現金　38
　　──過不足　40
　　──出納帳　39, 136
建設仮勘定　88
減損　291
　　──費　291
更改　69
鉱業権　91
工業簿記　155
合計試算表　17
貢献利益　336
公債　71
　　──証券　71
工場会計の独立　302
工場勘定　302
構造的意思決定　363
工程個別費　283
高低点法　347
工程別総合原価計算　283
子会社株式　71
小切手　38
国債　71
小口現金　46
　　──出納帳　47
固定資産　81, 128
　　──除却損　87
　　──税　113
　　──廃棄損　87
固定費　161, 336

◇ 389

──調整 …………………361	CVP分析 ……………………336	スキャッター・チャート
──能率差異 ……………328	資本金 ……102, 104, 105, 128	（散布図表）法 …………348
固定負債 ……………………128	資本コスト …………………377	税込方式 ……………………116
固定予算 ……………………309	資本準備金 ……104～106, 109	生産高比例法 ………………84
5伝票制 ……………………132	資本剰余金 …………104, 128	精算表 ………………………125
個別原価計算 ………166, 259	資本的支出 …………………89	製造勘定 ……………155, 172
個別賃率 ……………………191	資本の引き出し ……………103	製造間接費 …………………211
	資本の元入れ ………………102	──差異 ………………325
サ	締め切り ……………………20	──配賦差異 …………223
	借地権 ………………………91	製造原価 ……………158, 260
災害損失 ……………………89	社債 …………………71, 97	──報告書 ……155, 299
債権債務 ……………………49	──券 …………………71	製造部門 ……………………235
最小自乗法 …………………349	──権 …………………98	──費配賦差異 ………251
財政状態 ……………………3	──償還益 ……………99	税抜方式 ……………………115
差異分析 ……………………225	──償還損 ……………99	製品勘定 ……………………173
財務諸表作成目的 …………157	──発行費 ………93, 98	製品原価 ……………………163
材料消費高 …………………178	──利息 ………………98	積数 …………………………276
材料費 ………………………177	車両運搬具 …………………81	設備投資意思決定 …………374
差額原価 ……………………364	収益の支出 …………………89	設立 …………………………105
──収益分析 …………366	修繕費 ………………………89	前期繰越 ……………………21
差額補充法 …………52, 122	修繕引当金 …………………95	前工程費 ……………………284
先入先出法 …………32, 270	──繰入 ………………96	全部原価 ……………………164
作業屑 ………………………265	──戻入 ………………96	──計算 ………………165
作業時間差異 ………………322	収入印紙 ……………………113	総括配賦 ……………………211
差入有価証券 ………………78	住民税 ………………………113	総勘定元帳 ……………8, 14
指図人 ………………………62	出金伝票 ……………………130	操業度 ………………………161
雑益 ……………………41, 55	取得会社 ……………………107	──差異 ………225, 325
雑損 …………………………41	主要簿 ………………………13	送金小切手 …………………38
残存価額 ……………………83	準固定費 ……………………161	総原価 ………………………158
残高 …………………………18	純資産 ………………………102	総合原価計算 ………166, 267
──試算表 ……………18	償還 …………………………98	相互配賦法 …………………243
3伝票制 ……………………130	──請求 ………………67	増分原価 ……………………165
三分法 ………………………25	償却 …………………………92, 94	総平均法 ……………………34
仕入 …………………………25	──原価法 …………76, 98	創立費 …………………93, 105
──帳 ……………28, 141	──債権取立益 ………54	遡求義務 ……………………67
──伝票 ………………132	譲渡人 ………………………64	租税公課 ……………………113
──値引 ………………26	消費税 ………………………115	その他資本剰余金 …………104
──戻し ………………26	商標権 ………………………92	その他有価証券 ……………71
──割引 ………………28	──償却 ………………92	その他利益剰余金 …………104
──割戻 ………………27	商品有高帳 …………………31	損益勘定 ……………………19
時価 …………………………73	商品券 ………………………60	損益計算書 …………………5
仕掛品勘定 …………………155	商品売買益 …………………23	損益分岐図表 ………………338
時間法 ………………………214	商品評価損 …………36, 120	損益分岐点比率 ……………342
次期繰越 ……………………20	商品保証引当金 ……………96	損益分岐点分析 ……………337
事業税 ………………………113	正味現在価値法（NPV法）……381	
自己あて為替手形 …………63	消耗品費 ……………………81	**タ**
自己受為替手形 ……………63	賞 ……………………………95	
試算表 …………………17, 118	剰余金の処分 ………………110	貸借対照表 …………………4
仕損 …………………………291	剰余金の配当 ………………109	貸借平均の原理 ……………17
──費 …………262, 291	賞与引当金 …………………95	対照勘定 ……………………68
──品 …………………262	除却 …………………………85	退職一時金 …………………96
実際価格 ……………………179	諸口 …………………………16	退職給付引当金 ……………96
実際原価 ……………………162	所得税 ………………………112	退職給付費用 ………………96
──計算 ………………165	仕訳 …………………………10	退職年金 ……………………96
実際配賦額 …………………215	──集計表 ……………134	耐用年数 ……………………83
実際配賦率 …………………215	──帳 ………………8, 13	立替金 ………………………57
実地棚卸 ……………………35	新株発行 ……………………106	建物 …………………………81
実用新案権 …………………91	新株引受権付社債 …………97	他店商品券 …………………60
支店勘定 ……………………147	シングル・プラン …………312	棚卸計算法 …………………183
支店独立会計制度 …………147	人名勘定 ……………………50	棚卸減耗費 …………36, 120
支店分散計算制度 …………148	数量差異 ……………………319	単純個別原価計算 …………261
支払手形 ……………………62	数量法 ………………………212	単純総合原価計算 …………268
──記入帳 ……………66		──表 …………………274
支払人 …………………61, 62		地方債証券 …………………71

中間申告 …………………114	のれん …………………91, 108	──見返 …………………56
帳簿残高 …………………40		補助部門 …………………235
帳簿組織 …………………136	**ハ**	──個別費 ………………283
直接経費 …………………206	廃棄 ………………………87	補助簿 ……………………28
直接原価計算 ……………351	売却 ………………………85	発起人 ……………………105
直接材料費 ………………178	配当金 ……………………74	本社勘定 …………………302
──差異 …………………319	売買目的有価証券 ……71, 72	本店勘定 …………………147
──法 ……………………213	配賦基準 …………………212	本店集中会計制度 ………147
直接作業時間法 …………214	パーシャル・プラン ……312	本店集中計算制度 ………148
直接配賦法 ………………240	端数利息 …………………77	
直接費法 …………………213	パーチェス法 …………91, 107	**マ**
直接法 ……………………82	発行可能株式総数 ………105	埋没原価 ……………165, 364
直接労務費 ………………188	払込資本 ………102, 104, 105	前受金 ……………………54
──差異 …………………322	半製品 ……………………288	前払金 ……………………54
──法 ……………………213	販売費及び一般管理費 …175	満期償還 …………………99
著作権 ……………………91	被裏書人 …………………64	満期保有目的債券 ……71, 75
貯蔵品 ……………………87	引当金 ……………………95	未決算 ……………………89
賃金消費高 ………………189	引受人 ……………………62	未収金 ……………………55
賃率差異 …………………322	引出金 ……………………103	未収消費税 ………………116
通貨代用証券 ……………38	被取得会社 ………………107	未達取引 …………………150
定額資金前渡法 …………46	備品 ………………………81	未払金 ……………………55
定額法 ……………………83	備忘録 …………………3, 78	未払消費税 ………………116
低価法 ……………………36	費目別精査法 ……………347	未払配当金 ………………109
定款 ………………………105	評価勘定 ………………52, 68	未払法人税等 ……………114
定率法 ……………………84	評価性引当金 ……………95	無形固定資産 …………81, 91
手形裏書義務 ……………68	標準原価 ……………163, 306	持分 ………………………102
──見返 …………………68	──計算 ……………165, 304	
手形貸付金 ………………69	──差異 …………………318	**ヤ**
手形借入金 ………………69	複合仕訳帳制 ……………136	役員賞与引当金 …………95
手形債権 …………………61	副産物 ……………………289	約束手形 …………………61
手形債務 …………………61	負債性引当金 ……………95	有価証券 ………………71, 72
手形売却損 ………………65	普通社債 …………………97	──売却益 ………………72
手形割引義務 ……………68	普通仕訳帳 ………………136	──売却損 ………………72
──見返 …………………68	負ののれん ………………92	──評価益 ………………73
転換社債 …………………97	部分原価 …………………164	──評価損 ………………73
転記 ………………………14	──計算 …………………165	──利息 ………75, 76, 78
伝票 ………………………130	部門共通費 …………237, 283	有形固定資産 ……………81
等価係数 …………………276	部門個別費 ………………237	有限責任制 ………………105
当期純損失 ……………103, 108	部門別個別原価計算 ……261	譲受人 ……………………64
当期純利益 ……103, 108, 128	部門別配賦 ………………235	予算差異 ……………225, 325
等級別総合原価計算 ……276	振替仕訳 …………………19	予算編成・予算統制目的 …157
当座借越 …………………43	振替伝票 …………………130	予定価格 …………………181
当座預金 …………………42	振出人 …………………61, 62	予定賃率 …………………196
──出納帳 …………44, 138	不渡り …………………………67	予定配賦額 ………………219
投資その他の資産 ………81	不渡手形 …………………67	予定配賦率 ………………219
投資有価証券 ……………75	分記法 ……………………24	
特殊原価 …………………363	平価発行 …………………98	**ラ**
──調査 …………………363	平均賃率 …………………193	利益準備金 ……………104, 109
特殊仕訳帳 ………………136	平均法 ……………………270	利益剰余金 ……………104, 128
特定製造指図書 …………259	別段預金 …………………107	流動資産 …………………128
特別修繕引当金 …………95	変動製造マージン ………353	流動負債 …………………128
土地 ………………………81	変動費 ………………161, 336	留保利益 ……102, 104, 105
特許権 ……………………91	──能率差異 ……………328	連産品 ……………………290
──償却 …………………92	変動予算 …………………309	労務費 ……………………187
	法人税等 …………………114	
ナ	法定準備金 ………………109	**ワ**
名あて人 ………………61, 62	保管 ………………………87	割引 ………………………65
内部利益率法（IRR法） …383	──有価証券 ……………78	──手形 …………………68
二勘定制 …………………43	簿記一巡の手続き ………9	──発行 …………………98
入金伝票 …………………130	保険差益 …………………89	──料 ……………………65
任意積立金 …………104, 110	保証債務 ………………56, 68	
年次決算 …………………298	──取崩益 ………………68	
能率差異 …………………325	──費用 …………………68	

索　引 ◇ 391

《編著者紹介》

村田直樹（むらた・なおき）
　1953年　東京都に生まれる。
　1983年　日本大学大学院経済学研究科博士後期課程満期退学。
　1987年〜1988年　ロンドン大学歴史研究所研究員。
　1995年　長崎県立大学教授，淑徳大学教授を経て，
　現　在　日本大学経済学部教授　博士（経済学）（九州大学）

[主要著書]
『近代イギリス会計史研究―運河・鉄道会計史―』（共著）晃洋書房，1995年。
『鉄道会計発達史論』（単著）日本経済評論社（日本会計史学会賞受賞），2001年。
『企業会計の歴史的諸相―近代会計の萌芽から現代会計へ―』（編著）創成社，2005年。

竹中　徹（たけなか・とおる）
　1971年　京都府に生まれる。
　2004年　大阪市立大学大学院経営学研究科後期博士課程単位取得退学。
　2006年　大阪経済法科大学専任講師，准教授を経て，
　現　在　石巻専修大学経営学部准教授。

[主要著書]
「資産評価の今日的問題―金融商品を巡って―」大阪経済法科大学『経済研究年報』
　第25号，2007年。
「時価評価問題に対する一視点―かつての制度を巡って―」大阪経済法科大学
　『経済学論集』第31巻第2・3号合併号，2008年。
「財務諸表の歩き方」『会計人コース』2009年3月号別冊，中央経済社，2009年。

森口毅彦（もりぐち・たけひこ）
　1967年　宮城県に生まれる。
　1997年　東北大学大学院経済学研究科博士後期課程退学。
　1997年　富山大学経済学部助手，専任講師，助教授，准教授を経て，
　現　在　富山大学経済学部教授。

[主要著書]
『経営管理会計の基礎』（共著）東京経済情報出版，2006年。
『管理会計』（共著）新世社，2008年。
『実務から学ぶコーポレート・ファイナンス』（共著）中央経済社，2011年。

（検印省略）

2012年4月20日　初版発行　　　　　　　　略称－複式簿記理論

複式簿記の理論と計算

編著者　村田直樹・竹中　徹
　　　　森口毅彦
発行者　塚田尚寛

発行所　東京都文京区　　株式会社　創 成 社
　　　　春日2-13-1
　　　　電　話 03（3868）3867　　F A X 03（5802）6802
　　　　出版部 03（3868）3857　　F A X 03（5802）6801
　　　　http://www.books-sosei.com　振　替 00150-9-191261

定価はカバーに表示してあります。

©2012 Naoki Murata, Toru Takenaka,　組版：でーた工房　印刷：亜細亜印刷
　　　 Takehiko Moriguchi　　　　　　製本：宮製本所
ISBN978-4-7944-1433-5 C3034　　　　落丁・乱丁本はお取替えいたします。
Printed in Japan

―― 簿記・会計学選書 ――

書名	著者	区分	価格
複式簿記の理論と計算	村田直樹・竹中徹 森口毅彦	編著	3,600円
複式簿記の理論と計算 問題集	村田直樹・竹中徹 森口毅彦	編著	2,200円
新しい企業会計の内容と形式	村田直樹	著	1,500円
企業会計の歴史的諸相 ―近代会計の萌芽から現代会計へ―	村田直樹 春日部光紀	編著	2,300円
簿記の基礎問題集	村田直樹	編著	1,000円
財務会計を学ぶ	沼惠一	編著	1,000円
簿記原理入門	金井繁雅・海老原諭	著	1,900円
高度会計人のための初級簿記テキスト	菊谷・内野・井上 田中・三沢	著	1,800円
企業簿記論	森・長吉・浅野 石川・蒋・関	著	3,000円
新簿記入門ゼミナール	山下壽文・日野修造 井上善文	著	1,900円
会計入門ゼミナール	山下寿文	編著	2,900円
管理会計入門ゼミナール	髙梠真一	編著	2,000円
監査入門ゼミナール	長吉眞一・異島須賀子	著	2,200円
イントロダクション簿記	大野・大塚・徳田 船越・本所・増子	著	2,200円
ズバッと解決！日商簿記検定3級商業簿記テキスト―これで理解ばっちり―	田邉正・矢島正	著	1,500円
厳選 簿記3級問題集〈徹底分析〉	くまたか優	著	1,200円
明解簿記講義	塩原一郎	編著	2,400円
入門商業簿記	片山覚	監修	2,400円
中級商業簿記	片山覚	監修	2,200円
入門アカウンティング	鎌田信夫	編著	3,200円
簿記システム基礎論	倍和博	著	2,900円
簿記システム基礎演習	倍和博	編著	1,500円

（本体価格）

―― 創成社 ――